Stilke's Rechtsbibliothek Nr. 118
Die Gesetze des Deutschen Reichs und der deutschen Länder
mit systematischen Erläuterungen

Vergleichs-Ordnung

Gesetz über den Vergleich zur Abwendung des Konkurses

vom 5. Juli 1927

unter Berücksichtigung des Gesetzes über die Pflicht zum Antrag auf Eröffnung des Konkurses oder des gerichtlichen Vergleichsverfahrens

vom 25. März 1930

Erläutert von

Dr. Heinrich Eisold

Rechtsanwalt am Sächs. Oberlandesgericht zu Dresden

3. Bearbeitung

1931

Verlag von Georg Stilke, Berlin

Vorwort.

Mit einer Aenderung der Vergleichsordnung dürfte in absehbarer Zeit nicht zu rechnen sein, obwohl die Verhandlungen wegen einer Angleichung der deutschen Vergleichsordnung an die österreichische Ausgleichsordnung aufgenommen sind. Die Herausgabe der vorliegenden dritten Bearbeitung kann daher unbedenklich vorgenommen werden. Die neue Auflage hat die Literatur und Rechtsprechung bis in die allerjüngste Zeit verwertet. Einzelne in der Praxis zutage getretene Probleme sind ausführlicher behandelt, so die mit dem Eigentumsvorbehalt zusammenhängenden Fragen, die Möglichkeit einer Kündigung von Kartellen gemäß § 28, die Stellung des deutschen Vergleichsverfahrens im internationalen Recht. Dadurch, daß die Zitate von Entscheidungen und Literaturstellen aus dem Erläuterungstext herausgezogen und als Fußnoten gesetzt worden sind, dürfte die Uebersichtlichkeit erhöht sein; dem gleichen Zweck dienen die „Uebersichten über die Anmerkungen" vor denjenigen Paragraphen, zu denen umfangreichere Erläuterungen notwendig waren.

Denjenigen, die die vorliegende dritte Bearbeitung durch Mitteilung von Entscheidungen oder in ähnlicher Weise unterstützt haben, insbesondere den ausländischen Herren Kollegen, darf an dieser Stelle der besondere Dank des Verfassers ausgesprochen werden.

Dresden, im Juni 1931.

Dr. Heinrich Eisold.

Inhalts-Verzeichnis.

Schrifttum-Verzeichnis.

BT. = Berliner Tageblatt.

Bendix = Gesetz über den Vergleich zur Abwendung des Konkurses, Leipzig 1927.

Begr. = Amtliche Begründung zum Entwurf eines Gesetzes über den Vergleich zur Abwendung des Konkurses (Reichstagsdrucksache Nr. 2340 III).

Bernhardt = Bernhardt, Die Vollstreckungssperre nach der Vergleichsordnung, Leipziger rechtswissenschaftliche Studien, Leipzig 1929.

Bondi-Winkler = Bondi-Winkler, Praxis der Finanzierung, Berlin 1929.

Brodmann-Aktienrecht = Brodmann, Kommentar zum Aktienrecht, Berlin, Leipzig 1928.

Brodmann-GmbHGes. = Brodmann, Kommentar zum Gesetz betr. die Gesellschaften mit beschränkter Haftung, Berlin, Leipzig 1924.

Cahn = Cahn, Kommentar zur Vergleichsordnung, München 1927.

Clunet = Clunet, Journal du droït international.

Emmerich = Emmerich, Die Sanierung, Mannheim 1930.

DAZ. = Deutsche Allgemeine Zeitung.

FrZ. = Frankfurter Zeitung.

LZ. Göppert = Kommentar zu der Verordnung betreffend Maßnahmen gegenüber Betriebabbrüchen und -stillegungen (Stillegungsverordnung vom 8. 11. 20, 15. 11. 23, Verlag Berlin 1929.

Jacusiel = Die Sicherungsübereignung, Berlin 1931.

Jaeger = Jaeger, Kommentar zur Konkursordnung, Berlin 1916 (bis § 42 Berlin 1930).

JW.	= Juristische Wochenschrift.
Kiesow	= Kiesow, Kommentar zur Vergleichsordnung, Mannheim 1930.
KTrW.	= Konkurs- und Treuhandwesen, Monatsschrift für Wirtschaft und Recht.
Köln.Z.	= Kölnische Zeitung.
LZ.	= Leipziger Zeitschrift für Deutsches Recht.
Levy	= Levy, Vergleichsordnung, Berlin 1929.
Lucas	= Lucas, Vergleichsordnung, Berlin 1927.
Manasse-Levi	= Manasse-Levi, Vergleichstechnik bei Zahlungsschwierigkeiten, Berlin 1930.
Maeder	= Maeder, Die Einwirkung des Vergleichsverfahrens zur Abwendung des Konkurses auf schwebende Verträge, Berlin 1929.
Mayer	= Mayer, Kommentar zur Vergleichsordnung, München 1928.
Mentzel	= Mentzel, Kommentar zur Konkursordnung, Mannheim 1928.
Nagel	= Nagel, Beiderseits unerfüllte gegenseitige Verträge im Vergleichsverfahren, Heidelberg 1929.
ROLG.	= Rechtsprechung der Oberlandesgerichte.
RAusschBer.	= Bericht des 13. Ausschusses (Rechtsausschusses) des Reichstages, Reichstag III. Wahlperiode 1924/1927 Nr. 3430.
RGZ.	= Entscheidungen des Reichsgerichts in Zivilsachen.
Ritter	= Ritter, Kreditsicherung durch Eigentumvorbehalt, Heidelberg 1929.
Rühl	= Eigentumsvorbehalt und Abzahlungsgeschäft, Berlin 1930.
RStBl.	= Reichssteuerblatt.
Samolewitz	= Samolewitz, Kommentar zur Vergleichsordnung, Berlin 1929.
Schmitt	= Schmitt, Die Vertrauensperson im Vergleichsverfahren zur Abwendung des Konkurses, Leipzig 1931.

von Schwartzkoppen	= Dr. Luise von Schwartzkoppen, Die Zwangsvollstreckung eines Konkursgläubigers in ausländisches Vermögen des Gemeinschuldners nach Konkurseröffnung. Bonn und Köln 1931.
Staub	= Staub's Kommentar zum Handelsgesetzbuch, Berlin, Leipzig 1926.
Staudinger	= Staudinger's Kommentar zum Bürgerlichen Gesetzbuch, München, Berlin, Leipzig 1928.
Stein	= Stein, Die Zivilprozeßordnung für das Deutsche Reich, Tübingen 1930.
Stulz	= Stulz, Der Eigentumsvorbehalt im in- und ausländischen Recht, Berlin 1930.
Isay-Tschierschky	= Isay-Tschierschky, Kartellverordnung, Mannheim, Berlin, Leipzig 1925.
Wagener	= Wagener, Eigentumsvorbehalt, Berlin 1930.
Weinberg	= Weinberg-Manasse, Vergleichsordnung, Berlin 1929.
Wilmersdoerffer	= Wilmersdoerffer-Selo, Vergleichsordnung, Stuttgart, Stuttgart 1927.

Abkürzungen.

AG.	= Amtsgericht.
AktGes.	= Aktiengesellschaft.
AngVersGes.	= Angestelltenversicherungsgesetz i. d. F. v. 28. 5. 24.
ArbG.	= Arbeitsgericht.
BeitreibO.	= Beitreibsordnung v. 23. 6. 23 (RMinBl. 1923, 595).
BGB.	= Bürgerliches Gesetzbuch.
GABO.	= GeschäftsaufsichtsBO. v. 14. 6. 26.
GmbHGes.	= G. betreffend die Gesellschaften mit beschränkter Haftung.
GenossenschaftsGes.	= G. betreffend die Erwerbs- und Wirtschaftsgenossenschaften.
HGB.	= Handelsgesetzbuch.
KG.	= Kammergericht.
KO.	= Konkursordnung.
KoGes.(a.A.)	= Kommanditgesellschaft (auf Aktien).
LFinAmt	= Landesfinanzamt.
LG.	= Landgericht.
LArbG.	= Landesarbeitsgericht.
oHGes.	= offene Handelsgesellschaft
OLG.	= Oberlandesgericht.
RAbgO.	= Reichsabgabenordnung v. 13. 12. 29 (RG. Bd. 1929, 1993).
RArbG.	= Reichsarbeitsgericht.
RG.	= Reichsgericht.
RVersO.	= Reichsversicherungsordnung v. 19. 7. 11.
VglO.	= Vergleichsordnung.
VV.	= Vergleichsverfahren.
ZPO.	= Zivilprozeßordnung.

1. Gesetzestext.

Gesetz über den Vergleich zur Abwendung des Konkurses (Vergleichsordnung). Vom 5. Juli 1927.

(RGBl. 1927 I S. 139 ff.)

Der Reichstag hat das folgende Gesetz beschlossen, das mit Zustimmung des Reichsrats hiermit verkündet wird:

1. Abschnitt.

Allgemeine Vorschriften.

§ 1.

Ein Schuldner, der zahlungsunfähig geworden ist, kann zur Abwendung des Konkurses bei dem für die Eröffnung des Konkursverfahrens zuständigen Gerichte die Eröffnung eines gerichtlichen Vergleichsverfahrens beantragen.

Die Eröffnung des Vergleichsverfahrens kann auch im Falle der Ueberschuldung beantragt werden, wenn das Konkursverfahren im Falle der Ueberschuldung eröffnet werden könnte.

Ist gegen den Schuldner ein Antrag auf Eröffnung des Konkursverfahrens gestellt worden, so kann der Schuldner bei seiner nach § 105 Abs. 2, 3 der Konkursordnung vorgeschriebenen Anhörung die Eröffnung des Vergleichsverfahrens beantragen.

§ 2.

An dem Vergleichsverfahren beteiligt und von dem Vergleiche betroffen werden die Gläubiger, die nicht bevorrechtigte Konkursgläubiger wären, wenn statt des Vergleichsverfahrens das Konkursverfahren eröffnet worden wäre. Die Vorschriften der §§ 5, 64 bis 70 der Konkursordnung finden entsprechende Anwendung.

§ 3.

Für Gläubiger, die später als am dreißigsten Tage vor der Stellung des Antrags auf Eröffnung des Vergleichsverfahrens durch Zwangsvollstreckung eine Sicherung oder Befriedigung erlangt haben, gelten die folgenden Vorschriften.

Ist der Gläubiger ohne die innerhalb der Frist vorgenommenen Vollstreckungsmaßregeln an dem Vergleichsverfahren beteiligt, so bleibt er an dem Verfahren beteiligt und wird von dem Vergleiche betroffen.

Ist der Gläubiger ohne die innerhalb der Frist vorgenommenen Vollstreckungsmaßregeln nur aus dem Grunde an dem Verfahren nicht beteiligt, weil sein Anspruch nach § 63 der Konkursordnung im Konkursverfahren nicht geltend gemacht werden kann, so bleiben gleichwohl die innerhalb der Frist vorgenommenen Vollstreckungsmaßregeln für das Vergleichsverfahren und einen sich anschließenden Konkurs (§ 82) außer Betracht (§§ 32, 33, 70, 74, 84).

Der Tag der Stellung des Antrags auf Eröffnung des Vergleichsverfahrens wird in die Frist nicht eingerechnet. Zwangsvollstreckung ist auch die Vollziehung eines Arrestes oder einer einstweiligen Verfügung.

§ 4.

Gläubiger, deren Ansprüche auf einem gegenseitigen Vertrage beruhen, der zur Zeit der Eröffnung des Vergleichsverfahrens von dem Schuldner und von dem andern Teile noch nicht oder noch nicht vollständig erfüllt ist, sind an dem Verfahren nicht beteiligt und werden von dem Vergleiche nicht betroffen. Die Vorschrift des § 30 bleibt unberührt.

§ 5.

Der Vergleich muß allen von ihm betroffenen Gläubigern gleiche Rechte gewähren.

Eine ungleiche Behandlung der Gläubiger ist nur zulässig, wenn die Mehrheit der zurückgesetzten Gläubiger zustimmt und die Gesamtsumme der Forderungen der zustimmenden Gläubiger mindestens drei Vierteile der Forderungen der zurückgesetzten Gläubiger beträgt.

Jedes andere Abkommen des Schuldners oder anderer Personen mit einzelnen Gläubigern, durch welches diese bevorzugt werden, ist nichtig.

§ 6.

Der Vergleich muß, wenn er auf einen ziffermäßig bestimmten, teilweisen Erlaß der Forderungen lautet, den Gläubigern mindestens dreißig vom Hundert ihrer Forderungen gewähren.

§ 7.

Enthält der Vergleich einen teilweisen Erlaß der Forderungen, so ist im Zweifel anzunehmen, daß der Erlaß hinfällig wird, wenn der Schuldner mit der Erfüllung des Vergleichs in Verzug kommt oder wenn vor vollständiger Erfüllung des Vergleichs das Konkursverfahren über das Vermögen des Schuldners eröffnet wird.

§ 8.

Auf das Vergleichsverfahren finden, soweit dieses Gesetz nichts anderes bestimmt, die Vorschriften der Zivilprozeßordnung entsprechende Anwendung.

§ 9.

Das Gericht hat alle das Verfahren betreffenden Ermittlungen anzustellen. Es kann zu diesem Zwecke insbesondere den Schuldner hören, Zeugen und Sachverständige vernehmen und eine Gläubigerversammlung berufen. Für diese Gläubigerversammlung genügt an Stelle der Ladungen öffentliche Bekanntmachung des Termins.

§ 10.

Die Entscheidungen des Gerichts können ohne mündliche Verhandlung ergehen.

§ 11.

Die Zustellungen erfolgen durch Aufgabe zur Post; die Postsendung ist, wenn die Person, an die zugestellt werden soll, sich im Ausland befindet, mit der Bezeichnung „Einschreiben" zu versehen.

Zustellungen an Personen, deren Aufenthalt unbekannt ist, finden nur statt, wenn die Person einen im Inland wohnenden zur Empfangnahme von Zustellungen befugten Vertreter hat, der dem Gericht bekannt ist.

Einer Beglaubigung des zuzustellenden Schriftstücks bedarf es nicht.

§ 12.

Oeffentliche Bekanntmachungen erfolgen durch mindestens einmalige Einrückung in das zur Veröffentlichung amtlicher Bekanntmachungen des Gerichts bestimmte Blatt; die Einrückung kann auszugsweise geschehen. Die Bekanntmachung gilt als bewirkt mit dem Ablauf des zweiten Tages nach der Ausgabe des die Einrückung oder die erste Einrückung enthaltenden Blattes.

Die Bekanntmachung ist auszugsweise in den Deutschen Reichsanzeiger einzurücken; auch kann das Gericht weitere Bekanntmachungen anordnen.

Die öffentliche Bekanntmachung gilt als Zustellung an alle Beteiligten, auch wenn dieses Gesetz neben ihr eine besondere Zustellung vorschreibt.

In der Bekanntmachung soll der Schuldner genau bezeichnet werden, insbesondere sollen seine Anschrift und sein Geschäftszweig angegeben werden.

§ 13.

Der Schuldner, die Vertrauensperson (§ 40) und jeder Gläubiger können die Akten einsehen; der Schuldner und die Vertrauensperson können sich auch Abschriften daraus erteilen lassen. Auf die Akteneinsicht durch andere Personen findet die Vorschrift des § 299 Abs. 2 der Zivilprozeßordnung entsprechende Anwendung.

Gläubigern kann die Einsicht in solche Teile der Akten versagt werden, deren Kenntnis für die Gläubiger ohne Bedeutung ist oder deren Geheimhaltung nach Angabe des Schuldners für die Fortführung seines Unternehmens erforderlich ist.

§ 14.

Die Entscheidungen des Gerichts können nur insoweit angefochten werden, als dieses Gesetz es bestimmt.

Soweit eine Anfechtung stattfindet, erfolgt sie durch sofortige Beschwerde. Die Beschwerdefrist (Notfrist) beträgt eine Woche. Sie beginnt mit der Verkündung der Entscheidung; wenn diese nicht verkündet wird, mit der Zustellung. Eine weitere Beschwerde findet nicht statt.

2. Abschnitt.

Eröffnung des Verfahrens.

§ 15.

Der Antrag auf Eröffnung des Vergleichsverfahrens muß einen bestimmten Vergleichsvorschlag enthalten und ergeben, ob und wie die Erfüllung des Vergleichs sichergestellt werden soll. Der Vorschlag muß dem § 6 genügen.

In dem Antrag hat der Schuldner anzugeben:

1. ob innerhalb der letzten fünf Jahre vor dem Tage des Antrags im Inland die Geschäftsaufsicht, das Konkursverfahren oder das Vergleichsverfahren zur Abwendung des Konkurses über sein Vermögen rechtskräftig eröffnet oder die Eröffnung eines dieser Verfahren mangels Masse rechtskräftig abgelehnt worden ist;
2. ob innerhalb derselben Frist von ihm der Offenbarungseid auf Grund des § 807 der Zivilprozeßordnung geleistet oder gegen ihn zur Erzwingung eines solchen Eides die Haft angeordnet worden ist;
3. wann und wo er geboren ist.

Zu Nr. 1 und 2 des Abs. 2 ist anzugeben, bei welchem Gerichte das Verfahren anhängig ist oder wann und bei welchem Gericht es anhängig gewesen ist.

Die Richtigkeit der Angaben (Abs. 2, 3) hat der Schuldner an Eides Statt zu versichern oder durch öffentliche Urkunden nachzuweisen.

§ 16.

Dem Antrag sind beizufügen:

1. ein Verzeichnis der Gläubiger und der Schuldner unter Angabe der einzelnen Forderungen und Schulden;
2. eine Uebersicht des Vermögensstandes des Schuldners;
3. eine Erklärung des Schuldners darüber, ob innerhalb des letzten Jahres vor dem Tage des Antrags zwischen ihm und seinem Ehegatten vor oder während der Ehe, seinen oder seines Ehegatten Verwandten auf- und absteigender Linie, seinen oder seines Ehegatten voll- und halbbürtigen Geschwistern oder den Ehegatten einer dieser Personen eine Vermögensauseinandersetzung stattgefunden hat, sowie darüber, ob und welche Verfügungen über Vermögensgegenstände er innerhalb des letzten Jahres vor dem Tage des Antrags zugunsten einer dieser Personen vorgenommen hat; Verfügungen, die ausschließlich gebräuchliche Gelegenheitsgeschenke zum Gegenstande hatten, bleiben außer Betracht;
4. die schriftliche Erklärung der Mehrheit der an dem Verfahren beteiligten Gläubiger, die zugleich mehr als die Hälfte der Gesamtsumme der von dem Vergleiche betroffenen Forderungen darstellen müssen, daß sie mit der Eröffnung eines Vergleichsverfahrens einverstanden sind; Gläubiger, deren Stimmen zugunsten eines Vergleichs nicht gezählt werden

(§ 64), bleiben bei der Berechnung der Mehrheiten außer Betracht; die Mehrheiten sind auf Grund des Gläubigerverzeichnisses (Nr. 1) zu berechnen;

5. wenn für die Erfüllung des Vergleichs Sicherheit geleistet werden soll, die genaue Bezeichnung der Sicherheiten und, wenn die Sicherheit in einer Bürgschaft besteht, die Bürgschaftserklärung;

6. die Erklärung des Schuldners, daß er bereit sei, den Offenbarungseid zu leisten.

Der Antrag und seine Anlagen sollen in zwei Stücken eingereicht werden.

§ 17.

In die Verzeichnisse der Gläubiger und der Schuldner (§ 16 Abs. 1 Nr. 1) sind alle Gläubiger und Schuldner aufzunehmen. Gläubiger, deren Forderungen der Schuldner bestreitet, und Schuldner, die ihre Schuld bestreiten, sind unter Angabe dieser Tatsachen aufzuführen. Gläubiger, die von dem Verfahren nicht betroffen werden, sind getrennt von den übrigen Gläubigern aufzuführen. Ist einer der im § 16 Abs. 1 Nr. 3 genannten Angehörigen Gläubiger oder Schuldner, so ist dies anzugeben. Ebenso ist anzugeben, wenn ein Gläubiger oder ein Schuldner mit dem Schuldner in einem Gesellschafts- oder anderen Gemeinschaftsverhältnisse steht; das Gesellschafts- oder andere Gemeinschaftsverhältnis ist genau zu bezeichnen.

Bei allen Gläubigern und Schuldnern ist ihre Anschrift anzugeben. Wohnt ein Gläubiger im Ausland oder ist sein Wohnort unbekannt, ist jedoch dem Schuldner ein im Inland wohnender zur Empfangnahme von Zustellungen befugter Vertreter bekannt, so ist auch dessen Anschrift anzugeben.

§ 18.

In der Uebersicht des Vermögensstandes (§ 16 Abs. 1 Nr. 2) müssen sämtliche Vermögensgegenstände (Aktiva) und Verbindlichkeiten (Passiva) einzeln unter Angabe ihres Betrages oder Wertes aufgeführt und einander gegenübergestellt werden. Bei Forderungen ist die Person des Schuldners, bei Verbindlichkeiten die Person des Gläubigers, bei beiden der Schuldgrund anzugeben. Bei allen Aktiven und Passiven sind etwaige Nebenrechte, insbesondere zur Sicherung übertragenes Eigentum, Hypotheken, Pfandrechte und Bürgschaften sowie Ansprüche aus zur Deckung erhaltenen oder begebenen Wechseln zu bezeichnen, bei Forderungen auch die vorhandenen Beweismittel. Bei Passiven, deren Gläubiger im Falle des Konkurses abgesonderte Befriedigung beanspruchen können, ist auch die Höhe des mutmaßlichen Ausfalls anzugeben. Uneinbringliche oder zweifelhafte Aktiva sind als solche kenntlich zu machen.

Ist der Schuldner Kaufmann, so hat er auch die letzte Bilanz einzureichen.

§ 19.

Unterläßt es der Schuldner, dem Antrag die im § 16 Abs. 1 genannten Anlagen beizufügen, oder genügen der Antrag und die beigefügten Anlagen nicht den Vorschriften des § 15, des § 16 Abs. 1 und der §§ 17, 18, so kann das Gericht, falls der Mangel entschuldbar erscheint, dem Schuldner eine Frist zur Nachholung bewilligen. Die Frist soll in der Regel nicht über eine Woche, im Falle des § 1 Abs. 3 nicht über zwei Wochen, in keinem Falle aber über vier Wochen bemessen werden.

§ 20.

Vor der Entscheidung über den Antrag hat das Gericht unbeschadet seiner Verpflichtung nach § 9, wenn der Schuldner Handel- oder Gewerbetreibender oder Landwirt ist, die zuständige amtliche Berufsvertretung des Handels (Industrie), Handwerks (Gewerbes) oder der Landwirtschaft zu hören. Die Vertretung hat sich über den Antrag unverzüglich, spätestens jedoch vor Ablauf einer Woche zu äußern; sie kann eine bestimmte Vertrauensperson (§ 40) benennen. Das Gericht kann die Frist auf Antrag der Vertretung um eine weitere Woche verlängern.

Die Anhörung der Berufsvertretung unterbleibt, wenn der Eröffnung des Vergleichsverfahrens einer der im § 22 bezeichneten Gründe entgegensteht und die Beseitigung dieses Grundes nicht möglich oder mit Sicherheit nicht zu erwarten ist.

§ 21.

Nach Abschluß der erforderlichen Ermittlungen, insbesondere nach Eingang der Aeußerung der amtlichen Berufsvertretung oder nach Ablauf der im § 20 Abs. 1 Satz 2, 3 bezeichneten Frist, entscheidet das Gericht, ob das Vergleichsverfahren zu eröffnen ist.

§ 22.

Die Eröffnung ist abzulehnen,

1. wenn den Erfordernissen des § 15, des § 16 Abs. 1 oder der §§ 17, 18 nicht genügt ist und der Mangel auch nicht innerhalb der nach § 19 gesetzten Frist beseitigt wird;

2. wenn der Schuldner flüchtig ist oder sich verborgen hält oder auf eine an ihn ergehende Ladung des Gerichts (§ 9) ohne genügende Entschuldigung ausbleibt;
3. wenn gegen den Schuldner wegen betrügerischen Bankrotts eine gerichtliche Untersuchung oder ein wiederaufgenommenes Verfahren anhängig oder der Schuldner wegen betrügerischen Bankrotts rechtskräftig verurteilt ist;
4. wenn sich, insbesondere aus der Uebersicht des Vermögensstandes (§ 16 Abs. 1 Nr. 2, § 18), der nach § 16 Abs. 1 Nr. 3 vom Schuldner abzugebenden Erklärung oder aus der Bilanz (§ 18 Abs. 2) ergibt, daß der Schuldner seinen Vermögensverfall durch Unredlichkeit oder Leichtsinn herbeigeführt hat, daß er den Antrag auf Eröffnung des Vergleichsverfahrens böswillig verzögert hat oder daß der Vergleichsvorschlag der Vermögenslage des Schuldners nicht entspricht;
5. wenn das Vermögen des Schuldners unter Berücksichtigung der in dem Vergleichsvorschlag übernommenen Verpflichtungen nicht ausreicht, um die gerichtlichen Kosten des Verfahrens einschließlich der einer Vertrauensperson zu gewährenden Vergütung zu decken; die Ablehnung unterbleibt, wenn ein zur Deckung dieser Kosten ausreichender Geldbetrag bei Stellung des Antrages vorgeschossen oder sonst hinreichend sichergestellt wird.

§ 23.

Die Eröffnung kann abgelehnt werden,

1. wenn die Gläubiger bei einem Vergleiche, der auf einen ziffernmäßig bestimmten teilweisen Erlaß ihrer Forderungen lautet, nicht mindestens die Hälfte ihrer Forderungen erhalten sollen und die amtliche Berufsvertretung das Angebot als unzureichend bezeichnet;
2. wenn innerhalb der letzten fünf Jahre vor dem Tage des Antrags auf Eröffnung des Vergleichsverfahrens im Inland die Geschäftsaufsicht, das Konkursverfahren oder das Vergleichsverfahren zur Abwendung des Konkurses über das Vermögen des Schuldners rechtskräftig eröffnet oder mangels Masse rechtskräftig abgelehnt worden ist;
3. wenn innerhalb der letzten fünf Jahre vor dem Tage des Antrags auf Eröffnung des Vergleichsverfahrens der Schuldner im Inland den Offenbarungseid auf Grund des

§ 807 der Zivilprozeßordnung geleistet hat oder im Inland gegen ihn zur Erzwingung dieses Eides die Haft angeordnet worden ist.

§ 24.

Wird die Eröffnung des Vergleichsverfahrens abgelehnt, so ist zugleich über die Eröffnung des Konkursverfahrens zu entscheiden. Für diese Entscheidung gilt der Antrag auf Eröffnung des Vergleichsverfahrens als Antrag auf Eröffnung des Konkursverfahrens, der nicht zurückgenommen werden kann.

Gegen die Entscheidung über die Eröffnung des Konkursverfahrens steht dem Schuldner die sofortige Beschwerde zu. Mit ihr kann auch geltend gemacht werden, daß die Eröffnung des Vergleichsverfahrens zu Unrecht abgelehnt worden sei.

§ 25.

In dem Beschlusse, durch den das Vergleichsverfahren eröffnet wird, ist die Stunde der Eröffnung anzugeben.

Ist dies versäumt worden, so gilt als Zeitpunkt der Eröffnung die Mittagsstunde des Tages, an dem der Beschluß erlassen worden ist.

§ 26.

Bei der Eröffnung des Vergleichsverfahrens ist ein Termin zur Verhandlung über den Vergleichsvorschlag zu bestimmen.

Der Vergleichstermin ist nicht über einen Monat hinauszurücken.

§ 27.

Der Gerichtsschreiber hat den Eröffnungsbeschluß und den Vergleichstermin sofort öffentlich bekanntzumachen.

Der Schuldner und die aus dem Gläubigerverzeichnis ersichtlichen, an dem Verfahren beteiligten Gläubiger sowie die Vertrauensperson (§ 40) sind unter Bekanntmachung des Eröffnungsbeschlusses zu dem Vergleichstermine zu laden (§ 11).

Der Antrag auf Eröffnung des Vergleichsverfahrens nebst seinen Anlagen und das Ergebnis der etwaigen weiteren Ermittlungen wird auf der Gerichtsschreiberei zur Einsicht der Beteiligten (Abs. 2) niedergelegt. In der öffentlichen Bekanntmachung und in der Ladung der Gläubiger ist darauf hinzuweisen.

3. Abschnitt.

Wirkungen der Eröffnung des Vergleichsverfahrens.

§ 28.

Ist ein gegenseitiger Vertrag zur Zeit der Eröffnung des Vergleichsverfahrens von dem Schuldner und von dem anderen Teile noch nicht oder noch nicht vollständig erfüllt, so kann jeder Vertragsteil mit Ermächtigung des Gerichts die Erfüllung oder die weitere Erfüllung ablehnen.

Das Gesuch um Ermächtigung zur Ablehnung der Erfüllung oder der weiteren Erfüllung muß binnen zwei Wochen nach der öffentlichen Bekanntmachung des Eröffnungsbeschlusses (§ 27) bei dem Gericht angebracht werden. Vor der Entscheidung soll das Gericht die bestellte Vertrauensperson (§ 40) und den Vertragsgegner hören. Dem Schuldner soll die Ermächtigung nur erteilt werden, wenn die Erfüllung oder die weitere Erfüllung des Vertrags das Zustandekommen oder die Ausführbarkeit des Vergleichs gefährden würde und die Ablehnung der Erfüllung dem anderen Teile keinen unverhältnismäßigen Schaden bringt.

§ 29.

Auf Miet- und Pachtverträge, bei denen der Schuldner der Vermieter oder der Verpächter ist, sowie auf Dienstverträge, bei denen der Schuldner der zur Dienstleistung Verpflichtete ist, finden die Vorschriften des § 28 keine Anwendung.

Auf Miet- und Pachtverträge, bei denen der Schuldner der Mieter oder Pächter ist und der Miet- oder Pachtgegenstand ihm vor der Eröffnung des Verfahrens bereits überlassen worden ist, sowie auf Dienstverträge, bei denen der Schuldner der Dienstberechtigte ist, finden die Vorschriften des § 28 mit folgenden Maßgaben Anwendung:

1. An die Stelle der Befugnis zur Ablehnung der Erfüllung oder der weiteren Erfüllung tritt die Befugnis, das Vertragsverhältnis ohne Rücksicht auf eine vereinbarte Vertragsdauer unter Einhaltung der gesetzlichen Frist zu kündigen.
2. Bei Mietverträgen über Grundstücke oder Räume kann nur der Schuldner gemäß Nr. 1 kündigen.
3. Wird ein Miet- oder Pachtvertrag auf Grund der vorstehenden Bestimmungen vorzeitig gekündigt, so kann das dem Vermieter oder dem Verpächter nach den §§ 559, 581,

585 des Bürgerlichen Gesetzbuchs zustehende Pfandrecht für einen infolge der vorzeitigen Beendigung des Vertrags erwachsenden Schadensersatzanspruch nicht geltend gemacht werden.

§ 30.

Wird die Erfüllung oder die weitere Erfüllung eines gegenseitigen Vertrags auf Grund des § 28 abgelehnt oder ein Miet-, Pacht- oder Dienstvertrag auf Grund des § 29 Abs. 2 vorzeitig gekündigt, so kann der Vertragsgegner des Schuldners Schadensersatz wegen Nichterfüllung verlangen. Er ist mit dem Ersatzanspruch am Vergleichsverfahren beteiligt und wird von dem Vergleiche betroffen.

§ 31.

Von der Stellung des Antrags auf Eröffnung des Vergleichsverfahrens bis zur Rechtskraft der Entscheidung, die das Verfahren beendet, ist die Entscheidung über einen Antrag auf Eröffnung des Konkursverfahrens ausgesetzt.

§ 32.

Nach der Eröffnung des Vergleichsverfahrens können die an ihm beteiligten Gläubiger Zwangsvollstreckungen gegen den Schuldner nicht mehr vornehmen. Das gleiche gilt für solche Gläubiger, die nur deshalb an dem Vergleichsverfahren nicht beteiligt sind, weil ihre Ansprüche nach § 63 der Konkursordnung im Konkursverfahren nicht geltend gemacht werden können.

§ 33.

Zwangsvollstreckungen, die zur Zeit der Eröffnung des Vergleichsverfahrens zugunsten eines an ihm beteiligten Gläubigers gegen den Schuldner anhängig sind, sind für die Dauer des Verfahrens einstweilen einzustellen. Das gleiche gilt für Zwangsvollstreckungen zugunsten solcher Gläubiger, die nur deshalb an dem Vergleichsverfahren nicht beteiligt sind, weil ihre Ansprüche nach § 63 der Konkursordnung im Konkursverfahren nicht geltend gemacht werden können.

Das Vergleichsgericht kann die endgültige Einstellung und die Aufhebung der Vollstreckungsmaßregeln auf Antrag der Vertrauensperson anordnen, wenn die Verfügung über den von der Vollstreckung betroffenen Gegenstand im Interesse der an dem Vergleichsverfahren beteiligten Gläubiger geboten ist.

§ 34.

Zwangsvollstreckung (§§ 32, 33) ist auch die Vollziehung eines Arrestes oder einer einstweiligen Verfügung.

§ 35.

Erhebt ein am Vergleichsverfahren beteiligter Gläubiger nach Eröffnung des Verfahrens Klage auf Leistung, so fallen ihm die Prozeßkosten zur Last, wenn der Schuldner den Anspruch sofort anerkennt. Dies gilt nicht, wenn der Gläubiger bei der Erhebung der Klage die Eröffnung des Vergleichsverfahrens nicht kannte oder aus besonderen Gründen an alsbaldiger Erlangung des Urteils ein berechtigtes Interesse hatte.

§ 36.

Ein Gläubiger, der nach der Eröffnung des Vergleichsverfahrens Zwangsvollstreckungen in das Vermögen des Schuldners nicht mehr vornehmen kann (§ 32), bleibt zur Aufrechnung befugt; die Vorschriften der §§ 54, 55 der Konkursordnung finden entsprechende Anwendung. Soweit die Aufrechnung hiernach statthaft ist, wird die Befugnis dazu durch die Wirkungen des Vergleichs nicht berührt.

§ 37.

Ist der Schuldner Kaufmann, so hat er von der Zustellung des Beschlusses über die Eröffnung des Vergleichsverfahrens bis zur Bekanntmachung des Beschlusses über die Beendigung des Verfahrens seiner Firma den ausgeschriebenen Zusatz „im Vergleichsverfahren" beizufügen. Auf den im § 15a der Gewerbeordnung vorgesehenen Gebrauch der Firma findet diese Vorschrift keine Anwendung.

Die Vorschriften des § 32 und des § 37 Abs. 1 des Handelsgesetzbuchs finden entsprechende Anwendung. Der Gerichtsschreiber hat eine beglaubigte Abschrift der Formel des Eröffnungsbeschlusses und der Entscheidung, welche das Vergleichsverfahren beendet, dem Registergerichte mitzuteilen.

§ 38.

Der Schuldner darf während der Dauer des Verfahrens die vorhandenen Mittel nur insoweit für sich verbrauchen, als es zu einer bescheidenen Lebensführung für ihn und seine Familie unerläßlich ist.

§ 39.

Die Verjährung der Ansprüche der an dem Vergleichsverfahren beteiligten Gläubiger ist von der Eröffnung des Vergleichsverfahrens bis zur Rechtskraft der Entscheidung, die das Verfahren beendet, gehemmt.

§ 40.

Das Gericht hat bei der Eröffnung des Vergleichsverfahrens zur Prüfung der Verhältnisse des Schuldners und zur Ueberwachung seiner Geschäftsführung sowie der Ausgaben für die Lebensführung des Schuldners und seiner Familie während des Verfahrens eine oder mehrere Vertrauenspersonen zu bestellen.

Von der Bestellung einer Vertrauensperson kann abgesehen werden, wenn sie aus besonderen Gründen, insbesondere wegen der Einfachheit und Klarheit der Verhältnisse oder wegen des geringen Umfanges des Geschäftsbetriebs des Schuldners, entbehrlich erscheint. Eine Vertrauensperson muß jedoch auch in diesem Fall bestellt werden, sobald ein Gläubiger oder der Schuldner es beantragt oder sich im Laufe des Verfahrens herausstellt, daß die Voraussetzungen des Satz 1 nicht oder nicht mehr vorliegen.

§ 41.

Die Vertrauensperson wird vom Gericht ausgewählt.

Die im § 16 Abs. 1 Nr. 4 genannte Gläubigermehrheit kann eine bestimmte Vertrauensperson vorschlagen, solange nicht eine andere bestellt ist. Das gleiche gilt nach der Entlassung einer bestellten Vertrauensperson (§ 45 Abs. 2). Einem solchen Vorschlag ist stattzugeben, es sei denn, daß die vorgeschlagene Person ablehnt oder daß Tatsachen vorliegen, die sie als ungeeignet erscheinen lassen. Der Beschluß, durch den die Bestellung einer vorgeschlagenen Vertrauensperson abgelehnt wird, ist zu begründen und den Gläubigern, die den Vorschlag gemacht haben, zuzustellen. Wird der Vorschlag nicht mit dem Antrag (§ 15) verbunden, so sind vor der Entscheidung der Schuldner und die zuständige amtliche Berufsvertretung (§ 20) zu hören.

§ 42.

Der Gerichtsschreiber hat den Namen der Vertrauensperson öffentlich bekanntzumachen und dem Schuldner und den aus dem Gläubigerverzeichnis ersichtlichen, an dem Verfahren beteiligten Gläubigern ohne besondere Form mitzuteilen. Die Vorschriften des § 11 Abs. 2 und des § 12 Abs. 3 finden entsprechende Anwendung.

§ 43.

Der Vertrauensperson ist eine urkundliche Bescheinigung über ihre Bestellung zu erteilen. Die Bescheinigung ist bei Beendigung des Amtes dem Gerichte zurückzugeben.

§ 44.

Die Vertrauensperson ist für die Erfüllung ihrer Pflichten dem Schuldner und den am Verfahren beteiligten Gläubigern verantwortlich.

§ 45.

Die Vertrauensperson steht unter der Aufsicht des Gerichts.

Das Gericht kann gegen sie Ordnungsstrafen im Betrage von einer bis zu eintausend Reichsmark festsetzen und sie aus wichtigen Gründen ihres Amtes entlassen. Als ein wichtiger Grund soll es namentlich angesehen werden, wenn der Gläubigerausschuß oder in einer Gläubigerversammlung die im § 16 Abs. 1 Nr. 4 bezeichnete Mehrheit der Gläubiger die Entlassung beantragt.

Vor der Entscheidung ist die Vertrauensperson zu hören.

Gegen die Festsetzung einer Ordnungsstrafe steht der Vertrauensperson die sofortige Beschwerde zu. Das Vergleichsgericht kann der Beschwerde abhelfen.

§ 46.

Die Vertrauensperson kann von dem Schuldner die Erstattung angemessener barer Auslagen und eine angemessene Vergütung für ihre Geschäftsführung verlangen.

Die Höhe der Auslagen und der Vergütung setzt das Vergleichsgericht fest.

Gegen den Beschluß findet die sofortige Beschwerde statt. Das Vergleichsgericht kann der Beschwerde abhelfen.

Die Landesjustizverwaltung kann für die der Vertrauensperson zu gewährende Vergütung allgemeine Anordnungen treffen.

§ 47.

Der Schuldner hat der Vertrauensperson von der Aufnahme eines Darlehns oder dem Erwerbe von Gegenständen auf Kredit Anzeige zu machen. Er hat der Vertrauensperson Einsicht in seine Bücher und Geschäftspapiere zu gestatten; er und seine Angestellten haben ihr alle erforderlichen Auskünfte zu erteilen. Die Vertrauensperson ist berechtigt, die Geschäftsräume des Schuldners zu betreten und dort Nachforschungen anzustellen.

Die Vertrauensperson hat dem Gerichte sofort anzuzeigen, wenn ihr Tatsachen bekannt werden, die ein Einschreiten des Gerichts, insbesondere den Erlaß von Verfügungsbeschränkungen, die Einstellung des Vergleichsverfahrens oder die Verwerfung des Vergleichs, zu rechtfertigen vermögen. Sie hat dem Gericht auf Erfordern jederzeit Auskunft zu erteilen und in dem Vergleichstermin über die Sachlage, insbesondere über die Aussichten auf Erfüllung des Vergleichs, zu berichten.

§ 48.

Zur Unterstützung und Ueberwachung der Vertrauensperson kann das Gericht aus der Zahl der an dem Vergleichsverfahren beteiligten Gläubiger oder ihrer Vertreter einen Gläubigerausschuß bestellen, wenn der besondere Umfang des Unternehmens des Schuldners dies geboten erscheinen läßt. Ein Gläubigerausschuß ist zu bestellen, wenn der Schuldner, die im § 16 Abs. 1 Nr. 4 bezeichnete Gläubigermehrheit oder die Vertrauensperson es beantragen.

Das Gericht kann die Bestellung zum Mitglied des Ausschusses jederzeit widerrufen.

Die Mitglieder des Ausschusses sind für die Erfüllung ihrer Pflichten dem Schuldner und den an dem Vergleichsverfahren beteiligten Gläubigern verantwortlich.

Ein Beschluß des Ausschusses ist gültig, wenn die Mehrheit der Mitglieder an der Beschlußfassung teilgenommen hat und der Beschluß mit der Mehrheit der abgegebenen Stimmen gefaßt worden ist.

§ 49.

Die Mitglieder des Gläubigerausschusses sind berechtigt, die Bücher und Geschäftspapiere des Schuldners und der Vertrauensperson einzusehen und Aufklärung über hierbei sich ergebende Fragen zu verlangen. Sie haben dem Gerichte sofort anzuzeigen, wenn ihnen Tatsachen bekannt werden, die eine Entlassung der Vertrauensperson, ein Einschreiten des Gerichts gegen den Schuldner, insbesondere den Erlaß von Verfügungsbeschränkungen, die Einstellung des Vergleichsverfahrens oder die Verwerfung des Vergleichs, zu rechtfertigen vermögen.

§ 50.

Bei der Eröffnung des Vergleichsverfahrens hat das Gericht zu prüfen, ob und welche Verfügungsbeschränkungen dem Schuldner aufzuerlegen sind.

Das Gericht kann jederzeit während des Verfahrens von Amts wegen oder auf Antrag der Vertrauensperson, eines Mitglieds des Gläubigerausschusses oder eines an dem Verfahren beteiligten Gläubigers Verfügungsbeschränkungen anordnen.

§ 51.

Die Verfügungsbeschränkungen können darin bestehen, daß an den Schuldner ein allgemeines Veräußerungsverbot erlassen wird, oder daß dem Schuldner die Verfügung über einzelne Vermögensgegenstände verboten wird. Die Wirkungen dieser Maßnahmen bestimmen sich ausschließlich nach den Vorschriften der §§ 54 bis 57.

§ 52.

Auf das allgemeine Veräußerungsverbot finden die Vorschriften des § 25 entsprechende Anwendung.

Das allgemeine Veräußerungsverbot ist nach Maßgabe des § 12 öffentlich bekanntzumachen und dem Schuldner sowie seinen Schuldnern nach Maßgabe des § 11 zuzustellen.

§ 53.

Das allgemeine Veräußerungsverbot ist in das Grundbuch einzutragen:

1. bei den Grundstücken, als deren Eigentümer der Schuldner im Grundbuch eingetragen ist;
2. bei den für den Schuldner eingetragenen Rechten an Grundstücken oder an eingetragenen Rechten, wenn nach der Art des Rechtes und den obwaltenden Umständen bei Unterlassung der Eintragung eine Beeinträchtigung der an dem Vergleichsverfahren beteiligten Gläubiger zu besorgen ist.

Das Vergleichsgericht hat, soweit ihm solche Grundstücke oder Rechte bekannt sind, das Grundbuchamt von Amts wegen um die Eintragung zu ersuchen; die Eintragung kann auch von der Vertrauensperson beantragt werden.

Erwirbt der Schuldner während des Bestehens des allgemeinen Veräußerungsverbots ein Grundstück, ein Recht an einem Grundstück oder ein Recht an einem solchen Rechte, so finden die Vorschriften des Abs. 1 und 2 entsprechende Anwendung.

Die Eintragung von Vermerken auf Grund der vorstehenden Vorschriften geschieht gebührenfrei.

§ 54.

Das allgemeine Veräußerungsverbot hat die Wirkung, daß Verfügungen, die der Schuldner nach seinem Erlaß über sein Vermögen trifft, den am Vergleichsverfahren beteiligten Gläubigern gegenüber unwirksam sind.

Hat der Schuldner eine Verfügung am Tage des Erlasses des allgemeinen Veräußerungsverbots getroffen, so wird vermutet, daß er sie nach dem Erlasse des Verbots getroffen habe.

Die Vorschriften der §§ 892, 893 des Bürgerlichen Gesetzbuchs bleiben unberührt.

§ 55.

Das Verbot der Verfügung über einzelne Vermögensgegenstände hat die Wirkung, daß die Verfügung über den Gegenstand den am Vergleichsverfahren beteiligten Gläubigern gegenüber unwirksam ist. Die Vorschrift des § 135 Abs. 2 des Bürgerlichen Gesetzbuchs findet Anwendung.

Ist dem Schuldner die Verfügung über ein Grundstück, ein Recht an einem Grundstück oder ein Recht an einem solchen Rechte verboten worden, so finden die Vorschriften des § 53 Abs. 1, 2, 4 entsprechende Anwendung.

Ist dem Schuldner die Verfügung über einen Anspruch, insbesondere die Einziehung einer Forderung, verboten worden, so ist das Verbot auch dem Verpflichteten nach Maßgabe des § 11 zuzustellen; dabei hat ihm das Gericht zugleich die Leistung an den Schuldner zu verbieten.

Einem Schuldner des Schuldners gegenüber werden Verfügungsbeschränkungen, soweit sich nicht aus den Vorschriften des § 893 des Bürgerlichen Gesetzbuchs anderes ergibt, erst mit dem Zeitpunkt wirksam, in dem sie ihm bekannt werden. Ist die Anordnung der Verfügungsbeschränkung dem Schuldner des Schuldners zugestellt (§ 52 Abs. 2, § 55 Abs. 3) oder das allgemeine Veräußerungsverbot öffentlich bekanntgemacht (§ 52 Abs. 2), so wird die Kenntnis vermutet.

§ 57.

Eine Verfügungsbeschränkung steht der Wirksamkeit einer Verfügung nicht entgegen, wenn die Vertrauensperson der Verfügung zustimmt. Das Gericht kann Abweichendes bestimmen.

§ 58.

Eine angeordnete Verfügungsbeschränkung ist aufzuheben, wenn für sie kein Bedürfnis mehr besteht.

Die Aufhebung ist in derselben Weise zuzustellen, öffentlich bekanntzumachen und in das Grundbuch einzutragen wie die Anordnung (§ 52 Abs. 2, § 53. § 55 Abs. 2, 3).

4. Abschnitt.

Verhandlung im Vergleichstermine.

§ 59.

In dem Vergleichstermine wird über den Vergleichsvorschlag verhandelt, das Stimmrecht der Forderungen, soweit es bestritten wird, festgestellt und abgestimmt. Die an dem Vergleichsverfahren nicht beteiligten Gläubiger können in dem Vergleichstermin erscheinen und sind auf ihren Antrag zu hören.

§ 60.

Ein am Verfahren beteiligter Gläubiger, dessen Forderung in das Gläubigerverzeichnis (§ 16 Abs. 1 Nr. 1, § 17) nicht aufgenommen ist, wird bei der Abstimmung nach Maßgabe des § 62 berücksichtigt, wenn er seine Forderung bis zum Beginne der Abstimmung über den Vergleichsvorschlag schriftlich oder zu Protokoll des Gerichtsschreibers anmeldet.

Die Anmeldung hat den Betrag und den Grund der Forderung zu enthalten; urkundliche Beweisstücke sind in Urschrift oder in Abschrift der Anmeldung beizufügen und im Vergleichstermine vorzulegen.

Der Gerichtsschreiber hat das Gläubigerverzeichnis nach den Anmeldungen zu berichtigen.

§ 61.

Der Schuldner hat in dem Vergleichstermine persönlich zu erscheinen.

Er darf sich nur vertreten lassen, wenn er glaubhaft macht, daß ihn besondere Gründe am Erscheinen verhindern.

Auf Verlangen eines am Verfahren beteiligten Gläubigers hat der Schuldner im Vergleichstermine den Offenbarungseid dahin zu leisten, daß er nach bestem Wissen sein Vermögen und seine Verbindlichkeiten so vollständig angegeben habe, als er dazu imstande sei.

§ 62.

Die Forderungen der am Verfahren beteiligten Gläubiger werden an der Hand des berichtigten Gläubigerverzeichnisses erörtert; der Schuldner hat sich über sie zu erklären.

Soweit gegen eine Forderung weder der Schuldner noch ein beteiligter Gläubiger noch die Vertrauensperson Widerspruch erhebt, gilt sie als stimmberechtigt. Soweit widersprochen wird, ist zu erörtern, ob und zu welchem Betrag ein Stimmrecht gewährt werden soll. Einigen sich der Schuldner, die im Termin erschienenen, am Vergleichsverfahren beteiligten Gläubiger und die Vertrauensperson nicht, so entscheidet das Gericht. Es kann seine Entscheidung auf Antrag des Schuldners, eines im Termin erschienenen, am Verfahren beteiligten Gläubigers oder der Vertrauensperson bis zum Beginne der Abstimmung über den Vergleichsvorschlag ändern. Die Wirkung der Entscheidung beschränkt sich auf die Frage des Stimmrechts.

In gleicher Weise entscheidet das Gericht, ob und zu welchem Betrag aufschiebend bedingte Forderungen sowie Forderungen, für die abgesonderte Befriedigung beansprucht wird, zum Stimmen berechtigen.

Der Gerichtsschreiber hat nach der Erörterung einer jeden Forderung das Ergebnis in das Verzeichnis der Gläubiger einzutragen. Soweit gegen eine Forderung weder der Schuldner noch ein an dem Verfahren beteiligter Gläubiger noch die Vertrauensperson Widerspruch erhoben hat, ist in dem Verzeichnis zu vermerken, daß die Forderung anerkannt ist.

§ 63.

Zum Abschluß eines Vergleichs ist erforderlich, daß

1. die Mehrheit der stimmberechtigten Gläubiger dem Vergleiche zustimmt und
2. die Gesamtsumme der Forderungen der zustimmenden Gläubiger mindestens drei Vierteile der Forderungen der stimmberechtigten Gläubiger beträgt.

Die Mehrheiten berechnen sich nach dem berichtigten Gläubigerverzeichnisse.

Lautet der Vergleichsvorschlag auf einen ziffernmäßig bestimmten teilweisen Erlaß der Forderungen und gewährt er den Gläubigern nicht mindestens die Hälfte ihrer Forderungen, so muß die nach Abs. 1 Nr. 2 erforderliche Gesamtsumme der Forderungen der zustimmenden Gläubiger mindestens vier Fünfteile der Forderungen der stimmberechtigten Gläubiger betragen.

Soll der Vergleich nur auf Stundung bis zur Dauer von längstens einem Jahre nach der Bestätigung, allein oder in Verbindung mit einem Erlasse von Zinsen für die Dauer der Stundung, gehen, so genügt es, wenn die nach Abs. 1 Nr. 2 erforderliche Gesamtsumme mehr als die Hälfte der Gesamtsumme der Forderungen der stimmberechtigten Gläubiger beträgt.

§ 64.

Bei der Berechnung der Mehrheiten bleibt der Ehegatte des Schuldners außer Betracht, wenn er für den Vergleich gestimmt hat.

Das gleiche gilt von dem, dem der Ehegatte des Schuldners nach der Eröffnung des Vergleichsverfahrens oder in dem letzten Jahre vorher eine Forderung gegen den Schuldner abgetreten hat, soweit das Stimmrecht auf der abgetretenen Forderung beruht. Diese Vorschrift findet keine Anwendung, wenn der Ehegatte zu der Abtretung durch Gesetz oder durch einen Vertrag verpflichtet war, der früher als ein Jahr vor der Eröffnung des Vergleichsverfahrens geschlossen worden ist.

§ 65.

Ein Gläubiger kann dem Vergleichsvorschlag auch schriftlich zustimmen; die Erklärung ist nur zu berücksichtigen, wenn sie dem Gerichte bis zum Schlusse der Abstimmung zugegangen ist.

§ 66.

Der Vergleichstermin kann auf Antrag von drei Vierteilen der erschienenen, am Verfahren beteiligten Gläubiger vertagt werden, wenn zu erwarten ist, daß der neue Termin zu einem Vergleiche führen wird. Der Termin kann ferner vertagt werden, wenn der Schuldner sich ihm zulässigerweise hat vertreten lassen (§ 61 Abs. 2) und die Leistung des Offenbarungseids verlangt wird (§ 61 Abs. 3). Der neue Termin ist alsbald zu bestimmen und soll in der Regel nicht über zwei Wochen hinaus anberaumt werden.

5. Abschnitt.

Entscheidung über die Bestätigung des Vergleichs. Wirkung des bestätigten Vergleichs.

§ 67.

Der angenommene Vergleich bedarf der Bestätigung des Gerichts.

Das Gericht hat vor der Bestätigung den Schuldner, die Vertrauensperson und den Gläubigerausschuß zu hören.

Die Entscheidung über die Bestätigung ist in dem Vergleichstermin oder in einem alsbald zu bestimmenden, nicht über eine Woche hinaus anzusetzenden Termine zu verkünden.

§ 68.

Der Vergleich ist zu verwerfen,

1. wenn die für den Inhalt und den Abschluß des Vergleichs gegebenen Vorschriften sowie die Vorschriften über das nach der Eröffnung zu beobachtende weitere Verfahren in einem wesentlichen Punkte nicht beobachtet worden sind und das Fehlende nicht ergänzt werden kann;
2. wenn der Schuldner flüchtig ist oder sich verborgen hält, wenn gegen ihn eine gerichtliche Untersuchung oder ein Wiederaufnahmeverfahren wegen betrügerischen Bankrotts anhängig ist, oder wenn sich ergibt, daß er wegen betrügerischen Bankrotts rechtskräftig verurteilt worden ist.

Auf Antrag eines an dem Verfahren beteiligten Gläubigers ist der Vergleich zu verwerfen,

1. wenn er unlauter, insbesondere durch Begünstigung eines Gläubigers zustande gebracht worden ist;
2. wenn er dem gemeinsamen Interesse der beteiligten Gläubiger widerspricht.

Das Gericht kann eine Glaubhaftmachung der den Antrag (Abs. 2) begründenden Tatsachen erfordern.

§ 69.

Wird der Vergleich bestätigt, so ist zugleich das Vergleichsverfahren aufzuheben. Die Aufhebung ist nach Maßgabe des § 12 öffentlich bekanntzumachen.

War eine Verfügungsbeschränkung angeordnet worden, so verliert sie für die Zukunft ihre Kraft. § 58 Abs. 2 findet entsprechende Anwendung.

Mit der Aufhebung des Vergleichsverfahrens endet das Amt der Vertrauensperson und der Mitglieder des Gläubigerausschusses. Ein Antrag auf Eröffnung des Konkursverfahrens, über den die Entscheidung nach § 31 ausgesetzt war, gilt als nicht gestellt.

§ 70.

Hat ein Gläubiger später als am dreißigsten Tage vor der Stellung des Antrags auf Eröffnung des Vergleichsverfahrens durch Zwangsvollstreckung eine Sicherung oder Befriedigung erlangt, so wird, sofern die Voraussetzungen des § 3 Abs. 2 oder 3 zutreffen, mit der Bestätigung des Vergleichs die Sicherung unwirksam und ist das zur Befriedigung Erlangte nach den Vorschriften über die Herausgabe einer ungerechtfertigten Bereicherung herauszugeben. Der Tag der Stellung des Antrags auf Eröffnung des Vergleichsverfahrens wird in die Frist nicht eingerechnet. Zwangsvollstreckung ist auch die Vollziehung eines Arrestes oder einer einstweiligen Verfügung.

§ 71.

Wird der Vergleich verworfen, so ist zugleich über die Eröffnung des Konkursverfahrens zu entscheiden. Für diese Entscheidung gilt der Antrag auf Eröffnung des Vergleichsverfahrens als Antrag auf Eröffnung des Konkursverfahrens, der nicht zurückgenommen werden kann. Gegen die Entscheidung über die Eröffnung des Konkursverfahrens steht dem Schuldner die sofortige Beschwerde zu. Mit ihr kann auch geltend gemacht werden, daß der Vergleich zu Unrecht verworfen worden sei.

Die Entscheidung, die den Vergleich verwirft, und die Entscheidung über die Eröffnung des Konkursverfahrens werden erst mit der Rechtskraft wirksam.

§ 72.

Der Beschluß, durch den der Vergleich verworfen wird, ist, wenn der Konkurs nicht eröffnet wird, nach Rechtskraft dem Schuldner, der Vertrauensperson und jeden an dem Verfahren beteiligten Gläubiger zuzustellen und nach Maßgabe des § 12 öffentlich bekanntzumachen.

Die Vorschriften des § 69 Abs. 2, Abs. 3 Satz 1 finden entsprechende Anwendung.

§ 73.

Der bestätigte Vergleich ist wirksam für und gegen alle an dem Verfahren beteiligten Gläubiger, auch wenn sie an dem Verfahren nicht teilgenommen oder gegen den Vergleich gestimmt haben.

Die Rechte der Gläubiger gegen Mitschuldner und Bürgen des Schuldners sowie die Rechte aus einem für die Forderung bestehenden Pfandrecht, aus einer für sie bestehenden Hypothek, Grundschuld oder Rentenschuld oder aus einer zu ihrer Sicherung eingetragenen Vormerkung werden, unbeschadet der Vorschrift des § 70, durch den Vergleich nicht berührt.

§ 74.

Der Vergleich wirkt nach Maßgabe des § 73 auch für und gegen die Forderungen aus einer Freigebigkeit des Schuldners.

Die für die Zeit von der Eröffnung des Verfahrens bis zur Bestätigung des Vergleichs laufenden Zinsen der von dem Vergleiche betroffenen Forderungen sowie die Kosten, welche den von dem Vergleiche betroffenen Gläubigern durch die Teilnahme an dem Verfahren oder eine nach § 70 wirkungslos werdende Vollstreckungsmaßregel erwachsen sind, gelten, wenn nicht der Vergleich etwas anderes bestimmt, mit der Bestätigung des Vergleichs als erlassen.

§ 75.

Aus dem bestätigten Vergleich in Verbindung mit einem Auszug aus dem berichtigten Gläubigerverzeichnisse findet wegen der darin als anerkannt vermerkten Forderungen gegen den Schuldner und die Personen, die in dem Vergleiche für seine Erfüllung neben dem Schuldner ohne Vorbehalt der Einrede der Vorausklage Verpflichtungen übernommen haben, die Zwangsvollstreckung unter entsprechender Anwendung der §§ 724 bis 793 der Zivilprozeßordnung statt.

Für Klagen auf Erteilung der Vollstreckungsklausel sowie für Klagen, durch welche eine die Forderung selbst betreffende Einwendung geltend gemacht oder der bei der Erteilung der Vollstreckungsklausel als bewiesen angenommene Eintritt der Voraussetzungen für ihre Erteilung bestritten wird, ist das Amtsgericht, bei dem das Vergleichsverfahren anhängig war, und, wenn der Streitgegenstand die Zuständigkeit des Amtsgerichts übersteigt, das Landgericht ausschließlich zuständig, zu dessen Bezirke das Vergleichsgericht gehört.

§ 76.

Der Vergleich verliert für alle von ihm betroffenen Gläubiger, unbeschadet der ihnen durch den Vergleich gewährten Rechte, seine Wirkung, wenn der Schuldner wegen vorsätzlicher Verletzung der Eidespflicht bei Leistung des ihm nach § 61 auferlegten Eides oder im Zusammenhange mit dem Vergleichsverfahren wegen betrügerischen Bankrotts oder deswegen rechtskräftig verurteilt wird, weil er die im § 15 Abs. 4 vorgeschriebene Versicherung an Eides Statt vorsätzlich falsch abgegeben hat.

Auf Antrag eines von dem Vergleiche betroffenen Gläubigers kann das Gericht, bei dem das Vergleichsverfahren anhängig war, auch schon vor der rechtskräftigen Verurteilung des Schuldners Sicherungsmaßregeln anordnen, insbesondere Verbote nach Maßgabe der §§ 51 bis 58 erlassen.

§ 77.

Jeder von dem Vergleiche betroffene Gläubiger kann, unbeschadet der durch den Vergleich gewährten Rechte, den Vergleich anfechten, wenn er durch Betrug zustande gekommen ist und der Gläubiger ohne sein Verschulden außerstande war, den Anfechtungsgrund im Vergleichsverfahren einschließlich des Bestätigungsverfahrens geltend zu machen.

§ 78.

Es kann nicht deshalb auf Aufhebung des Vergleichs geklagt werden, weil der Vergleich nicht erfüllt wird.

6. Abschnitt.

Einstellung des Verfahrens.

§ 79.

Das Vergleichsverfahren ist einzustellen,

1. wenn der Schuldner den Antrag zurücknimmt; die Rücknahme des Antrags ist bis zur Beendigung der Abstimmung über den Vergleichsvorschlag zulässig;
2. wenn vor dem Zustandekommen des Vergleichs (§ 63) das Vergleichsverfahren unzulässig wird (§ 22) oder sich ergibt, daß die Eröffnung des Verfahrens hätte abgelehnt werden müssen und das Fehlende nicht ergänzt werden kann;
3. wenn der Schuldner einem nach § 51 erlassenen Verbote vorsätzlich zuwiderhandelt;
4. wenn der Schuldner der Vertrauensperson oder einem Mitglied des Gläubigerausschusses die Einsicht in seine Bücher und Geschäftspapiere oder ohne genügenden Grund eine Auskunft oder eine Aufklärung verweigert;
5. wenn der Schuldner durch einen nach Lage der Sache unangemessenen Aufwand der Vorschrift des § 38 zuwiderhandelt;
6. wenn der Schuldner in dem Vergleichstermine nicht erscheint und, soweit dies zulässig ist, sich auch nicht vertreten läßt;
7. wenn der Schuldner die Leistung des Offenbarungseides (§ 61) verweigert;

8. wenn sich im Vergleichstermine die zum Abschluß des Vergleichs erforderliche Mehrheit nicht ergibt und ein Antrag auf Vertagung des Termins nicht gestellt oder abgelehnt wird.

In den Fällen der Nr. 6 und 7 kann die Einstellung unterbleiben, wenn drei Vierteile der in dem Termin erschienenen, am Verfahren beteiligten Gläubiger mit der Fortsetzung des Verfahrens einverstanden sind. Wird das Verfahren nicht eingestellt, so ist alsbald ein neuer Vergleichstermin zu bestimmen, der in der Regel nicht über zwei Wochen hinaus anberaumt werden soll.

Im Falle der Nr. 6 darf der Einstellungsbeschluß erst am dritten Werktag nach dem Terminstag erlassen werden. Macht der Schuldner vor dem Erlasse des Beschlusses dem Gerichte glaubhaft, daß er oder, soweit Vertretung zulässig war, sein Vertreter durch einen auch bei äußerster Sorgfalt nicht zu vermeidenden Zufall an der Wahrnehmung des Termins verhindert worden ist und auch keine Möglichkeit hatte, dies dem Gerichte vor dem Termin anzuzeigen, so unterbleibt die Einstellung, und es ist ein neuer Vergleichstermin anzuberaumen, der in der Regel nicht über zwei Wochen hinaus angesetzt werden soll.

§ 80.

Wird das Verfahren eingestellt, so ist zugleich über die Eröffnung des Konkursverfahrens zu entscheiden. Für diese Entscheidung gilt der Antrag auf Eröffnung des Vergleichsverfahrens als Antrag auf Eröffnung des Konkursverfahrens, der nicht zurückgenommen werden kann. Gegen die Entscheidung über die Eröffnung des Konkursverfahrens steht dem Schuldner die sofortige Beschwerde zu. Mit ihr kann auch geltend gemacht werden, daß die Einstellung des Vergleichsverfahrens zu Unrecht erfolgt sei.

Die Entscheidung über die Einstellung des Vergleichsverfahrens und die Entscheidung über die Eröffnung des Konkursverfahrens werden erst mit der Rechtskraft wirksam.

§ 81.

Der Beschluß, durch den das Vergleichsverfahren eingestellt wird, ist, wenn der Konkurs nicht eröffnet wird, nach Rechtskraft dem Schuldner, der Vertrauensperson und jedem an dem Verfahren beteiligten Gläubiger zuzustellen und nach Maßgabe des § 12 öffentlich bekanntzumachen. Die Vorschriften des § 69 Abs. 2, Abs. 3 Satz 1 finden entsprechende Anwendung.

7. Abschnitt.

Ueberleitung des Vergleichsverfahrens in das Konkursverfahren.

§ 82.

Wird bei Ablehnung der Eröffnung des Vergleichsverfahrens, bei der Verwerfung des Vergleichs oder bei der Einstellung des Vergleichsverfahrens das Konkursverfahren eröffnet, so gelten die Vorschriften der §§ 83 bis 87.

§ 83.

Die im § 32 vorgesehene Beschränkung der Rechte der Gläubiger bleibt wirksam. Ein nach § 51 erlassenes Verbot gilt als zugunsten der Konkursgläubiger erlassen.

§ 84.

Hat ein Gläubiger später als am dreißigsten Tage vor der Stellung des Antrags auf Eröffnung des Vergleichsverfahrens durch Zwangsvollstreckung eine Sicherung oder Befriedigung erlangt, so wird, sofern die Voraussetzungen des § 3 Abs. 2 oder 3 zutreffen, mit der Eröffnung des Konkursverfahrens die Sicherung unwirksam und ist das zur Befriedigung Erlangte nach den Vorschriften über die Herausgabe einer ungerechtfertigten Bereicherung herauszugeben. Der Tag der Stellung des Antrags auf Eröffnung des Vergleichsverfahrens wird in die Frist nicht eingerechnet. Zwangsvollstreckung ist auch die Vollziehung eines Arrestes oder einer einstweiligen Verfügung.

§ 85.

Die gerichtlichen Kosten des Vergleichsverfahrens sowie der Anspruch der Vertrauensperson auf Ersatz ihrer Auslagen und auf Vergütung (§ 46) gehören zu den Massekosten im Sinne des § 58 Nr. 1, 2 der Konkursordnung.

§ 86.

Ansprüche aus Darlehen, die der Schuldner während der Dauer des Vergleichsverfahrens zur Fortführung seines Geschäfts, insbesondere zur Bezahlung von Löhnen oder ähnlichen Forderungen, oder im Interesse des Zustandekommens oder der Ausführung eines Vergleichs, insbesondere zur Befriedigung von Kleingläubigern, mit Zustimmung der Vertrauensperson aufgenommen hat, gehören zu den Masseschulden im Sinne des § 59 Nr. 1 der Konkursordnung.

§ 87.

Soweit die Anfechtbarkeit einer Rechtshandlung im Konkurse von der Kenntnis des Antrags auf Eröffnung des Konkursverfahrens abhängt, steht die Kenntnis des Antrags auf Eröffnung des Vergleichsverfahrens der Kenntnis des Antrags auf Eröffnung des Konkursverfahrens gleich.

In die im § 31 Nr. 2, in den §§ 32, 33, 55 Nr. 3 und im § 183 Abs. 2 der Konkursordnung bezeichneten Fristen wird die seit der Eröffnung des Vergleichsverfahrens verstrichene Zeit nicht eingerechnet.

8. Abschnitt.

Besondere Bestimmungen.

§ 88.

Bei Aktiengesellschaften, Gesellschaften mit beschränkter Haftung, anderen juristischen Personen und Vereinen, die als solche verklagt werden können, ist die Einleitung des Vergleichsverfahrens nach der Auflösung unzulässig.

§ 89.

Für offene Handelsgesellschaften, Kommanditgesellschaften und Kommanditgesellschaften auf Aktien gelten folgende besonderen Vorschriften:

1. Die Einleitung des Vergleichsverfahrens ist unzulässig, wenn die Gesellschaft aufgelöst ist.
2. Der Vergleichsvorschlag muß von allen persönlich haftenden Gesellschaftern gemacht werden.
3. Soweit es für die Eröffnung oder die Fortsetzung des Verfahrens auf das Verhalten des Schuldners ankommt, genügt es, wenn ein die Ablehnung der Eröffnung, die Verwerfung des Vergleichs oder die Einstellung des Verfahrens rechtfertigender Grund in der Person eines persönlich haftenden Gesellschafters, in den Fällen des § 79 Abs. 1 Nr. 3 bis 7 in der Person eines zur Vertretung berechtigten Gesellschafters vorliegt; dies gilt insbesondere von der Rücknahme des Antrags.
4. Der Vergleich begrenzt, soweit er nichts anderes festsetzt, zugleich den Umfang der persönlichen Haftung des Gesellschafters.

§ 90.

In dem Vergleichsverfahren über das Privatvermögen eines persönlich haftenden Gesellschafters einer offenen Handelsgesellschaft, einer Kommanditgesellschaft oder einer Kommanditgesellschaft auf Aktien sind die Gesellschaftsgläubiger, wenn über das Gesellschaftsvermögen das Vergleichsverfahren oder das Konkursverfahren eröffnet worden ist, nur in Höhe des Betrags beteiligt, für den sie in dem Verfahren über das Gesellschaftsvermögen keine Befriedigung erhalten. § 62 Abs. 3 findet entsprechende Anwendung.

Das Vergleichsverfahren über das Vermögen einer offenen Handelsgesellschaft, einer Kommanditgesellschaft oder einer Kommanditgesellschaft auf Aktien steht im Sinne des § 212 der Konkursordnung dem Konkursverfahren gleich.

§ 91.

Für eingetragene Genossenschaften, die den Vorschriften des Gesetzes, betreffend die Erwerbs- und Wirtschaftsgenossenschaften, unterliegen, gelten folgende besonderen Vorschriften:

1. Die Einleitung des Vergleichsverfahrens ist unzulässig, wenn die Genossenschaft aufgelöst ist.
2. Zur Stellung des Antrags ist jedes Mitglied des Vorstandes berechtigt. Wird der Antrag nicht von allen Vorstandsmitgliedern gestellt, so hat das Gericht vor der Entscheidung die Vorstandsmitglieder, welche den Antrag nicht gestellt haben, zu hören.
3. In dem Verzeichnis der Gläubiger und der Schuldner (§ 16 Abs. 1 Nr. 1) ist anzugeben, wenn ein Gläubiger Mitglied der Genossenschaft ist; das gleiche gilt für eine Anmeldung gemäß § 60. In dem Antrag ist weiter anzugeben, welchem Revisionsverbande die Genossenschaft angehört oder innerhalb der letzten drei Jahre vor der Stellung des Antrags angehört hat; hat die Genossenschaft innerhalb dieser Zeit keinem Revisionsverband angehört, so ist der Revisionsverband anzugeben, in dessen Bezirke die Genossenschaft ihren Sitz hat. Der Antrag und seine Anlagen sollen in drei Stücken eingereicht werden.
4. der Revisionsverband, dem die Genossenschaft angehört, ist vor der Entscheidung über den Antrag auf Eröffnung des Vergleichsverfahrens nach Maßgabe des § 20 sowie vor der Entscheidung über die Bestellung einer von der Gläubigermehrheit vorgeschlagenen Vertrauensperson (§ 41 Abs. 2) zu

hören. Die Eröffnung des Vergleichsverfahrens kann gemäß § 23 Nr. 1 abgelehnt werden, wenn der Revisionsverband das Angebot als unzureichend bezeichnet.

Gehört die Genossenschaft keinem Revisionsverband an, so stehen die im vorstehenden Absatz bezeichneten Rechte dem Revisionsverbande, dem die Genossenschaft innerhalb der letzten drei Jahre vor der Stellung des Antrags angehört hat, oder, wenn sie auch in dieser Zeit keinem Revisionsverband angehört hat, dem Revisionsverbande zu, in dessen Bezirke die Genossenschaft ihren Sitz hat. Kommen hiernach mehrere Revisionsverbände in Betracht, so steht die Auswahl dem Gerichte zu.

5. Zum Abschluß eines Vergleichs ist erforderlich, daß die Gläubiger, die Mitglieder der Genossenschaft sind, und die Gläubiger, die nicht Mitglieder der Genossenschaft sind, dem Vergleiche gesondert mit den im § 63 festgesetzten Mehrheiten zustimmen.

6. Hat ein Genosse seinen Austritt aus der Genossenschaft erklärt oder der Gläubiger eines Genossen das Kündigungsrecht ausgeübt, so scheidet der Genosse nicht vor dem Schlusse des Geschäftsjahrs aus, in dem das Vergleichsverfahren endet oder, wenn in einem Vergleich eine Stundung bewilligt wird, die Stundung abläuft. Die Erklärung des Genossen oder des Gläubigers über den Austritt oder die Kündigung ist spätestens sechs Wochen vor dem Ende des Geschäftsjahrs, mit dessen Schlusse der Genosse ausscheidet, oder, wenn das Vergleichsverfahren innerhalb der letzten sechs Wochen dieses Jahres endet, unverzüglich zu der Liste der Genossen einzureichen. Der Jahresschluß, zu dem der Genosse ausscheidet, ist erst nach Beendigung des Vergleichsverfahrens in die Liste der Genossen einzutragen; ist er bereits früher eingetragen, so ist nachträglich zu vermerken, daß ein Vergleichsverfahren eröffnet worden ist.

§ 92.

Für das Vergleichsverfahren zur Abwendung des Nachlaßkonkurses gelten folgende besonderen Vorschriften:

1. Zur Stellung des Antrags ist mit Ausnahme der Nachlaßgläubiger berechtigt, wer die Eröffnung des Konkurses beantragen kann. Die Vorschriften des § 217 Abs. 3 und des § 218 Abs. 2 der Konkursordnung gelten entsprechend. Mehrere Erben können den Antrag nur gemeinschaftlich stellen.

2. Der Antrag kann vor der Annahme der Erbschaft gestellt werden.
3. Der Antrag kann nicht mehr gestellt werden, wenn der Erbe oder einer der Erben für die Nachlaßverbindlichkeiten allen oder einzelnen Nachlaßgläubigern gegenüber unbeschränkt haftet oder wenn der Nachlaß geteilt ist.
4. In Ansehung der Haftung des Erben für die Nachlaßverbindlichkeiten wirkt das Vergleichsverfahren und ein in dem Verfahren geschlossener Vergleich wie der Nachlaßkonkurs und ein in dem Konkursverfahren geschlossener Zwangsvergleich.
5. Soweit es für die Eröffnung oder die Fortsetzung des Verfahrens auf das Verhalten des Schuldners ankommt, genügt es, wenn ein die Ablehnung der Eröffnung, die Verwerfung des Vergleichs oder die Einstellung des Verfahrens rechtfertigender Grund in der Person eines von mehreren Miterben vorliegt.
6. Die im § 226 Abs. 2 und 4 der Konkursordnung genannten Gläubiger sind an dem Vergleichsverfahren nicht beteiligt und werden von einem Vergleiche nicht betroffen; sie können jedoch während der Dauer des Vergleichsverfahrens in den Nachlaß keine Zwangsvollstreckung vornehmen, insbesondere Arreste und einstweilige Verfügungen nicht vollziehen.
7. Die Beteiligung der Nachlaßgläubiger an einem Vergleichsverfahren über das Vermögen des Erben oder des Ehemanns der Erbin bestimmt sich nach den im § 234 der Konkursordnung für die Beteiligung an einem Konkursverfahren gegebenen Vorschriften.

§ 93.

Auf das Vergleichsverfahren zur Abwendung des Konkurses über das Gesamtgut einer fortgesetzten Gütergemeinschaft finden die Vorschriften des § 92 entsprechende Anwendung. Vor der Entscheidung über den Antrag auf Eröffnung des Verfahrens sind die anteilsberechtigten Abkömmlinge, soweit tunlich, zu hören.

§ 94.

Ein Vergleichsverfahren zum Zwecke der Abwendung des Konkursverfahrens über das Vermögen einer Versicherungsunternehmung, die der Beaufsichtigung nach Maßgabe des Gesetzes über die privaten Versicherungsunternehmungen vom 12. Mai 1901 (Reichsgesetzbl. S. 139) unterliegt, findet nicht statt.

9. Abschnitt.

Strafvorschriften.

§ 95.

Wer in einem Verfahren auf Herbeiführung eines Vergleichs zur Abwendung des Konkurses erdichtete Forderungen geltend macht, um sich oder einem anderen einen Vermögensvorteil zu verschaffen, wird mit Zuchthaus bis zu zehn Jahren, bei mildernden Umständen mit Gefängnis oder mit Geldstrafe bestraft.

§ 96.

Ein Gläubiger, der sich besondere Vorteile dafür gewähren oder versprechen läßt, daß er bei der Abstimmung über den Vergleichsvorschlag in einem bestimmten Sinne stimmt, wird mit Gefängnis bis zu einem Jahre oder mit Geldstrafe bestraft.

10. Abschnitt.

Schluß- und Uebergangsvorschriften.

§ 97.

Das Gerichtsverfassungsgesetz in der Fassung der Bekanntmachung vom 22. März 1924 (Reichsgesetzbl. I S. 299) wird dahin geändert:

Der § 202 erhält die Fassung:

Auf das Kostenfestsetzungsverfahren, das Mahnverfahren, das Zwangsvollstreckungsverfahren, das Konkursverfahren und das Vergleichsverfahren zur Abwendung des Konkurses sind die Ferien ohne Einfluß.

§ 98.

Das Gesetz, betreffend die Anfechtung von Rechtshandlungen außerhalb des Konkursverfahrens, in der Fassung der Bekanntmachung vom 20. Mai 1898 (Reichsgesetzbl. S. 709) wird dahin geändert:

Der § 3 erhält folgenden zweiten Absatz:

In die Fristen wird die Zeit nicht eingerechnet, während der ein Verfahren auf Herbeiführung eines Vergleichs zum Zwecke der Abwendung des Konkursverfahrens anhängig war.

§ 99.

Das Gerichtskostengesetz (Reichsgesetzbl. 1923 I S. 12, 135, 813, 1186; 1924 I S. 135, 662; 1927 I S. 53) wird dahin geändert:

1. Im § 1 treten an die Stelle der Worte „oder die Konkursordnung" die Worte „die Konkursordnung oder das Gesetz über den Vergleich zur Abwendung des Konkurses".
2. Der dritte Abschnitt erhält die Ueberschrift:

   Gebühren im Konkursverfahren und im Vergleichsverfahren zur Abwendung des Konkurses.
3. Im § 40 werden hinter den Worten „im Konkursverfahren" die Worte eingefügt „und im Vergleichsverfahren zur Abwendung des Konkurses".
4. Hinter § 48 werden folgende Vorschriften eingestellt:

§ 48a.

Für das Vergleichsverfahren zur Abwendung des Konkurses wird die volle Gebühr (§ 8) erhoben. Die Gebühr ermäßigt sich auf die Hälfte, wenn das Verfahren sich ohne Anberaumung eines Vergleichstermins erledigt.

Wird das Vergleichsverfahren in das Konkursverfahren übergeleitet (§ 82 des Gesetzes über den Vergleich zur Abwendung des Konkurses), so wird die im Vergleichsverfahren gemäß Abs. 1 entstandene Gebühr auf die im § 42 bestimmte Gebühr angerechnet. Wird bei Beendigung des Vergleichsverfahrens die Eröffnung des Konkursverfahrens abgelehnt, so wird die Gebühr des § 41 nicht erhoben.

Für das Verfahren zur Abnahme des Offenbarungseids gemäß § 61 Abs. 3 des Gesetzes über den Vergleich zur Abwendung des Konkurses wird eine Gebühr nicht erhoben.

§ 48b.

Die im § 48a Abs. 1 bestimmten Gebühren werden nach dem Werte der Aktiven (§ 18 des Gesetzes über den Vergleich zur Abwendung des Konkurses) zur Zeit der Stellung des Antrags auf Eröffnung des Vergleichsverfahrens erhoben. Uebersteigt der Wert der Aktiven den Gesamtbetrag der Forderungen der am Verfahren beteiligten Gläubiger, so ist der letztere maßgebend.

§ 48c.

Für das Verfahren in der Beschwerdeinstanz findet § 38 Abs. 2 mit der Maßgabe entsprechende Anwendung, daß nur die halbe Gebühr erhoben wird.

5. Im § 74 werden hinter den Worten „in bürgerlichen Rechtsstreitigkeiten" die Worte eingefügt „im Vergleichsverfahren zur Abwendung des Konkurses".
6. Hinter § 78 wird folgende Vorschrift eingestellt:

§ 78a.

Im Vergleichsverfahren zur Abwendung des Konkurses ist Schuldner der Gebühren und Auslagen der Vergleichsschuldner.

§ 100.

Die Gebührenordnung für Rechtsanwälte (Reichsgesetzbl. 1898 S. 692; 1909 S. 475; 1910 S. 767; 1916 S. 1263; 1919 S. 2115; 1921 S. 910; 1923 I S. 1, 813, 1188; 1924 I S. 135, 662; 1927 I S. 53) wird dahin geändert:

1. Im § 1 treten an die Stelle der Worte „oder die Konkursordnung" die Worte „die Konkursordnung oder das Gesetz über den Vergleich zur Abwendung des Konkurses".
2. Der dritte Abschnitt erhält die Ueberschrift:

   Gebühren im Konkursverfahren und im Vergleichsverfahren zur Abwendung des Konkurses.
3. Im § 53 werden hinter den Worten „im Konkursverfahren" die Worte eingefügt „und im Vergleichsverfahren zur Abwendung des Konkurses".
4. Hinter § 61 wird folgende Vorschrift eingestellt:

§ 61a.

Der Rechtsanwalt erhält für die Tätigkeit im Vergleichsverfahren zur Abwendung des Konkurses die Sätze des § 9. Die Gebühr verringert sich um die Hälfte, wenn sich die Vertretung vor dem Vergleichstermin erledigt.

Für die Vertretung in der Beschwerdeinstanz erhält der Rechtsanwalt den Satz des § 41 Nr. 1.

Die Gebühren werden bei der Vertretung des Schuldners nach dem Betrage der Aktiven (§ 48b des Gerichtskostengesetzes) und bei der Vertretung eines Gläubigers nach dem Werte der Forderung unter entsprechender Anwendung des § 148 der Konkursordnung berechnet.

§ 101.

Dieses Gesetz tritt mit dem 1. Oktober 1927 in Kraft.

Mit dem Inkrafttreten dieses Gesetzes treten die Verordnung über die Geschäftsaufsicht zur Abwendung des Konkurses vom 14. Dezember 1916 (Reichsgesetzbl. S. 1363) in der Fassung der Verordnungen vom 8. Februar und 14. Juni 1924 (Reichsgesetzbl. I S. 51, 641) sowie das Gesetz zur Aenderung der Bekanntmachung des Bundesrats über die Geschäftsaufsicht zur Abwendung des Konkurses vom 14. Dezember 1916 in der Fassung der Verordnung vom 8. Februar 1924, vom 12. Juni 1924 (Reichsgesetzbl. I S. 641) außer Kraft.

Die beim Inkrafttreten dieses Gesetzes anhängigen Geschäftsaufsichten werden nach den bisherigen Vorschriften weitergeführt. Wird nicht binnen einem Monat nach dem Inkrafttreten dieses Gesetzes oder, wenn die Geschäftsaufsicht nicht früher als einen Monat vor dem Inkrafttreten dieses Gesetzes angeordnet worden ist, binnen zwei Monaten nach dem Inkrafttreten dieses Gesetzes ein Vergleich abgeschlossen, so ist die Geschäftsaufsicht aufzuheben und, auch wenn ein solcher Antrag nicht vorliegt, von Amts wegen zu entscheiden, ob das Konkursverfahren zu eröffnen sei. Die Vorschriften der §§ 50 bis 58, des § 69 Abs. 1 Satz 2 Abs. 2 finden mit dem Inkrafttreten dieses Gesetzes auf die anhängigen Geschäftsaufsichten Anwendung.

Berlin, den 5. Juli 1927.

Der Reichspräsident
von Hindenburg.

Der Reichsminister der Justiz
Hergt.

2. Gesetzestext mit Erläuterungen.

---

1. Abschnitt.

Allgemeine Vorschriften.

§ 1.

Ein Schuldner, der zahlungsunfähig geworden ist, kann zur Abwendung des Konkurses bei dem für die Eröffnung des Konkursverfahrens zuständigen Gerichte die Eröffnung eines gerichtlichen Vergleichsverfahrens beantragen.

Die Eröffnung des Vergleichsverfahrens kann auch im Falle der Ueberschuldung beantragt werden, wenn das Konkursverfahren im Falle der Ueberschuldung eröffnet werden könnte.

Ist gegen den Schuldner ein Antrag auf Eröffnung des Konkursverfahrens gestellt worden, so kann der Schuldner bei seiner nach § 105 Abs. 2, 3 der Konkursordnung vorgeschriebenen Anhörung die Eröffnung des Vergleichsverfahrens beantragen.

Uebersicht über die Anmerkungen:

I.	Vglfähigkeit	1
II.	Vglgrund	
	Zahlungsunfähigkeit	2
	Ueberschuldung	3
III.	Pflicht zum VV.-Antrag	4
IV.	Antrag	5
V.	Zuständigkeit	6
VI.	Anhörung des Sch.	7
VII.	Sicherungen	8
VIII.	Internationales Recht	9—13

I. **Vglfähigkeit.**

1 Sie deckt sich grundsätzlich mit der Kksfähigkeit (Ausnahme bei juristischen Personen im Auflösungszustand und bei Versicherungsunternehmungen — vgl. §§ 88 ff., 94).

Vglfähig sind also alle natürlichen und juristischen Personen. Geschäftsfähigkeit und Kaufmannseigenschaft ist nicht erforderlich. Es können also z. B. auch Landwirte, Rentner, Beamte, Gelehrte, Entmündigte (natürlich durch ihren Vormund) das VV. einleiten. — Auch eine OHGes. und KoGes. ist als solche vglfähig. Ebenso der Verein ohne Rechtsfähigkeit (vgl. § 213 KO. und § 88 VglO.). Vglfähig sind ferner juristische Personen, wie AktGes., KoGes. a. A., GmbHGen., Stiftungen nach BGB., Innungen, Innungsausschüsse, Innungsverbände. Im übrigen richtet es sich nach Landesrecht, inwieweit andere Körperschaften, Stiftungen und Anstalten des öffentlichen Rechts kksfähig und damit vglfähig sind[1]).

Ueber einen **Nachlaß** kann ebenso wie über das Gesamtgut einer fortgesetzten **Gütergemeinschaft** das VV. eröffnet werden. Auch für einen **Ausländer** kann das VV. angeordnet werden, sofern ein inländischer Gerichtsstand gegen ihn gegeben ist (vgl. Anm. 6 und § 13 ZPO.). **Ehegatten** können nicht gemeinschaftlich, sondern nur jeder für seine Person das VV. einleiten.

Die **stille Gesellschaft** als solche kann kein VV. einleiten, vielmehr nur der Geschäftsinhaber selbst. Wird die stille Gesellschaft nach den zwischen den Beteiligten getroffenen Vereinbarungen durch das VV. **aufgelöst,** so ist, je nachdem inwieweit der stille Gesellschafter am Verlust beteiligt ist, entweder ein Aktiv- oder ein Passivsaldo des stillen Gesellschafters vorhanden. Hinsichtlich des Aktivsaldos ist der stille Gesellschafter ein am VV. beteiligter Gl.; besteht ein Passivsaldo, so gehört der Anspruch gegen den stillen Gesellschafter zu der zur Befriedigung der Gl. zur Verfügung stehenden Masse. Bei der Berechnung des Verlustes kommen dem stillen Gesellschafter auch Besserungen des Vermögensstandes des Sch. während des VV. nicht zugute, also auch nicht die Besserung des Vermögensstandes, die der Geschäftsinhaber durch den Vgl. und die dadurch erfolgte Verminderung des Betrages der Passiva erzielt[1a]). Wird dagegen die stille Gesellschaft durch Eröffnung des VV. **nicht aufgelöst,**

---

1) Vgl. § 15, 3 EGZPO.; wegen der Kksfähigkeit der Gemeinden insbes. Ascher i. LZ. 1929, 810.

1a) So Staub § 340 Anm. 17; JW. 1889, 270; 1901, 404; 1903, 10; 1905, 719 und RGZ 31 36 so wird bei der Berechnung der künftigen Einlage des stillen Gesellschafters und seiner Beteiligung am Verlust die Besserung des Vermögensstandes des Sch. (Geschäftsinhabers), die durch den Vgl. und die damit verbundene Ermäßigung der Passiva eintritt, auch zugunsten des stillen Gesellschafters mit berücksichtigt werden müssen, denn an diesem Sanierungsgewinn, der den Verlust des Sch. (Geschäftsinhabers) mindert, muß im Falle der Fortsetzung der stillen Gesellschaft auch der stille Gesellschafter selbst hinsichtlich seines Verlustanteils partizipieren.

II. **VglGrund**

ist Zahlungsunfähigkeit und Ueberschuldung.

Zahlungsunfähigkeit liegt vor, wenn der Sch. nicht mehr 2
imstande ist, seine fälligen Verpflichtungen, auch unter Inanspruchnahme seines Kredites, zu erfüllen (vgl. RG. 100, 65). Die bedeutsamste Erscheinungsform der Zahlungsunfähigkeit bildet die **Zahlungseinstellung.** Von der Zahlungseinstellung sind zu scheiden die bloß vorübergehende Zahlungsschwierigkeit und Zahlungsstockung. Die Zahlungseinstellung muß eine Kundgabe wirklicher Zahlungsunfähigkeit sein; die Erklärung des Sch. an seine Gläubiger, er sei außerstande, fernerhin seinen Verbindlichkeiten nachzukommen, enthält somit eine echte Zahlungseinstellung nur dann, wenn sie der Wahrheit entspricht, wenn also das Nichtzahlen auf einem Nichtkönnen beruht, mag auch der Sch. das Unvermögen selbst durch Beiseiteschaffen der bereiten Mittel herbeigeführt haben. Nicht genügt, daß der Sch. fernere Zahlungen verweigert, weil er nicht zahlen will, weil er die erhobenen Ansprüche für unbegründet hält, weil er glaubt, die Leistung — etwa auf Grund von Gegenansprüchen — verweigern zu dürfen; nicht genügt, daß er aus Krankheit oder bloßer Nachlässigkeit die Erfüllung seiner laufenden Verbindlichkeiten versäumt oder daß er selbst seine Zahlungsunfähigkeit irrtümlicherweise annimmt. Eine Feststellung durch Dritte (vielleicht nach Einsicht der Bücher oder der Geschäftsbriefe), während der Sch. aus einem anderen Grunde als seiner Verbindlichkeiten wegen abwesend oder geisteskrank oder im Zustande vorübergehender Bewußtlosigkeit und ohne Vertreter ist, genügt nicht zur Annahme der Zahlungs-

unfähigkeit, ebenso auch nicht die Entziehung eines Bankkredits, auf den der Sch. angewiesen ist[3]).

Zahlungsunfähigkeit ist VglGrund auch dann, wenn sie nicht KksGrund ist, z. B. für NachlaßVV. und GesamtgutVV.

3 **Ueberschuldung** kann an Stelle der Zahlungsunfähigkeit VglGrund sein, wenn sie KksGrund ist, also bei AktGes., KoGes.a.A., GmbH., Nachlaß, Gesamtgut einer fortgesetzten Gütergemeinschaft, nicht rechtsfähigem Verein und sonstigen juristischen Personen aller Art, sofern sie kksfähig sind[4]). Bei Gen. ist die Ueberschuldung VglGrund, wenn sie höher ist als 25 % des Betrages der Haftsummen aller Genossen (vgl. §§ 98, 140 GenGes.). Ueberschuldung liegt vor, wenn die Passiven die Aktiven überwiegen. Aber eine Ueberschuldung ist nicht identisch mit einer Unterbilanz. Für die Bilanzen der Gesellschaften gelten besondere Vorschriften, durch die die Passiven u. U. erhöht werden (vgl. §§ 261 ff. HGB.; § 62 GmbHGes.) **Grund- und Stammkapital** gehört zwar bilanzmäßig zu den Passiven, wird aber bei der Prüfung der Frage, ob eine Ueberschuldung vorliegt, nicht mitgezählt. Vgl. im übrigen § 88 Anm. 2; § 91 Anm. 1.

III. Pflicht zum VVAntrag.

4 Der Sch. kann das VV. beantragen. Eine Pflicht hierzu besteht für den Sch. im selben Umfang, in dem er verpflichtet ist, den Antrag auf Eröffnung des Kksverfahrens zu stellen. Durch das Ges. über die Pflicht zum Antrag auf Eröffnung des Kks. oder des gerichtlichen VglVerfahrens v. 25. 3. 30 (RGBl. 1930 I S. 93) sind die Vorschriften des HGB., die durch KriegsVO. v. 8. 8. 14 außer Kraft gesetzt waren, wiederhergestellt und erweitert worden. Es genügt, wenn an Stelle des Kks. das VV. beantragt wird. Für AktGes., GmbH., Vereine vgl. § 88 Anm. 2. Für Gen. vgl. § 91 Anm. 1. Für Erben vgl. § 92 Anm. 1. Für Einzelfirmen, OHGes. und KoGes. besteht eine derartige gesetzliche Verpflichtung zur Einleitung des VV. nicht. Hier kommen nur die Strafvorschriften über einfachen und betrügerischen Bankerott (§§ 240, 241 KO.) in Betracht[5]).

3) Jäger KO. § 30 Anm. 1 ff.
4) Vgl. §§ 207, 209, 213, 215, 236 KO. u. a.
5) Vgl. Ullmann JW. 1930, 1344 und Eisold KTrW. 1930, 95.

IV. **Antrag.**

Den Antrag auf Eröffnung des VV. kann nur der Sch. stellen; denn nur der Sch. kann ermessen, ob er noch in der Lage ist, zu einem Vgl. zu gelangen und den Kks. zu vermeiden (Begr. S. 15). Zur Stellung des Antrags ist berechtigt der Sch. als physische Person selbst oder sein Bevollmächtigter. Ist er in der Geschäftsfähigkeit beschränkt oder wegen Gebrechlichkeit oder Abwesenheit unter Pflegeschaft gestellt, so steht das Antragsrecht seinem gesetzlichen Vertreter zu. 5

Eine **Ehefrau** bedarf zur Stellung des Antrags nicht der ehemännlichen Genehmigung. Der Ehemann kann nicht auf Grund seiner Verwaltung und Nutznießung das VV. beantragen[5a]). Soweit die Ehefrau im Vgl. neue Rechtsgeschäfte eingeht (Anerkennung einer Forderung, Bestellung einer Hypothek usw.), hängt die Wirksamkeit dieser Rechtsgeschäfte gegenüber dem Manne von dessen Zustimmung zum Vgl. ab, wenn nach dem zwischen den Ehegatten bestehenden Güterrechte seine Zustimmung erforderlich ist.

Wegen des Antragsrechtes bei **Gesellschaften** und beim **Nachlaß** vgl. §§ 88 ff., 92.

V. **Zuständigkeit.**

Das für die Eröffnung des Kks. zuständige Gericht ist ein AG., und zwar in erster Linie dasjenige, bei dem der Sch. seine gewerbliche Niederlassung hat (§ 71 KO.), in Ermangelung einer solchen das AG. des allgemeinen Gerichtsstandes (§ 71 KO. mit §§ 13 ff., 21 ZPO.). Unter einer **gewerblichen Niederlassung** ist mit Jaeger (KO. § 71 Anm. 10) eine zum unmittelbaren und selbständigen Geschäftsabschluß ermächtigte Betriebsstelle, nicht eine lediglich Vertragsabschlüsse vermittelnde Agentur (mag sie auch den Namen Generalagentur führen) und ebensowenig die Einrichtung eines technischen — wenn auch noch so großen — Betriebes für sich allein zu verstehen. Nicht jede einzelne Zweigniederlassung (Filiale), sondern lediglich die Hauptniederlassung (Zentrale) schafft die Zuständigkeit des Kksgerichtes. Der **allgemeine Gerichtsstand** einer natürlichen Person ist in erster Linie deren Wohnsitz, in zweiter Linie 6

5a) So auch Kiesow § 1 Anm. 8.

ihr Aufenthalt und schließlich der letzte Wohnsitz (§ 13 ff. ZPO.).

Hat der Schuldner in den Bezirken verschiedener AG. mehrere gewerbliche Niederlassungen, so ist jedes dieser AG. zuständig. Falls der Schuldner weder eine gewerbliche Niederlassung noch einen allgemeinen Gerichtsstand im Deutschen Reiche hat, aber ein in Deutschland gelegenes, mit wirtschaftlichen Gebäuden versehenes Gut als Eigentümer, Nutznießer oder Pächter bewirtschaftet, so ist Ksgericht ausschließlich das AG., in dessen Bezirk sich das Gut befindet (§ 238 Abs. 2 KO.)

Für die Anordnung des VV. über einen **Nachlaß** ist ausschließlich das AG. zuständig, bei dem der Erblasser zur Zeit seines Todes den allgemeinen Gerichtsstand hatte (§ 214 KO.). Wegen des Ksgerichts über das Gesamtgut der fortgesetzten **Gütergemeinschaft** vgl. § 236 KO.

Maßgebend für die Bestimmung der Zuständigkeit ist der Zeitpunkt der Eröffnung des VV. Nachträglich eintretende Umstände ändern also die Zuständigkeit nicht. Sind mehrere Gerichte zuständig, so hat der Sch. die Wahl; gegebenenfalls Bestimmung des zuständigen Gerichts durch das nächsthöhere Gericht[6]). Wird das VV. beim unzuständigen Gericht beantragt, so ist **Verweisung** an das zuständige auf dahingehenden Antrag zulässig. Hat das unzuständige Gericht rechtskräftig eröffnet, so liegt trotzdem ein Einstellungsgrund gem. § 79 Nr. 2 VglO. nicht vor. Das VV. muß durchgeführt werden. Wegen der Berechnung der Sperrfrist vgl. § 3 Anm. 4. Auch der Vgl. und seine Bestätigung sind deshalb nicht unwirksam, weil das Gericht örtlich unzuständig war[7]).

Die **Verbindung** mehrerer VV. erscheint unzulässig (z. B. bei Eröffnung des VV. über eine OHG. und über das Privatvermögen der beiden Inhaber), schon deswegen, weil das Stimmrecht der Gl. verschieden festgestellt werden muß (vgl. § 90)[8]).

---

6) Vgl. § 8 VglO. vbd. m. § 36 ZPO.

7) Vgl. Kiesow § 1 Anm. 12, teilw. a. M. Mayer § 1 Anm. 28; RG. KTrW. 1931, 39.

8) So auch Schumann KTrW. 1930, 191; Samolewitz § 1 Anm. 8; Mayer § 1 Anm. 29.

VI. Anhörung des Sch.

Nach § 105 KO. ist der Sch. vor der Entscheidung über die Eröffnung des KsVerfahrens zu hören. Diese Anhörung soll der Sch. dazu benutzen können, dem Ks. durch Beantragung des VV. zu begegnen; daß er dem KsAntrag auch schon früher einen Antrag auf Eröffnung des VV. entgegensetzen kann, ist selbstverständlich. Stellt der Sch. einen solchen Antrag, so wird, wie § 31 ergibt, die Erledigung des KsAntrags zunächst ausgesetzt und darüber erst und nur entschieden, wenn der Antrag auf Eröffnung des VV. abgelehnt oder einem abgeschlossenen Vgl. die Bestätigung versagt worden ist. Kommt es zum Vgl., so gilt der Antrag als nicht gestellt (§ 69, Abs. 3 Satz 3; Begr. S. 16). Jedenfalls kann der Sch. den VVAntrag stellen, solange nicht über den KsAntrag entschieden ist[9]). Hat der Sch. selbst KsAntrag gestellt und will er später an Stelle des Ks. das VV. eröffnen lassen, so muß er natürlich den KsAntrag erst zurücknehmen. 7

Ist die Eröffnung des Ks. nach Auffassung des Sch. zu Unrecht erfolgt, so kann er bei seiner Anhörung für den Fall der KsEröffnung die Eröffnung des VV. hilfsweise beantragen; dies ist verträglich mit dem Grundsatz, daß ein VVAntrag an sich unbedingt sein muß[10]).

VII. Sicherungen.

Vor Eröffnung des VV. ist ein allgemeines Veräußerungsverbot auf Grund der VglO. unzulässig. Wohl aber kann das Gericht, wenn ein Gl. KsAntrag gestellt hat, gemäß § 106 KO. ein allgemeines Veräußerungsverbot erlassen. Dieses auf den Vorschriften der KO. beruhende Veräußerungsverbot ist mit Eröffnung des VV. aufzuheben, kann aber ersetzt werden durch ein Veräußerungsverbot nach §§ 50 ff. VglO. 8

VIII. Internationales Recht.

Die Anhängigkeit eines Ks. oder Präventivakkordverfahrens über den Sch. **im Ausland** hindert nicht die Er- 9

9) So OLG. Dresden 10. 9. 29, KTrW. 1929; Hertzfeld in KTrW. 1931, 19; Levy § 1 Anm. 7; a. M. Neeße KTrW. 1929, 149; Kiesow § 31 Anm. 3; vgl. hierzu auch unter § 31 Anm. 1.

10) Samolewitz § 1 Anm. 12; Kiesow § 15 Anm. 1.

öffnung des VV. über den Sch. im Inland, sofern ein deutsches Gericht für das VV. zuständig ist (vgl. § 237 KO.). Solchenfalls ist Nachweis der Zahlungsunfähigkeit nicht erforderlich (vgl. § 238 Abs. 3 KO.). Das Saargebiet gilt insoweit als Ausland[11]).

10 **Ob der Vgl.** nach Durchführung des VV. **auch im Ausland wirkt,** entscheidet sich nach ausländischem Recht, ebenso ob ein inländischer Gl., der am VV. beteiligt war, im Ausland in das Vermögen des Sch. vollstrecken kann[12]). In den einzelnen Staaten wird diese Frage, ob im dortigen Inland ein ausländischer Präventivakkord wirkt, sehr verschieden behandelt. Eine einheitliche zwischenstaatliche Regelung wäre überaus erwünscht[13]).

Nach **deutschem Recht** gilt, daß die Wirkung eines ausländischen Kks. oder Präventivakkords nicht auf das Inland übergreift, sondern auf das Ausland sich beschränkt. Dabei ist es gleichgültig, ob der betreffende Gl. Ausländer oder Deutscher ist, ob er dem ausländischen Präventivakkord (Zwangsvergleich) zugestimmt hat oder nicht, ob der ausländische Sch. sein in Deutschland befindliches Vermögen angegeben hatte oder nicht[14]).

11 Hinsichtlich der Rechtslage **im Ausland** ist zu beachten, daß die ausländischen Staaten zum Teil in verschiedene Rechtsgebiete zerfallen[15]). Im allgemeinen scheint (von nachstehenden Ausnahmen abgesehen) auch im Ausland die Auffassung zu gelten, daß sich die Wirkungen eines fremden Präventivakkords auf den Staat beschränken, in dem er

---

11) LG. Frankfurt JW. 1928, 3129; LG. Saarbrücken JW. 1928, 2036.

12) Vgl. Kiesow § 1 Anm. 16; Samolewitz § 34 Anm. 2.

13) Vgl. über die nächsten Aufgaben auf dem Gebiete der zwischenstaatlichen Gegenseitigkeit beim VV. György KTrW. 1931, 20; eine Zusammenstellung der europäischen Präventivakkord-Gesetzgebung in Harnick „Der gerichtliche Ausgleich".

14) Vgl. RGZ. 6, 401; 14, 405; 21, 7; 52, 155; 54, 193; 100, 242 und Entsch. des RG. 13. 3. 29 — I 331/28; Jaeger Anm. 1 zu § 237; Mentzel KO. § 237 Anm. 2.

15) Vgl. Sik in Mitt. d. Kreditorenvereins von 1870, 1927 Nr. 26 S. 2; die Tschechoslowakei hat 3, Polen 4, Rumänien 6, Jugoslawien ebenfalls 6 Rechtsgebiete; auch Italien, Frankreich und Dänemark besitzen in den neu erworbenen Landesteilen anderweite Rechtsgebiete.

zustande gekommen ist[16]). Nach **belgischem Recht** allerdings scheint die Wirksamkeit eines Präventivakkords (Zwangs-Vgl.) sich nicht nur auf das Gebiet des Staates zu erstrecken, in dem der Akkord zustande kam[17]). In **Schweden** wird offenbar die Wirksamkeit eines ausländischen Akkords davon abhängig gemacht, ob der betreffende Anspruch sich unter Berücksichtigung der Grundsätze des internationalen Privatrechts nach schwedischem Recht beurteilt und ob beim Zustandekommen des Akkords die Vorschriften beobachtet worden sind, die nach schwedischem Recht zur Wirksamkeit eines Akkords erforderlich sind; ist der Anspruch nach ausländischem Recht zu beurteilen, so ist der vom ausländischen Gericht bestätigte Akkord bindend, wenn der Akkord nach den Gesetzen des ausländischen Staates zu rechtmäßig zustande gekommen und für die Gläubiger bindend ist[18]). Auch in **Oesterreich** ist die Frage scheinbar noch nicht völlig geklärt. Jedoch bindet ein vor einem ausländischen Gericht abgeschlossener Vgl. auch den (österreichischen) Gl., wenn er sich an dem ausländischen Präventivakkord durch Anmeldung seiner Forderung beteiligt und der ausländische Sch. sein österreichisches Vermögen mit angegeben hat[19]). Ebenso bindet ein vor einem ausländischen Gericht zustande gekommener Vgl. einen Gl. desselben ausländischen Staates ohne Rücksicht darauf, ob der Sch. sein in Oesterreich befindliches Vermögen angegeben und ob der ausländische Gl. sich durch Anmeldung der Forderung oder sonstwie an dem ausländischen Präventiv-

16) für Ungarn vgl. die Entsch. d. Budapester Tafel P. I 6781/1927; für Rumänien (wenigstens Siebenbürgen und Banat) dürfte die Entsch. der Obersten Kurie 628/882 in Frage kommen; für die Schweiz vgl. Meili: Lehrbuch des Internationalen Konkursrechtes S. 216; für Spanien von Schwartzkoppen a. a. O. S. 8, Jurisprudencia Civil Bd. 24 S. 739, Bd. 59 S. 893; Clunet a. a. O. 1896 S. 673; für Holland Weekblad vor Privatrecht 1915, 2357; Clunet 1898, 600; 1908, 909; 1920, 274.

17) So wohl eine Entsch. des belgischen Kassationshofes von 1899.

18) Vgl. hierzu Entsch. d. Höchsten Gerichtshofes Stockholm v. 30. 3. 1900 und 4. 4. 1905 im Neuen juristischen Archiv 1900, 163 und 1905, 146.

19) Wiener Oberster Gerichtshof 17. 6. 25 OP. I 487/25 Sz. VII. Nr. 212.

akkordverfahren beteiligt hatte[20]). In diesen beiden Fällen ist also die Zwangsvollstreckung wegen der durch den Vgl. erlassenen Beträge in Oesterreich unzulässig. In **England** wird hinsichtlich der Frage, ob das dort befindliche Vermögen zur Masse eines im Ausland eröffneten Konkurses gehört, zwischen Immobilien und Mobilien unterschieden. Die immovables gehören nicht dabei, die Mobilien dagegen werden von fremden Kks. erfaßt[21]). Demzufolge wird auch nach Abschluß eines deutschen VV. gegenüber einer Zwangsvollstreckung in Mobilien der Einwand des Forderungserlasses durch den Vgl. gebracht werden können, während dies bei einer Zwangsvollstreckung in Immobilien nicht möglich sein dürfte. Auch **Italien** scheint grundsätzlich die Wirkungen eines ausländischen Kks. anzuerkennen, wird also ebenfalls die Zwangsvollstreckung in dortiges Vermögen, soweit sie mit dem Vgl. in Widerspruch steht, nicht zulassen[22]). In den **Vereinigten Staaten von Nordamerika** schließlich hängt die Anerkennung eines ausländischen Kks. im wesentlichen davon ab, ob und inwieweit hierdurch amerikanische Interessen betroffen werden. Soweit dies nicht der Fall ist, scheint der ausländische Kks. anerkannt zu werden; demzufolge wird auch der Einwand eines Präventivakkords einer späteren Zwangsvollstreckung entgegengesetzt werden können[23]).

12 Ob **während des VV.** in Deutschland trotz der Vollstreckungssperre des § 32 VglO. **im Ausland vollstreckt** werden kann, ist ebenfalls nach ausländischem Recht zu beurteilen. § 32 VglO. entspricht dem § 14 KO., der während des Kks. eine Einzelzwangsvollstreckung der vom Kks. betroffenen Gl. verbietet; die Stellung, die das ausländische Recht gegenüber dem Vollstreckungsverbot in § 14 KO. einnimmt, wird daher auch für § 32 VglO. zu gelten haben[24]).

20) Wiener Oberster Gerichtshof 16. 4. 29 OP. II 270 29 Sz. XI. 83; vgl. auch Kößler KTrW. 1930, 71.

21) Foote, Private International Law (1925) p. 267, 344; Dicey, A digest of the law of England with reference to the conflict of laws (1927) p. 476/7.

22) Monitore 1892, 169; Clunet a. a. O. 1909 p. 563; 1879 p. 77.

23) Rechtsprechung schwankend; vgl. die Zusammenstellung bei von Schwartzkoppen a. a. O. S. 10 ff.

24) Ueber die Stellung des ausländischen Rechts für den Ksfall ausf. Darlegungen bei Schwartzkoppen a. a. O.

Auch hier ist zu sagen, daß das Ausland (von nachstehenden Ausnahmen abgesehen) im allgemeinen der Eröffnung eines Kfs. (VV.) in einem fremden Staate k e i n e Bedeutung beimißt. **Belgien** hingegen vertritt den Standpunkt der Universalität des Kfs. und erklärt daher Einzelzwangsvollstreckungen eines Gl. in das in Belgien befindliche Vermögen des Sch. für unzulässig, wenn in einem fremden Staat der Kfs. über den Sch. eröffnet ist; dasselbe wird für im Falle der Eröffnung des VV. über den Sch. zu gelten haben[25]). **Italien** scheint ebenfalls die Zwangsvollstreckung nach KfsEröffnung im Ausland in in Italien befindliches Vermögen für unzulässig zu halten[26]). **England** hält[27]) nur Zwangsvollstreckungen in Mobilien des ausländischen Sch. für unzulässig, während Immobilien von einem ausländischen Kfs. nicht erfaßt werden; entsprechendes wird im Falle eines ausländischen Präventivakkordverfahrens zu gelten haben. Die **Vereinigten Staaten von Nordamerika** vertreten grundsätzlich den Standpunkt, daß ein ausländischer Kfs. dem amerikanischen Gl. nicht das Recht nehmen dürfe, aus dem in Amerika befindlichen Vermögen des Sch. sich durch Einzelzwangsvollstreckungen zu befriedigen; liegen keine schutzwürdigen amerikanischen Interessen vor, so wird ein ausländischer Kfs. anerkannt und demzufolge die Einzelzwangsvollstreckung eines Gl. versagt werden. Hinsichtlich der Rückwirkungen, die eine trotz des Vollstreckungsverbots des § 32 VglO. in ausländisches Vermögen des Sch. vorgenommene Zwangsvollstreckung auf die Stellung des Gl. im deutschen VV. hat, ist folgendes zu bemerken: Eine solche Zwangsvollstreckung hat nicht zur Folge, daß der Gl. nun etwa um den im Ausland beigetriebenen Betrag ungerechtfertigt bereichert wäre[29]). Fraglich könnte sein, ob der Gl. sich durch die Zwangsvollstreckung im Ausland gegenüber dem Sch. s c h a d e n e r s a t z p f l i c h t i g gemacht hat, weil § 32 VglO. ein Schutzgesetz im Sinne von § 823 Abs. 2 BGB. ist. Dies wird jedoch zu verneinen sein, ebenso wie die h. L. für den KfsFall eine Schadenersatzpflicht des im Ausland voll-

25) Clunet a. a. O. 1905 p. 1088/9; 1883 p. 46; Pas. 1907, II, 340; 1910, II, 11; 1896, III, 220.

26) Vgl. oben Fußnote 22.

27) Vgl. oben Fußnote 21.

28) Vgl. oben Fußnote 23.

29) Vgl. von Schwartzkoppen a. a. O. S. 15 ff.

streckenden Gl. gegenüber der Konkursmasse oder der Gläubigerschaft ablehnt[30]). Eine andere Frage ist, ob der Gl. sich die durch die Zwangsvollstreckung im Ausland beigetriebenen Beträge **auf die VglQuote anrechnen lassen** muß. Für den KsFall vertritt die h. L. den Standpunkt, daß der Gl. bei einer Einzelzwangsvollstreckung im Ausland genau so gestellt ist wie bei einer Befriedigung aus einem gleichzeitig im Ausland schwebenden Ks. des Sch. Trotz inzwischen erfolgter Teilbefriedigung erfolgt die Berechnung der Quote aus dem inländischen Ks. nach dem Stande der bei Eröffnung des inländischen Ks. bestehenden Schuld, also nicht unter Zugrundelegung der Restforderung, die nach Abzug der Teilbefriedigung verbleibt[31]).

13 Wegen der Stellung **ausländischer Gl.** im deutschen VV. vgl. § 2 Anm. 30.

§ 2.

An dem Vergleichsverfahren beteiligt und von dem Vergleiche betroffen werden die Gläubiger, die nicht bevorrechtigte Konkursgläubiger wären, wenn statt des Vergleichsverfahrens das Konkursverfahren eröffnet worden wäre. Die Vorschriften der §§ 5, 64 bis 70 der Konkursordnung finden entsprechende Anwendung.

Uebersicht über die Anmerkungen:

---

30) So Jaeger KO. § 14 Anm. 36; Mentzel KO. § 14 Anm. 2; RGZ. 14, 407; 54, 194; 90, 127; a. M. ausführlich von Schwartzkoppen a. a. O. S. 25.

31) So Jaeger KO. § 14 Anm. 36; § 238 Anm. 3; Mentzel § 238 S. 203; teilweise a. M. bayr. OLG. LZ. 1908, 550 und von Schwartzkoppen a. a. O. S. 29 ff.

I. Allgemeines.

1 Beteiligt und betroffen sind nur diejenigen Gl., die nicht bevorrechtigt wären, wenn an Stelle des VV. das Ks-Verfahren eröffnet würde. Maßgebend ist also für diese Feststellung der Zeitpunkt der Anordnung des VV. Nicht bevorrechtigte KsGl., also vom VV. betroffen und am VV. beteiligt, sind grundsätzlich **alle persönlichen Gl., die einen zur Zeit der Anordnung des VV. begründeten Vermögensanspruch** gegen den Sch. haben (§ 3 KO.). Ansprüche aus Rechtsgeschäften, die der Sch. **nach** Eröffnung

des VV. eingeht, werden von dem Vgl. nicht betroffen; die Gl. aus ihnen, sog. **NeuGl.**, sind daher an der Abstimmung über den Vgl. nicht beteiligt. Zu erwägen ist, ob die Bedeutung dieser neuen Rechtsgeschäfte so groß ist, daß die Verpflichtungen aus ihnen die Erfüllung des Vgl. gefährden. Wird der Vgl. deshalb abgelehnt und der Kks. eröffnet, so haben diese neuen Gl. (ausn. § 86) in dem anschließenden Kkse. keine bevorzugte Stellung. Andererseits nehmen sie aber an dem Kkse. auch mit dem gleichen Rechte teil, wie die vom Vgl. betroffenen Gl. (Begr. S. 16). Zu diesen nach Eröffnung des VV. entstandenen Ansprüchen gehören u. U. auch **Kostenerstattungsansprüche** gegen den Sch. Wird ein Prozeß nach Eröffnung des VV. weitergeführt, so ist der Prozeßgegner des Sch. wegen seines Kostenerstattungsanspruches NeuGl., also nicht am VV. beteiligt, da ja über die Kosten bei Eröffnung des VV. noch nicht entschieden war und demnach auch der Kostenerstattungsanspruch zu dieser Zeit noch nicht bestand[1]).

II. Streit über die Beteiligung am VV.

2 Steht fest, daß der Anspruch des Gl. vor Eröffnung des VV. begründet ist, so gilt die Beteiligung des Gl. am VV. als die Regel. Derjenige Gl., der behauptet, am VV. nicht beteiligt und vom Vgl. nicht betroffen zu sein, muß das **beweisen**[1a]).

Zuständig für die Entscheidung, ob ein Gl. am VV. beteiligt ist, ist, soweit es sich um die Abstimmung im VV. handelt, lediglich das **VglGericht.** Im übrigen entscheidet hierüber das **ordentliche Gericht.** Das gilt also insbesondere für die Frage, ob die Forderung eines Gl. bevorrechtigt i. S. von § 61 KO. ist (also auch für Steuer- usw. Forderungen)[1b]). Soweit **das ArbGericht** für Klagen auf Lohn-, Gehalt- oder ähnliche Bezüge zuständig ist, ist es zuständig auch dann, wenn lediglich das Vorrecht des an sich nach Grund und Betrag unstreitigen Anspruchs festgestellt werden soll[1c]).

---

1) JW. 1929, 147; bestr.; vgl. § 73 Anm. 2.

1a) Kiesow § 2 Anm. 1; Samolewitz § 2 Anm. 2; Mayer § 4 Anm. 2.

1b) So auch Fürholzer JW. 1931, 282.

1c) RArbGer. 27. 11. 29. KTrW. 1930, 25; RArbGer. 10. 12. 30. KTrW. 1931, 30.

Die **Entscheidung des VglGerichts**, ob ein Gl. am VV. beteiligt ist oder nicht, **bindet** das Prozeßgericht **nicht** und ebenso nicht das Vollstreckungsgericht. Wenn ein nichtbeteiligter Gl. als Beteiligter in das GlVerzeichnis aufgenommen wird, so hat dies keine Wirkung auf die tatsächliche Stellung des Gl. im VV. Umgekehrt verbessert sich natürlich nicht die Stellung eines an sich am VV. beteiligten Gl. dadurch, daß er als Nichtbeteiligter im GlVerzeichnis genannt wird[2]). Immerhin kann, wenn der Gl. seiner Aufnahme im GlVerzeichnis nicht widerspricht, dieser Umstand zusammen mit seinem übrigen Verhalten (etwa Zustimmung zum Vgl. selbst u. a.) als **Beweismaterial** in der Richtung bewertet werden, daß er sich selbst als am VV. beteiligt angesehen und damit sich stillschweigend einer Behandlung seiner Ansprüche gemäß dem Vgl. unterworfen hat.

III. Nicht beteiligte Gl.

1. Bevorrechtigte Gl.

a) Dienstbezüge (§ 61 Z. 1 KO.)[3]).

Hierunter sind die Dienstbezüge von Personen zu verstehen, die sich dem Sch. zur Leistung von Diensten „verdungen" haben, und zwar gegen eine festgesetzte Vergütung. 3

2) Bendix JW. 1928, 1125; KTrW. 1928, 79.

3) § 61 KO. lautet:

Die Konkursforderungen werden nach folgender Rangordnung, bei gleichem Rang nach Verhältnis ihrer Beträge berichtigt:

1. die für das letzte Jahr vor der Eröffnung des Verfahrens oder dem Ableben des Schuldners rückständigen Forderungen an Lohn, Kostgeld oder anderen Dienstbezügen der Personen, welche sich dem Gemeinschuldner für dessen Haushalt, Wirtschaftsbetrieb oder Erwerbsgeschäft zur Leistung von Diensten verdungen hatten;

2. Die Forderungen der Reichskasse, der Staatskassen und der Gemeinden, sowie der Amts-, Kreis- und Provinzialverbände wegen öffentlicher Abgaben, welche im letzten Jahre vor der Eröffnung des Verfahrens fällig geworden sind oder nach § 65 KO. als fällig gelten; es macht hierbei keinen Unterschied, ob der Steuererheber die Abgabe bereits vorschußweise zur Kasse entrichtet hatte;

3. die Forderungen der Kirchen und Schulen, der öffentlichen Verbände und der öffentlichen zur Annahme der Versicherung

Gleichgültig ist, ob die Dienste körperlicher oder geistiger Natur, niederer oder höherer Art sind, ob die Tätigkeit des Bediensteten vollständig oder hauptsächlich in Anspruch genommen wird. Jedenfalls muß eine gewisse wirtschaftliche Abhängigkeit des Dienstverpflichteten bestehen („verdungen" haben).

Dienstbezüge sind Lohn, Gehalt, Naturallieferungen, Kostgeld, Tantiemen, vereinbarte Weihnachtsgratifikationen u. dgl. Hierzu gehören auch **Kaffeehausmusiker**[4]). **Urlaubsvergütung** (d. h. der vereinbarte Anspruch auf Zahlung des Lohnes für die arbeitsfreien Tage) ist bevorrechtigter Dienstbezug[5]). **Heimarbeiter** haben das Vorrecht nach § 61 KO. auch dann, wenn sie gelegentlich eigenes Material mit verwenden, eine eigene Werkstatt, eigenes Werkzeug und Hilfspersonal haben[6]). Wenn dagegen sog. **Zwischenmeister** eine gewisse wirtschaftliche Selbständigkeit haben (also nicht Hausarbeiter, sondern Hausgewerbetreibende sind), so wird das Vorrecht nicht ohne weiteres bejaht werden können; der Umstand, daß Zwischenmeister arbeitnehmerähnliche Personen im Sinne des § 5 ArbGG. sind, rechtfertigt es jedenfalls nicht ohne

verpflichteten Feuerversicherungsanstalten wegen der nach Gesetz oder Verfassung zu entrichtenden Abgaben und Leistungen aus dem letzten Jahre vor der Eröffnung des Verfahrens;

4. die Forderungen der Aerzte, Wundärzte, Tierärzte, Apotheker, Hebammen und Krankenpfleger wegen Kur- und Pflegekosten aus dem letzten Jahre vor der Eröffnung des Verfahrens, insoweit der Betrag der Forderung den Betrag der taxmäßigen Gebührnisse nicht übersteigt;

5. die Forderungen der Kinder, der Mündel und der Pflegebefohlenen des Schuldners in Ansehung ihres gesetzlich der Verwaltung desselben unterworfenen Vermögens; das Vorrecht steht ihnen nicht zu, wenn die Forderung nicht binnen zwei Jahren nach Beendigung der Vermögensverwaltung gerichtlich geltend gemacht und bis zur Eröffnung des Verfahrens verfolgt worden ist;

6. alle übrigen Konkursforderungen.

4) KTrW. 1929, 47.

5) RArbG. 16. 6. 29 KTrW. 1929, 170.

6) RG. 2. 7. 29 KTrW. 1929, 156; RArbG. 27. 11. 29 KTrW. 1930, 25.

weiteres, ihre Ansprüche gegen den Abnehmer ihrer Produkte als Dienstlohn (Lidlohn) anzusehen[7]).

Die Honoraransprüche von selbständigen **Bücherrevisoren** gehören daher regelmäßig nicht zu den bevorrechtigten Forderungen, ebenso nicht die Honoraransprüche von **Rechtsanwälten.** Auch **Treuhandges.** genießen für ihre Sanierungstätigkeit kein Vorrecht[8]). Das **Vorstandsmitglied** einer AktGes. und der **Geschäftsführer** einer GmbH. sind mit Gehalt und Tantieme nicht bevorrechtigt[9]). Auch **stellvertretende Vorstandsmitglieder** einer AktGes. haben für ihre Bezüge kein Vorrecht, wenn auch ihr Aufgabenkreis beschränkt ist; das Vorrecht würde aber zu gewähren sein, wenn das stellvertretende Vorstandsmitglied nur ausnahmsweise den Vorstand (Generaldirektor) zu vertreten hätte und im übrigen wie ein Angestellter unter dem Vorstand tätig wäre[10]). Auch **Geschäftsführer einer OHG.** (d. h. Vertrauensleute, denen die Gesellschafter einer OHG. unter Ausschluß eigener Geschäftsführungsbefugnis die Geschäftsführung und Vertretung der Gesellschaft übertragen haben) sind nicht bevorrechtigt[11]). Auch **Entschädigungsansprüche von Angestellten** wegen ungerechtfertigter Kündigung (§ 87 BetrRG.) sind keine Lohnforderungen und daher nicht bevorrechtigt. Da jedoch diese Entschädigungsansprüche infolge der ausnahmsweise rechtsgestaltenden Kraft des ArbGUrteils erst mit seinem Erlaß zur Entstehung kommen, können sie u. U. Masseschulden im Kks. und daher auch vom VV. nicht betroffen sein, wenn nämlich das ArbGUrteil erst nach Eröffnung des VV. ergeht[12]). Ansprüche auf **Spesen-** und **Auslagenersatz** sowie auf **Kaution** genießen ebenfalls das Vorrecht nicht.

Der selbständige **Handlungsagent** ist nicht bevorrechtigt, ebenso nicht der **Provisionsreisende,** auch wenn er Spesenzuschüsse erhält. Beim Provisionsreisenden kommt es auf den Einzelfall und das Maß der persönlichen und wirtschaftlichen Selbständigkeit an. **Annoncenaquisiteure, Stadtreisende** u. ä. werden in der Regel als

---

7) Ausführliche Erörterungen hierüber unter Hervorhebung der maßgebenden Gesichtspunkte enthält RArbG. 17. 9. 30 KTrW. 1930, 195.

8) RG. KTrW. 1931, 7. 9) JW. 1928, 1560.

10) RG. JW. 1930, 1403. 11) OLG. Kiel JW. 1930, 3780.

12) RArbG. 21. 6. 30 KTrW. 1930, 166.

unselbständige, arbeitnehmerähnliche Personen anzusehen sein und daher das Vorrecht genießen[13]).

Sozialversicherungsbeiträge sind bevorrechtigt, soweit sie im letzten Jahr vor Eröffnung des VV. entstanden sind. Dies gilt also für Beiträge zur Kranken-, Unfall-, Invaliden-, Angestellten-, Arbeitslosenversicherung und für Knappschaftsbeiträge. **Ausländische** Sozialversicherungen haben das Vorrecht auch dann nicht, wenn ihnen durch Staatsverträge hinsichtlich der Beitreibung der Beträge eine Gleichstellung mit den deutschen Versicherungsträgern eingeräumt ist[14]).

b) Oeffentliche Abgaben (§ 61 Z. 2 KO.)[15]).

4 Zu den öffentlichen Abgaben gehören **Steuern** und **Zölle,** also auch **Stempel**forderungen, **Banderolensteuer**rückstände[16]), Ansprüche der **Branntwein-Monopol**verwaltung[17]), **Verzugs**zuschläge zu rückständigen Steuern[18]). **Straf**zuschläge gem. § 170 Abs. 2 RAbgO. haben dagegen kein Vorrecht[19]). Das Vorrecht besteht aber nur für die Steuerrückstände, die im letzten Jahre vor Eröffnung des VV. **fällig**[19a]) geworden sind. Bei der Fälligkeitsprüfung ist zu beachten, ob die Steuer erst mit dem Steuerbescheid oder schon mit der Erfüllung des steuergesetzlichen Tatbestandes (z. B. die Umsatzsteuer mit dem Umsatz) oder auf Grund von Vorauszahlungsverpflichtungen fällig wird. Die **Stundung** von bereits fälligen Steuern schiebt die Fälligkeit im Sinne des § 61 Nr. 2 KO. nicht hinaus; anders dagegen, wenn die Stundung gewährt wird **vor** Eintritt der Fälligkeit[20]).

---

13) RArbG. 16. 11. 29 KTrW. 1930, 180; RArbG. 10. 12. 30 KTrW. 1931, 29; Stritzke in KTrW. 1930, 188, sowie die dort angeführten Entsch.

14) OLG. Karlsruhe 14. 2. 29 KTrW. 1929, 102; Kiesow § 2 Anm. 75.

15) Text von § 61 KO. vgl. oben S. 57.

16) RGZ. 114, 372.

17) Vgl. § 113 des Branntweinmonopol-Ges.

18) RGZ. 126, 251.

19) Levy § 2 Anm. 1 IIa β; Mentzel § 61 Anm. 4 u. Kiesow § 2 Anm. 71.

19a) Ausführlich hins. der einzelnen Steuerarten s. Fürholzer in JW. 1931, 279 ff.

20) RGZ. 116, 374; Kiesow § 2 Anm. 71; Levy § 2 Anm. 1 IIa β; vgl. Richter KTrW. 1927, 67 u. 107.

Ausländische Steuergl. genießen das Vorrecht nicht[21]). **Gebühren** der Justiz und Verwaltung gehören nicht zu den öffentlichen Abgaben. Also insbesondere nicht Anliegerbeiträge[22]), Straßenreinigungsgebühren[23]), Kanalisationsgebühren[24]), Fernsprechgebühren, Gas-, Wasser- und Elektrizitätsgebühren[25]). Wegen des Charakters der Fernsprechgebühren, der Elektrizitäts- usw. -gebühren als Ansprüche aus gegenseitigem Vertrag vgl. § 4 Anm. 7.

c) **Oeffentliche Verbände** (§ 61 Z. 3 KO.)[26]).

Feuerversicherungsanstalten haben dann Vorrecht, wenn für sie Kontrahierungszwang besteht; private Feuerversicherungsanstalten also nicht. Oeffentliche **Schulen** (auch Berufs- und Fortbildungsschulen) haben Vorrecht, private Schulen nicht. Nur die Forderungen, die im letzten Jahr vor Eröffnung des VV. fällig geworden sind und die auf Gesetz oder Verfassung (Satzung!) beruhen, haben Vorrecht, Forderungen privatrechtlichen Charakters dagegen nicht. 5

d) **Arztforderungen usw.** (§ 61 Z. 4 KO.)[27]).

Naturheilkundige, Zahntechniker haben kein Vorrecht. Private und öffentliche Krankenhäuser, Kliniken usw., die juristische Personen sind, können als „Krankenpfleger" ebenfalls Vorrecht beanspruchen. Gleichgültig ist, ob der Sch. selbst krank war oder ob er nur für die Kur- und Pflegekosten haftet. Maßgebend ist, ob die Kur oder Pflege im letzten Jahr gewährt worden ist, nicht, ob die Kosten erst später berechnet worden sind. 6

e) **Mündelforderungen** (§ 61 Z. 5 KO.)[27a]).

Wenn die Vermögensverwaltung dem Sch. freiwillig überlassen worden ist, besteht das Vorrecht nicht; 7

21) OLG. 25.333; Jaeger § 61, 140; Mayer § 2 Anm. 55; Kiesow § 2 Anm. 71; Art. 276d des Versailler Diktats, der hier in Frage kommen könnte, ist gegenstandslos geworden.
22) RG. KTrW. 1931, 28. 23) OLG. 32, 386.
24) RG. 83, 266. 25) Kiesow § 2 Anm. 71.
26) Text von § 61 KO. vgl. oben S. 57.
27) Text von § 61 KO. vgl. oben S. 58.
27a) Text von § 61 KO. vgl. oben S. 58.

vielmehr muß es sich um Vermögensverwaltung kraft elterlicher Gewalt, Vormundschaft oder Pflegschaft handeln. Bevorrechtigt ist daher die Forderung des Kindes aus einem im Geschäft des Vaters (des Sch.) verwendeten Darlehn, das daher rührte, daß der Vater ein Grundstück des Kindes verkauft und den Erlös in dem Geschäft angelegt hatte[28]). Alle Ansprüche gegen den Sch. als Vermögensverwalter aus dieser seiner Tätigkeit (auch Ersatzansprüche wegen Pflichtwidrigkeiten) sind bevorrechtigt.

f) **Verlust des Vorrechts.**

8 Bevorrechtigte Gl. können auf ihr Vorrecht **verzichten,** entweder stillschweigend oder ausdrücklich. In der bloßen Anmeldung der Forderung ist jedenfalls noch kein Verzicht auf Vorrecht zu sehen. Auch die Zustimmung zur Eröffnung des VV. und die Mitunterzeichnung des VglVorschlages braucht noch nicht den Willen zum Verzicht zu enthalten. Wenn dagegen auch noch die VglQuoten vorbehaltslos angenommen werden, wird man durch einen Verzicht auf das Vorrecht zu sehen haben[29]). Aufnahme der bevorrechtigten Forderungen ins **Kontokorrent** hat zur Folge, daß die Saldoforderung kein Vorrecht mehr hat. Ebenso Verlust des Vorrechts bei befreiender **Schuldübernahme**[30]) (vgl. § 418 BGB.), dagegen kein Verlust des Vorrechts durch **Abtretung.**

2. Aussonderungsberechtigte Gl.

Allgemeines.

9 Der Aussonderungsanspruch des aussonderungsberechtigten Gl. geht auf Feststellung, daß der betreffende Gegenstand nicht dem Sch. gehört und geht daher regelmäßig auf Herausgabe des Gegenstandes[31]). Der

28) Vgl. RG. 5. 6. 30 KTrW. 1930, 137.

29) So auch Samolewitz § 2 Anm. 3; Levy § 2 Anm. 1 III e; Mayer § 2 Anm. 46, auch LZ. 1928, 464, ähnlich auch OLG. München JW. 1926, 2108; a. M. Kiesow § 2 Anm. 115.

30) Mentzel KO. § 61 Anm. 1; Kiesow § 2 Anm. 69.

31) Vgl. § 43 KO.:

Die Ansprüche auf Aussonderung eines dem Gemeinschuldner nicht gehörigen Gegenstandes aus der Konkursmasse auf Grund eines dinglichen oder persönlichen Rechts bestimmen sich nach den außerhalb des Konkursverfahrens geltenden Gesetzen.

aussonderungsberechtigte Gl. ist regelmäßig Eigentümer der auszusondernden Sache, braucht es aber nicht zu sein (z. B. kann derjenige, der dem Sch. eine einem Dritten gehörige Sache vermietet hat, sie aussondern). Dagegen kein Aussonderungsrecht, wenn die in Anspruch genommene Sache noch zum Vermögen des Sch. gehört und nur ein Anspruch darauf besteht, daß der Sch. sie aus seinem Vermögen entfernt und dem Gl. übergibt (vgl. Individualansprüche unten Anm. 37).

Gegenstand der Aussonderung können jedoch nicht nur Sachen, sondern auch **Rechte** sein (Hypotheken, Grundschulden, Rentenschulden, Warenzeichen-, Erfinder-, Urheberrechte). So berechtigt z. B. das Recht am eigenen Bilde zur Aussonderung photographischer Platten bei unberechtigter Aufnahme (RGZ. 45, 168). Ist der Sch. wegen einer Hypothekenforderung befriedigt worden, so ist der Antrag auf Löschung und Briefherausgabe ein Aussonderungsanspruch (RGZ. 60, 251; 86, 240). Auch derjenige, der einen Kaufvertrag einschließlich der Uebereignung wegen Irrtums und arglistiger Täuschung **angefochten** hat, ist wegen des Herausgabeanspruchs hinsichtlich der übereigneten Sache nicht am VV. beteiligt; dabei teilen die Kosten eines solchen Prozesses das Schicksal der Hauptsacheforderung, sind also ebenfalls nicht am VV. beteiligt[32]).

a) Eigentum.

Im VV. kommt insbes. in Frage eine Aussonderung bei Lieferungen unter Eigentumsvorbehalt und auf Grund von Treuhandverhältnissen (Sicherungsübereignungen). Der Verkäufer, der unter Eigentumsvorbehalt geliefert hat, ist hinsichtlich seines Aussonderungsanspruchs am VV. nicht beteiligt. Abgesehen von diesem dinglichen Recht auf Aussonderung der gelieferten Ware ist der Verkäufer, der unter Eigentumsvorbehalt geliefert hat, gem. § 4 am VV. nicht beteiligt, weil er ein Gl. aus einem beiderseitig noch unerfüllten Vertrag ist (vgl. Anh. zu § 4 Anm. 17 f.), kann also Erfüllung des Kaufvertrags im Klageweg verlangen und ein Urteil trotz des VV. vollstrecken. **10**

32) LG. Landshut 1. 7. 30 KTrW. 1930, 148; vgl. auch RGR.-Kom. § 142 Anm. 1.

Treuhandverhältnisse:

11 Wenn der **Sch.** Treuhänder ist, ihm also das Eigentum nur formal übertragen ist, hat der Treugeber (der wirtschaftliche Eigentümer) das Aussonderungsrecht[33]). Ist also der Sch. selbst als Gl. durch eine Sicherungsübereignung gedeckt, so kann sein Sch. (nach Erfüllung seiner Verpflichtung gegen den VglSch.) die sicherungsweise übereigneten Sachen aussondern. Einzelfälle: Abtretung einer Forderung an den Sch. zum Zwecke der Einziehung, Eintragung einer Hypothek auf den Namen des Sch. als Treuhänder für eine Reihe von Gl.

Andererseits kann der Sch. zwar wirtschaftlich Eigentümer sein, das **Eigentum** aber formal, **zu treuen Händen auf einen Dritten übertragen** haben. Inwieweit der Dritte alsdann gegenüber dem Sch. aussonderungsberechtigt ist, richtet sich nach dem Treuhandverhältnis. Ist die treuhänderische Uebertragung des Eigentums auf einen Gl. des Sch. **zur Sicherung einer Forderung** erfolgt, so gilt nach der h. L.[34]) für den Ksfall, daß der Gl. keinen Anspruch auf Aussonderung, sondern auf abgesonderte Befriedigung hat. Ob dies auch **für das VV.** gilt, ist nicht unzweifelhaft. Es ist nicht ersichtlich, warum der Gl. behindert sein soll, die ihm sicherungsweise übereigneten, im Besitz des Sch. befindlichen Sachen in seinen eigenen Besitz zu nehmen, wenn und soweit ihm nach dem Sicherungsübereignungsvertrag außerhalb des VV. das Recht hierzu zusteht. Eine Klage des Gl. auf Herausgabe der sicherungsweise übereigneten Sachen wird daher durch das VV. nicht berührt werden. Der wirtschaftliche Charakter der Sicherungsübereignung als der eines Pfandrechts äußert sich aber darin, daß der SicherungsGl. bei der Verwertung des Sicherungsgutes einen etwaigen **Uebererlös** an den Sch. zurückgeben muß und daß ferner der SicherungsGl., falls er nicht voll gedeckt ist, mit dem **Ausfall** am VV. teilnimmt. Näheres wegen der Verwertung unten Anm. 18, wegen des Ausfalls unten Anm. 31 ff.

---

33) RGZ. 35, 79; 45, 80; 53, 417; 55, 391; 79, 121; 84, 217; 91, 12; 94, 307; ferner KTrW. 1929, 121.

34) RGZ. 24, 45; 91, 141; 91, 280; 118, 209; vgl. auch RG. 7. 5. 29 KTrW. 1929, 121; RG. 5. 3. 29 KTrW. 1929, 56: Geht der Gl. vom Herausgabeanspruch auf abgesonderte Befriedigung über, so ist dies Klagänderung.

12 Hinsichtlich der **Sicherungsübereignungsverträge** ist in folgendem noch hervorzuheben:

Keine Wirksamkeit, wenn die Merkmale des **Knebelungsvertrags** vorliegen: Uebertragung des gesamten Warenlagers und der sämtlichen Außenstände, auch der künftig eingehenden Waren und künftig entstehenden Außenstände, ohne daß sonst wertvolle Aktiven vorhanden gewesen wären; Verfügungsberechtigung des Sch. über die vorhandenen Warenbestände nur, wenn gleichwertige hereinkommen — keine Erkennbarkeit des Geschäfts nach außen und damit verbunden Täuschung Dritter über die Kreditfähigkeit des Sch.[35]). Sittenwidrigkeit bei Sicherungsübereignung der gesamten Vermögenswerte auch dann, wenn keine Absicht der GlSchädigung vorliegt, sondern nur das Bewußtsein der Möglichkeit der Schädigung[36]). Wer Dauerkredit einräumt, muß sich überzeugen, ob genügend Mittel zur Befriedigung der übrigen Gl. (Warenlieferanten) übrigbleiben.

Bei Uebereignung eines Warenlagers ist erforderlich, daß die zu übereignenden Gegenstände **tatsächlich bestimmt** (nicht nur z. B. auf Grund der Lagerbücher bestimm b a r) sind. Unwirksam daher die Angabe, daß der Eigentumsübergang an sämtlichen vorhandenen Waren vereinbart werde[37]).

Bei Sittenwidrigkeit der Sicherungsübereignung ist u. U. sogar der durch die Sicherungsübereignung gedeckte Gl. nach § 826 BGB. den anderen Gl. gegenüber **zum Schadenersatz verpflichtet**[38]). Ist der Sch. eine AktGes. (GmbH.), so haften die Vorstandsmitglieder (Geschäftsführer) u. U. der Gesellschaft persönlich[39]).

b) Kommissions-Verhältnisse.

Der **Verkäufer** und der **Einkaufs-Kommissionär** hat nach h. L. das sog. Verfolgungsrecht gem. § 44 KO.[40]). Das Ver- 13

---

35) RGZ. 97, 252; 118, 363; 85, 345; JW. 19, 443; KTrW. 1929, 119, 120, 121.

36) RG. JW. 1930, 1927 m. Anm. v. Hoeninger.

37) Vgl. RG. JW. 1930, 2936 u. Anm. (dagegen allerdings die Anm. v. Hoeninger u. Anm. in JW. 1930, 3394); ebenso jedoch Staudinger § 929 Anm. VIII 2e.

38) RG. 24. 5. 30 KTrW. 1930, 161.

39) RG. 8. 7. 30 KTrW. 1930, 162.

40) § 44 KO. lautet:

Der Verkäufer oder Einkaufskommissionär kann Waren, welche von einem anderen Orte an den Gemeinschuldner abfolgungsrecht besteht nur, wenn die Ware bei Eröffnung des VV. (nicht schon bei Zahlungseinstellung) noch nicht am Ablieferungsort angekommen ist. Es gilt nicht für sog. Platzgeschäfte; vielmehr müssen die Waren von einem anderen Orte an den Sch. abgesandt sein. Bei Versendung an einen Abnehmer des Sch. (z. B. auf dessen Anweisung) besteht das Verfolgungsrecht nicht. Die Ausübung des Verfolgungsrechts durch den Verkäufer hat zur Folge, daß damit seine Verpflichtung aus dem Kaufvertrag wegfällt und er eine etwaige Anzahlung nach § 812 Abs. 1 Satz 2 BGB. herauszugeben hat[41]). Der Sch. kann die Geltendmachung des Verfolgungsrechts nicht gegen den Willen des Verkäufers dadurch hinfällig machen, daß er sich zur vollen Bezahlung erbietet. Nicht nur der Verkäufer, sondern auch der **Einkaufskommissionär** hat das Verfolgungsrecht, wenn der Einkaufskommittent in VV. gekommen ist, da der Verkäufer nicht in ein unmittelbares Vertragsverhältnis zum Kommittenten (Sch.) tritt.

Der **Kommittent** hat im VV. des Kommissionärs den Anspruch auf Herausgabe des aus der Ausführung des Kommissionsgeschäfts vom Kommissionär Erlangten gem. § 392 HGB.[42]). Hat der Kommissionär die Forderung eingezogen, so kommt Ersatzaussonderung in Frage (vgl. unten Anm. 15). Im VV. des **Spediteurs** kann der Versender die Forderung des Spediteurs gegen den Frachtführer aus dem Speditionsgeschäft aussondern[43]).

gesendet und von dem Gemeinschuldner noch nicht vollständig bezahlt sind, zurückfordern, sofern nicht dieselben schon vor Eröffnung des Verfahrens an dem Orte der Ablieferung angekommen und in den Gewahrsam des Gemeinschuldners oder einer anderen Person für ihn gelangt sind.

41) Jaeger KO. § 44, Anm. 26; Kiesow § 2 Anm. 19.

42) § 392 HGB. lautet:

Forderungen aus einem Geschäfte, das der Kommissionär abgeschlossen hat, kann der Kommittent dem Schuldner gegenüber erst nach der Abtretung geltend machen.

Jedoch gelten solche Forderungen, auch wenn sie nicht abgetreten sind, im Verhältnisse zwischen dem Kommittenten und dem Kommissionär oder dessen Gläubigern als Forderungen des Kommittenten.

43) Vgl. RGZ. 92, 11.

c) **Ehefrau des Sch.**

Für das Aussonderungsrecht der Ehefrau gilt im Kks., daß sie gem. § 45 KO. nicht nur ihr Eigentum nachweisen, sondern auch beweisen muß, daß sie die während der Ehe erworbenen Gegenstände nicht mit Mitteln des Sch. erworben hat. Diese Vorschrift dürfte aber für das VV. nicht Anwendung finden[44]). 14

d) **Ersatz-Aussonderung.**

Das Recht zur Ersatz-Aussonderung ergibt sich aus § 46 KO.[45]). Der ersatzaussonderungsberechtigte Gl. kann also die Gegenleistung, wenn sie nach Eröffnung des VV. eingezogen worden ist, herausverlangen, ohne am VV. beteiligt zu sein. Soweit die Gegenleistung noch aussteht, kann der Gl. verlangen, daß ihm der Anspruch auf die Gegenleistung abgetreten wird und gegebenenfalls durch eine einstweilige Verfügung diese seine Ansprüche dadurch sicherstellen, daß dem Sch. verboten wird, die noch außenstehende Forderung einzuziehen oder sonst über sie zu verfügen[46]). 15

Sind **Waren unter Eigentumsvorbehalt** geliefert und vom Sch. weiterverkauft, so ist ein Aussonderungsrecht am noch ausstehenden Erlös der Waren nicht gegeben, sofern der Gl. (Lieferant) mindestens stillschweigend mit der Weiterveräußerung einverstanden war[47]). Auch eine ausdrückliche Vereinbarung des Inhalts ist unwirksam, daß der Gl. für den Fall der Zahlungseinstellung des Sch. zur Aussonderung des ausstehenden Erlöses für die unter Eigentumsvorbehalt gelieferte Ware berechtigt sei. Ebenso ist unwirksam eine

---

44) So auch Kiesow § 2 Anm. 20.

45) § 46 KO. lautet:

Sind Gegenstände, deren Aussonderung aus der Konkursmasse hätte beansprucht werden können, vor der Eröffnung des Verfahrens von dem Gemeinschuldner oder nach der Eröffnung des Verfahrens von dem Verwalter veräußert worden, so ist der Aussonderungsberechtigte befugt, die Abtretung des Rechts auf die Gegenleistung, soweit diese noch aussteht, zu verlangen. Er kann die Gegenleistung aus der Masse beanspruchen, soweit sie nach der Eröffnung des Verfahrens zu derselben eingezogen worden ist.

46) Vgl. JW. 1929, 1631.

47) JW. 1926, 2102; RG. 115, 262.

Vereinbarung, daß die aus der Weiterveräußerung der Vorbehaltsware entstandene Forderung im Verhältnis zwischen dem Lieferanten (Gl.) einerseits und dem Weiterverkäufer (Sch.) sowie dessen Gl. andererseits als Forderung des Vorbehaltslieferanten gelten soll, wie wenn der Weiterverkäufer (Sch.) nur als Verkaufskommissionär für Rechnung des Vorbehaltslieferanten tätig geworden wäre (§ 392 Abs. 2 HGB.)[48]).

3. **Absonderungsberechtigte Gl.**

Allgemeines:

16 Die Absonderung geht auf vorzugsweise Befriedigung aus einem Gegenstand, der zur Masse gehört. Ihr Hauptanwendungsfall bildet das Pfandrecht im weiteren Sinne. Das Absonderungsrecht muß **bei** Eröffnung des VV. bereits begründet sein. Es kann aber auch nach Zahlungseinstellung erlangt sein, z. B. dadurch, daß der Gl. den Besitz an Sachen des Sch. erhält, an denen er das Zurückbehaltungsrecht ausüben kann. Die Ausübung des Absonderungsrechts geht so vor sich, wie wenn ein VV. nicht vorhanden wäre. Die Vorschriften der KO., die die Verwertung der zur abgesonderten Befriedigung dienenden Gegenstände einengen (insbes. § 127 KO.), finden keine Anwendung. Der absonderungsberechtigte Gl. ist lediglich hinsichtlich des Ausfalls am VV. beteiligt (§ 2 VglO., § 64 KO.). Näheres hinsichtlich des **Ausfalles** siehe unten Anm. 31 ff.

Gehört der Gegenstand, an dem die abgesonderte Befriedigung geltend gemacht wird, gar nicht dem Sch., sondern **einem Dritten,** so ist der Gl. **in voller Höhe** am VV. beteiligt, d. h. er erhält die VglQuote nicht nur auf den Ausfall, sondern auf seine gesamte Forderung. Er muß sich natürlich den Betrag, den er aus der Sicherheit erhalten hat, dergestalt anrechnen lassen, daß er aus dem VV. zusammen nur 100 % erhält. Dies ergibt sich aus § 2 S. 2 VglO. vbd. mit § 68 KO.[49]). Beispiel: Die Forderung, für die am Grundstück des Vaters des Sch. Hypothek bestellt ist, beträgt 8000 RM. Bei der Versteigerung des Grundstücks nach Anordnung des VV. entfallen aber nur 3000 RM. auf diese

48) Vgl. Jaeger KTrW. 1930, 17; LG. Stuttgart 2. 10. 29, KTrW. 1930, 14.

49) S. unten Anm. 31 und 36 sowie Mentzel § 64 Anm. 2 b; Kiesow § 2 Anm. 108; a. M. Jaeger § 64 Anm. 3 a. E.

Hypothek. Der Sch. selbst zahlt 50%. Der Gl. braucht sich die 3000 RM. nicht auf seine Forderung von 8000 RM. anrechnen zu lassen, kann also 50% von 8000 RM. und nicht nur von 5000 RM. verlangen. Dasselbe würde gelten, wenn der Schuldner eine oHG. wäre und die Hypothek am Privatgrundstück eines Gesellschafters bestellt wäre.

Absonderungsberechtigt sind im einzelnen:

17 a) **Hypotheken-**, Grundschuld-, RentenschuldGl. und sonstige Berechtigte, denen ein Recht auf Befriedigung aus Gegenständen des unbeweglichen Vermögens zusteht (§ 47 KO.)[50]).

18 b) **Pfandrechtsgl.**, deren Pfandrecht durch **Rechtsgeschäft** bestellt ist gem. § 48 KO.[51]). Hierher gehört auch das **Inventarpfand** auf Grund des Ges. vom 9. 7. 26, betr. die Ermöglichung der Kreditbeschaffung für landwirtschaftliche Pächter. Vor allem aber kommen hier die durch **Sicherungsübereignung** gedeckten Gl. in Frage (vgl. oben Anm. 12 ff.). Die Verwertung der sicherungsweise übereigneten Sachen kann vom Gl. so vorgenommen werden, wie dies auf Grund des Sicherungsübereignungsvertrags vorgesehen ist. Bestimmt dieser hierüber nichts, so wird der Gl. gleichwohl nicht verpflichtet sein, die Vorschriften über den Pfandverkauf (§§ 1233 ff. BGB.) einzuhalten, jedoch hat der SicherungsGl. mit Rücksicht auf das dem Sicherungsübereignungsvertrag zugrunde liegende besondere Treuverhältnis bei Verwertung die Interessen des Sicherungsgebers (Sch.) allenthalben zu wahren[52]).

---

50) § 47 KO. lautet:

Zur abgesonderten Befriedigung dienen die Gegenstände, welche der Zwangsvollstreckung in das unbewegliche Vermögen unterliegen, für diejenigen, welchen ein Recht auf Befriedigung aus demselben zusteht.

51) § 48 KO. lautet:

Gläubiger, welche an einem zur Konkursmasse gehörigen Gegenstand ein durch Rechtsgeschäft bestelltes Pfandrecht haben, können aus den ihnen verpfändeten Gegenständen abgesonderte Befriedigung wegen ihrer Pfandforderung verlangen, zunächst wegen der Kosten, dann wegen der Zinsen, zuletzt wegen des Kapitals.

52) Staub § 368 Anm. 99 und 108; a. M. OLG. Darmstadt JW. 1930, 1881, wonach eine zur Sicherheit abgetretene Hypothek

19 c) **Oeffentliche Kassen** wegen **beschlagnahmter** usw. **Sachen** gem. § 49 Z. 1 KO.[53]). Beachte hierzu § 101 RAbgO.[54]).

---

nur nach den Bestimmungen über den Pfandverkauf oder durch Vollstreckung in das Grundstück verwertet werden darf.

53) § 49 KO. lautet:

Den im § 48 bezeichneten Pfandgläubigern stehen gleich:

1. die Reichskasse, die Staatskassen und die Gemeinden, sowie die Amts-, Kreis- und Provinzialverbände wegen öffentlicher Abgaben, in Ansehung der zurückgehaltenen oder in Beschlag genommenen zoll- und steuerpflichtigen Sachen;
2. diejenigen, welche an gewissen Gegenständen ein gesetzliches oder ein durch Pfändung erlangtes Pfandrecht haben; das dem Vermieter und dem Verpächter nach den §§ 559, 581, 585 des Bürgerlichen Gesetzbuchs zustehende Pfandrecht kann in Ansehung des Miet- oder Pachtzinses für eine frühere Zeit als das letzte Jahr vor der Eröffnung des Verfahrens sowie in Ansehung des dem Vermieter oder dem Verpächter infolge der Kündigung des Verwalters entstehenden Entschädigungsanspruchs nicht geltend gemacht werden; das Pfandrecht des Verpächters eines landwirtschaftlichen Grundstücks unterliegt in Ansehung des Pachtzinses der Beschränkung nicht;
3. diejenigen, welche etwas zum Nutzen einer Sache verwendet haben, wegen des den noch vorhandenen Vorteil nicht übersteigenden Betrags ihrer Forderung aus der Verwendung in Ansehung der zurückbehaltenen Sache;
4. diejenigen, welchen nach dem Handelsgesetzbuche in Ansehung gewisser Gegenstände ein Zurückbehaltungsrecht zusteht.

Die im Abs. 1 Nr. 1 bezeichneten Rechte gehen den im Abs. 1 Nr. 2—4 und den im § 48 bezeichneten Rechten vor.

54) § 101 RAbgO. lautet:

Steuerpflichtige Erzeugnisse und zollpflichtige Waren haften ohne Rücksicht auf die Rechte Dritter für den Betrag der darauf ruhenden Steuern. Solange die Steuer nicht entrichtet ist, kann das Finanzamt die Erzeugnisse und Waren mit Beschlag belegen. Als Beschlagnahme genügt das Verbot an den, der die Erzeugnisse oder Waren im Gewahrsam hat, über sie zu verfügen.

Die Haftung entsteht bei steuerpflichtigen Erzeugnissen, wenn nichts anderes vorgeschrieben ist, mit Beginn ihrer Herstellung, bei zollpflichtigen Waren mit Ueberschreitung der Zollgrenze.

Die Haftung erlischt mit der Steuerschuld. Sie erlischt ferner mit der Aufhebung der Beschlagnahme oder dadurch, daß die Erzeugnisse oder Waren mit Zustimmung des Finanzamts in einen steuerrechtlich nicht beschränkten Verkehr übergehen.

d) **Gesetzliche PfandrechtsGl. und Zwangsvollstreckungs-Gl.** gem. § 49 Z. 2 KO.[54]).

Hier kommt vor allem das **Vermieterpfandrecht** nach § 559 BGB.[55]) in Frage. Wegen künftiger Mietzinsforderungen kann abgesonderte Befriedigung nur insoweit verlangt werden, als sie das laufende und folgende Mietjahr (nicht Kalenderjahr) betreffen. Für Rückstände an Mietzinsen und sonstige Ansprüche aus dem Mietverhältnis besteht dagegen das Pfandrecht unbeschränkt. Sonstige Ansprüche aus dem Mietverhältnis sind alle, deren Quelle im Mietverhältnis liegt[56]). Wegen künftiger Entschädigungsforderungen kann das Vermieterpfandrecht nicht geltend gemacht werden. **Für das VV.** (ebenso für den Kks.) kann dagegen abgesonderte Befriedigung **nicht** geltend gemacht werden wegen des Mietzinses für eine frühere Zeit also das letzte Jahr vor der Eröffnung des VV., sowie wegen des Entschädigungsanspruchs, der dem Vermieter infolge Kündigung anläßlich des VV. zusteht. Nach Kiesow (§ 2 Anm. 35) sollen aber auch diese Ansprüche, wegen deren also an sich nicht abgesonderte Befriedigung geltend gemacht werden kann und die demnach vom VV. betroffen werden, das Pfandrecht nicht verlieren; m. a. W.: Wenn das Pfand auch für diese Ansprüche zulangt, soll auch wegen dieser Ansprüche volle Befriedigung gefordert werden können. 20

Das Pfandrecht besteht **an allen Sachen**, die im Alleineigentum des Mieters (also nicht seiner Ehefrau) stehen und von ihm eingebracht sind. Es besteht nicht an solchen Gegenständen, die der Sch. schon vor Beginn des Mietverhältnisses sicherungsübereignet hatte[57]). Der Vermieter kann sich nicht darauf berufen, daß er gutgläubig ein Pfandrecht an den eingebrachten Sachen hätte, weil er angenommen hätte,

54) Den Wortlaut von § 49 siehe oben S. 70.

55) § 559 BGB. lautet:

Der Vermieter eines Grundstücks hat für seine Forderungen aus dem Mietverhältnis ein Pfandrecht an den eingebrachten Sachen des Mieters. Für künftige Entschädigungsforderungen und für den Mietzins für eine spätere Zeit als das laufende und das folgende Mietjahr kann das Pfandrecht nicht geltend gemacht werden. Es erstreckt sich nicht auf die der Pfändung nicht unterworfenen Sachen.

56) Staudinger § 559 VI 2; nach Kiesow § 2 Anm. 33.

57) RG. vom 10. 5. 29, KTrW. 1929, 104.

diese wären Eigentum des Mieters. Wenn dagegen die dem Pfandrecht unterliegenden Sachen nach ihrer Einbringung in die Mieträume anderweit übereignet werden (z. B. durch Sicherungsübereignungsvertrag), erlischt das Pfandrecht nicht. Der neue Erwerber erwirbt sie vielmehr behaftet mit dem Pfandrecht, gleichgültig, ob zur Zeit des Erwerbs Mietrückstände bestanden oder nicht. Nur wenn der Erwerber die Sachen gutgläubig tatsächlich in Besitz genommen hat (was bei einer Veräußerung auf dem Grundstück selbst kaum der Fall sein wird), erlischt das Pfandrecht[58]).

21 Hierzu gehören weiter auch die Pfandrechte des **Werkunternehmers** (§ 647 BGB.), **Gastwirts** (§ 704 BGB.), **Kommissionärs** (§ 397 HGB.), **Spediteurs** (§ 410 HGB.), **Lagerhalters** (§ 421 HGB.), **Frachtführers** (§ 440 HGB.).

Der Zeitpunkt des Erwerbs des gesetzlichen Pfandrechtes ist entscheidend für die Frage, ob die Forderung des Gläubigers am VV. beteiligt und vom Vgl. betroffen ist oder nicht. Ist das Pfandrecht erst nach der Eröffnung des VV. vom Gl. erworben, so ist es zwar wirksam; denn es fehlt im VV. an einer dem § 15 KO. entsprechenden Vorschrift, daß nach Eröffnung des VV. Rechte an Massegegenständen nicht mehr erworben werden können. Trotz des Pfandrechtes ist aber die Forderung am VV. beteiligt und wird vom Vgl. betroffen, denn der Gl. wäre im maßgebenden Zeitpunkt der Eröffnung des VV. ein nichtbevorrechtigter KksGl. gewesen, wenn an Stelle des VV. der Kks. eröffnet worden wäre. Das Pfandrecht kann also nur unter Berücksichtigung der Aenderungen, die die Forderung durch den Vgl. erleidet, geltend gemacht werden. Dies muß auch dann gelten, wenn das gesetzliche Pfandrecht ohne Willen des Sch. erlangt ist.

22 e) Gl. mit **Zurückbehaltungsrecht** gem. § 49 Z. 3 und 4 KO.[59]). Wegen des Zeitpunktes des Erwerbs des Zurückbehaltungsrechtes vgl. vorstehend Anm. 21.

23 f) **Miteigentümer, Gesellschafter** usw. gem. § 51 KO.[60]).

58) Staudinger § 560 Anm 8.

59) Wegen des Wortlauts vgl. oben S. 70.

60) § 51 KO, lautet:

Wer sich mit dem Gemeinschuldner in einem Miteigentume, in einer Gesellschaft oder in einer anderen Gemeinschaft befindet, kann wegen der auf ein solches Verhältnis sich gründenden

g) **Lehen-, StammgutsGl.** usw. gem. § 52 KO.[61]). 24

h) **Schadenersatzberechtigte** hinsichtlich des Anspruchs 25
des Sch. gegen eine Haftpflichtversicherung § 157 VVG.[62]).

4. Unterhaltsansprüche.

Gem. § 3 Abs. 2 KO. sind nicht am VV. beteiligt Unterhaltsansprüche **familienrechtlicher Art,** soweit sie sich **auf die Zukunft** richten[63]). Unterhaltsansprüche, die z. Zt. der Anordnung des VV. bereits entstanden und fällig geworden sind, werden also vom VV. betroffen. Zukünftige Unterhaltsansprüche familienrechtlicher Art werden nur dann vom VV. betroffen, wenn der Sch. als Erbe des Verpflichteten haftet. Dies kommt nur in Betracht bei Ansprüchen des geschiedenen Ehegatten, des unehelichen Kindes und der unehelichen Mutter (§§ 1351, 1382, 1586, 1712, 1715 BGB.). 26

Unterhaltsansprüche **aus unerlaubter Handlung** gem. §§ 842—845 BGB. nach dem ReichshaftpflichtGes. und dem KraftfahrzeugGes. werden gem. §§ 3, 69, 70 KO. kapitalisiert (vgl. unten Anm. 37 f.).

Forderungen abgesonderte Befriedigung aus dem bei der Teilung oder sonstigen Auseinandersetzung ermittelten Anteile des Gemeinschuldners verlangen.

61) § 52 KO. lautet:

Die Befriedigung der Lehen-, Stammguts- oder Familienfideikommiß-Gläubiger erfolgt abgesondert aus dem Lehen, Stammgute oder Familienfideikommisse nach den Vorschriften der Landesgesetze.

62) § 157 VVG. lautet:

Ist über das Vermögen des Versicherungsnehmers der Konkurs eröffnet, so kann der Dritte wegen des ihm gegen den Versicherungsnehmer zustehenden Anspruchs abgesonderte Befriedigung aus der Entschädigungsforderung des Versicherungsnehmers verlangen.

63) § 3 Abs. 2 KO. lautet:

Unterhaltsansprüche, die nach den §§ 1351, 1360, 1361, 1578—1583, 1601—1605, 1708—1714 des Bürgerlichen Gesetzbuches gegen den Gemeinschuldner begründet sind, sowie die sich aus den §§ 1715, 1716 des Bürgerlichen Gesetzbuches ergebenden Ansprüche können für die Zukunft nur geltend gemacht werden, soweit der Gemeinschuldner als Erbe des Verpflichteten haftet.

5. **Vormerkung und dingliches Vorkaufsrecht.**

27 Für Gl., für die gem. §§ 883 ff. BGB. eine **Vormerkung** im Grundbuch eingetragen ist, gilt an sich die Vorschrift des § 24 KO.[64]). Hinsichtlich des Anspruches, der durch die Vormerkung gesichert ist, nehmen sie gem. § 73 Abs. 2 VglO. nicht am Vgl. teil, ihr Anspruch setzt sich also nicht, wie dies sonst bei Individualforderungen der Fall ist (vgl. unten Anm. 37), in Geld um. Fraglich ist allerdings, ob der Sch. gem. § 28 VglO. die Erfüllung des Vertrages mit Ermächtigung des Gerichts ablehnen kann, aus dem der durch Vormerkung gesicherte Anspruch des Gl. herrührt. Hierüber vgl. § 28 Anm. 12.

Das **dingliche Vorkaufsrecht** hat gem. § 1098 Abs. 2 BGB. gegenüber Dritten die Wirkung einer Vormerkung zur Sicherung des Anspruchs auf Uebertragung des Eigentums am Grundstück. Es ist also genau so zu behandeln wie die Vormerkung. •Vgl. ebenfalls § 28 Anm. 12. Dasselbe gilt für Vormerkungen im **Schiffsregister** und im **Kabelbuch**; ein bloß **obligatorisches Vorkaufsrecht** dagegen hat diesen Charakter nicht, ebenso nicht ein im Grundbuch eingetragener **Widerspruch**.

6. **Effekten-Gl.**

28 Im VV. einer Bank ist hinsichtlich der Gl., die Ansprüche auf Effekten gegen die Bank erheben, zu scheiden, ob sie diese Effekten ins **Depot** oder in ein **Sammeldepot** gegeben haben oder ob ihnen die Effekten auf **Stücke-Konto** gutgeschrieben worden sind[65]). Beim Depot und Sammeldepot hat der

64) § 24 KO. lautet:

Ist zur Sicherung eines Anspruches auf Einräumung oder Aufhebung eines Rechts an einem Grundstücke des Gemeinschuldners oder an einem für den Gemeinschuldner eingetragenen Rechte oder zur Sicherung eines Anspruches auf Aenderung des Inhalts oder des Ranges eines solchen Rechtes eine Vormerkung im Grundbuch eingetragen, so kann der Gläubiger von dem Konkursverwalter die Befriedigung seines Anspruchs verlangen. Das gleiche gilt, wenn in Ansehung eines Schiffspfandrechts eine Vormerkung im Schiffsregister eingetragen ist.

65) Vgl. hierzu Eisold KTrW. 1930, 60; auch Schumann KTrW. 1930, 57; ferner Borkowsky: „Stückeloser Wertpapierverkehr" Köln. Ztg. v. 28. 12. 29, Morgenausgabe; auch Frfrt. Ztg. v. 7. 12. 29 Nr. 913.

Kunde Eigentum bzw. Miteigentum an den Effekten. Ist der Kunde nur auf Stücke-Konto erkannt worden, so hat er lediglich einen obligatorischen Anspruch auf Lieferung gleichartiger Wertpapiere, der sich im VV. in einen Schadenersatz-Anspruch umwandelt, auf den die Quote entfällt. Hat aber der Bankkunde die Effekten durch die Bank kaufen lassen (Einkaufs-Kommission) und hat er selbst seine Verpflichtung aus dieser **Einkaufs-Kommission** voll erfüllt, so nimmt er gem. § 7a DepotGes.[66]) eine **Vorzugsstellung** ein.

Die in der Masse vorhandenen Wertpapiere der gleichen Gattung dienen zur vorzugsweisen Befriedigung aller derjenigen Bankkunden, die auf Stücke-Konto mit Effekten dieser Gattung erkannt sind (Deckungsmasse). Zu dieser **Deckungsmasse** gehören auch die **nostro-Bestände** des Bankgeschäftes, denn § 7 spricht ausdrücklich davon, daß die in der Masse vorhandenen Wertpapiere zur vorzugsweisen Befriedigung dieser Effekten-KommittentenGl. dienen sollen. Es ist gleich-

66) § 7a DepotGes. lautet:

Hat bei einem Kommissionsgeschäft über den Einkauf von Wertpapieren der im § 1 bezeichneten Art zur Zeit der Eröffnung des Konkursverfahrens über das Vermögen des Kommissionärs der Kommittent die ihm dem Kommissionär gegenüber obliegenden Pflichten vollständig erfüllt, ohne daß die einzukaufenden Wertpapiere bis zu diesem Zeitpunkt durch Uebersendung eines Stückeverzeichnisses oder auf andere Weise in das Eigentum des Kommittenten übergegangen sind, so geht in Ansehung der Befriedigung aus den in der Masse vorhandenen Wertpapieren gleicher Gattung und aus den Ansprüchen auf Lieferung solcher Wertpapiere die Forderung des Kommittenten den Forderungen aller anderen Konkursgläubiger vor. Mehrere Kommittenten haben untereinander gleichen Rang. Aus dem sonstigen Vermögen des Kommissionärs können die Kommittenten unter entsprechender Anwendung der für die Absonderungsberechtigten geltenden Vorschriften der §§ 64, 153, 155, 156 und des § 168 Nr. 3 der Konkursordnung Befriedigung verlangen.

Das Konkursgericht hat, wenn es nach Lage des Falles erforderlich erscheint, den Kommittenten zur Wahrung der ihnen nach Abs. 1 zustehenden Rechte einen Pfleger zu bestellen. Für die Pflegschaft tritt an die Stelle des Vormundschaftsgerichts das Konkursgericht. Die Vorschriften des § 62 Abs. 2 bis 5 des Gesetzes über die privaten Versicherungsunternehmungen vom 12. Mai 1901 (Reichsgesetzbl. S. 139) finden entsprechende Anwendung.

gültig, ob der Bankier diese Effekten, die in der Masse vorhanden sind, aus Anlaß von Kommissionsgeschäften oder aus anderen Gründen erworben hat[67]). Zur Deckungsmasse gehören auch Anteile des Bankgeschäfts am Sammeldepot eines Kassenvereins (natürlich nicht, soweit sie den Kunden der Bank, die Sammeldepotanteile durch die Bank erworben haben, also auf Sammeldepot erkannt sind, gehören). Ferner gehören zur Deckungsmasse die Ansprüche auf Lieferung derartiger Wertpapiere, die das Bankgeschäft etwa gegen andere Stellen hat.

Die **Verwertung der Deckungsmasse** zugunsten der in Frage kommenden Effekten-KommittentenGl. erfolgt in folgender Weise: Eine Umwandlung der Ansprüche auf Lieferung der Wertpapiere in Geldansprüche tritt im VV. nicht ohne weiteres ein[68]). Es kann daher eine stückweise Aufteilung der Effekten unter die beteiligten Kunden erfolgen, wenn dies auch vor allem hinsichtlich der Spitzenbeträge technisch schwer durchführbar sein wird.

Aber nur diejenigen EffektenGl., die ihrerseits das Kommissionsgeschäft **voll erfüllt** haben, können diese vorzugsweise Befriedigung beanspruchen. In der Regel besteht zwischen Kunde und Bankier ein **Kontokorrent-Verhältnis.** Ergibt sich dann zu Lasten des Kunden ein Debetsaldo, so wird man im allgemeinen sagen müssen, daß der Kunde seine Verpflichtung nicht voll erfüllt hat, denn beim Kontokorrent-Verkehr werden regelmäßig die Zahlungen nicht auf ein bestimmtes Geschäft gutgeschrieben. Es kommt hier sehr auf den Einzelfall an; wenn z. B. eine Zahlung ausdrücklich für ein bestimmtes Geschäft geleistet worden ist, muß trotz des bestehenden Debetsaldos angenommen werden, daß der Kunde seine Verpflichtung aus dem Kommissionsgeschäft voll erfüllt hat[69]).

28a Zur besonderen Sicherung der Effekten-KommittentenGl. kann das VglGer. einen besonderen Vertreter — sog. **Kommittentenpfleger** — bestellen. Für die Stellung dieses Kommittentenpflegers gilt im übrigen § 62 des Ges. über die

---

67) Rießer S. 175; vgl. auch Jaeger in Zeitschr. für Zivilprozeß, Band 79, Zeile 23; Schumann in Sächs. Archiv für Rechtspflege 1926, S. 96.

68) Jaeger a. a. O. 49, 29.

69) Schachtel in KTrW. 1927, 118.

privaten Versicherungsunternehmungen[70]). Der Pfleger ist nach §§ 1789, 1790 BGB. zu bestellen und zu verpflichten. Eine Veröffentlichung ist nicht vorgeschrieben, aber zweckmäßig; soweit die betreffenden Effekten-KommittentenGl. bekannt sind, werden sie benachrichtigt. Eine Verpflichtung zur Uebernahme des Amtes besteht nicht. Für die Endigung der Pflegschaft kommt § 1919 BGB. in Betracht. Im übrigen gelten die Gründe der §§ 1885 bis 1889 BGB. Der Pfleger hat zwar die Stellung eines **gesetzlichen Vertreters,** so daß seine Rechtshandlungen im allgemeinen für und gegen die Effekten-KommittentenGl. wirken (vgl. §§ 164, 1793, 1794 BGB.). Der Pfleger kann jedoch angemeldeten Forderungen nicht widersprechen, kann auch keine Aufrechnung erklären und kann auch selbst keine Prozesse führen[71]). Andererseits kann der Kommittentenpfleger auch seinerseits die Ansprüche der Effekten-KommittentenGl. im VV. anmelden. Wird der Pfleger mit weitergehenden Rechten betraut, so liegt insoweit Auftrag nach § 662 ff. BGB. oder Geschäftsbesorgungsvertrag nach § 675 BGB. vor. Der Pfleger hat Anspruch auf **Auslagen und Vergütung** für seine Mühe-

---

70) § 62 Abs. 2—5 des Ges. über die privaten Versicherungsunternehmungen v. 12. 5. 01 lautet:

Dem Pfleger liegt ob, den Umfang des vorhandenen Prämienreservefonds festzustellen sowie die den Versicherten zustehenden Ansprüche zu ermitteln und anzumelden.

Der Pfleger hat die Versicherten soweit tunlich vor der Anmeldung zu hören und von der erfolgten Anmeldung zu benachrichtigen, ihnen auf Verlangen auch sonst über die für ihre Ansprüche erheblichen Tatsachen Auskunft zu erteilen. Das Recht des einzelnen Versicherten zur Anmeldung bleibt unberührt. Soweit mit der Anmeldung des Versicherten eine Anmeldung des Pflegers in Widerspruch steht, gilt bis zur Beseitigung des Widerspruchs die dem Versicherten günstigere Anmeldung.

Der Konkursverwalter hat dem Pfleger die Einsichtnahme aller Bücher und Schriften des Gemeinschuldners zu gestatten und ihm auf Verlangen den Bestand des Prämienreservefonds nachzuweisen.

Der Pfleger kann für die Führung seines Amtes eine angemessene Vergütung verlangen. Die ihm zu erstattenden Auslagen und die Vergütung fallen dem Prämienreservefonds zur Last.

71) Vgl. Koenige VersicherungsunternehmungenGes. § 62 Anm. 2; Zehnter VersicherungsunternehmungenGes. § 62 Anm. 4.

waltung. Diese Kosten sind Massekosten gem. § 58 Nr. 2 KO. Im Verhältnis zur Masse trägt diese Kosten die vorhandene Deckungsmasse.

7. **Zinsen, Kosten, Geldstrafen, Freigebigkeitsforderungen** (§ 63 KO.).

29 Gemäß § 63 KO. können im Kfs. folgende Ansprüche nicht geltend gemacht werden:

1. die seit der Eröffnung des Verfahrens laufenden Zinsen;
2. die Kosten, welche den einzelnen Gl. durch ihre Teilnahme an dem Verfahren erwachsen;
3. Geldstrafen;
4. Forderungen aus einer Freigebigkeit des Gemeinsch. unter Lebenden oder von Todes wegen.

Diese Gl. haben eine besondere Stellung im VV. Sie nehmen zwar an sich **am VV. nicht teil,** aber sie sollen auch nicht bessergestellt sein als die Gl., die am VV. beteiligt sind. Sie unterliegen Beschränkungen in der Zwangsvollstreckung (§§ 3, 32, 33) und bei der Aufrechnung (§ 36) und werden bis zu gewissem Grade auch vom Vgl. betroffen (§ 74).

IV. **Zu §§ 5, 64—70 KO.**

1. **Ausländische Gl. (§ 5 KO.)**[72]).

30 Entscheidend ist die Staatsangehörigkeit, nicht der Wohnsitz oder Wohnort. Bei juristischen Personen wird daher der Sitz maßgebend sein. Die Bewohner des Saargebietes sind Deutsche.

2. **Ausfallhaftung (§ 64 KO.)**[73]).

31 Absonderungsberechtigte Gl. nehmen insoweit, als sie abgesonderte Befriedigung beanspruchen, am VV. nicht teil,

---

72) § 5 KO. lautet:

Ausländische Gläubiger stehen den inländischen gleich. Unter Zustimmung des Bundesrats kann durch Anordnung des Reichskanzlers bestimmt werden, daß gegen einen ausländischen Staat sowie dessen Angehörige und ihre Rechtsnachfolger ein Vergeltungsrecht zur Anwendung gebracht wird.

73) § 64 KO. lautet:

Ein Gläubiger, welcher abgesonderte Befriedigung beansprucht, kann die Forderung, wenn der Gemeinschuldner auch nur hinsichtlich des Ausfalls werden sie vom VV. betroffen. Dabei ist aber zu beachten:

a) Alle diese absonderungsberechtigten Gl. nehmen mit dem Ausfall, den sie bei ihrer abgesonderten Befriedigung erleiden, am VV. teil. Gehört der Gegenstand, an dem die abgesonderte Befriedigung geltend gemacht wird, gar nicht dem Sch., sondern einem Dritten, so ist der Gl. in voller Höhe am VV. beteiligt, d. h. er erhält die VglQuote nicht nur auf den VglAusfall, sondern auf seine gesamte Forderung (oben Anm. 16).

b) Besteht keine persönliche Haftung des Sch., sondern hat der Sch. nur einen ihm gehörigen Gegen- 32
stand für die Zahlung eines Dritten verpfändet, so kann der absonderungsberechtigte Gl. sich am VV. des Sch. nicht beteiligen, auch wenn er bei der Verwertung des Pfandgegenstandes einen Ausfall erlitten hat.

c) Der Gl. kann die Ausfallforderung am VV. erst gel- 33
tend machen, wenn und insoweit er den Ausfall nachgewiesen oder auf abgesonderte Befriedigung verzichtet hat. Der **Nachweis** des Ausfalles ist nur dann möglich, wenn er wirklich eingetreten ist; der Pfandgegenstand muß also verwertet, ein mit einer Hypothek belastetes Grundstück also versteigert sein. Der Nachweis kann nicht durch Glaubhaftmachung des zu erwartenden Ausfalles ersetzt werden[74]). Weist der Gl. seinen **Verzicht** auf abgesonderte Befriedigung nach, so muß er nicht nur auf die abgesonderte Befriedigung selbst, sondern auch auf das Recht zur abgesonderten Befriedigung verzichten. Dieser Verzicht ist gegebenenfalls formbedürftig, z. B. bei Hypotheken. Ein solcher Verzicht wird bei der Durchführung eines VV. die Regel sein; denn der Zweck des VV., die Erhaltung der Existenz des Sch., würde regelmäßig in Frage gestellt werden, wenn man eine zwangsweise Verwertung der dem absonderungsberechtigten Gl. haftenden Gegenstände zwecks Nachweis des Ausfalles durchführen, z. B. Grundstücke des Sch. versteigern würde. Im letzteren Falle müssen sich also Sch. und HypothekenGl. über die Höhe des

persönlich für sie haftet, zur Konkursmasse geltend machen, aus derselben aber nur für den Betrag verhältnismäßige Befriedigung verlangen, zu welchem er auf abgesonderte Befriedigung verzichtet, oder mit welchem er bei der letzteren ausgefallen ist.

74) RG. 92, 191.

Ausfalles einigen, indem der HypothekenGl. die Hypothek insoweit, als er mit ihrem Ausfall rechnet, löschen läßt und mit diesem Betrag sich am VV. beteiligt. Ein **stillschweigender Verzicht** auf abgesonderte Befriedigung ist da möglich, wo der Verzicht einer besonderen Form nicht bedarf (also z. B. nicht bei Hypotheken). In der Zustimmung zur Eröffnung des VV. zum VglVorschlag selbst ist ein Verzicht auf das Absonderungsrecht durch den Gl. nicht zu erblicken, wenn er in der Zwischenzeit erklärt hat, daß er auf ein Absonderungsrecht nicht verzichten wolle[75]). Hat dagegen der Gl. auch die VglQuoten vorbehaltlos in Empfang genommen, so kann darin ein Verzicht auf abgesonderte Befriedigung gesehen werden[76]).

3. Betagte Forderungen (§ 65 KO.)[77]).

34 Betagte Forderungen (d. h. solche, die bei Eröffnung des VV. noch nicht fällig sind), werden mit dem Kapitalbetrag berücksichtigt, wenn sie verzinslich sind. Sind sie dagegen unverzinslich, so ist zu unterscheiden, ob ein bestimmter Fälligkeitstermin feststeht. Steht er nicht fest (ist die Fälligkeit z. B. vom Tode einer Person abhängig), so wird der Forderungsbetrag gem. § 69 (vgl. unten Anm. 37) berechnet. Steht die Fälligkeit fest, so erfolgt die Berechnung unter Berücksichtigung des abzuziehenden Zwischenzinses nach der Hofmannschen Methode, und zwar nach folgender Formel:

$$x = \frac{36\,500\ f}{36\,500 + 4\ t}.$$

Hierbei ist: f der Nennwert der unverzinslichen Forderung,
t die Zahl der Tage von Eröffnung des VV. bis zur Fälligkeit,
x der gesuchte Betrag.

75) JW. 1928, 2139[26], 1929, 1399; RG. 21. 3. 30 KTrW. 1930, 80.

76) RG. 18. 1. 29, KTrW. 1929, 23.

77) § 65 KO. lautet:

Betagte Forderungen gelten als fällig.

Eine betagte unverzinsliche Forderung vermindert sich auf den Betrag, welcher mit Hinzurechnung der gesetzlichen Zinsen desselben für die Zeit von der Eröffnung des Verfahrens bis zur Fälligkeit dem vollen Betrage der Forderung gleichkommt.

Die gesetzlichen Zinsen betragen 4 Prozent bei bürgerlich-rechtlichen, 5 Prozent bei handelsrechtlichen Schuldverhältnissen, 6 Prozent bei Wechselschuldverhältnissen; je nachdem ist einzusetzen 4 t, 5 t, oder 6 t.

4. Bedingte Forderungen (§§ 66 und 67 KO.)[77a].

Forderungen, die **auflösend** bedingt sind, nehmen an der Abstimmung mit dem vollen Betrag teil, sofern nicht die auflösende Bedingung vor dem VglTermin eingetreten ist. Tritt sie hinterher ein, so muß der Sch. gegebenenfalls das Anerkenntnis im VglTermin durch Vollstreckungsklage entkräften. **Aufschiebend** bedingte Forderungen werden bei der Eröffnung des VV. (vgl. § 16 Z. 4) nicht mitgezählt[78]). Im VglTermin ist über die Höhe seines Stimmrechts zu entscheiden. Ist die Forderung im VglTermin als aufschiebend bedingte anerkannt worden, so kann der Gl. eine Ausfertigung gem. § 75 VglO. erst verlangen, wenn er den Eintritt der Bedingung durch öffentlich beglaubigte Urkunde nachgewiesen hat; gegebenenfalls muß er auf Erteilung der Vollstreckungsklausel klagen (§§ 726, 731 ZPO.). Aufschiebend bedingt ist insbesondere die Regreßforderung des Wechselausstellers gegen den Akzeptanten[79]). 35

5. Mehrere Mitverpflichtete einer Forderung (§ 68 KO.)[80]).

Mehrere Mitverpflichtete haften auf den ganzen Betrag (vgl. § 73). Der WechselGl. kann bei mehreren **Wechsel-** 36

77a) §§ 66 und 67 KO. lauten:

§ 66. Forderungen unter auflösender Bedingung werden wie unbedingte geltend gemacht.

§ 67. Forderungen unter aufschiebender Bedingung berechtigen nur zu einer Sicherung.

78) Kiesow § 2 Anm. 91; a. M. Lucas S. 64.

79) Vgl. A. G. Biberach JW. 1929, 1632; Mayer § 2 Anm. 39.

80) § 68 KO. lautet:

Wird über das Vermögen mehrerer oder einer von mehreren Personen, welche nebeneinander für dieselbe Leistung auf das Ganze haften, das Konkursverfahren eröffnet, so kann der Gläubiger bis zu seiner vollen Befriedigung in jedem Verfahren den Betrag geltend machen, den er zur Zeit der Eröffnung des Verfahrens zu fordern hatte.

verpflichteten von jedem den ganzen Betrag fordern; ebenso **kann bei Bürgschaft** der Gl. den Sch. und Bürgen auf den ganzen Betrag in Anspruch nehmen[81]). Sind Akzeptant und Aussteller eines Wechsels, also beide, in VV., so kann in jedem VV. die volle Wechselsumme angemeldet, natürlich aber nur bis zu 100 Prozent Zahlung verlangt werden. Gleiches gilt, wenn Sch. und Bürge im VV. sind.

36a Etwaige **Regreßansprüche** eines Mitverpflichteten gegen den Sch. sind wie folgt zu lösen:

Zahlt der Bürge **vor** Eröffnung des VV. über den Sch. ganz oder teilweise an den Gl., so ist er mit dem Regreßanspruch am VV. des Sch. soweit beteiligt, als er gezahlt hat. Dasselbe gilt, wenn der Aussteller eines Wechsels vor Eröffnung des VV. über den Akzeptanten die Wechselsumme teilweise bezahlt (vorausgesetzt natürlich, daß es sich um kein Gefälligkeitsakzept handelt, sondern der Aussteller den wechselmäßigen Regreßanspruch hat).

Für Zahlungen des Mitschuldners (Bürgen, Ausstellers usw.) auf die Forderung des Sch. **nach** Eröffnung des VV. gilt: Gegen den Sch. kann die Forderung nur einmal geltend gemacht werden, und zwar entweder vom Gl. oder von dem im Regreßwege in Anspruch genommenen Mitschuldner. Der Teil der Forderung, aus dem der Gl. den Sch. in Anspruch nimmt und aus dem er die Quote erhält, ist für den Sch. getilgt; der Sch. kann dies Erlöschen der Forderung auch gegenüber einem Mitschuldner, der regreßpflichtig gemacht wurde und ihn in Anspruch nehmen will, einwenden. Hieraus ergibt sich: Zahlt der Bürge (Wechselaussteller) nach Eröffnung des VV. über den Sch. (Akzeptanten) voll an den Gl., so tritt er an seine Stelle. Zahlt er aber nur zum Teil, so ist er auch insoweit, als er gezahlt und Regreßanspruch hat, nicht am VV. des Sch. (Akzeptanten) beteiligt. Wenn aber der Gl. zunächst den Sch. (Akzeptanten) in Anspruch genommen, von ihm auf die volle angemeldete Forderung die Quote erhalten hat und sich nunmehr an den Bürgen (Wechselaussteller) wegen der Differenz zwischen der Quote und der vollen Forderung wendet, gilt folgendes: Insoweit als der Bürge (Wechselaussteller) regreßpflichtig gemacht wird und erst nach Eröffnung des VV. zahlt, kann er keinen Anspruch mehr

81) Vgl. KG. KTrW. 1929, 107.

gegen den Sch. (Akzeptanten) machen. Denn die Forderung kann im VV. nur einmal angemeldet werden und es kann **nur einmal auf die Forderung** vom Sch. (Akzeptanten) **die Quote verlangt** werden[81a]).

Ist bei **Gefälligkeitsakzepten** nicht der Akzeptant, sondern der Aussteller (also der, zu dessen Gunsten gefälligkeitshalber akzeptiert wurde) in VV., so gilt den vorstehenden Ausführungen entsprechend folgendes: Wird der Gefälligkeitsakzeptant vom legitimierten Wechselinhaber voll in Anspruch genommen und befriedigt er den Gläubiger voll, so tritt der Gefälligkeitsakzeptant gegenüber dem Aussteller des Gefälligkeitswechsels an die Stelle des früheren Gläubigers; auf Grund der zwischen dem Gefälligkeitsakzeptanten und dem Aussteller bestehenden Vereinbarungen kann der Gefälligkeitsakzeptant vom Aussteller Ersatz des von ihm Gezahlten verlangen, ist aber insoweit auf die Quote beschränkt. Nimmt der Gl. dagegen zuerst den in VV. befindlichen Aussteller des Gefälligkeitsakzeptes in Anspruch, so erhält er auf die Wechselsumme die Quote; wegen des Differenzbetrages kann er sich an den Gefälligkeitsakzeptanten halten. Dieser kann jedoch gegen den Aussteller nunmehr trotz der zugrunde liegenden Vereinbarung, daß der Aussteller dem Gefälligkeitsakzeptanten dessen Aufwendungen zu ersetzen habe, keinen Regreßanspruch mehr geltend machen. 36b

Derjenige Wechselschuldner, der im VV. einen Vgl. geschlossen und die auf die Wechselsumme entfallende Quote bezahlt hat, kann **nicht Aushändigung des Wechsels** verlangen; denn wenn auch durch die Quotenzahlungen seine wechselmäßige Verbindlichkeit erloschen ist, hat er doch nur Teilzahlungen (Art. 39 WO.) geleistet[81b]). Er kann aber fordern, daß die von ihm geleisteten Quotenzahlungen **auf den Wechsel abgeschrieben** werden. Der Wechselinhaber behält somit seine Regreßansprüche wegen der Differenz zwischen der vollen Wechselsumme und der gezahlten Quoten gegen die übrigen Wechselverpflichteten. Versucht nunmehr einer der übrigen Wechselverpflichteten, der wegen dieser Differenz in Anspruch genommen worden ist, nach Zahlung 36c

81a) Vgl. Meyer § 2 Anm. 40; Kiesow § 2 Anm. 7 und 93; Jaeger § 68 Anm. 1 und 3; Staub WO. Art. 10 Anm. 7, Art. 82 Anm. 20; ROHG. 24, 140 u. a.

81b) Staub WO. Art. 39 Anm. 10.

dieser Differenz und Uebergabe des Wechsels an ihn seinerseits erneut gegen den Wechselschuldner, der in VV. war, wegen der Differenz Regreß zu nehmen, so wird dieser mit Erfolg unter Hinweis auf die auf dem Wechsel quittierten Quotenzahlungen und auf den gerichtlich bestätigten Vgl. diese Regreßansprüche abwehren können.

36d Ueber **Aufrechnung** durch Wechselgaranten und Aufrechnung von Mitschuldner vgl. Jaeger KTrW. 1930, 33.

6. Individualforderungen, unbestimmte Geldforderungen, Valutaforderungen (§ 69 KO.)[82].

37 Forderungen, die **nicht auf einen Geldbetrag** gerichtet sind, sind z. B. ein Anspruch auf Verschaffung eines bestimmten Gegenstandes, auf Abtretung einer Grundschuld, auf Bestellung einer vom Gl. bereits valutierten Hypothek.

Bei **Renten** von längerer Zeitdauer, insbes. lebenslänglichen Renten ist es schwer, den Kapitalbetrag der Rente zu schätzen. Einen Anhalt geben die Bestimmungen in §§ 144, 145 RAbgO. Hiernach sind immerwährende Nutzungen oder Leistungen mit dem 25fachen Jahrwert, Nutzungen oder Leistungen von unbestimmter Dauer mit dem 12,5fachen Jahrwert zu veranschlagen. Lebenslängliche Renten dagegen sind zu veranschlagen bei einem Alter der Rentenberechtigten

	bis zu 15 Jahren		mit dem	18fachen
von mehr als	15 „ „ 25	„	„ „	17 „
„ „ „	25 „ „ 35	„	„ „	16 „
„ „ „	35 „ „ 45	„	„ „	14 „
„ „ „	45 „ „ 55	„	„ „	12 „
„ „ „	55 „ „ 65	„	„ „	8½ „
„ „ „	65 „ „ 75	„	„ „	5 „
„ „ „	75 „ „ 80	„	„ „	3 „
„ „ „	80 Jahren		„ „	2 „

des Wertes der einjährigen Nutzung.

82) § 69 KO. lautet:

Forderungen, welche nicht auf einen Geldbetrag gerichtet sind, oder deren Geldbetrag unbestimmt oder ungewiß oder nicht in Reichswährung festgesetzt ist, sind nach ihrem Schätzungswerte in Reichswährung geltend zu machen.

7. **Wiederkehrende Hebungen (§ 70 KO.)**[83]).

Der Gesamtbetrag darf also nicht höher sein, als das Kapital, dessen gesetzlicher Zinssatz den Jahresbetrag der „Hebungen" darstellt. Bei bürgerlich-rechtlichen Schuldverhältnissen kommt hierbei ein Zinssatz von 4 Prozent, bei handelsrechtlichen Schuldverhältnissen ein solcher von 5 Prozent und bei wechselrechtlichen Schuldverhältnissen ein solcher von 6 Prozent in Frage. Sind z. B. die jährlichen Hebungen 2000 RM., so entspricht dies einer 4prozentigen Verzinsung von 50 000 RM. Der kapitalisierte Betrag darf also nicht höher sein als 50 000 RM. 38

§ 3.

Für Gläubiger, die später als am dreißigsten Tage vor der Stellung des Antrags auf Eröffnung des Vergleichsverfahrens durch Zwangsvollstreckung eine Sicherung oder Befriedigung erlangt haben, gelten die folgenden Vorschriften.

Ist der Gläubiger ohne die innerhalb der Frist vorgenommenen Vollstreckungsmaßregeln an dem Vergleichsverfahren beteiligt, so bleibt er an dem Verfahren beteiligt und wird von dem Vergleiche betroffen.

Ist der Gläubiger ohne die innerhalb der Frist vorgenommenen Vollstreckungsmaßregeln nur aus dem Grunde an dem Verfahren nicht beteiligt, weil sein Anspruch nach § 63 der Konkursordnung im Konkursverfahren nicht geltend gemacht werden kann, so bleiben gleichwohl die innerhalb der Frist vorgenommenen Vollstreckungsmaßregeln für das Vergleichsverfahren und einen sich anschließenden Konkurs (§ 82) außer Betracht (§§ 32, 33, 70, 74, 84).

Der Tag der Stellung des Antrags auf Eröffnung des Vergleichsverfahrens wird in die Frist nicht eingerechnet. Zwangsvollstreckung ist auch die Vollziehung eines Arrestes oder einer einstweiligen Verfügung.

---

83) § 70 KO. lautet:

Wiederkehrende Hebungen zu einem bestimmten Betrage und einer bestimmten Zeitdauer werden unter Abrechnung der Zwischenzinsen (§ 65) durch Zusammenzählung der einzelnen Hebungen kapitalisiert. Der Gesamtbetrag darf den zum gesetzlichen Zinssatze kapitalisierten Betrag derselben nicht übersteigen.

Uebersicht über die Anmerkungen:

I. Von der Sperre betroffene Gl.

1 Zweck der Vorschrift ist, eine gleichmäßige Befriedigung aller am VV. beteiligten Gl. zu gewährleisten. Da der Sch. schon vor dem Antrag auf Einleitung des VV. sich mit seinen Gl. in Verbindung setzen muß, besteht natürlich die Gefahr eines rigorosen Vorgehens einzelner Gl. Es werden zwei Gruppen von Gl. unterschieden:

a) diejenigen, die — abgesehen von der Zwangsvollstreckungsmaßregel — gemäß § 2 am VV. **beteiligt** sind (Abs. 2) und

b) die Gl. aus § 63 KO., die an sich am VV. **überhaupt nicht beteiligt** sind (Abs. 3).

Für beide Gruppen gilt die Sperre.

Die Sperre in § 3 aber gilt nicht für Gl., die schon aus einem anderen Grunde nicht am VV. beteiligt sind. Vollstreckungen dieser Gl. bleiben also bestehen. Ob ein Gl. am VV. beteiligt ist, dafür ist der **Zeitpunkt der Eröffnung** des VV. **maßgebend.** Wer zu diesem Zeitpunkt im Falle der Kseröffnung nicht bevorrechtigter KsGl. wäre, ist VVGl.[1]).

II. Wirkung der Sperre.

2 Die Wirkung der Sperre ist die, daß die bessere Rechtsstellung, die durch die Zwangsvollstreckung (Befriedigung oder Sicherung) erreicht worden ist, im VV. überhaupt nicht berücksichtigt wird. Der Gl. nimmt daher an der Abstimmung über den Vgl. mit seiner vollen Forderung teil ohne Rücksicht auf die erlangte Sicherung oder Befriedigung. Ist bei Eröffnung des VV. die Zwangs-

---

1) Eine am 15. 5. 27 fällig gewordene Steuerforderung (§ 16 Nr. 2 KO.), wegen deren am 10. 5. 28 gepfändet ist, ist von dem am 15. 5. 28 eröffneten VV. betroffen. So auch Kiesow § 3 Anm. 27; Bernhardt S. 23; Cahn JW. 1929, 1632.

vollstreckung noch anhängig, so wird sie **eingestellt** (§ 33). Hat der Gl. sich schon vorher durch die Zwangsvollstreckung b e f r i e d i g t , so ist das Erlangte nach den Vorschriften über die Herausgabe einer ungerechtfertigten Bereicherung **herauszugeben,** wenn der Vgl. bestätigt oder im Anschluß an das VV. der Kks. eröffnet wird (§§ 70, 84). **Zwangssicherungen** (insbesondere Pfändungen) werden in diesen beiden Fällen **unwirksam.** Der betr. Gl. nimmt am VV. teil und wird vom Vgl. betroffen, wie wenn er keine Sicherung oder Befriedigung erhalten hätte (AG. Nürnberg in JW. 1929, 1632).

Zwangssicherungen sind: Pfändungen von beweglichen Sachen, Forderungen und anderen Vermögensrechten; Sicherungshypotheken (§ 866 ZPO.); Beschlagnahme zum Zwecke der Zwangsversteigerung und -verwaltung; Eintragung einer Vormerkung (§§ 895, 941, 942 ZPO.), n i c h t aber Offenbarungseidantrag, Haftbefehlsvollstreckung. **Zwangsbefriedigungen** sind: Abführung des Versteigerungserlöses an den Gl., Besitzeinweisung des Gl. in ein Grundstück.

III. Maßgebender Zeitpunkt der Zwangsvollstreckung.

Die Zwangsvollstreckung, die zur Zwangsbefriedigung oder Zwangssicherung führte, muß i n d e r S p e r r f r i s t vorgenommen sein. Hat die Pfändung v o r Beginn der Sperrfrist stattgefunden und werden die Sachen innerhalb der Sperrfrist versteigert oder wird die Versteigerung durch Zahlung abgewendet, so hat der Gl. nicht durch eine innerhalb der Sperrfrist vorgenommene Zwangsvollstreckung Befriedigung erlangt; § 3 findet auf ihn keine Anwendung[2]). Es ist also zu prüfen: Welche Stellung hätte der Gl., wenn die Vollstreckungsmaßnahmen, die er i n der Sperrfrist vorgenommen hat, nicht vorgenommen worden wären; würde er dann gem. § 2 am VV. beteiligt oder würde er absonderungsberechtigt sein? 3

2) Die gegenteilige Ansicht von Samolewitz in JW. 1929, 669 übersieht, daß die Befriedigung des Gl. nur dann unwirksam ist, wenn sie durch eine innerhalb der Sperrfrist vorgenommene Zwangsvollstreckung erfolgt ist. Liegt die Pfändung vor Beginn der Sperrfrist, so ist die für die Befriedigung ursächliche Zwangsvollstreckung nicht innerhalb der Sperrfrist vorgenommen worden.

IV. Berechnung der Sperrfrist.

4 Die Sperrfrist beginnt mit dem Ablaufe des 30. Tages vor Stellung des VVAntrages. Sie ist keine Monatsfrist. Der Tag des VVAntrags wird nicht mitgerechnet. Beispiel: VVAntrag am 30. 12. Beginn der Sperre am 1. 12. Die am 30. 11. und vorher erfolgten Zwangsvollstreckungsmaßnahmen bleiben wirksam.

Wenn der VVAntrag beim **unzuständigen** Gericht eingeht und an das zuständige Gericht verwiesen wird (oben § 1 Anm. 6), so ist der Eingang bei dem letzteren maßgebend[2a]).

V. Freiwillige Sicherungen und Befriedigungen.

5 Erfolgt die Befriedigung oder Sicherstellung des Gl. nicht zwangsweise, sondern **freiwillig** (wenn auch innerhalb der Sperre), so hat der Gl. die gleiche Rechtsstellung, wie wenn er vor der Sperrfrist gesichert oder befriedigt wäre, d. h. er nimmt am VV. nicht teil. Natürlich kann eine derartige Handlung nach Maßgabe des Anfechtungsgesetzes angefochten werden; schließt sich der Kks. ans VV. an, so kommen die Anfechtungsvorschriften der KO. in Betracht. Im VV. gibt es jedoch keine Anfechtung derartiger vorzugsweiser Befriedigungen.

Sind Zahlungen, die der Sch. „freiwillig" **angesichts einer drohenden Vollstreckung** innerhalb der Sperrfrist leistet, als „durch Zwangsvollstreckung erlangt" anzusehen? Diese Frage ist außerordentlich bestritten. Es ist zu unterscheiden:

a) Der Sch. **zahlt** an den Gerichtsvollzieher, der zwecks Vornahme der Zwangsvollstreckung erscheint, damit dieser nicht pfändet. Dann liegt freiwillige Zahlung vor, die Zahlung ist also auch bei Bestätigung des Vgl. oder im Anschlußkks. wirksam. Denn eine Zwangsvollstreckung ist noch nicht vorgenommen worden[3]). Das gleiche wird zu gelten haben, wenn zwar auf Antrag des Gl. durch **Pfändungs- und Ueberweisungsbeschluß** eine Forderung des

2a) So Mayer § 3 Anm. 7; RG. 27. 1. 31 KTrW. 1931, 39.

3) So auch OLG. München JW. 1929, 1676; OLG. Dresden KTrW. 1929, 11 und 108; Kiesow § 3 Anm. 23; Wilmersdoerffer JW. 1929, 503; a. M. JW. 1929, 91 und 1676 (Anm.) sowie JW. 1930, 669 (Anm.)

Sch. gegen einen Dritten gepfändet wird, aber der Beschluß noch nicht zugestellt ist; eine vor der Zustellung erfolgende Zahlung des Sch. fällt nicht unter § 3, da der Beschluß erst mit der Zustellung wirksam wird.

b) Wird vom Gerichtsvollzieher **Geld gepfändet,** so erwirbt der Gl. zunächst ein Pfandrecht an dem gepfändeten Geld. Eine solche durch Zwangsvollstreckung erlangte Befriedigung ist bei Bestätigung des Vgl. und im Anschlußkks. unwirksam. Wenn die Eröffnung eines VV. bevorsteht, empfiehlt es sich daher, Zwangsvollstreckungen nicht durch Zahlungen abzuwenden, sondern durch den erscheinenden Vollstreckungsbeamten die vorhandenen Geldbeträge pfänden zu lassen.

c) Der Gerichtsvollzieher hat innerhalb der Sperrfrist **Sachen gepfändet.** Die **Versteigerung** wird durch Zahlung **abgewendet.** Hier liegt regelmäßig keine freiwillige Zahlung, sondern eine durch Zwangsvollstreckung erlangte Befriedigung vor[4]). Dasselbe gilt, wenn nach Zustellung eines **Pfändungs- und Ueberweisungsbeschlusses,** durch den eine Forderung des Sch. gegen einen Dritten für den Gl. gepfändet wird, eine Zahlung des Sch. an den Gl. erfolgt.

Man wird also davon auszugehen haben, ob vor der Zahlung bereits ein **Beschlagnahmeakt wirksam** geworden war (eine „Zwangsvollstreckung vorgenommen" worden war), der mittelbar oder unmittelbar den Anlaß zur Befriedigung des Gl. bildete. Es kann nicht gefordert werden, daß die Zwangsvollstreckungsmaßnahmen so bis zum Ende, wie es die Zwangsvollstreckungsvorschriften vorschreiben, durchgeführt worden sind. Zweck der Zwangsvollstreckung ist doch nicht diese Durchführung der Vollstreckungsvorschriften an sich, sondern die Ausübung eines Zwanges zum Zwecke der Befriedigung des Gl. Wenn sich der Sch. diesem Zwange beugt, ohne es zu einer restlosen Durchführung der Zwangsvollstreckung kommen zu lassen, so wird daran, daß die Befriedigung „durch Zwangsvollstreckung erlangt" ist, nichts geändert[5]).

4) So OLG. München JW. 1929, 1676; OLG. Dresden 8. Sen. KTrW. 1930, 102; Salomon JW. 1930, 2813 Anm. — A. M. jedoch OLG. Frankfurt JW. 1929, 1674; OLG. Dresden 11. Sen. JW. 1930, 2813; Kiesow § 3 Anm. 23 u. LG. München JW. 1930, 668.

5) Aehnlich auch Hertzfeld KTrW. 1930, 159; Bernhardt S. 64.

Das gleiche gilt, wenn der Sch. zur Abwendung der Zwangsvollstreckung innerhalb der Sperrfrist **Sicherheit leistet.** Wird die Sicherheit geleistet, ohne daß bereits ein Beschlagnahmeakt stattgefunden hatte, so kann von einer „durch Zwangsvollstreckung erlangten Sicherung“ nicht gesprochen werden; der Gl., zu dessen gunsten die Sicherheit geleistet wird, fällt also nicht unter § 3. Hat aber die Sicherheitsleistung stattgefunden nach Vornahme der Zwangsvollstreckung, insbesondere wegen einer anstehenden Versteigerung, so ist die Sicherheit durch Zwangsvollstreckung erlangt[6]). Für den Gl. gilt § 3.

§ 4.

Gläubiger, deren Ansprüche auf einem gegenseitigen Vertrage beruhen, der zur Zeit der Eröffnung des Vergleichsverfahrens von dem Schuldner und von dem andern Teile noch nicht oder noch nicht vollständig erfüllt ist, sind an dem Verfahren nicht beteiligt und werden von dem Vergleiche nicht betroffen. Die Vorschrift des § .30 bleibt unberührt.

Uebersicht über die Anmerkungen:

I. Zweck der Vorschriften §§ 4, 28, 29, 30.

1 Die Ansprüche aus gegenseitigen Verträgen, die zur Zeit der Eröffnung des VV. noch von keiner Seite voll erfüllt sind, bleiben gem. § 4 vom VV. und einem abgeschlossenen Vgl. unberührt. In sehr vielen Fällen wird jedoch das Zustandekommen eines Vgl. und eine wirtschaftliche Gesundung des Sch. nur möglich sein, wenn der Vertrag nicht voll erfüllt zu werden braucht; auch der Gl. kann u. U. ein Interesse daran haben, von der Vertragserfüllung entbunden zu sein. Die VglO. sieht daher die Möglichkeit einer

---

6) Vgl. OLG. München JW. 1930, 653 und die Anm. von Mayer.

Abwicklung gegenseitiger Verträge in §§ 28—30 vor. Nicht nur der Sch., sondern auch der andere Teil kann die Erfüllung ablehnen. Die getroffene Regelung ähnelt dem § 17 KO.

Der Gl. nimmt an und für sich an dem VV. nicht teil und wird von einem Vgl. nicht betroffen. Die Rechtslage des Gl. und des Sch. bestimmt sich vielmehr nach den gleichen Vorschriften, nach denen sie sich ohne Rücksicht auf das VV. bestimmen würde. Die Rechtslage kann sich aber dadurch ändern, daß der gegenseitige Vertrag nach Maßgabe der §§ 28 ff. abgewickelt wird. Dann erlangt der Gl. statt seines Vertragsanspruchs u. U. eine Schadenersatzforderung; mit ihr nimmt er am VV. teil (§ 30). Diese Regelung soll auch für die sog. Sukzessivlieferungsverträge (vgl. unten Anm. 6) gelten (vgl. Begr. S. 17).

II. Gegenseitige Verträge.

Ein gegenseitiger Vertrag liegt vor bei Kauf, Tausch, Miete, Pacht, Dienstvertrag, Werkvertrag, Gesellschaft des BGB., OHGes., KoGes., Verlagsvertrag, Kartellvertrag[1]), Versicherungsvertrag, Tarifvertrag[2]), Speditionsvertrag, Frachtvertrag, Lagervertrag, Insertionsvertrag, Agentur- und Lagervertrag usw. Nicht dagegen sind gegenseitige Verträge die Mitgliedschaft bei einem Verein oder einer Gen.[3]), Darlehen, unentgeltlicher Leihvertrag, Vertrag über Gründung einer AG. oder GmbH., Gesellschaftsvertrag des Aktionärs oder Gesellschafters bei einer AG. oder GmbH. 2

Wenn zwischen dem Gl. und dem Sch. **mehrere** gegenseitige Verträge abgeschlossen worden sind oder sein können, kann die Frage von Bedeutung sein, ob die vom Gl. geltend gemachten Ansprüche in Wirklichkeit aus einem oder aus mehreren Verträgen herrühren, denn wenn der Gl. seine eigenen Verpflichtungen aus einem der mehreren Verträge erfüllt hat, ist er für seine Gegenansprüche aus diesem einen Vertrag am VV. beteiligt. Dies kommt vor allem in Betracht für käufliche Warenlieferungen. Es kann streitig sein, ob die vom Gl. noch zu liefernden Waren aus einem Schlusse oder mehreren Abschlüssen stammen. Dies gilt insbesondere dann, wenn Gl. und Sch. längere Zeit in Geschäftsverbindung stehen, ebenso wenn es streitig ist, ob 3

1) Vgl. § 28 Anm. 11. 2) Vgl. § 28 Anm. 10.
3) RG. 100, 1.

mehrere Einzelverträge oder **ein Sukzessiv**lieferungsvertrag vorliegt. Mit Rücksicht auf den Charakter des § 4 VglO. als Ausnahmevorschrift ist diese Bestimmung aber auch insoweit eng auszulegen. Wenn z. B. an einem Tage Abschlüsse über verschiedene Waren zwischen Lieferant und Sch. getätigt worden sind, so spricht der Umstand, daß diese Vereinbarung an demselben Tag getroffen worden ist, nicht ohne weiteres dafür, daß es sich um einen Auftrag i. S. von § 4 handelt. Die Zeit des Abschlusses ist nicht allein maßgebend: es können am selben Tag mehrere völlig getrennte Abschlüsse getätigt werden und es kann andererseits ein Auftrag durch Ergänzungen zu späterer Zeit dahin erweitert werden, daß der ursprüngliche Auftrag mit seinen Ergänzungen als ein Auftrag anzusehen ist. Maßgebend dafür, ob ein oder mehrere Abschlüsse vorliegen, sind vielmehr neben der Abschlußzeit folgende Gesichtspunkte: die buchmäßige Behandlung der Vereinbarung und ihr Niederschlag in der Korrespondenz (eine oder mehrere Auftragsbestätigungen), der Gegenstand der Vereinbarungen, die im einzelnen vereinbarten Bedingungen (insbesondere hinsichtlich Preis und Lieferzeit), der kaufmännische Charakter des Geschäftes (Kauf von Musterware oder Kauf von Lagerware, je nachdem, ob die Ware bereits angefertigt oder erst anzufertigen war). Wenn z. B. im Herbst am selben Tag ein Posten Sommerware (Musterware) und ein Posten Winterware (Lagerware) bestellt und in getrennten Auftragsbestätigungen bestätigt wird, so wird man regelmäßig nicht von einem Abschluß reden können.

III. Beiderseits unerfüllte Verträge.

4 Der Gl. genießt die Vorzugsstellung nach § 4 nur dann, wenn beide Vertragsteile den Vertrag noch nicht vollständig erfüllt haben. Maßgebend ist der **Zeitpunkt der Eröffnung** des VV. Eine vollständige Erfüllung liegt also nicht vor, wenn keiner der Vertragsteile mit der Erfüllung begonnen hat (z. B. auf einen Schluß noch nichts geliefert worden ist) oder wenn die Lieferung erst nach Eröffnung des VV. stattgefunden hat. In diesen Fällen ist der Gl. mit seinem gesamten Anspruch auf die Gegenleistung am VV. nicht beteiligt. Der Lieferant, der zu liefernde Ware nur **teilweise ausgeliefert,** aber noch nicht bezahlt bekommen hat, ist wegen des gesamten Kaufpreises nicht am VV. des

Käufers beteiligt[4]). Ein **Grundstücksverkauf** ist noch nicht vollständig erfüllt, wenn das Grundstück zwar aufgelassen, der Besitz auch schon übertragen, die Eintragung des Käufers im Grundbuch aber noch nicht erfolgt ist[5]). Ferner liegt eine vollständige Erfüllung nicht vor bei Lieferung unter **Eigentumsvorbehalt** (vgl. unten Anh. zu § 4 Anm. 17) oder wenn **Zinsen-** und **Kostenrückstände** vorhanden sind[6]). Auch dann soll nach h. L. auf seiten des Verkäufers der Vertrag nicht voll erfüllt sein, wenn er **mangelhaft** geliefert hat, so daß der Käufer Mängelansprüche geltend machen kann[7]). Solchenfalls wird die Erfüllung des Vertrags aber zweckmäßigerweise gem. § 28 abgelehnt und der Gl. (der mangelhaft leistende Lieferant) gem. § 30 auf den etwaigen Schadenersatzanspruch verwiesen werden (vgl. hierzu § 28 Anm. 15).

Hat der Gl. an sich die ihm nach dem Vertrag obliegenden Verpflichtungen voll erfüllt, hat er aber vor Eröffnung des VV. **Rücktritt** oder **Wandlung** vom Vertrag erklärt, so haben diese Erklärungen, sofern sie zu Recht erfolgt sind, erneut beiderseitige Verpflichtungen ausgelöst, die bei Eröffnung des VV. beiderseitig nicht erfüllt waren. Der Gl. ist dann wegen der ihm zustehenden Ansprüche am VV. nicht beteiligt[8]). Entsprechendes gilt, wenn der Sch., der vor Eröffnung des VV., obwohl er seinerseits voll erfüllt hatte, Wandlung oder Rücktritt erklärt hat. Voraussetzung ist aber stets, daß die Wandlung oder der Rücktritt vor Eröffnung des VV. erklärt worden ist. Auf § 28 Anm. 14 wird verwiesen.

IV. Besonderheiten für Wechselansprüche.

Hat der Sch. dem Gl. auf den Kaufpreis einen Wechsel 5
oder Scheck gegeben und ist der aus dem betreffenden Kaufvertrag herrührende Kaufpreisanspruch des Gl. gem. § 4 am VV. nicht beteiligt, so nimmt auch der Wechselanspruch am VV. nicht teil. Dies gilt auch für Kundenwechsel. Nur dann, wenn — ausnahmsweise — der Wechsel an Erfüllung Statt, nicht nur (wie es die Regel ist, vgl. § 364

4) Vgl. RG. in JW. 1927, 729. 5) RG. 85, 403.

6) Mentzel KO. § 17 Anm. 2; RG. 114, 386.

7) Vgl. RG. in JW. 1927, 700; auch Jaeger in JW. 1927, 3; a. M. Nagel a. a. O. S. 30—54.

8) Vgl. Mentzel KO. § 17 Anm. 1; Jaeger KO. § 17 Anm. 29.

Abs. 2 BGB.) erfüllungshalber gegeben ist, ist durch Hingabe des Wechsels die Schuld aus dem Vertrag getilgt und der Wechselanspruch eine gewöhnliche VglForderung. Hat dagegen der Gl. den ihn in Zahlung gegebenen Wechsel **weitergegeben**, so genießt der neue Gl. natürlich nicht die Vorzugsstellung aus § 4, nimmt also mit der Wechselforderung am VV. teil[9]).

V. Sukzessivlieferungsverträge und Wiederkehrschuldverhältnisse.

6 Unter § 4 fallen vor allem die **Sukzessivlieferungsverträge**. Gleichgültig ist, ob die Liefertermine von vornherein feststehen oder ob der Lieferungsempfänger abrufen muß. Auch hinsichtlich der schon gelieferten Teilmengen ist der Lieferant wegen des Kaufpreises nicht am VV. beteiligt (aber beachte § 28 ff.). Wenn z. B. der Sch. 1000 Zentner Kohlen bestellt und von diesen bei Eröffnung des VV. bereits 300 geliefert erhalten hat, nimmt der Lieferant wegen seiner Kaufforderung für die bereits gelieferten 300 Zentner nicht am VV. teil, kann also volle Bezahlung verlangen und trotz des VV. klagen und vollstrecken. Er läuft allerdings Gefahr, daß die Erfüllung des Vertrages gem. § 28 abgelehnt wird und er auf den Schadenersatzanspruch beschränkt bleibt, mit dem er am VV. teilnimmt. Diese gesetzliche Regelung führt u. U. zu höchst unbilligen Ergebnissen. Auch wenn nur ein ganz geringer Bruchteil der Leistung des Gl. noch offen steht (z. B. in vorstehendem Beispiel der Lieferant von den 1000 Zentnern nur 5 Zentner noch nicht geliefert hat), ist der Gl. doch auch wegen des Kaufpreises für den bereits gelieferten Teil des Abschlusses nicht am VV. beteiligt[10]).

---

9) Kiesow § 4 Anm. 11; RG. in JW. 1925, 2019; Samolewitz § 4 Anm. 10; Mayer § 4 Anm. 11, so überhaupt h. L.; a. M. Kleinfeller JW. 1925, 2019 und Hertzfeld KTrW. 1930, 161; hiergegen Kiesow KTrW. 1931, 17.

10) So RG. in JW. 1930, 2782 und h. L.; a. M. lediglich Beudix § 4 Anm. 1, der die Gegenansprüche für Teillieferungen vor Eröffnung des VV. bei teilbarem Lieferungsgegenstand als am VV. beteiligt ansieht. Wirtschaftlich ist allerdings auch nicht einzusehen, warum ein Gl., dessen Schluß zufällig noch nicht voll abgenommen ist, hinsichtlich seines Anspruchs für die bereits gelieferten Waren anders behandelt werden soll, als ein Gl., der seinerseits voll erfüllt hat. Bei teilbaren Lieferungen sollte der Gl.

Ein solcher Sukzessivlieferungsvertrag liegt nicht vor, wenn zwar ein **Vorvertrag** über später abzuschließende Lieferungsverträge abgeschlossen ist, aber Bestimmungen über Preis und Art der zu liefernden Ware noch nicht getroffen sind, z. B. wenn nur ein bestimmter Mindestumsatz vereinbart ist. Der Lieferant ist solchenfalls mit dem Anspruch auf den Gegenwert für die gelieferten Waren am VV. beteiligt[11]).

Für **Wiederkehrschuldverhältnisse**, nicht Sukzessivliefe- 7
rungsverträge dagegen werden Vertragsverhältnisse angesehen, bei denen das Vertragsverhältnis ständig neu entsteht[12]). Hierher können **Wasser-, Gas- und Elektrizitätslieferungsverträge** gehören. Entscheidend ist, ob der Abnehmer (Sch.) verpflichtet ist, eine bestimmte Menge abzunehmen oder ob er die Abnahme der weiteren Lieferungen jederzeit oder unter Einhaltung einer Kündigungsfrist ablehnen kann. Der erste Fall stellt ein Sukzessivlieferungsverhältnis dar, den zweiten Fall wird man als Wiederkehrschuldverhältnis ansehen können[13]). Soweit ein Sukzessivlieferungsverhältnis vorliegt, sind die Vorschriften der §§ 4, 28 ff. anzuwenden. Soweit dagegen ein Wiederkehrschuldverhältnis anzunehmen ist, wird mit jedem Rechnungsabschnitt der Lieferungsvertrag stillschweigend erneuert; der Gl. (Lieferant) ist also nur für den betr. Rechnungsabschnitt am VV. nicht beteiligt, wird dagegen wegen der weiter zurückliegenden Rückstände wie jeder andere Gl. vom VV. betroffen[14]). Allerdings darf aber nicht unerwähnt

---

hinsichtlich des Gegenanspruchs für die bereits bewirkten Leistungen am VV. beteiligt sein; anders bei Verträgen, die ein einheitliches Ganzes bilden und ohne Veränderung ihres wirtschaftlichen Inhalts nur einheitlich erfüllt werden können (sehr zutreffend Weinberg § 4 Anm. 1).

11) RG. in KTrW. 1930, 41.

12) Nicht unstreitig, so insbes. Jaeger KO. § 17 Anm. 18a u. b.

13) Kiesow § 4 Anm. 19.

14) So Jaeger § 17 KO. Anm. 18b; Kiesow § 4 Anm. 19; Samolewitz § 4 Anm. 4; Weinberg S. 53; Mayer KTrW. 1929, 182; Levy KTrW. 1927, 142; Weiß KTrW. 1927, 119; Staub HGB. Anh. zu § 382 Anm. 82a LG. III Berlin 25. 6. 27 KTrW. 1927, 125; OLG. Stettin 16. 10. 29 JW. 1930, 1429; OLG. München 28. 12. 29 und KG. 3. 11. 30 in KTrW. 1930, 48 u. 49; OLG. Braunschweig 4. 10. 29 JW. 1930, 1427; OLG. Rostock 7. 11. 27 Meckl. Ztg. 1927 S. 124; OLG. Köln 7. 12. 26 LZ. 1927 Sp. 1496.

bleiben, daß diese Auffassung lebhaft bestritten wird[15]) und daß man jedenfalls dann von einem Wiederkehrschuldverhältnis nicht wird sprechen können, wenn auch der Sch. (Abnehmer) sich zu einer bestimmten Abnahmemenge verpflichtete, und die Dauer des Vertrages auf unbestimmte Zeit festgelegt war; das wird insbesondere bei Großabnehmern von Strom usw. in Frage kommen[16]). Inwieweit das Verlangen des Lieferanten, den Abschluß eines neuen Lieferungsvertrages von der Bezahlung der alten Rückstände abhängig zu machen, eine gegen die guten Sitten verstoßende Ausnutzung der Monopolstellung des Lieferwerkes darstellt, ist Frage des Einzelfalles und bestritten[17]). Ansprüche aus einem Wiederkehr-Schuldverhältnis sind dementsprechend auch die **Fernsprechgebühren** der Reichspost; sie können daher nur insoweit als Ansprüche aus einem beiderseits unerfüllten Vertrag angesehen werden, als sie aus dem z. B. der Eröffnung des VV. laufenden Rechnungsabschnitt stammen[17a]).

VI. Wegfall der Vorzugsstellung des Gl. aus § 4.

8 Der Gl. ist mit seiner Forderung aus einem unerfüllten gegenseitigen Vertrag am VV. **nicht** beteiligt, solange seine Forderung aus diesem unerfüllten Vertrag **noch besteht**. Ist dagegen der Anspruch aus dem gegenseitigen Vertrag selbst **untergegangen** und ein anderer Anspruch an seine Stelle getreten, so kann der Gl. sich auf seine Rechtsstellung aus § 4 VglO. nicht berufen. Dies gilt insbesondere dann, wenn der Anspruch aus dem unerfüllten Vertrag in ein Kontokorrent aufgenommen und der Saldo dieses Kontokorrentes anerkannt worden ist. Durch dieses **Saldoanerkenntnis** ist eine Novation eingetreten, die einen Untergang des ursprünglichen Anspruches aus dem unerfüllten

15) OLG. Hamm JW. 1930, 1426 u. insbes. Rumpf JW. 1930, 1346; Neff LZ. 1927 Sp. 1089 u. a.

16) So LG. Bautzen in JW. 1927, 2476 und wohl auch RG. 8. 10. 29 JW. 1930, 1402.

17) Von RG. JW. 1930, 1402 beim Vertrag des Lieferwerkes mit einem Großabnehmer verneint; für städtische Werke dagegen als Regelfall bejaht von Jaeger KO. § 17 Anm. 18a. Neuerdings bejaht auch RG. 24. 3. 31 KTrW. 1931, 69.

17a) Wegen der gegenteiligen Stellung der Reichspost siehe KTrW. 1931, 64.

Vertrag zur Folge gehabt hat. Hinsichtlich der an Stelle dieses Anspruches getretenen Novationsforderung kann sich der Gl. nicht auf § 4 VglO. berufen, da diese Forderung nicht mehr ein Anspruch aus einem beiderseits unerfüllten Vertrag ist. § 356 HGB. ist nicht anwendbar, da die dem Gl. in § 4 VglO. eingeräumte Sonderstellung keine „Sicherung" i. S. d. § 356 HGB. sein kann.

Der Gl. kann ferner seine Vorzugsstellung durch ausdrücklichen oder auch stillschweigenden **Verzicht** auf seine Rechte aus § 4 verlieren[18]); denn § 4 ist nachgiebigen Rechtes. Ein stillschweigender Verzicht des Gl. auf seine Vorzugsstellung wird dann anzunehmen sein, wenn er sich ohne Vorbehalt am VV. beteiligt und die VglQuoten vorbehaltslos in Empfang genommen hat.

Tritt der Gl. seine Forderung **ab**, so verliert sie in der Person des neuen Gl. nicht die Vorzugsstellung aus § 4, wenn bei Eröffnung des VV. der Vertrag von den ursprünglichen Vertragsparteien beiderseits nicht erfüllt war. Dies ergibt der Wortlaut des Gesetzes „von dem anderen Teil" und nicht „vom Gläubiger"). Dagegen wird solchenfalls der neue Gl. die Ermächtigung zur Ablehnung der **Vertragserfüllung** (§ 28) nicht einholen können.

Anhang zu § 4.

Eigentumsvorbehalt.

Uebersicht über die Anmerkungen:

18) RG. in JW. 1930, 2782 Nr. 10 a. E.; Mentzel § 17 Anm. 4.

I. Begriff.

1 Von einem **echten EV.** kann man nur dann sprechen, wenn eine bewegliche Sache dem Käufer übergeben, der Kaufpreis ganz oder teilweise noch nicht bezahlt und bis zur vollständigen Bezahlung des Kaufpreises ein Vorbehalt des Eigentums vereinbart ist (§ 455 BGB.). Die Uebereignung ist in diesen Fällen im Zweifel **aufschiebend bedingt.** Daß das Eigentum auflösend bedingt übertragen wird und wieder zurückfallen soll, ist — wenigstens nach deutschem Recht[1]) — nur bei ausdrücklich dahingehenden Vereinbarungen anzunehmen. Die Vereinbarung eines solchen EV. hat also **dingliche Wirkung:** das Eigentum bleibt beim Veräußerer. Der **uneigentliche EV.** dagegen[2]) hat lediglich obligatorische Wirkung und für den Lieferanten gerade im Ernstfall keine praktische Bedeutung[3]), denn der Lieferant kann die gelieferten Sachen auf Grund vorbehaltenen Eigentums nicht gegenüber Pfändungen Dritter reklamieren oder im Kks. oder VV. des Käufers aussondern. Für die Annahme eines echten EV. ist jedoch nicht nur der **Wortlaut** der Lieferungsvereinbarung maßgebend. Auch wenn der Ausdruck „Eigentumsvorbehalt“ nicht verwendet ist, genügt es, wenn sich im Wege der Auslegung feststellen läßt, daß die Uebereignung der Ware bedingt sein solle (z. B. Bezeichnung als „Konditionsware“ oder „Konsignationslager“)[4]).

II. Gegenstand.

2 Ein EV. ist nur möglich an **beweglichen Sachen,** nicht dagegen an unbeweglichen Sachen und unkörperlichen Gütern. Bei **Patentrechten** erfolgt häufig die Uebertragung des Patentes nur unter der aufschiebenden Bedingung, daß der Erwerber seine Verbindlichkeiten voll erfüllt. Auch im **Filmrecht** wird die Lizenz, die der Filmhersteller dem Filmverleiher einräumt, häufig unter der Bedingung **voller Bezahlung** des Lizenzpreises übertragen, ebenso das Auf-

1) Vgl. Rühl S. 8.
2) Z. B. in folgender Klausel:
„Die gelieferte Ware darf vor voller Bezahlung oder vor Einlösung der dafür hingegebenen Wechsel oder Schecks ohne Zustimmung des Verkäufers an Dritte weder verpfändet noch zur Sicherung übereignet werden.“
3) Rühl S. 75 ff.; Senf JW. 1930, 3540.
4) Rühl S. 61; RG. in Recht 1908, 3118.

führungsrecht vom Filmverleiher an den Lichtspieltheaterinhaber. Von einem EV. kann in diesen Fällen jedoch nicht gesprochen werden, wenn auch die für den EV. nachstehend entwickelten Grundsätze z. T. anwendbar sein werden. Hinsichtlich beweglicher Sachen macht es aber keinen Unterschied, ob zur Veräußerung oder zur Verarbeitung bestimmte Sachen oder verbrauchbare Sachen oder einzubauende Sachen oder sogar ein Warenlager[5]) unter EV. geliefert werden.

III. Vereinbarung des EV.

Der EV. muß **bei Vertragsabschluß** vereinbart werden, 3
also regelmäßig in den Lieferungsbedingungen des Verkäufers. Nicht erforderlich ist, daß der Käufer die Lieferungsbedingungen im einzelnen kennt. Wenn er sich diesen im einzelnen ihm unbekannten Lieferungsbedingungen unterwirft, gelten sie für den Vertragsabschluß, außer wenn es sich um Bedingungen handelt, die ganz außerhalb des Rahmens des im Geschäftsverkehr Ueblichen fallen[6]). In den Lieferungsbedingungen kann auch der EV. in bezug auf **alle künftig** im Rahmen der Geschäftsverbindung zu kaufenden Sachen vereinbart werden[7]).

Auf **Rechnungen** ist der EV. grundsätzlich bedeutungslos. War aber eine Bestätigung des Geschäfts durch den Lieferanten nicht erfolgt, sondern die Lieferung auf die Bestellung des Käufers (Sch.) hin unter gleichzeitiger Uebersendung der Rechnung mit einem EVVermerk vorgenommen worden, so wird hieraus einerseits hervorgehen, daß der Lieferant nicht Eigentum übertragen wollte, andererseits wird hieraus ein neues Vertragsangebot des Lieferanten mit den auf der Rechnung enthaltenen Bedingungen zu entnehmen sein, das vom Käufer (Sch.) durch Annahme der gelieferten Waren und mangels Widerspruches gegen den Inhalt der Rechnung angenommen wurde[8]). Von diesem

5) RGRKom. § 455 Anm. 2.

6) Vgl. RG. 25. 9. 28 KTrW. 1928, 184 (Bankarchiv 28. Jahrgang S. 185), wo Bedingungen, die bei Vertragsabschluß noch im Druck waren und den EV. enthielten, als für den Vertrag rechtsverbindlich angesehen worden sind.

7) OLG. Zweibrücken BayZ. 2. 66.

8) So KG. 9. 4. 29 JW. 1929, 2164 mit zustimmender Anm. von Oertmann JW. 1930, 1421; dagegen LG. Karlsruhe 3. 12. 29

Sonderfall abgesehen, haben aber Vermerke auf der Rechnung keine Bedeutung; erfolgt die Uebersendung einer Ware, ohne daß der Verkäufer vorher oder gleichzeitig zu erkennen gegeben hat, daß er das Eigentum an der Ware nicht übertragen wolle, so ist in dieser Uebersendung eine bedingungslose Uebereignung zu erblicken[9]).

Von einem **stillschweigenden EV.** kann man sprechen, wenn Lieferant und Käufer seit langer Zeit in Geschäftsverbindung standen, stets einen EV. vereinbart hatten und in einem Einzelfalle eine solche Vereinbarung unterblieben ist[10]). Durch **Handelsbrauch** dagegen wird ein EV. nicht entstehen können[11]); von Bedeutung kann der Handelsbrauch allerdings dann werden, wenn der Käufer (Sch.) die Ware außerhalb des Rahmens eines ordnungsmäßigen Geschäftsbetriebes weiter veräußerte und der Dritterwerber sich auf seinen guten Glauben beruft[12]).

Nachträglich kann ein EV. nicht vereinbart werden, vielmehr ist erforderlich, daß die Ware vom Käufer auf den Verkäufer zurückübereignet und also zugunsten des Verkäufers ein Sicherungsübereignungsvertrag geschlossen wird. Dabei muß aber, wie bei jedem Sicherungsübereignungsvertrag an Stelle der Besitzübertragung ein sog. Besitzkonstitut (Verwahrungsvertrag oder ähnliches Verhältnis) vereinbart werden. Dies gilt auch dann, wenn Streit oder Ungewißheit über die Rechtswirksamkeit der Vereinbarung eines EV. besteht und der EV. des Verkäufers nunmehr „anerkannt" werden soll; denn stellt sich hinterher heraus, daß der EV. tatsächlich rechtswirksam nicht bestand, so wird durch ein bloßes Anerkenntnis das EV., das nicht gleichzeitig eine vorsorgliche Rückübereignung in Form des

JW. 1930, 2238 mit Anm. von Blum und Anm. von Liebstaedter in JW. 1929, 2164.

9) Staudinger § 929 IV. 2.

10) Bestr. so Rühl S. 60; noch weitergehend Staub Anh. zu § 72 Anm. 34, der sogar bei jahrelanger Geschäftsverbindung den EV. auf Rechnungen des Lieferanten die Bedeutung beimessen will, daß damit der Lieferant zu erkennen gegeben habe, daß er Eigentum vor völliger Bezahlung seiner Kaufpreisforderung nicht übertragen wolle, und daß damit ein stillschweigender EV. zustande gekommen sei.

11) Rühl S. 60.

12) OLG. Dresden 11. 10. 29 — 14 O. 139/28 (bisher nicht veröffentlicht).

Sicherungsübereignungsvertrags enthält, wirksam Eigentum zugunsten des Verkäufers nicht vereinbart werden können.

IV. Erlöschen des EV.

a) Bezahlung.

4 Wirksam und üblich ist die Klausel, daß das Eigentum auf den Käufer erst übergehen soll, wenn die für den Kaufpreis in Zahlung gegebenen Wechsel oder Schecks eingelöst sind. Bedenken dagegen bestehen hinsichtlich der Klausel, daß der EV. an den gelieferten Waren erst erlöschen soll, wenn **sämtliche Forderungen aus der bisherigen Geschäftsverbindung** (also nicht bloß der Kaufpreis für die betr. Waren) seitens des Käufers getilgt sind, oder sogar wenn auch die **Forderungen für alle künftigen Lieferungen** bezahlt sind. Die Gültigkeit derartiger Abmachungen wird zu verneinen sein[13]).

b) Saldoziehung.

5 Wenn Lieferant und Käufer in einem **Kontokorrent-Verkehr** stehen, werden regelmäßig die Kaufpreisansprüche für die unter EV. gelieferten Waren zusammen mit etwaigen anderen Kaufpreisforderungen im Kontokorrent gebucht und bei Schluß der Rechnungsperiode saldiert. Wird der Saldo alsdann vom Käufer (Sch.) **anerkannt**, so tritt eine Novation der einzelnen, dem Saldo zugrunde liegenden Rechnungsposten ein; der Anspruch des Gl. auf Zahlung der einzelnen Posten geht unter[14]). Mit diesem Untergang der ursprünglichen Kaufpreisforderung erlischt aber auch der EV.; denn § 356 HGB. kann keine Anwendung finden[15]).

c) Vermischung, Vermengung.

6 Gem. §§ 948, 947 BGB. erlischt das Eigentum des einzelnen Lieferanten, wenn Waren **verschiedener Lieferanten** untrennbar vermischt oder vermengt werden oder die Trennung unverhältnismäßige Kosten verursachen würde. Die verschiedenen Lieferanten werden Miteigentümer nach dem

---

13) So ausführlich Levy KTrW. 1931, 26—38.

14) RGZ. 3, 117; 10, 54; 82, 405; 117, 39.

15) Bestr.; so OLG. Düsseldorf 15. 3. 29, 7 U. 147/28 (bisher wohl noch nicht veröffentlicht); Levy KTrW. 1931, 28; a. M. Geiler JW. 1930, 2910.

Verhältnis des Wertes der gelieferten Waren. Befinden sich unter den vermengten oder vermischten Waren auch solche, die **dem Sch. selbst** zum Eigentum gehörten, so wird auch der Sch. Miteigentümer und es findet im VV. § 51 KO.[16]) Anwendung; die verschiedenen Lieferanten können wegen ihrer Kaufpreisforderungen abgesonderte Befriedigung aus dem bei der Teilung oder sonstigen Auseinandersetzung ermittelten Anteil des Sch. verlangen.

d) **Verarbeitung.**

7 Werden unter EV. gelieferte Waren so verarbeitet, daß eine neue Ware daraus hergestellt wird, so erwirbt der Verarbeiter (Sch.) das Eigentum an der neuen Ware (§ 950 BGB.); der EV. erlischt. Allerdings muß beachtet werden, daß diese grundsätzliche gesetzliche Regelung durch Vereinbarung beseitigt werden kann[17]). Der Vorbehaltslieferant wird aber nur dann **Eigentum am Arbeitsprodukt** erlangen, wenn der Fabrikant (Sch.) sich ihm gegenüber eindeutig verpflichtet hatte, die Verarbeitung für ihn als sein Gehilfe vorzunehmen. Eine Klausel des Inhalts, daß die Ware bis zur vollständigen Bezahlung auch im verarbeiteten Zustand Eigentum des Lieferers bleiben soll, dürfte daher nicht genügen[18]).

e) **Einbau.**

8 Streit besteht insbes. über das Erlöschen des EV. an **Maschinen,** die in ein Grundstück eingebaut werden. Werden sie *wesentliche Bestandteile* des Grundstücks, so geht der EV. unter (§ 946, 94 BGB.). **Fest verbunden** mit einem Grundstück ist eine Sache dann, wenn eine Trennung überhaupt nicht ohne Eingreifen in die Sachsubstanz möglich ist oder doch nur unter solchen Schwierigkeiten vorgenommen werden kann, daß die Kosten der Trennung im Vergleich zum Werte des einen oder anderen Bestandteiles

---

16) Text vgl. oben S. **17)** RG. JW. 1930, 2798.

18) So Rühl S. 139; dagegen hält er folgende Klausel für ausreichend:

„Falls einzelne der übereigneten Gegenstände später ganz oder teilweise verarbeitet werden, erfolgt die Bearbeitung oder Verarbeitung lediglich für die Bank, so daß auch die verarbeiteten Gegenstände Eigentum der Bank werden bzw. bleiben."

Gegen derartige Klauseln prinzipiell Levy KTrW. 1931, 52.

unverhältnismäßig hoch sind[19]). Eine feste Verbindung liegt dann nicht vor, wenn die Maschinen nur durch Schrauben und Bolzen oder mittels Zementgusses am Fundament befestigt sind, so daß eine Entfernung ohne erhebliche Beschädigung der Maschinen oder des Gebäudes möglich ist[20]). Zu beachten ist allerdings, daß einzelne Maschinen, die in eine Gesamtanlage eingefügt worden sind, gem. § 93 BGB. deswegen wesentliche Bestandteile der Gesamtanlage geworden sind, weil sie jetzt nach der Verkehrsauffassung nur noch als unselbständige Teile des gesamten Maschinenaggregates betrachtet werden können; das wird besonders in Frage kommen für Kesselanlagen von Fabriken, Teile von Zentralheizungsanlagen, Fördermaschinen von Bergwerken u. a.[21]).

f) Weiterverkauf.

Sollen die unter EV. gelieferten Waren bestimmungs- 9
gemäß weiter veräußert werden, so erlischt der EV. mit dem Weiterverkauf. Hat der Käufer (Sch.) auf Kredit weiter verkauft, so steht in diesem Falle dem Lieferanten ein Recht an dem entstandenen Außenstand nicht zu, auch nicht im Kks. oder VV. etwa gem. § 46 KO. (vgl. oben § 2 Anm. 15). Das gilt auch dann, wenn eine **Abrede** in der Richtung getroffen ist, daß der Lieferant bei Zahlungseinstellung des Käufers vor Bezahlung der Ware die in § 46 KO. bestimmten Rechte haben soll. Ebenso ist unwirksam eine Vereinbarung, daß die aus der Weiterveräußerung der Vorbehaltsware entstandene Forderung im Verhältnis zwischen dem Lieferanten einerseits und dem Weiterverkäufer (Sch.), sowie dessen Gl. andererseits als Forderung des Vorbehaltslieferanten gelten soll, wie wenn der Weiterverkäufer nur als Verkaufs-Kommissionär für Rechnung des Vorbehaltslieferanten tätig geworden wäre[22]). Dagegen ist eine **anticipierte Forderungsabtretung** möglich: Schon mit dem Abschluß des Lieferungsvertrags zwischen

---

19) RGRKom. § 94 Anm. 2.

20) RGZ. 56, 282; RG. JW. 1919, 267 u. a.: Zusammenstellung über Entsch., nach denen eingebaute Maschinen nicht als wesentlicher Bestandteil angesehen worden sind, siehe Wagener S. 15.

21) Rühl S. 145.

22) Jaeger KTrW. 1930, 17; LG. Stuttgart 2. 10. 29 KTrW. 1930, 14; a. M. wohl Rühl S. 44.

Lieferant und Sch. kann die aus dem Weiterverkauf der zu liefernden Sachen entstehende Forderung vom Sch. an den Lieferanten abgetreten werden; denn die Abtretung einer künftig erst entstehenden Forderung ist zulässig, wenn die Forderung nur bestimmbar ist[23]). Werden vom Kunden des Käufers (Sch.) diesem Wechsel gegeben, so gehen sie auf Grund der anticipierten Abtretung der Forderung nicht ohne weiteres auf den Vorbehaltslieferanten über. Der Käufer wird verpflichtet sein, den Wechsel auf den Verkäufer zu übertragen.

10 g) Dagegen tritt kein Erlöschen des EV. dadurch ein, daß der Lieferant seine Forderung aus dem Kaufvertrag **abtritt.** Auch wenn nicht ausdrücklich der dem Lieferanten auf Grund des vorbehaltenen Eigentums zustehende Herausgabeanspruch von ihm an den neuen Gl. abgetreten worden ist, wird man doch annehmen können, daß in der Abtretung der restlichen Kaufpreisforderung zugleich auch eine Abtretung des Herausgabeanspruchs liegt[24]).

V. Geltendmachung des EV. im VV.

1. VV. des Verkäufers.

11 Ist der Verkäufer im VV., so ist der Käufer gem. § 4 VglO. wegen aller Ansprüche, z. B. wegen mangelhafter Erfüllung, an dem VV. nicht beteiligt. Käufer und Verkäufer können mit Genehmigung des Gerichts die Erfüllung ablehnen. Lehnt der Verkäufer (in diesem Falle der Sch.) ab, so kann der Käufer die geleisteten Teilzahlungen nicht

23) So u. a. Ziffer JW. 1930, 1359; Jaeger 1930, 19; Rühl S. 45; Senf empfiehlt folgende Klausel in JW. 1930, 3540:

„Der Anspruch unseres Käufers gegen seinen Abkäufer auf den Kaufpreis geht von selbst auf uns über in der Weise, daß von uns der Käufer (seinerseits unwiderruflich) beauftragt und bevollmächtigt ist, den Kaufpreis von seinem Abnehmer als unser offener oder stiller Stellverteter für uns einzuziehen. Er verkauft also die mit Eigentumsvorbehalt belastete Ware wenn auch in seinem Namen, so doch für unsere Rechnung. Alle mit Bezug auf die Einziehung der Kaufpreisforderung abgegebenen rechtsgeschäftlichen Erklärungen gelten als für uns abgegeben, und wir sind berechtigt, dem uns auf Verlangen zu nennenden Abkäufer entsprechende Mitteilung zu machen und Anweisungen zu erteilen."

24) Rühl S. 83.

zurückfordern; er hat nur einen Schadenersatzanspruch, mit dem er am Vgl. teilnimmt (siehe § 30 Anm. 2, § 28 Anm. 8). Lehnt der Käufer (hier also der Gl.) die Erfüllung ab, so muß der Verkäufer (Sch.) die unter EV. gelieferten Waren zurücknehmen und hat keinen Schadenersatzanspruch, während der Käufer (Gl.) gegebenenfalls einen Schadenersatzanspruch geltend machen kann (vgl. § 30 VglO.)

2. VV. des Käufers.

In den für die Praxis wichtigeren Fällen, daß der Käufer in VV. gerät, ist der Lieferant (Gl.) in doppelter Hinsicht nicht am VV. beteiligt: (§§ 2, 4 VglO.). Er ist auf Grund des EV. **aussonderungsberechtigt** und außerdem gem. § 4 **am VV. nicht beteiligt.** 12

Auf Grund des EV. kann der Lieferant (Gl.) die gelieferten Waren, soweit sie bei Eröffnung des VV. noch vorhanden sind, **aussondern.** An sich enthält diese Geltendmachung des dinglichen Rechts (des vorbehaltenen Eigentums an der Ware) **keinen Rücktritt** vom Kaufvertrag. Eine Ausnahme gilt nur dann, wenn es sich um ein, dem AbzahlungsGes. unterworfenes Geschäft[25]) handelt; dann gilt es als Ausübungsrecht des Rücktritts, wenn der Verkäufer die verkauften Sachen wieder an sich genommen hat (§ 5 d. Ges.). Hierbei ist aber zu beachten, daß das AbzahlungsGes. dann keine Anwendung findet, wenn der Empfänger der Ware im Handelsregister eingetragen ist (§ 8 d. Ges.). Selbstverständlich kann aber der Verkäufer (Gl.) auch vom Vertrag zurücktreten; die Voraussetzungen des § 326 BGB. (Verzug des Sch.) werden regelmäßig vorliegen. Stellt sich das Geschäft als Abzahlungsgeschäft dar, so gilt für die Entschädigungspflicht des Sch. § 2 AbzahlungsGes. 13

Der Lieferant, der unter EV. lieferte, hat nach h. L. solange der EV. besteht, die ihm obliegende Verpflichtung aus dem Vertrag nicht erfüllt; **für ihn gilt** also **§ 4 VglO.**[26]). Er 14

25) Text d. Ges. betreffend die Abzahlungsgeschäfte vom 16. 5. 94 siehe unten S. 321.

26) So die h. L.; hiergegen mit beachtlichen Gründen Rühl S. 205 und in Zeitschr. f. Deutschen Zivilprozeß 1931, 154 ff. — Rühl vertritt die Auffassung, daß der Gl., der unter EV. geliefert hat, seinerseits keine Erfüllungs*handlung* mehr vorzunehmen braucht, um den Eigentumsübergang herbeizuführen, daß daher von seiner Seite aus der Vertrag erfüllt im Sinne der

kann während des VV. den Kaufpreis für die gelieferten Waren in **voller Höhe** einklagen, also auch insoweit, als die Waren bei Eröffnung des VV. nicht mehr vorhanden waren. Maßgebend ist, ob bei Eröffnung des VV. noch ein wenn auch noch so geringer Teil der Waren vorhanden gewesen ist, die auf Grund des den EV. enthaltenden Auftrags (Schlusses) geliefert worden sind. Wenn die unter EV. gelieferten Waren schon **teilweise** weiterverkauft sind oder das Eigentum an ihnen infolge Verarbeitung (Vermischung) **eines Teiles von ihnen** untergegangen ist, so hat doch der Lieferant immer noch nicht seine Verpflichtung zur Eigentumsübertragung voll erfüllt; er ist daher wegen seiner Ansprüche aus dem Lieferungsvertrag ein Gl. aus einem beiderseits noch nicht vollständig erfüllten Vertrag, ist also am VV. nicht beteiligt. Wenn aber die Sachen trotz des vereinbarten EV. **restlos** durch Verarbeitung (Vermischung) vor Anordnung des VV. in das Eigentum des Käufers übergegangen sind, ist für eine Verpflichtung des Lieferanten auf Uebertragung des Eigentums an den von ihm gelieferten Sachen kein Raum mehr, seine Verpflichtung zur Eigentumsübertragung ist erloschen und er ist daher dann ein am VV. beteiligter Gläubiger. Dasselbe gilt natürlich, wenn das Eigentum des Lieferanten an allen gelieferten Waren untergegangen ist, weil diese **insgesamt** an einen oder mehrere gutgläubige Dritte **weiterveräußert** worden sind. Für die Frage, ob ein Lieferant unter Eigentumsvorbehalt gem. § 4 am VV. beteiligt ist oder nicht, ist also entscheidend die Frage, ob sein Eigentum an den gelieferten Waren vor Eröffnung des VV. **hinsichtlich des ganzen Schlusses** durch Verarbeitung oder Weiterveräußerung **untergegangen** ist[27]). Ist hiernach

---

§ 28 VglO., § 17 KO. sei. Diese Auffassung deckt sich zweifellos mit der des Kaufmanns. Dieser hat nach seiner Meinung den Vertrag mit der Auslieferung der Ware erfüllt und betrachtet sich daher insoweit nicht als Gl. aus einem von ihm selbst nicht erfüllten Vertrag. Die Erfahrung hat gezeigt, daß EVLieferanten, wenn sie nicht juristisch belehrt waren, regelmäßig nur diejenigen Waren aussondern wollten, die beim Sch. noch vorhanden waren, nicht aber die nach der h. L. ihnen weiterhin zustehenden Rechte auf Zahlung des Kaufpreises in voller Höhe für die bereits weiter verkauften Waren geltend machten (vgl. auch Levy KTrW. 1931 S. 47 Nr. 5).

27) Vgl. Maeder S. 12; LG. Potsdam 15. 11. 29 KTrW. 1930, 87, Kiesow § 4 III 1; vgl. auch JW. 1926, 2115; 1927, 730.

der Lieferant am VV. nicht beteiligt, so wird er hinsichtlich der gesamten Kaufpreisforderung aus dem fraglichen Schluß **durch den Vgl. nicht berührt.** Er kann während des VV. **vollstrecken** und dabei auch in die unter EV. gelieferte Ware, also in seine eigenen Sachen pfänden[28]).

Andererseits muß der Lieferant (Gl.) solchenfalls aber auch damit rechnen, daß der Käufer (Sch.) mit Genehmigung des Gericht gem. § 28 VglO. die Vertragserfüllung ablehnt. Hat der Sch. von verschiedenen Lieferanten Waren unter EV. geliefert erhalten, die er nicht oder nur mit Verlust absetzen kann, so kann das Weiterbestehen zwar nicht des einzelnen Vertrags, wohl aber der Gesamtheit dieser Lieferverträge die Erfüllung des Vgl. gefährden (vgl. § 28 Anm. 3). Liegt ein Antrag des Sch. auf Ermächtigung zur Erfüllungsablehnung vor, so kann der Gl., wenn er die noch vorhandenen Waren nicht zurücknehmen will, mit dem Sch. ein Kommissionsverhältnis vereinbaren. Es kann aber auch ausbedungen werden, daß die noch vorhandenen Waren an den Verkäufer zurückgewährt werden. Ein solches Uebereinkommen stellt weder Erfüllungsablehnung noch einen Rücktritt vom Vertrag dar; die Parteien wollen lediglich einen Teil des Schuldverhältnisses zum Erlöschen bringen. Die durch dieses Abkommen nicht berührte Restkaufpreisforderung wird mangels anderweiter Vereinbarungen gem. § 4 VglO. weiterhin am VV. nicht beteiligt und also in voller Höhe zu bezahlen sein[29]).

Lehnt dagegen der Sch. die Erfüllung des Vertrags mit 15
Ermächtigung des Gerichts **ab,** so muß der Gl. die noch vorhandenen Waren zurücknehmen und kann einen **Schadenersatzanspruch** geltend machen. Dieser Schadenersatzanspruch wird sich zusammensetzen aus dem Kaufpreis für die gelieferten, nicht mehr vorhandenen Waren, aus dem entgangenen Gewinn hinsichtlich der wieder zurückgenommenen Waren, aus der Wertminderung der wieder zurückgenommenen Waren und aus sonstigem Schaden. Dabei muß berücksichtigt werden, daß der Schaden-

---

28) Wegen des hierbei notwendigen Verzichts des Lieferanten auf sein Eigentum vgl. LG. Düsseldorf JW. 1929, 3193 mit Anm. von Oertmann und JW. 1930, 2083 Anm. von Etzold, sowie Rühl S. 173 ff.

29) Jaeger KTrW. 1929, 17; Levy in „Der Eigentumsvorbehalt in Wirtschaft und Recht" S. 157; Kiesow § 4 Anm. 8.

ersatz nicht nur konkret, sondern bei Gattungssachen mit Marktpreisen oder gewissem Handelswert auch abstrakt berechnet werden kann[30]). Der Schadenersatzanspruch mindert sich aber um den Wert der vom Sch. bereits geleisteten Abschlagszahlungen[31]). Ist der Wert der zurückgenommenen Waren (auch unter Berücksichtigung der eingetretenen Wertminderung) höher als der Wert des noch rückständigen Kaufpreises, so ist der Lieferant (Gl.) um diese Differenz rechtlos bereichert; er muß also denjenigen Betrag der empfangenen Teilleistungen herausgeben, der seinen tatsächlichen Schaden übersteigt[32]).

§ 5.

Der Vergleich muß allen von ihm betroffenen Gläubigern gleiche Rechte gewähren.

Eine ungleiche Behandlung der Gläubiger ist nur zulässig, wenn die Mehrheit der zurückgesetzten Gläubiger zustimmt und die Gesamtsumme der Forderungen der zustimmenden Gläubiger mindestens drei Vierteile der Forderungen der zurückgesetzten Gläubiger beträgt.

Jedes andere Abkommen des Schuldners oder anderer Personen mit einzelnen Gläubigern, durch welches diese bevorzugt werden, ist nichtig.

Uebersicht über die Anmerkungen:

I. Ungleiche Behandlung der Gl. im Vgl. (Abs. 1, 2).

a) Allgemeines:

1 In der Praxis hat sich bei der Beseitigung von Zahlungsschwierigkeiten im Wege gütlichen Uebereinkommens nicht selten das Bedürfnis geltend gemacht, einzelnen Gl. eine

30) RGZ. 60, 347.

31) Jaeger KO. § 17 Anm. 46; ausführlich auch Bendix JW. 1930, 1360 ff.

32) Bendix ebenda, Jaeger ebenda; Mentzel KO. § 26 Anm. 2 letzter Absatz.

Sonderstellung einzuräumen. Es pflegen die Gl. kleinerer Forderungsbeträge gerade diejenigen zu sein, die einen Erlaß oder eine längere Stundung nicht bewilligen wollen und denen dies nach ihren wirtschaftlichen Verhältnissen auch nicht zuzumuten ist. Eine ungleiche Behandlung der Gl. im Vgl. kann dadurch stattfinden, daß ihnen verschieden hohe Quoten, verschiedene Fälligkeitstermine, verschiedene Arten der Sicherstellung oder eine unterschiedliche Verzinsung gewährt werden. Sollen die Forderungen eines Teiles der Gl. erst nach den Forderungen der übrigen Gl. befriedigt werden, so ist dies dahin auszulegen, daß die zurücktretenden Gl. lediglich hinter die VglQuote der übrigen Gl. zurücktreten wollen; lebt gemäß § 7 VglO. bei Verzug des Sch. die gesamte Forderung der übrigen Gl. wieder auf, so gilt die Rücktrittserklärung für diesen Fall im Zweifel nicht[1]).

b) **Zustimmung der zurückgesetzten Gl.:**

Die Zustimmungserklärung kann **schriftlich** oder **mündlich** erfolgen. Im übrigen ist aber eine **ausdrückliche** Zustimmung der zurückgesetzten Gl. zur Zurücksetzung selbst **nicht** nötig; ihre Zustimmung zum Vgl. enthält auch die Zustimmung zu ihrer Zurücksetzung (Begr. S. 16). Hinsichtlich der Zurücksetzung kann der Ehegatte des Sch. oder ein an seine Stelle getretener Gl. (vgl. § 64) mit zustimmen. Wenn Gl. bevorzugt werden, die ihre Forderung auf einen bestimmten Betrag **ermäßigen,** so stimmen sie in der Gruppe der zurückgesetzten Gl. mit, und zwar mit dem vollen Betrag ihrer Forderung, nicht mit dem ermäßigten[1a]). Eine **getrennte Abstimmung** ist nicht erforderlich. 2

c) **Unbekannte Gl.:**

Unbekannte Gl. (d. h. solche Gl., die dem Gericht bei der Berechnung der Stimmenzahl nicht bekannt waren, weil sie in der GlListe nicht mit aufgeführt waren) sollen nach der h. L. so behandelt werden, wie die Gl., die bevorzugt werden. 3

1) Ausführlich über Form und Bedeutung der Rücktrittserklärung vgl. Schumann KTrW. 1931, 49.

1a) Vgl. § 63 Anm. 4; so auch Kiesow § 63 Anm. 9; a. M. Levy KTrW. 1929, 143.

Die im Vgl. einer GlGruppe gebotenen Sondervorteile sollen also auch dem unbekannt gebliebenen Gl. gewährt werden[2]).

II. Bevorzugende Abkommen (Abs. 3).

4 Jedes Abkommen, das aus dem VglVorschlag nicht ersichtlich ist und einen Gl. bevorzugt, ist nichtig. Nicht erforderlich ist ein ausdrücklicher Vertrag über die Begünstigung des Gl. Es genügt auch eine tatsächliche Begünstigung z. B. durch Zahlung eines Betrages während des VV., der die gebotene Quote übersteigt[3]). Jedoch sind Zahlungen an **Kleingl. auch** während des VV. für **zulässig** anzusehen; denn das ergibt sich daraus, daß § 86 VglO. ja die Aufnahme von Darlehen zur Befriedigung von Kleingl. während des VV. ausdrücklich gestattet[4]). Bis zu welchem Forderungsbetrage man einen Gl. als Kleingl. ansehen kann, richtet sich ganz nach dem Umfang des Geschäfts des Sch. (bei großen Betrieben z. B. Gl. bis zu 1000 RM., bei kleinen Betrieben z. B. Gl. bis zu 50 RM.).

5 Die Nichtigkeit eines solchen Abkommens tritt auch dann ein, wenn der **Vgl. nicht zustande** kommt oder wenn der bevorzugte Gl. sich an der **Abstimmung nicht beteiligt**[5]). Auch in einem **Anschlußkks.** dauert die Unwirksamkeit fort[6]). Es genügt eine **objektive Besserstellung** des Gl.; nicht erforderlich ist, daß auch subjektiv auf seiten des Sch. das Bewußtsein vorhanden ist, daß der Gl. bevorzugt werde[7]).

Das auf Grund eines solchen nichtigen Abkommens Geleistete kann an sich nach § 812 BGB. wegen ungerechtfertigter Bereicherung **zurückgefordert** werden. Dies ist jedoch gem. § 817 S. 2 BGB. ausgeschlossen, wenn sich der Leistende (regelmäßig der Sch.) der Verbotswidrigkeit be-

2) So Kiesow § 5 Anm. 5; Mayer § 5 Anm. 11 u. 12; Lucas S. 39; Cahn JW. 1928, 1120; a. M. Samolewitz § 5 Anm. 16.

3) Kiesow § 5 Anm. 7; Samolewitz § 5 Anm. 17.

4) Kiesow § 86 Anm. 5; Samolewitz Vbm. § 28 Anm. 7.

5) So Lucas S. 40; Cahn VglO. S. 107; Mayer § 5 Anm. 17; a. M. Kiesow § 5 Anm. 9.

6) OLG. Celle 25. 2. 29 KTrW. 1929, 172.

7) Bestr.; so Kiesow § 5 Anm. 5 mit Rücksicht auf den Wortlaut „bevorzugt werden" gegenüber „bevorzugt werden sollen" in KO. § 181; a. M. Cahn VglO. S. 103 und wohl auch OLG. Celle 25. 2. 29 KTrW. 1929, 172.

wußt war[8]). Es ist aber immerhin denkbar, daß ein solches Bewußtsein bei demjenigen, der auf Grund des Abkommens etwas leistete, nicht vorhanden gewesen ist. Im Anschlußkks. wird der Ksverwalter auf jeden Fall, wenn der Sch. auf Grund eines solchen Abkommens etwas leistete, das Geleistete zurückfordern können[9]). Der Gl., der mehr als die VglQuote gezahlt erhalten hat, kann sich gegenüber der Rückforderungsklage des Sch. nicht auf seine volle Forderung berufen, sondern nur mit den etwa inzwischen fällig gewordenen VglQuoten aufrechnen. Wenn dagegen die Bevorzugung in **Eingehung einer Verbindlichkeit** bestand (Bürgschaftsübernahme, Wechselakzeptierung), so kann diese Leistung „kondiziert" werden; d. h., es kann die Erfüllung verweigert oder aber (z. B. Wechselhingabe) Befreiung von der Verbindlichkeit verlangt werden (§ 817 Satz 2 BGB.).

Ein Abkommen, das an sich nichtig ist, kann nach Be- **6**
endigung des VV. gegebenenfalls gem. § 141 BGB. von den Beteiligten u. U. auch durch stillschweigende Handlung **bestätigt** (d. h. neu vorgenommen) werden. Der **Bestand des Vgl.** wird durch ein solches Abkommen **nicht berührt**, jedoch kann mit Rücksicht auf das Abkommen die Verwerfung des Vgl. beantragt (§ 68 Abs. 2 Nr. 1) oder der bestätigte Vgl. angefochten (§ 77) werden. Der Vgl. kann aber nur dann **verworfen** werden, wenn das Abkommen für das Zustandekommen des Vgl. ursächlich war. Ebenso kann der Vgl. **wegen Betrugs** nur **angefochten** werden bei Ursächlichkeit des Abkommens für das Zustandekommen des Vgl. Nicht jedes Abkommen im Sinne von § 5 braucht ein Betrug i. S. von § 77 zu sein.

Bringt der Sch. nicht die erforderliche Zahl von Zustimmungserklärungen zusammen und **befriedigt** er daher einen Teil der Gl., um diese auszuschalten, **vor Eröffnung des VV.**, so verstößt das nicht gegen § 5, ist aber gegebenenfalls bei KsEröffnung anfechtbar[10]).

---

8) So h. L.; vgl. insbes. Mentzel KO. § 181 Anm. 7 RGRKom. § 817 Anm. 1b; Kiesow § 5 Anm. 14.

9) Bestr.; so Kiesow § 5 Anm. 14; RGZ. 99, 168; Mayer § 5 Anm. 24; zweifelnd RGZ. 111, 155; so auch neuerdings RG. 29. 1. 31, KTrW. 1931, 55.

10) Samolewitz § 16 Anm. 5a.

§ 6.

Der Vergleich muß, wenn er auf einen ziffermäßig bestimmten, teilweisen Erlaß der Forderungen lautet, den Gläubigern mindestens dreißig vom Hundert ihrer Forderung gewähren.

Uebersicht über die Anmerkungen.

I. Mindestquote.

1 Die Mindestquote wird nur verlangt bei einem Vgl., der auf einem ziffernmäßig bestimmten, teilweisen Erlaß lautet. Sie gilt also **nicht** bei einem **Liquidationsvgl.**, bei dem das Vermögen den Gl. zur bestmöglichsten Verwertung überlassen wird; auch dann nicht, wenn in einem solchen Falle eine gewisse Mindestsumme (z. B. 25 %) entweder vom Sch. selbst oder von dritter Seite garantiert wird. Bei einem solchen LiquidationsVgl. kann also eine geringere Quote herauskommen (vgl. unten Anm. 3).

Da die VglO. keine Vorschriften darüber, innerhalb welcher Zeit die Quote zu zahlen ist, enthält, so kann bei langfristigen Zahlungsterminen eine Mindestquote von 30 % unter Berücksichtigung des Zinsverlustes wirtschaftlich auf eine nicht unwesentlich geringe Quote herabgesetzt werden. Die VglO. bietet aber hiergegen keine Handhabe[1]).

1) So auch Kiesow § 6 Anm. 3; Rößler KTrW. 1931, 18; a. M. Braß KTrW. 1930, 75.

II. VglArten.

Die einzelnen VglArten sind: 2

a) **StundungsVgl.**, erleichtert durch einfache Majorität (vgl. § 63 Abs. 3).

b) **ErlaßVgl.**: ziffernmäßig bestimmter Erlaß, meist mit Stundung verbunden.

c) **LiquidationsVgl.**

III. Einzelheiten zum Treuhänder- und LiquidationsVgl.

1. Begriff.

Ein LiquidationsVgl. liegt vor, wenn der Sch. entweder 3
sein ganzes Vermögen oder Teile desselben (insbesondere Warenlager und Außenstände) seinen Gl. überläßt zwecks **bestmöglichster Verwertung und gleichmäßiger Verteilung des Erlöses** an die Gl., die ihrerseits auf die nach dieser Verwertung verbleibenden **Restforderungen verzichten**[2]). Vereinbar mit dem Wesen des LiquidationsVgl. ist, daß eine gewisse **Mindestquote** geboten und durch Bürgschaft sichergestellt wird. Ein Verzicht der Gl. über diese Mindestquote hinaus ist alsdann nicht gegeben; wird die Mindestquote nicht erreicht, so können die Gl. weiter vorgehen, insbesondere Konkurs anmelden. Denkbar ist auch eine **Zusatzquote** neben der Liquidationsquote. Die Zusatzquote kann von vornherein fest bestimmt sein, sie kann auch gestaffelt sein, je nach dem Ergebnis der Liquidation. Die Zusatzquote kann auch in einem Besserungsschein bestehen.

Ein LiquidationsVgl. braucht nicht notwendig ein TreuhänderVgl. zu sein. Die Liquidation des Vermögens, das zur Befriedigung der Gl. dienen soll, kann auch vom Sch. allein oder nur unter Aufsicht des GlAussch. vorgenommen werden. Umgekehrt braucht ein TreuhänderVgl. nicht immer ein LiquidationsVgl. zu sein. Auch wenn eine bestimmte Quote geboten wird, können das gesamte Vermögen oder Teile desselben einem Treuhänder zur Sicherung der Gl. überantwortet werden, ohne daß eine Liquidation dieses Vermögens stattfindet.

2) Klien in KTrW. 1929, 99.

Man muß demnach **unterscheiden**[3])

1. **TreuhänderVgl.**
   a) mit **dinglicher** Sicherstellung:
   Die Treuhandmasse wird dem Treuhänder übereignet (echter TreuhandVgl.);
   b) mit bloß **obligatorischer** Sicherstellung:
   Die Treuhandmasse bleibt im Eigentum des Sch. und wird lediglich unter Aufsichtsbefugnis des Treuhänders verwertet (unechter TreuhandVgl.).
2. **LiquidationsVgl.:**
   a) mit **dinglicher** Sicherstellung:
   Die Treuhandmasse wird dem Treuhänder zur Verwertung und Verteilung des Erlöses übereignet unter Verzicht der Gl. auf ihre Restforderung (echter TreuhandliquidationsVgl.);
   b) mit bloß **obligatorischer** Sicherstellung:
   Der Sch. liquidiert die Masse selbst unter Aufsichtsbefugnis eines Treuhänders unter Verzicht der Gl. auf ihre Restforderung (unechter TreuhandliquidationsVgl.);
   c) ohne Sicherstellung:
   Der Sch. liquidiert selbst unter Aufsicht des Gl.-Aussch. oder ohne jede Aufsicht dritter Personen, während die Gl. auf ihre nach Ausschüttung des Liquidationserlöses verbleibenden Restforderungen verzichten (unechter LiquidationsVgl.).

2. Rechtliche Merkmale des Vgl.

4 Daß der TreuhandliquidationsVgl., wie überhaupt der ZwangsVgl., **Vertragscharakter** hat, ist von der Rechtsprechung allgemein anerkannt[4]), und überdies für das VV. in der Begr. (S. 19) bestätigt. Vertrags*partei* sind der Sch. und die zu einer Interessengemeinschaft zusammengeschlossenen beteiligten Gl. Im TreuhandliquidationsVgl. tritt als weitere Vertragspartei noch der Treuhänder hinzu, sofern seine Bestellung im Vgl. selbst erfolgt. Das Verhältnis des Treuhänders zum Sch. einerseits und zur Glschaft andererseits richtet sich im Zweifel nach den Vorschriften des

---

3) Vgl. Klien a. a. O., Emmerich S. 134 ff.
4) Mentzel KO. § 173 Anm. 5.

Geschäftsbesorgungsvertrages (§ 675 BGB.). Für die Stellung der Gl. untereinander und im Verhältnis zu dem Sch. besteht zwar eine gewisse Analogie zu den Schuldverschreibungs-Gl. nach dem Ges., betr. die gemeinsamen Rechte der Besitzer der Schuldverschreibungen vom 4. 12. 99. Für die **Beziehungen der Gl. untereinander** nach Abschluß TreuhandVgl. fehlt es aber an einer gesetzlichen Regelung, obwohl die Interessengemeinschaft nicht schon mit Abschluß und Bestätigung des Vgl. endigt, sondern im Gegenteil erst da beginnt und bis zur vollständigen Durchführung des Vgl. fortdauert. Mangels einer gesetzlichen Regelung sind daher die rechtlichen Beziehungen der Gl. untereinander den Vorschriften des BGB. zu entnehmen. Man darf ihre Beziehungen als gesellschaftsähnliches Verhältnis, als Gelegenheitsgesellschaft (Konsortium)[5]) ansehen; der gemeinsame Zweck, den sie fördern wollen, ist die Durchführung des Vgl.

3. Abschluß des Vgl.

Die Vermögensgegenstände (Waren, Außenstände usw.), die an den Treuhänder übertragen werden sollen, müssen **einzeln aufgeführt** werden. Wenn das **gesamte Vermögen** übertragen wird, so genügt für das dingliche Uebertragungsgeschäft nicht die notarielle Beurkundung, da § 311 BGB. nur für die Verpflichtung zur Uebertragung des gesamten Vermögens gilt. Auch dann muß der dingliche Vertrag hinsichtlich der einzelnen zum Vermögen gehörenden Gegenstände nach Maßgabe der für diese Vermögensgegenstände geltenden Uebertragungsvorschriften (§§ 398, 873, 925 ff., 1032 ff. usw. BGB.) abgeschlossen werden. Es müssen also die Außenstände (einzeln aufgeführt) abgetreten, die Waren (einzeln aufgeführt) übereignet, Grundstücke aufgelassen und Hypotheken in notarieller Form (gegebenenfalls unter Briefübergabe) abgetreten werden. Wenn **Grundstücke** weiter vom Treuhänder verkauft werden sollen, so wird regelmäßig zur Sicherung der Rechte des Treuhänders es genügen, wenn eine Vormerkung für seinen Anspruch auf Auflassung eingetragen wird; der Sch. kann dann weitere Verfügungen über das Grundstück, die das Recht des Treuhänders beeinträchtigen würden, nicht treffen. 5

5) Vgl. Staudinger Anh. B zu § 740.

4. Steuerrechtliches zum Abschluß.

6 **Umsatzsteuer** wird bei der Uebertragung an den Treuhänder nicht fällig[6]). Dagegen entsteht **Grunderwerbssteuer**, und zwar sowohl bei der Uebertragung als auch bei der Rückübertragung[7]). Erlaß oder Erstattung der Grunderwerbssteuer tritt jedoch gemäß § 23a 3 Grunderwerbssteuerges. ein, wenn der Rückerwerb innerhalb zweier Jahre seit der Veräußerung erfolgt. **Wertzuwachssteuer** ist auch bei der treuhänderischen Uebereignung fällig[8]). Die **Vermögenssteuer** trifft auch bei der treuhänderischen Uebereignung nach wie vor den Sch.[9]). Die **Hauszins**-(Mietzins-)**steuer** trifft den Treuhänder[10]).

5. Rechtliche Merkmale des Anspruchs der Gl.

7 Die Rechte des Gl. aus dem Vgl. sind **übertragbar**[11]) und **pfändbar**. Die Zustellung des Pfändungsbeschlusses an den Sch. und Treuhänder wird genügen, solange nicht Gesellschaftsvermögen (z. B. durch Leistung von Beiträgen) vorhanden ist; sonst wird Zustellung des Pfändungsbeschlusses an alle übrigen Gl. erforderlich sein[12]). Eine **Kündigung** seitens eines Gl. nach dem Sinne des Vgl. ist vor seiner vollständigen Durchführung ausgeschlossen. Der **Tod eines Gl.** gibt keinen Grund zur Auflösung der GlGemeinschaft; vielmehr treten seine Erben an seine Stelle[13]).

6. Bestand und Einzug der Masse.

8 Bestritten ist, inwieweit das Treugut das **Surrogationsprinzip** gilt, d. h. inwieweit das, was der Treuhänder mit Mitteln des Treugutes erwirbt, wieder Treugut wird. Nach der Rechtspr. des RG.[14]) müssen kraft analoger Anwendung pfandrechtliche Grundsätze (§ 1257 BGB.) gelten, so daß

6) RFH. in JW. 1926, 1715; 1928, 1619.

7) Entsch. d. RFH. 15, 132; 18, 90; ferner KTrW. 1927, 87 und 116.

8) Preuß. OberverwGer. 80, 81.

9) RFH. i. JW. 1926, 1700. 10) JW. 1928, 810.

11) Staudinger aaO. Anh. B I 6.

12) Staudinger § 725 II. 13) Staudinger aaO. Anh. B I 7.

14) RGZ. 94, 308; 99, 158; ferner JW. 1926, 25 und 71; KTrW. 1929, 86.

also die Rechte des Treuhänders auch an Ersatzanschaffungen bestehen.

Wegen des **Einzugs** von Forderungen durch den Treuhänder ist folgendes zu beachten: Der Treuhänder steht dem Drittsch. genau so gegenüber, wie jeder andere Zessionar[15]), so daß also insbesondere der Drittsch. mit neuen Forderungen gegen den Sch., die er erst nach der Treuhandabtretung erworben hat, gemäß § 404, 406 BGB. nicht aufrechnen kann. Der Treuhänder erwirbt **gutgläubig** Eigentum an den ihm übereigneten Sachen[16]), auch wenn der Sch. nicht Eigentümer (z. B. bei Eigentumsvorbehalt) war.

7. **Rechte des Treuhänders**[16a]).

Der Treuhänder hat Anspruch auf **Auslagenersatz** und auf **Vorschüsse** (vgl. §§ 670, 669 BGB.). Wegen der Umlage dieser Vorschüsse auf die Glschaft vgl. oben Anm. Eine **Vergütung** für die Tätigkeit des Treuhänders wird in angemessener Höhe mangels ausdrücklicher Abrede regelmäßig als stillschweigend vereinbart anzunehmen sein. Der Treuhänder klagt, wenn er Forderungen einzieht, im eigenen Namen für fremde Rechnungen: er ist **Prozeßpartei**, ohne Rechtsträger zu sein[17]). Er kann gegenüber den Gl., die in das Treuhandgut wegen ihrer Forderungen vollstrecken wollen, **Widerspruchsklage** gemäß § 771 ZPO. erheben[18]). Dies gilt auch, wenn der Steuerfiskus der Gl. ist (§ 301 RAbgO.)[19]). Ob der Vollstreckende einer der Gl. ist, zu deren Gunsten der TreuhänderVgl. geschlossen ist, ist gleichgültig[20]). Nach Pick[20a]) soll jedoch das Widerspruchsrecht des Treuhänders nach § 771 ZPO. in Wegfall kommen, wenn das Vorgehen des Gl. im Wege der Zwangsvollstreckung nicht mehr vertragswidrig ist, wenn also der 9

---

15) Emmerich S. 173. 16) RGZ. 123, 54.

16a) Vgl. hierzu auch Merkel JW. 1930, 1342; gegen ihn teilweise Scholtz JW. 1930, 3708 und Krückmann JW. 1930, 3709.

17) RG. in KTrW. 1929, 55.

18) Nach LG. Münster JW. 1930, 3363 soll der Treuhänder dagegen das Recht aus § 771 nicht haben. Dagegen Jessen in Anm. ebenda; dagegen auch ausführlich Merkel in JW. 1931, 1140[4] Anm.

19) Vgl. RG. 9. 4. 1929 KTrW. 1929, 73.

20) Samolewitz § 5 Anm. 8, vgl. oben § 75 Anm. 1; Emmerich S. 161; vgl. auch Stein § 771 II 1a; a. M. Kiesow Vor § 5 Anm. 25.

20a) KTrW. 1927, 51.

Treuhänder und Sch. den Verpflichtungen aus dem TreuhänderVgl. nicht nachkommen (vgl. hierzu Anm. 13 und auch § 75 Anm. 2).

8. **Verwertung der Masse.**

10 Daß der TreuhandliquidationsVgl., wie überhaupt jeder TreuhandVgl. keine ideale Sicherung ist, kann nicht bestritten werden. Die Schwierigkeiten, die sich bei der Durchführung eines solchen Vgl. ergeben, liegen aber zum großen Teil darin, daß bei Abschluß des Vgl. keine klaren und vollständigen Vereinbarungen über die Durchführung des Vgl., insbesondere über die Verwertung des Treuhandgutes, getroffen werden (vgl. oben II). Diese Vereinbarungen müssen entweder zum VglInhalt erhoben werden dadurch, daß sie in den VglVorschlag aufgenommen werden, oder aber, es muß im Vgl. der weiterbestehende GlAussch. zur Führung der Geschäfte der Gläubigerschaft weitgehend ermächtigt werden.

Ist dies nicht geschehen, so können nachträglich derartige Vereinbarungen nur mit Zustimmung aller Gl. getroffen werden. Insbesondere muß auch der GlAussch. ermächtigt sein, sich selbst bei Wegfall eines GlAussch.-Mitglieds **zu ergänzen,** dem Treuhänder **zu kündigen** und einen **Ersatztreuhänder** zu bestellen.

Der Treuhänder hat sich der Verwertung zu enthalten, wenn ihm das Treugut nur zur Sicherung übereignet ist. Er kann zur **Verwertung** schreiten, wenn die im Vgl. vorgesehenen Voraussetzungen für die Verwertung der Sicherungen vorliegen; mangels besonderer Bestimmungen im Zweifel dann, wenn der Sch. mit der Erfüllung seiner Zahlungspflichten in Verzug kommt[21]). Ist nur eine Rate rückständig, so darf grundsätzlich nur derjenige Teil des Treugutes verwendet werden, der zur Befriedigung der Gl. wegen dieser Rate erforderlich ist.

Die **Art der Verwertung** ist grundsätzlich freihändiger Verkauf[22]). Nach pflichtgemäßem Ermessen des Treuhänders kann er auch Versteigerung oder en bloc-Verkauf wählen. Der Treuhänder hat bei der Verwertung größte Sorgfalt

21) So Emmerich S. 176, 173. **22)** Emmerich S. 176.

zu wahren, damit er angemessene Preise erzielt[23]). Wenn **preisgebundene** Waren zu verwerten sind, so dürfen die Verkaufspreise nur bei einem Ausverkauf niedriger gestellt werden, nicht aber, wenn der Geschäftsbetrieb fortgesetzt wird[24]). Muß der Treuhänder von der ursprünglich vorgesehenen Art der Verwertung **abweichen** oder sonst anderweite Maßnahmen treffen, die seinen früheren Anweisungen nicht entsprechen, so muß er grundsätzlich die Zustimmung der Gläubigerschaft einholen. Die Zustimmung ist nicht notwendig, wenn mit dem Aufschub Gefahr verbunden ist und der Treuhänder den Umständen nach annehmen darf, daß die Gläubigerschaft bei Kenntnis der Sachlage die anderweiten Maßnahmen billigen würde. Die Zustimmung muß erteilt werden von sämtlichen Gl., wenn im Vgl. nichts anderes vereinbart ist. Es genügt die Zustimmung der GlMehrheit oder des GlAussch. (vgl. unten Anm. 12), wenn der Vgl. dies vorsieht. Es empfiehlt sich daher auch aus diesem Grunde dringend, im Vgl. die künftige Geschäftsführung dem GlAussch. zu überlassen.

Wird das **Geschäft im ganzen verkauft,** so findet die Vorschrift, daß der Erwerber für die bisher im Betriebe des Geschäfts begründeten Verbindlichkeiten haftet (§ 25 HGB.), keine Anwendung[25]).

9. Verteilung der Masse.

Die **Verteilung** des Erlöses der Sicherungen (bzw. des Liquidationserlöses) richtet sich im Zweifel nach konkursrechtlichen Grundsätzen[26]). Der Treuhänder wird zweckmäßigerweise, um gegen Ansprüche unbekannter Gl. gedeckt zu sein, vor der endgültigen Verteilung zur Anmeldung von Ansprüchen öffentlich aufrufen. Für bestrittene Forderungen ist der Erlös zu hinterlegen. 11

10. Einfluß der Gl. auf die Durchführung des Vgl.

Es muß schon im Vgl. selbst **Vorsorge** dafür getroffen werden, wie diese Beziehungen der Gl. untereinander und insbesondere die Durchführung des Vgl. zu 12

23) KTrW. 1927, 182; 1928, 17 und 41.
24) KG. in KTrW. 1928, 121; dagegen Rosen KTrW. 1930, 1.
25) OLG. Stettin in JW. 1929, 2627.
26) Emmerich S. 136.

regeln sind, vor allem, wer über die zu ergreifenden Maßnahmen zu entscheiden hat.

Trifft der Vgl. hierüber keine ausdrücklichen Bestimmungen und ist auch ein anderweiter Wille der Beteiligten aus dem Vgl. nicht zu entnehmen, so ist für die **Führung der Geschäfte der Gläubigerschaft** die Zustimmung aller Gl. erforderlich (709, Abs. 1 BGB.). Diese Zustimmung kann auch stillschweigend erteilt werden, was im Zweifel anzunehmen ist, wenn z. B. der Treuhänder bestimmte Maßnahmen vorschlägt mit dem Hinweis, daß er, wenn kein Widerspruch erfolgt, das Einverständnis der Gläubigerschaft annehme.

Der Vgl. kann aber auch vorsehen, daß für alle nach Abschluß des Vgl. zu seiner Durchführung erforderlichen Maßnahmen die Zustimmung der einfachen **Mehrheit** (oder einer Zweidrittelmehrheit usw.) der Gläubigerschaft erforderlich ist. Wird hierzu nichts weiter vereinbart, so entscheidet die Kopfmehrheit (vgl. § 709 Abs. 2 BGB.). Es kann aber auch vereinbart werden, daß die Summen-Mehrheit oder Kopf- und Summenmehrheit erreicht werden muß, wenn die Zustimmung für eine zu ergreifende Maßnahme vorliegen soll.

Es kann ferner die Führung der Geschäfte der Gläubigerschaft einem oder einigen der Gl., dem GlAussch. übertragen werden (vgl. § 710 BGB.). Auch diesenfalls ist mangels anderweiter Vereinbarung die Zustimmung aller GlAusschMitglieder erforderlich (vgl. §§ 710 S. 2, 709 Abs. 1 BGB.). Es kann vereinbart werden, daß der GlAussch. mit einfacher oder qualifizierter Mehrheit entscheidet (§§ 710 S. 2, 709 Abs. 2 BGB.).

Denkbar ist schließlich die Führung der Geschäfte des GlKonsortiums durch einen Dritten (z. B. den Treuhänder selbst)[27]. Der Dritte (Treuhänder) ist dann gegenüber der Gläubigerschaft allein zur Führung der Geschäfte verpflichtet.

Für die Durchführung des Vgl. kann es erforderlich sein, daß die Gläubigerschaft **Geldmittel aufbringt** (z. B. Kostenvorschüsse). Auch wenn hierüber nichts bestimmt ist, wird als zu vermutender Parteiwille und mit Rücksicht auf die Verkehrssitte anzunehmen sein, daß von den einzelnen Gl.

27) Staudinger a. a. O. Anh. B I 3.

die Beiträge nach Maßgabe ihrer Forderungen, mit denen sie am VV. beteiligt waren, zu leisten sind. Denkbar ist die Vereinbarung, daß der auf den einzelnen Gl. entfallende Betrag × Prozent des Nennbetrages seiner Forderung nicht übersteigen darf. Ist im Vgl. über die Führung der Geschäfte nichts vorgesehen, so gilt mangels anderweiter gesetzlicher Regelung § 709 BGB.: Die Zustimmung aller Gl. ist zu einem Beschluß über die Einziehung eines Beitrags erforderlich. Ist die Durchführung der Geschäfte der Gl. der GlMehrheit oder einem GlAussch. überlassen, so hat auch die GlMehrheit (GlAussch.) über die Einziehung von Beiträgen zu entscheiden.

11. Sonstige Rechte der Gl.

Die Gl. müssen grundsätzlich **warten,** bis die Liquidation durch den Treuhänder dem Vgl. gemäß durchgeführt ist[28]). 13
Wenn der Treuhänder seinen Verpflichtungen nicht nachkommt, so sollen nach Schumann in LZ. 1926, 415 Zwangsvollstreckungsmaßnahmen unmittelbar gegen den Treuhänder möglich sein[29]); dies kann aber nur gelten, wenn das Vermögen im ganzen übernommen ist. Ist dies nicht der Fall, so bleibt dem Gl. nichts weiter übrig, als gegen den Treuhänder bei schuldhafter Verletzung seiner Pflichten Klage auf Schadenersatz zu erheben oder aber im Verein mit den übrigen Gl. den Treuhänder durch Kündigung zu entlassen und durch einen anderweiten Treuhänder zu ersetzen. Es zeigt sich auch hier wieder, daß klare Vereinbarungen in dieser Richtung zweckmäßigerweise in den Vgl. aufgenommen werden.

Wenn ein LiquidationsVgl. vorliegt und die Gl. aus dem Liquidationserlös nicht in der Weise befriedigt sind, in der sie es erwartet hatten, so sind sie **nicht** berechtigt, **Konkurs** gegen den Sch. zu beantragen[30]); anders, wenn die zugesicherte Mindestquote oder Zusatzquote nicht gezahlt wird[31]). Eine allgemeine **Garantiefunktion** in der Richtung,

---

28) Kiesow Vorb. vor § 5 Anm. 25.

29) Vgl. auch LG. Duisburg in JW. 1927, 33 und § 75 Anm. 1.

30) LG. III Berlin KTrW. 1928, 71 und 1930, 15.

31) So auch Samolewitz § 5 Anm. 8.

daß der Treuhänder die Erfüllung des Vgl. garantiert[32]), kann nicht anerkannt werden[33]).

12. **Nichtigkeit und Anfechtbarkeit des Vgl.**[34])

14 Die Wirksamkeit des TreuhandliquidationsVgl., wie überhaupt des TreuhandVgl., muß grundsätzlich anerkannt werden[35]). Nur in besonderen Ausnahmefällen können derartige Treuhandliquidationsverträge als **sittenwidrig** angesehen werden, insbesondere dann, wenn sie die Merkmale des Knebelungsvertrages (vgl. § 2 Anm.) enthalten[36]).

Inwieweit derartige TreuhandliquidationsVgl. nach KksVorschriften oder nach dem Anfechtungsges. außerhalb des Kks. **anfechtbar** sind, ist dagegen außerordentlich bestritten und generell nicht zu entscheiden. In Betracht kommen insbesondere Anfechtungen der Gl., die vom Vgl. nicht betroffen wurden (insbesondere der bevorrechtigten Gl. und der NeuGl.). Zu prüfen ist insbesondere, ob durch den Abschluß des Vgl. eine Benachteiligung tatsächlich eingetreten ist[37]), ob nicht vielmehr bei Nichtabschluß des Vgl. die Lage des Sch. nur noch weiter verschlechtert worden wäre, so daß zwangsläufig hätte Kks. eintreten müssen[38]). Zu prüfen ist ferner, ob eine Benachteiligungs a b s i c h t seitens des Sch. vorgelegen hat; eine solche kann nicht angenommen werden, wenn der spätere Zusammenbruch des Sch. angesichts der beabsichtigten Sanierung nur entfernt im Bereiche der Möglichkeit lag[39]).

13. **Vgl. und nachfolgender Kks.**

15 Gerät der Sch. nach Abschluß des Vgl. in **Kks.**, so bleibt nach diesseitiger Auffassung der TreuhandVgl. in Kraft (vgl. § 7 Anm. 4). Der Treuhänder hat im Kks. zu-

32) So OLG. Augsburg in KTrW. 1929, 173.
33) Emmerich S. 172.
34) Vgl. hierzu auch Merkel in JW. 1930, 1342.
35) Vgl. Pick in KTrW. 1927, 51; Jaeger in JW. 1918, 287; Mentzel § 192 Anm. 2; Schumann in LZ. 1926, 415.
36) KTrW. 1929, 126 und 152; 1930, 7.
37) RG. in KTrW. 1927, 66.
38) Vgl. OLG. Dresden in JW. 1927, 1391; Kiesow Vorb. vor § 5 Anm. 26; Emmerich S. 117 Vor § 5 Anm. 26.
39) RG. in KTrW. 1929, 151; vgl. hierzu weiter Pick in KTrW. 1927, 65 und OLG. Hamburg in Hans. RZ. 1926, 143, Braß KTrW. 1930, 106; Wassertrüdiger KTrW. 1930, 159.

mindestens ein Absonderungsrecht gegenüber dem Ks-Verwalter. Liegt ein **LiquidationsVgl.** vor, so ist der Treuhänder nicht nur ab- sondern aussonderungsberechtigt[40]). Dient das Treuhandeigentum nur zur **Sicherung**, so ist der Zweck der Uebereignung wirtschaftlich pfandrechtlicher Art. Der Ueberschuß soll der Masse zufließen; die selbständige Verwertung der übereigneten Gegenstände durch den Ksverwalter ist berechtigt. Bei treuhänderischer Uebereignung zu Liquidationszwecken dagegen steht den Gl. der ganze Erlös zu, ohne daß die Masse ein Interesse an dem Liquidationsergebnis hätte; die zur Liquidation übereigneten Gegenstände sind endgültig aus dem Vermögen des Sch. ausgeschieden.

14. Haftung des Treuhänders aus § 419 BGB.[41])

Eine solche Haftung kommt nur in Frage, soweit eine 16 **Vermögensübernahme im ganzen** vorliegt. Wenn daher einzelne Vermögensgegenstände (z. B. Grundstücke) von der Uebernahme ausgeschlossen sind, entfällt eine Haftung des Treuhänders. Keine Vermögensübernahme liegt vor, wenn das Vermögen einer OHGes. oder KoGes. übertragen wird, da eine Vermögensübernahme i. S. v. § 419 BGB. nur bei Uebernahme des Vermögens einer natürlichen oder juristischen Person vorliegt, die OHGes. oder KoGes. aber als solche keine Rechtspersönlichkeit besitzt[42]). Jedenfalls ist eine Haftung des Treuhänders auf Grund von § 419 gegenüber dem NeuGl. ausgeschlossen, da der Vermögensübernehmer nur für die zur Zeit der Uebernahme bestehenden Verbindlichkeiten haftet.

Gegenüber den alten Gl. und den vom Vgl. nicht betroffenen Gl. besteht allerdings die Haftung des Treuhänders, sofern eine Vermögensübernahme im ganzen vorliegt. Sie beschränkt sich jedoch auf den Bestand des übernommenen Vermögens. Es ist weiter zu beachten, daß sich der Treuhänder wegen der Forderungen der Gl. aus dem Bestand des übernommenen Vermögens vorweg

40) Emmerich S. 133; OLG. Dresden 1928, 31; Schumann KTrW. 1927, 5 und 177; Samolewitz § 5 Anm. 8.
41) Vgl. hierzu auch Merkel in JW. 1930, 1342.
42) JW. 1910, 242; 1918, 35.

befriedigen kann[43]). Bestritten ferner, ob § 419 Anwendung findet, wenn das Vermögen nicht einem, sondern mehreren Treuhändern übereignet wird[44]).

Soweit eine Haftung aus § 419 BGB. besteht, wird gegebenenfalls der Gl. den gegen den Sch. erwirkten Vollstreckungstitel gemäß §§ 727, 729 ZPO. auf den Treuhänder umschreiben lassen können. Vermag er den Nachweis der Vermögensübernahme (§ 727 ZPO.) zu führen, so kann er gegen den Treuhänder klagen auf Erteilung der Vollstreckungsklausel[45]).

Ob der Treuhänder für **Steuerschulden** des Sch. auf Grund von § 96 RAbgO. haftet, ist zwar bestritten, jedoch vom RFH.[46]) abgelehnt worden[47]).

§ 7.

Enthält der Vergleich einen teilweisen Erlaß der Forderungen, so ist im Zweifel anzunehmen, daß der Erlaß hinfällig wird, wenn der Schuldner mit der Erfüllung des Vergleichs in Verzug kommt oder wenn vor vollständiger Erfüllung des Vergleichs das Konkursverfahren über das Vermögen des Schuldners eröffnet wird.

Uebersicht über die Anmerkungen:

1. Hinfälligwerden des Erlasses.

1 Kommt es nach dem Abschluß des Vgl. gleichwohl zum Konkurse, so müssen sich an sich die VglGl. eine nochmalige Herabsetzung ihrer Forderungen gefallen lassen; denn Kks-Forderungen sind dann nur die durch den Vgl. bereits ge-

43) RGR. Komm. § 419 Anm. 2; Emmerich S. 119 — str.
44) Vgl. hierzu RG. 123, 54 sowie JW. 1928, 1344 und 2131.
45) Vgl. wegen näherer Einzelheiten Schumann in LZ. 1926, 415.
46) Entsch. v. 17. 4. 28 in JW. 1929, 2182.
47) Vgl. hierzu auch Willmersdoerffer KTrW. 1928, 147.

minderten Forderungen. Diese Unbilligkeit soll durch die Wiederauflebens- oder kassatorische Klausel in § 7 beseitigt werden. Hinfällig wird im Zweifel **nur der Erlaß**, nicht der ganze Vgl. Die im Vgl. gewährte Bürgschaft oder sonstige Sicherung bleibt also in Kraft. Ob sich die **Haftung der Vgl-Bürgen** auf die volle wieder aufgelebte Forderung oder nur auf den VglBetrag erstreckt, ist eine Frage der Auslegung des Bürgschaftsvertrags und der sonstigen Sicherungsvereinbarungen (Begr. S. 17). In der Regel wird sich die Haftung aber nur auf die VglQuoten beziehen. Das gleiche gilt für andere Sicherheiten (Hypotheken, Grundschulden, treuhänderische Uebereignungen).

Der Erlaß wird nur im Zweifelsfall hinfällig; entgegenstehende Vereinbarungen im Vgl. sind zulässig. Lautet der Wortlaut des Vgl. dahin, daß die Gläubiger **„unwiderruflich"** oder **„endgültig"** auf den Rest ihrer Forderungen verzichten, so wird man daraus entnehmen können, daß der Verzicht der Gläubiger auf den Rest ihrer Forderung ein für allemal ausgesprochen sein soll und daß daher auch bei Verzug mit den Ratenzahlungen des Schuldners der Teil der Forderungen, auf den verzichtet worden ist, nicht wieder auflebt[1]). Etwas anderes ist es natürlich, wenn der endgültige bzw. unwiderrufliche Verzicht nur für den Fall pünktlicher Zahlung der VglQuote ausgesprochen ist; dann tritt bei Verzug die kassatorische Klausel des § 7 ein.

2. Verzug.

Zum Verzug gehört regelmäßig eine Mahnung, außer wenn die Fälligkeiten der Quote nach dem Kalender bestimmt sind[1a]). Wenn die Quotenzahlungen dagegen nur nach dem Kalender bestimmbar sind, kann es fraglich sein, ob bei Nichtzahlung an den vorgesehenen Daten Verzug und damit die Folgen des § 7 eintreten. Dies wird zu bejahen sein, da mittelbar der Kalendertag als Fälligkeitstag bezeichnet wird[2]). Ist z. B. bestimmt, daß die VglRaten von 30 Prozent mit 10 Prozent 8 Wochen nach rechtskräftiger Bestätigung des Vgl., mit weiteren 10 Prozent 8 Wochen 2

1) A. M. Püschmann KTrW. 1930, 17.
1a) Kiesow § 7 Anm. 3. Strenger LG. Fürth in JW. 1930, 736: Verzug ohne Mahnung, sobald Sch. die VglRate, auch wenn diese nicht kalendermäßig bestimmt sind, nicht pünktlich bezahlt.
2) RG. in JW. 1928, 1804.

später und mit nochmals 10 Prozent 3 Monate nach der zweiten Rate zu zahlen sind, so ist der Fälligkeitstag der Raten zumindest mittelbar nach dem Kalender bestimmt; der Sch. kommt also bei Nichteinhaltung dieser Zahlungsfristen ohne Mahnung in Verzug[3]). Beim **Treuhand-Liquidations-Vgl.** kommt ein Wiederaufleben der Forderungen infolge Verzugs des Treuhänders jedoch nicht in Frage[4]). Der Sch. kommt **nur gegenüber demjenigen Gl.** in Verzug, dessen Rate nicht pünktlich bezahlt wird; ein Gl., der fristgemäß befriedigt worden ist, kann also wegen des Verzugs des Sch. gegenüber anderen Gl. die Verfallklausel für sich nicht geltend machen. Der Gl. darf die Rechte aus § 7 nicht in einer gegen Treu und Glauben verstoßenden Weise geltend machen (§ 242 BGB.). Geringfügige und unverschuldete Fristüberschreitungen können daher den Verzug ausschließen. Gerade mit Rücksicht auf die schwerwiegenden Folgen aus § 7 VglO. wird sich der Gl. in solchen Fällen eine geringfügige Fristüberschreitung zumuten lassen müssen[5]). Wenn daher z. B. der Sch. die VglQuote am Fälligkeitstag in Scheck absendet, der am nächsten Tag beim Gl. eingeht und am übernächsten Tag erst eingelöst wird, wird man regelmäßig von einem Verzug des Sch. nicht sprechen können.

3. Konkurs.

Wird Ks. eröffnet, so wird der Erlaß gegenüber allen Gl. hinfällig, denen gegenüber der Vgl. im Zeitpunkt der KsEröffnung noch nicht vollständig erfüllt ist, nicht aber gegenüber den Gl., die bereits gemäß dem Vgl. befriedigt sind. Wird die Befriedigung eines Gl. gemäß § 30 Z. 1 KO. im KsVerfahren angefochten, so wird auch ihm gegenüber der Erlaß hinfällig[6]).

4. Bestehenbleiben der Sicherungen im späteren Ks.

Daß **Bürgschaften** im späteren Ks. — AnschlußKs. kommt nicht in Frage — bestehen bleiben, falls der Bürge

3) OLG. Stuttgart KTrW. 1930, 183; a. M. KG. 20. 3. 31 KTrW. 1931, 74.

4) OLG. Dresden, 24. 4. 30; KTrW. 1930, 147; Kiesow § 7 Anm. 9; Mayer § 7 Anm. 4.

5) RGRKom. § 242, Anm. 1; vgl. auch RGZ. 92, 210.

6) Kiesow § 7, Anm. 4.

bei Bürgschaftsübernahme sich nicht einen gegenteiligen Vorbehalt gemacht hat, ist unbestritten. Bestritten ist dagegen, inwieweit **treuhänderische Sicherungen** in einem späteren Kks. bestehen bleiben.

Eine echte treuhänderische Sicherung liegt nicht vor, wenn dem Treuhänder keine Rechte mit dinglicher Wirkung übertragen sind, wenn also ein Liquidations-Vgl. mit bloß obligatorischen Vereinbarungen und Aufsichts- und Verwaltungsbefugnissen des Treuhänders geschlossen ist (vgl. § 6 Anm. 3). Dann wird man annehmen müssen, daß ein Geschäftsbesorgungsvertrag vorliegt, der mit der Eröffnung des Kks. über den Sch. erlischt[7]).

Regelmäßig ist dagegen dem Treuhänder das Treugut mit dinglicher Wirkung übertragen: für ihn ist eine Grundschuld eingetragen, ihm sind Warenlager übereignet und Außenstände abgetreten. Aus § 7 ist zu entnehmen, daß bei Eintritt des Kks. vor vollständiger Erfüllung des Vgl. **nur der Erlaß hinfällig** sein soll, nicht aber der Vgl. selbst; die im Vgl. gewährten Sicherheiten (Treuhänderrechte) sollen also bestehen bleiben. Auch § 76 betont ausdrücklich, daß die im Vgl. gewährten Rechte (also die Sicherheiten) bei vorsätzlicher Verletzung der Eidespflicht trotz Wegfalls des Vgl. im übrigen bestehen bleiben sollen. Es ist ferner zu berücksichtigen, daß der **Wille der Beteiligten** regelmäßig dahin geht, daß die Sicherung, die den Gl. durch Bestellung eines Treuhänders gewährt wird, auch im Falle eines späteren Kks. aufrechterhalten bleiben soll. Die Gl. stellen erfahrungsgemäß die Sicherung ihrer Quote in den Vordergrund der Verhandlungen[8]). Nach der gegenteiligen Meinung[9]) soll der Sinn des TreuhandVgl. die KksVerhütung sein; dieser Zweck, der als stillschweigende Bedingung des TreuhandVgl. anzusehen sei, komme mit der späteren KksEröffnung in Wegfall. Das Treuhandverhältnis sei außerdem als Auftrag anzusehen, der gemäß § 23 KO.

---

7) Jaeger KTrW. 1927, 162; Kiesow § 7 Anm. 10.

8) Emmerich S. 128; so auch Kiesow § 7, Anm. 10; Lüttger in JW. 1927, 1345; Schumann in KTrW. 1927, 5 und 177; Samolewitz § 5, Anm. 8; OLG. Dresden KTrW. 1928, 30; auch OLG. Stettin JW. 1930, 649 und Anm. v. Salomon, sowie Anm. v. Merkel JW. 1930, 1430.

9) Jaeger KTrW. 1927, 163; OLG. Dresden KTrW. 1929, 27; KG. in KTrW. 1930, 30.

erlösche[10]). Dem ist zunächst zu entgegnen, daß nach dem Willen der Beteiligten der Zweck des Vgl. und der mit dem Vgl. verbundenen Bestellung eines Treuhänders der ist, daß der Sch. im gegenwärtigen Zeitpunkt saniert und damit die Sicherstellung der Forderung der Gl. erreicht wird. Diese Sicherstellung der Forderungen ist das Hauptziel, die Sanierung wird von den Gl. nur als Mittel zu diesem Zweck unterstützt[11]). Sodann aber kann die Bestellung eines Treuhänders nicht einfach unter dem Gesichtspunkt eines vom Sch. erteilten Auftrags (Geschäftsbesorgungsvertrags) betrachtet werden. **Die Gl. erhalten** durch Vgl., der die Bestellung des Treuhänders enthält, **Rechte,** die ihnen durch einseitige Erklärung des Sch. (oder später seines KsVerwalters) nicht entzogen werden können. Es liegt also ein Vertrag zugunsten Dritter vor, auf den § 23 KO. nicht anwendbar ist[12]).

Hiernach ist davon auszugehen, daß der Treuhänder hinsichtlich des Treugutes im späteren Ks. des Sch. **absonderungsberechtigt** ist[13]). Es ist auch nicht einzusehen, warum die Gl., die durch treuhänderische Sicherungsübereignung gedeckt sind, schlechter gestellt sein sollten, als einzelne Gl., denen unmittelbar durch Sicherungsübereignungen usw. Sicherungen gewährt worden sind, an deren Fortbestand im späteren Ks. kein Zweifel besteht. Man könnte vielleicht aus rein wirtschaftlichen Erwägungen heraus geneigt sein, einen TreuhandVgl. als unwirksam zu betrachten, wenn sich alsbald nach Abschluß des Vgl. herausstellt, daß die mit Abschluß des Vgl. erhoffte Sanierung nicht eingetreten und der Ks. unvermeidlich ist. Eine zeitliche Grenze, bis zu deren Ablauf ein nachfolgender Ks. die Sicherung unwirksam machen soll, ist aber in praxi gar nicht zu setzen. Es ist denkbar, daß der Sch. nach Abschluß des TreuhandVgl. wieder zahlungsfähig geworden und erst nach längerer Zeit infolge neueintretender Umstände erneut zahlungsunfähig wird. Es fehlt an jeder inneren Berechtigung, auch in einem solchen Falle die früher gewährten Sicherungen als unwirk-

10) So auch Neesse in KTrW. 1929, 20.

11) Emmerich, S. 128 und 180.

12) Vgl. ausführlich Emmerich S. 155, 156; ähnlich auch RG. in KTrW. 1929, 150.

13) § 2 Anm. 12 und 18.

sam anzusehen. Denkbar ist natürlich eine **Vereinbarung** im TreuhandVgl., daß im Falle eines späteren Kks. die treuhänderische Sicherstellung unwirksam werden soll.

5. **Anerkannte Forderungen.**

Ist die Forderung des Gl. anerkannt (§ 62 Abs. 4 a. E.), so kann der Gl. aus dem Vgl. in Verbindung mit dem Auszug aus dem GlVerzeichnis **vollstrecken** (§ 75). Grundsätzlich erhält der Gl. in Höhe der VglQuote die Vollstreckungsklausel. Dem Gl. ist aber auf Verlangen die Vollstreckungsklausel hinsichtlich der ganzen ursprünglichen Forderung zu erteilen (nicht nur wegen der VglSumme); der Sch. mag durch Vollstreckungsgegenklage (§ 767 ZPO.) nachweisen, daß er nicht in Verzug ist[14]). Ueberdies ist der Gl. nicht gehindert, aus einem **vor Abschluß des VV. erwirkten Schuldtitel** die Zwangsvollstreckung gegen den Sch. wegen der Raten (oder bei Wegfall des Erlasses gemäß § 7 wegen der gesamten Forderung) zu betreiben[15]).

6. **Bestrittene Forderungen.**

Dem Gl. bleibt nichts übrig, als **Zahlungsklage** gegen den Sch. zu erheben. Lautet der Vgl. aber nicht auf Zahlung durch den Sch., sondern ist es z. B. ein LiquidationsVgl., bei dem das Vermögen einem Treuhänder übertragen wird, oder werden z. B. die Gl. durch neue Aktien abgefunden, so muß der Gl. einen entsprechend geänderten Klagantrag stellen (vgl. § 35 Anm. 2). Jedenfalls aber kommt der Sch. gegenüber dem Gl., dessen Forderung er bestritten hat, nach Eintritt der Fälligkeitsdaten der Quoten **auch dann in Verzug**, wenn der Sch. von der Richtigkeit seines Bestreitens überzeugt gewesen ist. Denn der Sch. hat, auch wenn es sich um schwierige Rechtsfragen handelt, das Bestreiten der Forderung des Gl. regelmäßig zu vertreten,

---

14) So Neesse in KTrW. 1929, 85; Schneider in KTrW. 1930, 176; LG. III Berlin in KTrW. 1929, 95 und 1930, 149; LG. Bautzen in KTrW. 1930, 149. A. M. Kiesow § 7 Anm. 12, der verlangt, daß der Gl. den Verzug des Sch. durch öffentliche oder öffentlich beglaubigte Urkunde (z. B. Protokoll über erfolglose Pfändung wegen der VglQuote) nachweisen und falls dies unmöglich ist, auf Erteilung der Vollstreckungsklausel (§ 731 ZPO.) klagen soll.

15) So OLG. Hamburg 1930, 28; RG. 16. 3. 31 KTrW. 1931, 70; a. M. Bley KTrW. 1930, 69.

da er grundsätzlich die Gefahr trägt, daß das Gericht nicht seiner Auffassung ist. Eine **Hinterlegung der Quoten** ist nicht angängig, da eine Ungewißheit über die Person des Gl. (§ 372 BGB.) nicht besteht[16]). Es bleibt daher nur übrig, die Quoten unter Vorbehalt der Rückforderung zu bezahlen. Es empfiehlt sich daher für den Sch., im VglVorschlag hinsichtlich der bestrittenen Forderung die Anwendung des § 7 auszuschließen[17]).

7. Stundungs-Vgl.

§ 7 bezieht sich nicht auf einen Vgl., der lediglich eine Stundung der Forderung der Gl. enthält, auch dann nicht, wenn mit dieser Stundung die seit Eröffnung des VV. laufenden Zinsen erlassen werden (§ 63 Abs. 4 VglO.). Durch einen Verzug mit den VglRaten tritt also die kassatorische Klausel des § 7 nicht ein, es sei denn, daß dies ausdrücklich im Vgl. vorgesehen ist.

§ 8

Auf das Vergleichsverfahren finden, soweit dieses Gesetz nichts anderes bestimmt, die Vorschriften der Zivilprozeßordnung entsprechende Anwendung.

Wie der Konkurs hat das gesamte VV. mit Einschluß des Zwangsvergleichs als eine besondere Art des Zivilprozesses zu gelten. Daher sind entsprechend anzuwenden namentlich die Vorschriften über die Ausschließung und Ablehnung von Gerichtspersonen (§§ 42 bis 49 ZPO.), über Prozeßfähigkeit, gesetzliche Vertretung und Prozeßvollmacht (§§ 51 ff., 79 ff. ZPO.), über das Protokoll §§ 159 ff.), über die Zustellung

16) Kiesow § 7 Anm. 13; RGZ. 92, 379; 96, 316; 105, 359; 118, 131; ferner RG. in JW. 1930, 3479. Hiergegen allerdings die Anm. in JW. ebenda und JW. 301, 521. Nur in besonderen Ausnahmefällen wird eine unrichtige Rechtsauffassung des Sch. (z. B., wenn sie durch die bisherige Rechtsprechung gedeckt war) den Verzug des Sch. ausschließen.

17) Zweckmäßigerweise durch folgende Fassung: „Insoweit, als eine Forderung im VglTermin nicht anerkannt wird, können Rechtsfolgen aus einem etwaigen Verzug mit den nach diesem Vgl. fälligen Zahlungen erst dann hergeleitet werden, wenn seit einem späteren Anerkenntnis der Forderung oder einer später ergehenden rechtskräftigen gerichtlichen Entscheidung 10 Tage verstrichen sind."

von Amts wegen (§ 496 Abs. 1 ZPO.), aber mit der besonderen Vereinfachung des § 11, der zufolge im VV. das zuzustellende Schriftstück keiner Beglaubigung bedarf. Anwendbar sind auch die Vorschriften über Rechtshilfe und Sitzungspolizei (§§ 157 ff., 177 ff. GVG.). Die Gerichtsferien sind auf das Verfahren ohne Einfluß. Da jedoch die Entscheidungen des Gerichts keine Urteile, sondern Beschlüsse sind, sind die Vorschriften der ZPO. über Urteile und Rechtsmittel, soweit nicht die sofortige Beschwerde zugelassen ist, unanwendbar.

Anträge und Erklärungen Beteiligter können, soweit nicht ausnahmsweise mündliche Erklärung gefordert wird, schriftlich oder zu Protokoll des Gerichtsschreibers erfolgen.

§ 9.

Das Gericht hat alle das Verfahren betreffenden Ermittlungen anzustellen. Es kann zu diesem Zwecke insbesondere den Schuldner hören, Zeugen und Sachverständige vernehmen und eine Gläubigerversammlung berufen. Für diese Gläubigerversammlung genügt an Stelle der Ladungen öffentliche Bekanntmachung des Termins.

Die vom Gericht vorzunehmenden Ermittlungen können verschiedener Art sein; sie werden sich in der Hauptsache darauf zu erstrecken haben, die Voraussetzungen des VV. zu prüfen, Widersprüche bezüglich der Vermögensangaben, des GlVerzeichnisses, Unstimmigkeiten zwischen VP. und Sch., etwaige Widerstände des Sch. zu beseitigen, unpünktliche oder ungenaue Berichte der VP. zu ergänzen oder Pflichtverletzungen der VP. zu klären, sowie schließlich die Voraussetzungen zur Aufhebung des VV. zu prüfen. Die Aufklärung selbst kann durch die **Vernehmung von Zeugen** und **Sachverständigen, Gehör** des Sch. und der VP., **Zuziehung** von Akten, Einholung von **Auskünften** durch Private oder Behörden erfolgen. Als Zeugen können Beamte, Angestellte, Geschäftsführer, Bedienstete, Freunde oder Verwandte des Sch. gehört werden. Es kann auch ein **Rechtsgutachten** über die Wirksamkeit und Anfechtbarkeit der Sicherheiten einzelner Gl. beigezogen werden. Insbesondere wird sich eine **Anhörung der GlAusschMitglieder** (oder der hierzu vorgeschlagenen Personen) empfehlen.

Ob die Zeugen und Sachverständigen **vereidigt** werden oder nicht, steht im Ermessen des Gerichts. Eine vorläufige Befragung wird vielfach genügen[1]). Personen, die nach den Vorschriften der ZPO. zur **Verweigerung des Zeugnisses** berechtigt sind, haben dieses Recht auch gegenüber diesen Ermittlungen. Falls **Kostenvorschüsse** erforderlich werden, können die Ermittlungen von der Zahlung dieses Vorschusses abhängig gemacht werden[2]). Eine Ablehnung des Sachverständigen wegen Befangenheit ist möglich. Ein **Rechtsmittel** ist gegen die Anordnung der Ermittlung nicht zulässig. Dem Sch. wird man keinen Anspruch darauf, bei den Ermittlungen **zugegen** zu sein, zubilligen können, da dies mit dem Untersuchungsgrundsatz des § 9 nicht vereinbar ist[3]).

Dieselben Erörterungsmöglichkeiten, also Anhörung des Sch., von Zeugen und Sachverständigen und Einberufung einer GlVersammlung hat auch das Beschwerdegericht[4]).

§ 10.

Die Entscheidungen des Gerichts können ohne mündliche Verhandlung ergehen.

Die Mündlichkeit ist also freigestellt und es bleibt dem pflichtmäßigen Ermessen des Richters überlassen, vor der Entscheidung eine mündliche Verhandlung anzuordnen. Zu laden sind, je nach der Art des Falles, Schuldner, Vertrauenspersonen, Gläubiger. Wie bereits erwähnt, ergeht die Entscheidung, auch wenn sie auf Grund mündlicher Verhandlungen erfolgt, durch Beschluß.

§ 11.

Die Zustellungen erfolgen durch Aufgabe zur Post; die Postsendung ist, wenn die Person, an die zugestellt werden soll, sich im Ausland befindet, mit der Bezeichnung „Einschreiben" zu versehen.

Zustellungen an Personen, deren Aufenthalt unbekannt ist, finden nur statt, wenn die Person einen im Inland

1) So auch Levy S. 33; Samolewitz § 9 Anm. 2; a. M. Kiesow § 9 Anm. 8, der grundsätzlich eine Vereidigung für erforderlich hält.

2) Vgl. LG. I Berlin in KTrW. 128, 171; a. M. Levy KTrW. 128, 172; Kiesow § 7 Anm. 8.

3) So Kiesow § 9 Anm. 8; Levy § 8 Anm.; wohl a. M. Samolewitz § 9 Anm. 2.

4) Samolewitz § 9 Anm. 4 und JW. 1928, 1120.

wohnenden, zur Empfangnahme von Zustellungen befugten Vertreter hat, der dem Gerichte bekannt ist.

Einer Beglaubigung des zuzustellenden Schriftstückes bedarf es nicht.

Zustellungen haben von Amts wegen zu erfolgen (§ 496 Abs. 1 ZPO.). Mit der **Aufgabe zur Post** ist die Zustellung bewirkt, auch wenn die Sendung als **unbestellbar** zurückkommt (§ 175 Abs. 1 Z. 3 ZPO.). Dabei ist der Einwurf in den Briefkasten, nicht der Zeitpunkt der Entleerung des Briefkastens maßgebend. Etwaige **Fristen** laufen mit der Aufgabe zur Post. **Wiedereinsetzung** in den vorigen Stand ist zulässig (§ 8 VglO., § 233 ZPO.).

Für **Gl. unbekannten Aufenthalts** wird zweckmäßigerweise ein Abwesenheitspfleger (§ 1911 BGB.) bestellt, wenn ihre Zustimmung wesentlich ist.

§ 12.

Oeffentliche Bekanntmachungen erfolgen durch mindestens einmalige Einrückung in das zur Veröffentlichung amtlicher Bekanntmachungen des Gerichts bestimmte Blatt; die Einrückung kann auszugsweise geschehen. Die Bekanntmachung gilt als bewirkt mit dem Ablauf des zweiten Tages nach der Ausgabe des die Einrückung oder die erste Einrückung enthaltenden Blattes.

Die Bekanntmachung ist auszugsweise in den Deutschen Reichsanzeiger einzurücken; auch kann das Gericht weitere Bekanntmachungen anordnen.

Die öffentliche Bekanntmachung gilt als Zustellung an alle Beteiligten, auch wenn dieses Gesetz neben ihr eine besondere Zustellung vorschreibt.

In der Bekanntmachung soll der Schuldner genau bezeichnet werden, insbesondere sollen seine Anschrift und sein Geschäftszweig angegeben werden.

Oeffentlich bekanntzumachen sind der Eröffnungsbeschluß (§ 22 Abs. 1), der erste VglTermin, der Name der VP., die Anordnung und Aufhebung eines allgemeinen Veräußerungsverbots, die Aufhebung des VV. nach Bestätigung eines Vgl. sowie die Beschlüsse, die den Vgl. verwerfen oder das VV. einstellen, wenn nicht zugleich der Kks. eröffnet wird. Die **Art der Bekanntmachung** ist in Anlehnung an §§ 76, 111 Abs. 2 KO. einheitlich vorgeschrieben. § 12 Abs. 4

bestimmt, daß der Sch. in der Bekanntmachung genau bezeichnet, insbesondere seine Anschrift und sein Geschäftszweig angegeben werden soll. Wird mit der Verwerfung des Vgl. oder der Einstellung des VV. zugleich der Kks. eröffnet, so bedarf es einer besonderen Veröffentlichung des Verwerfungs- oder Einstellungsbeschlusses nicht, da bereits gem. § 111 KO. die KksEröffnung zu veröffentlichen ist (Begr. S. 18).

Bewirkt ist die Bekanntmachung mit Ablauf des zweiten Tages nach der Ausgabe desjenigen Amtsblatts, das die erste Einrückung enthält; der Ausgabetag zählt also nicht mit. Maßgebend ist der Tag, an dem das Blatt tatsächlich ausgegeben ist, nicht der Tag, der im Blatt als Ausgabetag bezeichnet ist. Dies ist wichtig für den Fristablauf (vgl. § 14). Beachte insbesondere Abs. 3!

§ 13.

Der Schuldner, die Vertrauensperson (§ 40) und jeder Gläubiger können die Akten einsehen; der Schuldner und die Vertrauensperson können sich auch Abschriften daraus erteilen lassen. Auf die Akteneinsicht durch andere Personen findet die Vorschrift des § 299 Abs. 2[1]) der Zivilprozeßordnung entsprechende Anwendung.

Gläubigern kann die Einsicht in solche Teile der Akten versagt werden, deren Kenntnis für die Gläubiger ohne Bedeutung ist oder deren Geheimhaltung nach Angabe des Schuldners für die Fortführung seines Unternehmens erforderlich ist.

Die **Akteneinsicht** steht dem Sch. und der VP. unbeschränkt frei; sie können auch die Erteilung von **Abschriften** verlangen. Hinsichtlich der Gl. erscheinen nach folgenden Richtungen Einschränkungen geboten. In den Akten werden bisweilen wichtige Geschäftsgeheimnisse des Sch. zur Erörterung gelangen; diese können gegen seinen Willen nicht ohne weiteres vom Gericht preisgegeben werden. Deshalb soll dem Gl. die Einsicht in solche Teile der Akten versagt werden können, deren Geheimhaltung der Sch. als im

1) § 299 Abs. 2 ZPO. lautet: „Dritten Personen kann der Vorstand des Gerichts ohne Einwilligung der Parteien die Einsicht der Akten nur gestatten, wenn ein rechtliches Interesse glaubhaft gemacht wird."

Interesse der Fortführung seines Unternehmens erforderlich bezeichnet hat; ob das Verlangen des Sch. berechtigt ist, entscheidet das Gericht[2]). Das gleiche gilt für solche Teile der Akten, die, wie Erörterungen über eine Ordnungsstrafe der VP., für die Gl. nicht von Interesse sein können. Ein Recht auf Abschriften aus den Akten kann den Gl. nicht gewährt werden; dieses Recht könnte den Geschäftsbetrieb des Gerichts lahmlegen. (Begr. S. 18). Auch Gl., die am VV. nicht beteiligt sind, haben das Recht der Akteneinsicht[3]). Auch nach Beendigung des VV. müssen Sch., VP. und Gl. das Recht der Akteneinsicht haben[4]), denn das Interesse, das Sch., VP. und Gl. berechtigt, während des VV. die Akten einzusehen, kann auch nach Beendigung des VV. fortbestehen. Damit hat der Umstand, daß die Funktionen der VP. und der GlAusschMitglieder mit der Beendigung des VV. weggefallen sind, nichts zu tun.

§ 14.

Die Entscheidungen des Gerichts können nur insoweit angefochten werden, als dieses Gesetz es bestimmt.

Soweit eine Anfechtung stattfindet, erfolgt sie durch sofortige Beschwerde. Die Beschwerdefrist (Notfrist) beträgt eine Woche. Sie beginnt mit der Verkündung der Entscheidung; wenn diese nicht verkündet wird, mit der Zustellung. Eine weitere Beschwerde findet nicht statt.

Uebersicht über die Anmerkungen:

I. Anfechtbare Entscheidungen des VglGer.

Die sofortige Beschwerde ist gegen **zwei Gruppen** von Entscheidungen zugelassen: 1

Die eine Gruppe wird durch die Entscheidungen dargestellt, die mit dem VV. nur lose zusammenhängen und infolgedessen auf seinen Fortgang keinen entscheidenden

2) So auch Cahn JW. 1928, 1120.

3) Lucas § 13 Anm.

4) Bestr.; a. M. LG. Karlsruhe in JW. 1930, 3366 mit grundsätzlich zustimmender Anm. v. Cahn.

Einfluß haben. Das sind die Beschlüsse, welche eine **Ordnungsstrafe gegen die VP.** festsetzen (§ 45) und die Entscheidungen über die **Höhe der Auslagen und der Vergütung der VP.** (§ 46). Um auch hier eine möglichst schleunige Erledigung zu erreichen, ist in Abweichung von § 577 Abs. 3 ZPO. das Gericht ermächtigt, seine mit der Beschwerde angefochtene Entscheidung selbst zu ändern.

Die andere Gruppe umfaßt die für das Verfahren grundlegenden Beschlüsse, welche die **Eröffnung des VV. ablehnen** (§ 24), einen **Vgl. verwerfen** (§ 71) oder das **VV. einstellen** (§ 80). Alle diese Beschlüsse haben zur Folge, daß über die Frage der Eröffnung des KksVerfahrens entschieden werden muß. Gegen die Entscheidung über die Eröffnung des KksVerfahrens hätte der Sch. allerdings bereits nach § 109 KO. die sofortige Beschwerde. Mit der Beschwerde der KO. könnte er aber nicht geltend machen, daß zu Unrecht die Eröffnung des VV. abgelehnt, der Vgl. verworfen, das VV. eingestellt worden sei. Den Gl. ist eine entsprechende Beschwerde versagt. Sie haben kein Recht auf eine vergleichsweise Befriedigung ihrer Ansprüche, wie darin zutage tritt, daß sie die Eröffnung des VV. nicht beantragen können.

Die Entscheidung über die Eröffnung des KksVerfahrens, die sich an einen VglVersuch anschließt, kann von dem Sch. nur innerhalb der oben in § 14 Abs. 2 Satz 2 vorgesehenen Frist und nur unter Ausschluß der weiteren Beschwerde angefochten werden. Eine Anfechtung nach § 109 kommt in diesen Fällen für den Sch. nicht in Frage. Darin liegt eine mittelbare Aenderung der KO. (Begr. S. 18).

Die sofortige Beschwerde hat gem. § 8 VglO., §§ 577, 567 ff. ZPO. **keine aufschiebende Wirkung** (§§ 71 Abs. 2, 80 Abs. 2 VglO.). Eine Beschwerde**summe** besteht nicht. Das AG. kann der Beschwerde **selbst abhelfen**, weswegen sich Einlegung der Beschwerde beim AG. und nicht beim Beschwerdegericht empfiehlt.

II. Mittelbare Anfechtung, unanfechtbare Entscheidungen.

Wenn keine sofortige Beschwerde möglich ist, kann doch das Gericht auf eine **Gegenvorstellung** hin die früher getroffene Entscheidung abändern. Im übrigen können diejenigen Entscheidungen, gegen die es an sich kein Rechtsmittel gibt, **mittelbar** doch dadurch angefochten werden, daß eine **spätere** Entscheidung, gegen die es ein Rechtsmittel gibt, angefochten wird und daß bei dieser Anfechtung der späteren Entscheidung auch die frühere Entscheidung mitgerügt wird. Dies ist z. B. dann der Fall, wenn die erste nicht anfechtbare Entscheidung für die zweite anfechtbare einen wesentlichen Verfahrensmangel darstellt. Es kann also beispielsweise mit der Entscheidung über die Einstellung des VV. gleichzeitig eine frühere Entscheidung des Gerichts gerügt werden, sofern diese frühere Entscheidung einen wesentlichen Verfahrensmangel darstellte (z. B., wenn das Gericht einen beteiligten Gl. zu Unrecht als nicht beteiligt angesehen und daher diesen Gl. vom Stimmrecht ausgeschlossen hatte)[1]).

III. **Anfechtung von Entscheidungen außerhalb der Tätigkeit des VglGer.**

Die Vorschrift von § 14 gilt nicht, wo das Gericht **nicht als VglGer.**, sondern **anderweit** tätig wird, z. B. gemäß 3
§ 32 über Erinnerungen gegen Verfahren des Gerichtsvollziehers entscheidet; in diesen Fällen bestehen also die gewöhnlichen Rechtsmittelbehelfe. Ebenso gilt die Vorschrift des § 14 nicht, wenn der VglRichter **als befangen abgelehnt** wird[2]).

2. Abschnitt.

Eröffnung des Verfahrens.

§ 15.

Der Antrag auf Eröffnung des Vergleichsverfahrens muß einen bestimmten Vergleichsvorschlag enthalten und ergeben, ob und wie die Erfüllung des Vergleichs sichergestellt werden soll. Der Vorschlag muß dem § 6 genügen.

In dem Antrag hat der Schuldner anzugeben:

1. **ob innerhalb der letzten fünf Jahre vor dem Tage des Antrags im Inland die Geschäftsaufsicht, das Konkursverfahren oder das Vergleichsverfahren zur Abwendung des Konkurses über sein Vermögen rechts-**

1) Näheres hierüber siehe Lucas § 14, III und JW. 1928, 1120.
2) Kiesow § 14 Anm. 18; Samolewitz § 14 Anm. 4.

kräftig eröffnet oder die Eröffnung eines dieser Verfahren mangels Masse rechtskräftig abgelehnt worden ist;

2. **ob innerhalb derselben Frist von ihm der Offenbarungseid auf Grund des § 807 der Zivilprozeßordnung geleistet oder gegen ihn zur Erzwingung eines solchen Eides die Haft angeordnet worden ist;**
3. **wann und wo er geboren ist.**

Zu Nr. 1 und 2 des Abs. 2 ist anzugeben, bei welchem Gerichte das Verfahren anhängig ist oder wann und bei welchem Gericht es anhängig gewesen ist.

Die Richtigkeit der Angaben (Abs. 2, 3) hat der Schuldner an Eides Statt zu versichern oder durch öffentliche Urkunden nachzuweisen.

Uebersicht über die Anmerkungen:

I. Antrags-Berechtigte.

1 Der Antrag unterliegt nicht dem Anwaltszwang und kann schriftlich eingereicht oder zu Protokoll des Gerichtsschreibers erklärt werden. **Bevollmächtigte** müssen ihre Vollmacht bis zur Entscheidung über den Antrag nachbringen. Die Vollmacht muß auf die Stellung des Antrags gerichtet sein. Generalvollmacht genügt. **Prokuristen** sind zur Stellung des Antrags nicht ohne weiteres ermächtigt[1]). Ueber das Antragsrecht bei OHGes., KoGes., Gen., Nachläßen vgl. die §§ 89, 91, 92. Bei AktGes., Vereinen und GmbH. ist der Antrag von den **Vorstandsmitgliedern** (Geschäftsführern) zu stellen. Sind diese nur gemeinschaftlich vertretungsberechtigt oder der einzelne nur in Gemeinschaft mit einem Prokuristen, so muß diese Form gewahrt werden. Wegen des Antrags von **Eheleuten** vgl. § 1 Anm. 5. Steht der Sch. unter **Vormundschaft** oder Pflegschaft, so ist die Zustimmung des Vormundschaftsgerichts zur Eröffnung des VV. noch nicht nötig, sondern erst zum Abschluß des Vgl. (§ 1822 Z. 12 BGB.).

1) Vgl. § 49 HGB. und JW. 1926, 29.

II. Inhalt und Aenderung des VglVorschlags.

Dem Grundgedanken des VV., einen vom Sch. vorbereiteten Vgl. mit gerichtlicher Hilfe gegen sogen. VglStörer zum Abschluß zu bringen, entspricht es, daß der Antrag auf Eröffnung des VV. einen bestimmten VglVorschlag enthalten muß. Ein **bestimmter** VglVorschlag liegt vor, wenn die für die Bestimmung der Quote maßgebenden Umstände aus dem VglVorschlag ersichtlich sind. Ein sog. **Liquidations-Vgl.** ist daher zulässig. Unzulässig dagegen ist die Begrenzung der Summe, die der Sch. an die Gl. zahlen will, auf einen bestimmten Betrag (z. B. 35 Prozent, jedoch höchstens 150 000 RM.), da dann nicht klar ersichtlich ist, wieviel die Gl. erhalten sollen, wenn die angebotene Quote auf die gesamten Forderungen der Gl. höher ist als der genannte Höchstbetrag (z. B. wenn die 35 Prozent aller Forderungen höher sind als die genannten 150 000 RM.). Der VglVorschlag kann im übrigen jeden Inhalt haben, der mit dem Begriff eines Vgl. vereinbart ist; da jedoch die VglO. eine gewisse Mindestquote vorschreibt, auf die die Haftung des Sch. ermäßigt werden kann, dürfte ein VglVorschlag unzulässig sein, der vorsieht, daß der Sch. **vollständig aus der Haftung entlassen** wird und seine Verbindlichkeiten gegenüber den am VV. beteiligten Gl. von einem Dritten in Höhe der Quoten übernommen werden[2]). 2

Während der Dauer des VV. kann der VglVorschlag **geändert**, und zwar **verbessert**[3]) oder **verschlechtert**[4]) werden. Ob das letztere (Aenderung des VglVorschlags zum Nachteil der Gl.) zulässig ist, ist zwar nicht unstreitig, muß aber bejaht werden. Das Gesetz spricht sich nicht gegen eine Verschlechterung des VglVorschlags während des Verfahrens, wenn er sich nur überhaupt in den vom Gesetz vorgesehenen 3

---

2) So auch Kiesow § 15 Anm. 17; Mayer § 15 Anm. 7; Samolewitz § 5 Anm. 11, ebenso für den KksZwangsVgl. Jaeger KO. § 174, Anm. 5.

3) Wegen der Haftung des Bürgen im Falle der Verbesserung des VglVorschlags vgl. § 16 Anm. 5.

4) Für zulässig erachtet von Lucas § 15 IV; Samolewitz § 5 Anm. 3; Mayer § 59 Anm. 16; Schumann Sächs. Arch. 1928, 336 u. KTrW. 1930, 192; LG. Passau 7. 2. 30 in Simbacher Ztg. v. 16. 2. 30; dagegen Kiesow § 15 Anm. 19, der eine Aenderung nur bis zur öffentlichen Bekanntmachung des VglTermins für zulässig erachtet.

Grenzen hält, aus. In der Praxis ergibt sich vielfach die Notwendigkeit, daß der Sch. sich die Entschließung über einen endgültigen VglVorschlag während der Dauer des VV. vorbehalten muß, da er erst gemeinsam mit dem Gl-Aussch. und der VP. nach Ueberprüfung seiner Vermögenslage einen endgültigen VglVorschlag während des VV. ausarbeiten kann.

III. **Sicherstellung des Vgl.**

4 Davon, den Sch. zu einer Sicherstellung der Erfüllung des Vgl. zu verpflichten, sieht die VglO. ab. Die Entscheidung darüber, ob die Versprechungen des Sch. im Einzelfalle Glauben verdienen, bleibt den Gl. überlassen. Um den Gl. die Entscheidung zu ermöglichen, muß der Sch. in seinem Antrag ausdrücklich angeben, ob er die Erfüllung des Vgl. sicherstellen will oder nicht, und bejahendenfalls, wie das geschehen soll. Da für den Wert der Sicherstellung durch Bürgschaft die Person des Bürgen von entscheidender Bedeutung ist, hat der Sch., wenn er solche Sicherstellung in Aussicht nimmt, die Bürgschaftserklärung mit dem Antrag einzureichen (Begr. S. 20).

Die Sicherung des Vgl. kann in verschiedener Weise erfolgen. In Betracht kommen insbes. Bürgschaften, Sicherungshypotheken, Grundschulden, Sicherungsübereignungen von Warenlagern und sicherungsweise Abtretungen von Forderungen. Wenn die Sicherheit nur einem Teil der Gl. haften soll, so ist dies zulässig, aber hierbei § 5 Abs. 2 (ungleiche Behandlung der Gl.) zu beachten.

Im einzelnen ist zu bemerken:

5 a) Die **Bürgschaft** kann entweder geleistet werden durch dritte Personen oder durch eine Sanierungs-GmbH., an der sich der Sch. selbst und die an der Sanierung des Sch. interessierten Gl. beteiligen können. Die Gestaltung einer solchen Sanierungs-GmbH. kann sehr verschieden sein. Wenn die Gründung unter Einbringung der Forderungen gegen den Sch. als „Sach"gründung auf Schwierigkeiten stößt, so kann eine KoGes. gegründet werden. Der Sch. wird persönlich haftender Gesellschafter, die Gl. bringen ihre Forderungen, gegebenenfalls auch weitere Barbeträge, als Einlagen ein. Es ist auch denkbar, daß die Gl. (mit oder ohne Beteiligung des Sch.) eine GmbH.

als Bargründung errichten, die Vermögenswerte des Sch. auf die GmbH. übernehmen und durch die GmbH. den Vgl. garantieren[5]). Im übrigen vgl. wegen der Uebernahme der Bürgschaft § 16 Anm. 5 und wegen der Vollstreckung gegen den Bürgen § 75 Anm. 2.

b) **Sicherungshypothek für einen Treuhänder.**

6 Die Eintragung einer Sicherungshypothek zugunsten aller Gl. dürfte grundbuchmäßig undurchführbar sein[6]). Wird im Vgl. vereinbart, daß eine Sicherungshypothek für einen **Treuhänder** der vom Vgl. betroffenen Gl. eingetragen werden soll[7]), so muß beachtet werden, daß alsdann auch die Forderungen der Gl. an den Treuhänder im Vgl. abgetreten werden müssen, da anderenfalls dem Treuhänder keine Forderung zusteht, zu deren Sicherung die Hypothek bestehen könnte (§ 1115 BGB.). Die Eintragung einer Sicherungshypothek hat den Nachteil, daß der Treuhänder erst aus der Sicherungshypothek auf Grund der an ihn abgetretenen Forderungen klagen muß, wenn er die Sicherungshypothek realisieren will. Denn selbst wenn er sich mit Zustimmung der Gl. vollstreckbare VglAusfertigungen (§ 75) erteilen ließe, so könnte er doch daraus nicht unter Ausnützung des Ranges der Sicherungshypothek die Vollstreckung betreiben. Er muß überdies mit Einwendungen gegen die Forderungen rechnen und hat schließlich Schwierigkeiten, wenn er von den Gl., deren Treuhänder er ist, Zustimmung und Kostenvorschuß zur Klageerhebung und Zwangsvollstreckung fordert. Zweckmäßiger ist es daher, wenn an Stelle der Sicherungshypothek eine **Grundschuld für den Treuhänder** eingetragen wird, die in ihrem rechtlichen Bestand losgelöst ist von dem Bestand der Forderungen der Gl. Wenn auch Mehrkosten entstehen, so empfiehlt es sich, doch darauf zu dringen, daß der Sch. bereits bei Bestellung der Grundschuld sich in notarieller Form der sofortigen Zwangsvollstreckung unterwirft und einen entsprechenden Kostenvorschuß für die etwaige

5) Näheres Samolewitz „Die Gründung einer Sanierungsgesellschaft usw." in Recht und Handel 1927, 625; vgl. auch Musterbeispiel 12.

6) Nach Jaeger KO. § 174, Anm. 5 soll dies allerdings ohne namentliche Aufführung der einzelnen Gl. zulässig sein.

7) Vgl. Musterbeispiel 11.

Zwangsversteigerung des Grundstücks hinterlegt, damit der Treuhänder sich nicht erst an die Gl. zwecks gemeinsamer Aufbringung eines solchen Kostenvorschusses zu wenden braucht. **Grundstücke** können ebenfalls *zur Sicherung übereignet* werden; mit Rücksicht auf die entstehende Grunderwerbssteuer (fällig zweimal, bei Uebereignung und Rückgabe) und Wertzuwachssteuer wird es sich jedoch empfehlen, das Grundstück besser zugunsten eines Treuhänders in voller Höhe zu belasten; der wirtschaftliche Zweck ist damit ebenfalls erreicht. Praktisch ist die Eintragung einer oder mehrerer **Briefgrundschulden** für den Treuhänder. Im Vgl. ist zu vereinbaren, daß der Treuhänder bei Verzug des Sch. (u. U. nach Anhörung des weiterbestehenden Gl-Aussch.) berechtigt sein soll, die Grundschuldbriefe durch freihändigen Verkauf zu verwerten. Wegen der Frage, inwieweit der Treuhänder bei seinen Maßnahmen an die Zustimmung des GlAussch. oder der Glschaft gebunden ist, vgl. § 6 Anm. 10 und 12.

7 c) **Sicherungsübereignungen des Warenlagers und sicherungsweise Abtretung der Außenstände** sind ebenfalls zulässig. Wegen der *Form* eines solchen Treuhandvertrags vgl. Musterbeispiel 17. Wegen der Vollstreckung des Gl. in das Treugut vgl. § 75 Anm. 1, § 6 Anm. 13.

IV. Die Angaben gem. Abs. 2—4.

8 Diese Angaben in Abs. 2 Z. 1 und 2 muß der Sch. *auf jeden Fall* machen, und zwar entweder bejahend oder verneinend[8]). *Nicht nötig* ist dagegen die Angabe des Offenbarungseides, den der Sch. als *gesetzlicher Vertreter* (z. B. als Geschäftsführer einer GmbH.) oder auf Grund von Vollstreckungsmaßnahmen der *Steuerbehörden* geleistet hat. Ein früheres Kks- oder Geschäftsaufsichtsverfahren oder VV. ist nur dann anzugeben, wenn der Sch. des neuen VV. auch damals selbst VerfahrensSch. war; daher keine Angabe, wenn z. B. eine GmbH., deren alleiniger Gesellschafter der Sch. war, innerhalb der Frist in Kks. gegangen ist. Wenn dagegen eine OHGes., deren pers. haftender Gesellschafter der Sch. war, in Kks. gegangen ist, ist dies anzugeben, ebenso wie (vgl. § 89) beim VV. einer OHGes. die pers. haftenden Gesellschafter auch für ihre

8) Vgl. Musterbeispiel 4.

Privatperson die nach Z. 2 und 3 erforderlichen Angaben machen müssen. Die **Frist** wird von dem Tage der Stellung des Antrags (nicht der Eröffnung des VV.) gerechnet; dieser Tag selbst wird nicht mitgezählt[9]). Maßgebend ist der Tag des Eingangs bei Gericht[10]).

V. **Wirkung des Antrags.**

Die unmittelbare Wirkung des Antrags besteht darin, daß die Vollstreckungssperre (§§ 32, 33) eintritt und über einen bereits gestellten oder später eingehenden KsAntrag nicht entschieden wird (§ 31). Die mittelbare Folge des Antrags ist aber die, daß der Sch. gleichzeitig einen bedingten KsAntrag gestellt hat (§§ 24, 71, 80). 9

§ 16.

Dem Antrag sind beizufügen:

1. **ein Verzeichnis der Gläubiger und der Schuldner unter Angabe der einzelnen Forderungen und Schulden;**
2. **eine Uebersicht des Vermögensstandes des Schuldners;**
3. **eine Erklärung des Schuldners darüber, ob innerhalb des letzten Jahres vor dem Tage des Antrags zwischen ihm und seinem Ehegatten vor oder während der Ehe, seinen oder seines Ehegatten Verwandten auf- und absteigender Linie, seinen oder seines Ehegatten voll- und halbbürtigen Geschwistern oder den Ehegatten einer dieser Personen eine Vermögensauseinandersetzung stattgefunden hat, sowie darüber, ob und welche Verfügungen über Vermögensgegenstände er innerhalb des letzten Jahres vor dem Tage des Antrags zugunsten einer dieser Personen vorgenommen hat; Verfügungen, die ausschließlich gebräuchliche Gelegenheitsgeschenke zum Gegenstande hatten, bleiben außer Betracht;**
4. **die schriftliche Erklärung der Mehrheit der an dem Verfahren beteiligten Gläubiger, die zugleich mehr als die Hälfte der Gesamtsumme der von dem Vergleiche betroffenen Forderungen darstellen müssen,**

9) § 187 BGB., so auch Samolewitz § 23 Anm. 3; a. M. Kiesow § 15, Anm. 21.

10) Cahn VglO. S. 135; Mayer § 15 Anm. 9; a. M. Kiesow § 15 Anm. 21.

daß sie mit der Eröffnung eines Vergleichsverfahrens einverstanden sind; Gläubiger, deren Stimmen zugunsten eines Vergleichs nicht gezählt werden (§ 64), bleiben bei der Berechnung der Mehrheiten außer Betracht; die Mehrheiten sind auf Grund des Gläubigerverzeichnisses (Nr. 1) zu berechnen;

5. wenn für die Erfüllung des Vergleichs Sicherheit geleistet werden soll, die genaue Bezeichnung der Sicherheiten und, wenn die Sicherheit in einer Bürgschaft besteht, die Bürgschaftserklärung;

6. die Erklärung des Schuldners, daß er bereit sei, den Offenbarungseid zu leisten.

Der Antrag und seine Anlagen sollen in zwei Stücken eingereicht werden.

Uebersicht über die Anmerkungen:

I. GlVerzeichnis, SchVerzeichnis, Vermögensübersicht.

1 Vgl. die Anm. zu §§ 17 und 18.

II. Verfügungen usw. zugunsten von Verwandten.

2 Der Kreis von Verwandten entspricht demjenigen in § 31 Z. 2 KO. und § 3 Z. 2 AnfGes.; er ist gegenüber den Verwandten der ZPO. und StPO. durch Aufnahme der „Schwippschwäger" usw. erweitert.

Im einzelnen gilt folgendes für Geschäfte mit

a) **Ehegatten:** Das Geschäft muß angegeben werden, gleichgültig, ob es vor oder während der Ehe geschlossen war. Keine Angabe ist dagegen erforderlich, wenn die Ehe z. Zt. des Antrags auf VV. nicht mehr besteht.

b) Personen, die mit dem Ehegatten des Sch. in auf- oder absteigender Linie **verwandt** (Schwiegereltern, Stiefkind) oder voll- oder halbbürtig **verschwistert** (Schwager, Schwägerin) sind: die Geschäfte mit diesen Personen müssen angegeben werden, auch wenn die Ehe z. Zt. des Geschäftes oder z. Zt. des Antrags auf VV. nicht mehr bestand. Ein uneheliches Kind ist mit dem Vater nicht verwandt (vgl. § 585 BGB.).

c) Personen, die **verheiratet** sind mit
den Verwandten auf- und absteigender Linie des Sch.,
oder den Geschwistern des Sch.,
oder den Verwandten des Ehegatten des Sch. in auf- und absteigender Linie,
oder den Geschwistern des Ehegatten des Sch.

Die Geschäfte mit diesen Personen brauchen nur angegeben zu werden, wenn die Ehe dieser Personen bei Abschluß des Geschäftes und bei Stellung des Antrags auf VV. bestand. Keine Angabe dagegen, wenn die Ehe des Sch. bei Antrag auf VV. nicht mehr bestand.

Vermögensauseinandersetzungen sind z. B. Erbschaftsauseinandersetzungen, Herausgabe des eingebrachten Gutes an die Ehefrau. Gebräuchliche **Gelegenheitsgeschenke,** z. B. zu Weihnachten, Geburtstag, Hochzeit usw. brauchen nicht angegeben zu werden. Was gebräuchlich ist, richtet sich nach den Vermögensverhältnissen des Sch. bei der Schenkung[1]).

Die Frage nach derartigen Auseinandersetzungen und Verfügungen muß **entweder bejaht oder verneint** werden. Diese Angabe braucht jedoch — leider! — nicht durch eidesstattliche Versicherung erhärtet zu werden; werden aber in dieser Richtung unwahre Angaben gemacht, so kann der VVAntrag abgelehnt (§ 22) oder das VV. eingestellt (§ 79) werden.

III. Zustimmungserklärungen.

Es genügt zur Eröffnung des VV. gem. § 16 Abs. 1 3
die Erklärung der Gl., daß sie überhaupt mit der Eröffnung eines VV. einverstanden sind. Daß sich die Gl. bei der hier in Frage stehenden Einverständniserklärung bereits auf den Vorschlag des Sch. festlegen, verlangt die VglO. nicht; eine solche Entschließung wird der Sch. in dieser Lage des Verfahrens nur selten erreichen können. Durch die geforderte Erklärung wird der endgültigen Stellungnahme der Gl. nicht vorgegriffen. Dem zustimmenden Gl. ist es nicht verwehrt, seine Erklärung mündlich oder schriftlich bei Gericht zu **widerrufen** und im Vgl-Termin **gegen** den Vorschlag zu stimmen.

---

1) Vgl. RG. 124, 59: Schenkt ein mehrfacher Millionär seiner Ehefrau einen Pelzmantel im Wert von 27 000 RM., so kann dies ein gebräuchliches Weihnachtsgeschenk sein.

Der **Vormund** braucht zu der Zustimmung zur Einleitung des VV. noch nicht die Genehmigung des Vormundschaftsgerichts, die er zum Abschluß des Vgl. selbst gem. § 1822 Z. 12 BGB. braucht. Der **Prokurist** kann eine derartige Zustimmung geben (§ 46 HGB.).

4 Bei der **Berechnung**, ob den Erfordernissen in Z. 4 genügt ist, ist zu trennen:

a) Die **Mehrheit** der am VV. beteiligten Gl. muß **der Kopfzahl nach** erreicht sein. Ob ein Gl. am VV. beteiligt ist, ergibt sich aus §§ 2—4. Dabei werden die im § 64 aufgeführten Gl. nicht mitgezählt.

b) Die Forderungen der Mehrheit unter a müssen zusammen **mehr als die Hälfte der Gesamtsumme** aller vom Vgl. betroffenen Forderungen betragen. Auch bei der Errechnung dieser Gesamtsumme zählen die Forderungen der Gl. aus § 64 nicht mit. Wohl aber kommen u. U. hinzu die Forderungen der Gl. aus § 74.

Maßgebend für die Berechnung der Mehrheiten ist das vom Sch. aufgestellte GlVerzeichnis. **Bestrittene** Forderungen sind dabei im Zweifel nicht mitzuzählen. Auch wenn der Gl. einer bestrittenen Forderung diese glaubhaft macht, wird das Gericht die Forderung unter Berücksichtigung des Bestreitens des Sch. nicht mitzählen, soweit nicht offensichtlich das Bestreiten des Sch. grundlos ist. Inwieweit dies der Fall ist, muß das Gericht gegebenenfalls im Ermittlungswege feststellen (vgl. § 9), soweit die Feststellung des Bestehens der Forderung für das Vorhandensein der Mehrheiten erforderlich ist[2]). Der Sch. läuft Gefahr, daß das Verfahren eingestellt und der Vgl. verworfen wird, wenn er durch unrichtige Angaben im GlVerzeichnis die erforderliche Mehrheit erreicht[3]).

IV. Bürgschaft.

5 Die „Bürgschaftserklärung" hat bis zur Bestätigung des Vgl. den Gl. gegenüber keine unmittelbare Wirkung, denn sie gilt als unter der stillschweigenden Bedingung gegeben,

2) So Kiesow §§ 16 bis 18 Anm. 26; Samolewitz § 16 Anm. 5; Levy § 16 Anm. 4; a. M. Lucas §§ 16—18, III.

3) Zweifelhaft, so jedenfalls Samolewitz in LZ. 1928, 462 und Schumann in Sächs. Arch. 1928, 337; dagegen Kiesow §§ 16—18, Anm. 29.

daß der Vgl. zustande kommt. Die Bürgschaft kann daher bis zum VglTermin mit Wirkung gegenüber den Gl. **widerrufen** werden[4]). Die vom Gesetz geforderte Bürgschaftserklärung (richtiger „Bürgschaftsbereitwilligkeitserklärung") hat also lediglich den Charakter einer A n k ü n d i g u n g. „Der künftige Bürge erklärt, er sei bereit, für die Erfüllung eines Vgl. einzustehen, der dem VglVorschlag entsprechend zustande kommen werde"[5]). Eine Benachteiligung der Gl. tritt durch eine solche Auslegung nicht ein. Denn übernimmt der Bürge im VglTermin entgegen seiner früheren Ankündigung die Bürgschaft nicht, so sind selbstverständlich die von den Gl. abgegebenen Zustimmungserklärungen bedeutungslos, da sie den früheren VglVorschlag, nämlich den durch Bürgschaft gesicherten, betrafen. Zu beachten ist jedoch, daß sich der **Bürge** dem Sch. gegenüber **haftpflichtig** macht, wenn er die Bürgschaft widerruft, obwohl er sich dem Sch. gegenüber bindend (Schriftlichkeit ist nicht nötig!) verpflichtet hatte, die Bürgschaft unter bestimmten Voraussetzungen zu übernehmen und diese Voraussetzungen vorliegen. Diese Ansprüche des Sch. gegen den Bürgen aus einer etwaigen bindenden Vereinbarung können entweder an die Gl. (oder an einen Treuhänder der Gl.) abgetreten oder von ihnen gepfändet werden. Die Bürgschaftserklärung muß **im VglTermin** vom Bürgen selbst oder von seinem Bevollmächtigten **wiederholt** werden, sonst kann gegen den Bürgen keine vollstreckbare Ausfertigung (vgl. § 75) erteilt werden[6]). Im **späteren Kks.** bleibt die Bürgschaft wirksam[7]).

Wegen der **Vollstreckung** gegen den Bürgen vgl. § 75. Die Bürgschaftserklärung ist nach § 3 des preuß. Stempelsteuerges. v. 27. 10. 24 **stempelpflichtig;** der Stempel kann bei Nichtzustandekommen des Vgl. erlassen werden (vgl. § 25 Abs. 2 des Ges.).

---

4) Bestr.; so RG. 30. 11. 28 KTrW. 1929, 24.

5) Jaeger in KTrW. 1929, 18; Levy § 16 Anm. 9; ähnlich Emmerich S. 107; RG. 30. 11. 28 KTrW. 1929, 24; ähnlich Mayer KTrW. 1928, 177 und JW. 1929, 1662; LG. München I 19. 4. 30, KTrW. 1931, 14; a. M. Kiesow §§ 16—18 Anm. 31; Samolewitz § 16 Anm. 6.

6) Zutr. Jaeger KTrW. 1929, 18; Cahn § 75, C; RG. 64, 85; 74, 261; Mayer § 59 Anm. 8 u. 17.

7) KTrW. 1928, 157; Samolewitz § 5 Anm. 13, § 7 Anm. 5; Emmerich S. 128; vgl. oben § 7 Anm. 4.

Der Bürge kann die Annahme der Bürgschaft nicht nach § 77 VglO. **anfechten,** auch nicht durch Beschwerde gegen den Bestätigungsbeschluß. Liegen Form- oder Willensmängel hinsichtlich der Uebernahme der Bürgschaft vor, so ist die Anfechtung nach allgemeinen Grundsätzen zulässig und erforderlich gegenüber jedem einzelnen Gl.[8]).

§ 17.

In die Verzeichnisse der Gläubiger und der Schuldner (§ 16 Abs. 1 Nr. 1) sind alle Gläubiger und Schuldner aufzunehmen. Gläubiger, deren Forderungen der Schuldner bestreitet, und Schuldner, die ihre Schuld bestreiten, sind unter Angabe dieser Tatsachen aufzuführen. Gläubiger, die von dem Verfahren nicht betroffen werden, sind getrennt von den übrigen Gläubigern aufzuführen. Ist einer der im § 16 Abs. 1 Nr. 3 genannten Angehörigen Gläubiger oder Schuldner, so ist dies anzugeben. Ebenso ist anzugeben, wenn ein Gläubiger oder ein Schuldner mit dem Schuldner in einem Gesellschafts- oder anderen Gemeinschaftsverhältnisse steht; das Gesellschafts- oder andere Gemeinschaftsverhältnis ist genau zu bezeichnen.

Bei allen Gläubigern und Schuldnern ist ihre Anschrift anzugeben. Wohnt ein Gläubiger im Ausland oder ist sein Wohnort unbekannt, ist jedoch dem Schuldner ein im Inland wohnender zur Empfangnahme von Zustellungen befugter Vertreter bekannt, so ist auch dessen Anschrift anzugeben.

I. **GlVerzeichnis.**

1 Alle Gl., nicht nur die am VV. beteiligten, sind aufzuführen. **Wechselverbindlichkeiten** werden zweckmäßigerweise gesondert aufgeführt, da dem Sch. nur bekannt ist, wem er den Wechsel in Zahlung gegeben hat, nicht aber, wer jetzt Inhaber des Wechsels ist.

Zweckmäßig ist es, wenn **Höhe** und **Zeitpunkt der Entstehung** der Schulden, vorliegende Klagen, Urteile und sonstige Vollstreckungstitel genau angegeben werden. Auch **bedingte** Schulden, **Bürgschafts**schulden, **Gefälligkeitsakzepte** usw., sind mit aufzuführen, in den letzteren Fällen mit einer kurzen Bemerkung über den Stand der Hauptschuldner. Auch empfiehlt es sich, diejenigen Gl. mit aufzuführen, die sich

8) Ausführlich RGZ. 122, 368; JW. 1930, 2781.

innerhalb der letzten 30 Tage vor dem Antrage zwangsweise befriedigt haben (vgl. §§ 3, 70, 84).

Eine **Veröffentlichung** bzw. Vervielfältigung der GlListe im VV. oder im vorbereitenden Verfahren ist zwar zulässig, aber im allgemeinen nicht zu empfehlen mit Rücksicht auf etwaige Kreditschwierigkeiten, denen einzelne große Gl. durch Bekanntgabe ihrer Forderungen ausgesetzt werden könnten (Manasse-Levi S. 27).

II. **SchVerzeichnis.**

Im SchVerzeichnis (Debitorenliste) empfiehlt es sich, die weiter in Zahlung gegebenen Kundenwechsel gesondert aufzuführen. Der voraussichtliche Ausfall der Forderungen ist anzugeben, entweder im ganzen oder bei einzelnen Dubiosen im besonderen. 2

§ 18.

In der Uebersicht des Vermögensstandes (§ 16 Abs. 1 Nr. 2) müssen sämtliche Vermögensgegenstände (Aktiva) und Verbindlichkeiten (Passiva) einzeln unter Angabe ihres Betrags oder Wertes aufgeführt und einander gegenübergestellt werden. Bei Forderungen ist die Person des Schuldners, bei Verbindlichkeiten die Person des Gläubigers, bei beiden der Schuldgrund anzugeben. Bei allen Aktiven und Passiven sind etwaige Nebenrechte, insbesondere zur Sicherung übertragenes Eigentum, Hypotheken, Pfandrechte und Bürgschaften sowie Ansprüche aus zur Deckung erhaltenen oder begebenen Wechseln zu bezeichnen, bei Forderungen auch die vorhandenen Beweismittel. Bei Passiven, deren Gläubiger im Falle des Konkurses abgesonderte Befriedigung beanspruchen können, ist auch die Höhe des mutmaßlichen Ausfalls anzugeben. Uneinbringliche oder zweifelhafte Aktiva sind als solche kenntlich zu machen.

Ist der Schuldner Kaufmann, so hat er auch die letzte Bilanz einzureichen.

Uebersicht über die Anmerkungen:

I. Aeußere Fassung des Status.

1 Die Uebersicht des Vermögensstandes (Status) ist eine Gegenüberstellung der Aktiven und Passiven. Der Status muß für den Zeitpunkt des Antrags auf VV. neu aufgestellt werden. Es genügt also nicht etwa eine Bezugnahme auf eine vorhergehende Monats- oder Vierteljahrsbilanz. Der Status soll insbes. **erkennen lassen,** wie die vorhandenen Werte für die am VV. beteiligten, d. h. also für die nicht bevorrechtigten Gl., **realisiert** werden können. Insofern weicht er in seiner äußeren Form von der bisher üblichen Handelsbilanz ab. In dieser treten nämlich Eigentumsvorbehalte bei Warenlieferungen, Sicherungsübereignungen, Zurückbehaltungs- und Aufrechnungsrechte zumeist nicht oder nicht deutlich in Erscheinung. Der Status hingegen soll deutlich erkennen lassen, **welche Werte** trotz derartiger Vermögensverlagerungen für die am VV. beteiligten Gl. **noch verfügbar** sind. Er soll also damit abschließen, welche Quote rein rechnerisch in der Masse liegt. Dabei darf aber nicht übersehen werden, daß diese rein rechnerisch sich ergebende Quote niedriger sein kann, aber zumeist höher sein wird, als diejenige Quote, die als angemessene VglQuote anzusehen ist (vgl. § 22 Anm. 7).

2 **Uebersichtlich** kann ein Status nur sein, wenn die einzelnen Aktiv- und Passivposten gruppenweise zusammengefaßt werden. Wenn die VglO. verlangt, daß diese Vermögensgegenstände „einzeln aufgeführt" würden, so kann dies, wenn nicht die Uebersichtlichkeit des Status vereitelt werden soll, nur so verstanden werden, daß im Status selbst die einzelnen Vermögensstücke und Verbindlichkeiten gruppenweise zusammengefaßt und im übrigen auf Anlagen verwiesen wird. Bei **Sachgesamtheiten** (Maschinen, Warenlager, Inventar) wird es regelmäßig genügen, wenn sie in einem Posten oder in mehreren Posten (z. B. Lager I, II, III) zusammengefaßt aufgeführt werden. Wegen der einzelnen Außenstände genügt Verweisung auf das SchVerzeichnis, wegen der einzelnen Gl. Verweisung auf das GlVerzeichnis. Aber dieses muß dann Forderungsbetrag, Schuldgrund, Anschrift usw. genau angeben. Bei umfangreichen Vermögensübersichten empfiehlt sich die Zusammenfassung der einzelnen Posten in einer abgekürzten Vermögensübersicht.

Im übrigen soll die Vermögensübersicht **alles das** enthalten, was für die Gl. des Sch. **wissenswert** erscheint: bei **Grundstücken** Grundbuchnummer, Flächeninhalt, Feuerversicherung, Wehrbeitragswert, Einheitswert, Nutzungswert, Zusammensetzung und Verwendungszweck der einzelnen Gebäude; bei **Waren** die einzelnen Warengattungen mit Angabe der Bewertungsgesichtspunkte und etwaige Abschreibungen; bei **Außenständen** Angabe der bereits feststehenden und der zu erwartenden Dubiosen; bei **Hypotheken** nähere Bezeichnung des Schuldgrundes, bei **Erbauseinandersetzungsansprüchen** kurze Darlegung der Rechts- und Sachlage usw. 3

II. **Bewertung.**

Hinsichtlich der Bewertung der einzelnen Gegenstände ist von dem Wert auszugehen, der vermutlich bei einer Veräußerung — in der Regel en bloc — erzielt werden könnte. Die Einsetzung des Verkaufswertes im normalen Geschäftsbetrieb widerspricht dem Zwecke dieser Vorschrift, ein klares Urteil über die Verwertbarkeit des Vermögensobjektes zu ermöglichen. Andererseits darf natürlich nicht von etwaigen Versteigerungserlösen ausgegangen werden. Jedenfalls ist genau anzugeben, in welcher Art die Bewertung erfolgt ist. Stille Reserven sind natürlich aufzulösen. Bei zweifelhaften Aktiven sind genügende Abschreibungen zu machen. Andererseits ist bei zweifelhaften Passiven (z. B. Bürgschafts- und Wechselverpflichtungen, für die nicht feststeht, inwieweit eine Inanspruchnahme aus ihnen erfolgt) nur der Betrag einzusetzen, der voraussichtlich zu zahlen ist[1]). 4

III. **Einzelheiten.**

Es sind **alle** Vermögensgegenstände aufzunehmen, gleichgültig, ob sie pfändbar sind oder nicht. Also auch Patente, Gebrauchsmuster, Warenzeichen, angemeldete Erfindungen usw. (wie sie zu bewerten sind, ist dem kaufmännischen Ermessen des Sch. überlassen). Sind Sachen unter **Eigentumsvorbehalt** erworben und noch nicht bezahlt, so gehören zwar nicht die Sachen selbst, wohl aber der Anspruch auf Uebertragung des Eigentums zum Vermögen des Sch. Bei **Grundstücken,** die mit Hypotheken belastet sind, ist nicht 5

1) Ausführliche Darlegung über die Bewertung der einzelnen Posten bei der Statusaufstellung s. Manasse-Levi S. 29.

nur der Saldo des Grundstückkontos anzugeben, sondern das Grundstück ist mit vollem Wert unter Abzug der Hypotheken aufzunehmen. Beim Einzelkaufmann ist natürlich auch das **Privatvermögen** aufzuführen. Hierzu gehört u. U. auch das Nutznießungsrecht am Vermögen der Ehefrau und des Kindes. Das Nutznießungsrecht ist daher mit anzugeben; für seine Bewertung ist aber die Höhe und Zusammensetzung des Frauen- und Kindesvermögens von Bedeutung. Das Gesamtgut bei der ehelichen Gütergemeinschaft gehört zwar dem Ehemann nicht allein, aber doch „zur gesamten Hand", und es haftet für seine Schulden; es ist daher mit anzugeben. **Sicherungsübereignungen** und **Sicherungsabtretungen** sind gesondert aufzuführen, ebenso die in Abs. 1 S. 3 genannten Rechte. **Beweismittel** sind Schuldurkunden jeder Art; bei Warendebitoren genügt eine Bezugnahme auf die Geschäftsbücher.

IV. **Bilanz.**

6 Eine neue Bilanz für die Eröffnung des VV. braucht nicht aufgestellt zu werden, es genügt die letzte Monats- oder Jahresbilanz. Der Unterschied zum Status beruht in folgendem: Die Bilanz wird nach kaufmännischer Uebung und kaufmännischen Grundsätzen aufgestellt. Der Status dagegen soll erkennen lassen, welches Vermögen für die nicht bevorrechtigten Gl. flüssig gemacht werden kann. Vgl. oben Anm. 1.

§ 19.

Unterläßt es der Schuldner, dem Antrag die im § 16 Abs. 1 genannten Anlagen beizufügen, oder genügen der Antrag und die beigefügten Anlagen nicht den Vorschriften des § 15, des § 16 Abs. 1 und der §§ 17, 18, so kann das Gericht, falls der Mangel entschuldbar erscheint, dem Schuldner eine Frist zur Nachholung bewilligen. Die Frist soll in der Regel nicht über eine Woche, im Falle des § 1 Abs. 3 nicht über zwei Wochen, in keinem Falle aber über vier Wochen bemessen werden.

Uebersicht über die Anmerkungen:

I. Zweck der Vorschrift.

Die Stellung des Antrags schützt den Sch. vor der Kks.-Eröffnung. Es besteht daher die Gefahr, daß der Sch. einen aussichtslosen und auch nicht ernstgemeinten, mangelhaften Antrag nur stellt, um gegen den drohenden Kks. gesichert zu sein. Dem will die Vorschrift des § 19 begegnen. Der mangelhafte Antrag wird grundsätzlich abgewiesen mit der Folge, daß gemäß § 24 alsbald über die Eröffnung des Kks. zu entscheiden ist. 1

II. Entschuldbarkeit des Mangels.

Nur wenn der Mangel oder die Unvollständigkeit entschuldbar erscheint, kann das Gericht dem Sch. eine Frist zur Nachholung bewilligen. Bei der Prüfung der Frage, ob ein Mangel entschuldbar erscheint, wird eine allzu große Engherzigkeit nicht am Platze sein. **Unentschuldbar** kann man einen Mangel eigentlich nur nennen, wenn er auf grobe Fahrlässigkeit zurückzuführen ist[1]). Dies gilt insbesondere dann, wenn die Beibringung der Unterlagen infolge des Umfanges des Unternehmens des Sch. schwierig und zeitraubend ist. 2

III. Fristlauf.

Die Frist **beginnt** mit der Zustellung des sie enthaltenden Beschlusses, d. h. mit dem Zeitpunkt, in dem die Ausfertigung des Beschlusses der Postanstalt zur Beförderung übergeben worden ist (§ 8 Abs. 1 in Verb. m. §§ 175 Abs. 1, 213 ZPO.). Die Frist soll in der Regel nicht über eine Woche, in dem Falle, daß der Sch. durch einen KksAntrag überrascht alsbald den VglAntrag stellen muß (§ 1 Abs. 3), nicht über 2 Wochen betragen. Ausnahmsweise kann sie länger bemessen unter Umständen auch erstreckt werden; keinesfalls aber soll die Gesamtfrist vier Wochen übersteigen (Begr. S. 20). 3

Eine nochmalige Fristverlängerung ist zulässig; die Frist soll aber zusammen mit der oder den vorhergehenden Fristen höchstens vier Wochen betragen[2]). Wegen Gewährung der Fristverlängerung steht einem Gl. kein Beschwerde-

1) Kiesow § 19 Anm. 2; Weinberg § 18 Anm. 1.

2) Kiesow § 19 Anm. 5; Samolewitz § 19 Anm. 2; Schumann KTrW. 1930, 191; a. M. Mayer § 19 Anm. 3.

r e ch t zu, auch wenn die Fristverlängerung unzulässigerweise über vier Wochen hinaus erfolgt ist (nur Dienstaufsichtsbeschwerde).

Demgemäß kann auch der Sch. nicht selbst seinen Antrag auf Eröffnung des VV. **sistieren**; denn die Interessen der Gl. erfordern eine alsbaldige Entscheidung über den Antrag oder eine Rücknahme wegen der in §§ 31, 33 VglO. mit dem Antrag verbundenen Folgen[3]).

IV. Ablehnung der Fristbewilligung.

4 Wird ein Antrag auf Fristbewilligung abgelehnt, so kann hiergegen allein **keine Beschwerde** erhoben werden. Dies kann nur dann geschehen, wenn der VVAntrag abgelehnt und über die KsEröffnung entschieden wird. Die Beschwerde kann aber nur darauf gestützt werden, daß der Richter die Mängel des Antrags zu Unrecht als unentschuldbar angesehen habe, oder daß er von seinem Recht, die Frist zu verlängern, keinen Gebrauch gemacht habe, obwohl er selbst den Mangel als entschuldbar angesehen habe[4]). Der Sch. kann auch in der Beschwerdeinstanz etwa noch Fehlendes nachbringen[5]).

§ 20.

Vor der Entscheidung über den Antrag hat das Gericht unbeschadet seiner Verpflichtung nach § 9, wenn der Schuldner Handel- oder Gewerbetreibender oder Landwirt ist, die zuständige amtliche Berufsvertretung des Handels (Industrie), Handwerks (Gewerbes) oder der Landwirtschaft zu hören. Die Vertretung hat sich über den Antrag unverzüglich, spätestens jedoch vor Ablauf einer Woche zu äußern; sie kann eine bestimmte Vertrauensperson (§ 40) benennen. Das Gericht kann die Frist auf Antrag der Vertretung um eine weitere Woche verlängern.

Die Anhörung der Berufsvertretung unterbleibt, wenn der Eröffnung des Vergleichsverfahrens einer der im § 22 bezeichneten Gründe entgegensteht und die Beseitigung dieses Grundes nicht möglich oder mit Sicherheit nicht zu erwarten ist.

---

3) Schumann KTrW. 1930, 191.
4) Kiesow § 19 Anm. 8.
5) Bestr. so Samolewitz JW. 1927, 2403; a. M. Kiesow § 19 Anm. 8 und § 24 Anm. 10.

I. Notwendigkeit der Anhörung der Berufsvertretung.

Die Anhörung der Berufsvertretungen ist grundsätzlich 1
zwingend vorgeschrieben und ihre Ersetzung durch Anhörung eines Sachverständigen nicht mehr zugelassen. Dies gilt aber nur, wenn der Sch. **Handel-** oder **Gewerbetreibender** oder **Landwirt** ist, also wenn er selbst diese Tätigkeit ausübt. Wird dagegen das VV. über das **Privatvermögen** des persönlich haftenden Gesellschafters einer OHGes. gesondert von dem VV. über das Vermögen der OHGes. eröffnet (z. B. an einem anderen Gericht)[1]), so wird für die Entscheidung über die Eröffnung dieses VV. die Anhörung der Berufsvertretung nicht erforderlich sein.

II. Aeußerung der Berufsvertretung.

Die Aeußerung der Berufsvertretung hat für das Gericht 2
an sich nur den Wert eines **Gutachtens.** Allerdings ist diese Aeußerung von besonderer Bedeutung dann, wenn der Vgl.-Vorschlag auf weniger als 50 % lautet und die Berufsvertretung dieses Angebot als ungenügend bezeichnet; aber auch dann noch steht es im Ermessen des VglGer., ob es Eröffnung des VV. ablehnt oder nicht (vgl. § 23 Z. 1 VglO.). Bestritten ist, ob die Berufsvertretung dem Sch. **schadenersatzpflichtig** ist, wenn die Eröffnung des VV. auf Grund einer Auskunft erfolgte, die von der Berufsvertretung fahrlässigerweise falsch erteilt wurde[2]). **Vergütung** und **Auslagenersatz** kann die Berufsvertretung nicht verlangen[3]). Der Bericht der Berufsvertretung darf in den Gerichtsakten **nicht geheimgehalten** werden (RAusschBer. S. 32). Aeußert sich die Berufsvertretung nicht oder nicht rechtzeitig, so Dienstaufsichtsbeschwerde an die vorgesetzte Behörde.

§ 21.

Nach Abschluß der erforderlichen Ermittlungen, insbesondere nach Eingang der Aeußerung der amtlichen Berufsvertretung oder nach Ablauf der im § 20 Abs. 1 Satz 2, 3 bezeichneten Frist, entscheidet das Gericht, ob das Vergleichsverfahren zu eröffnen ist.

---

1) Vgl. § 1 Anm. 6 und § 90 Anm.

2) Bejaht von Mayer § 20 Anm. 11, Samolewitz § 20 Anm. 6; verneint von Kiesow § 20 Anm. 11.

3) JW. 1926, 1615, Kiesow § 20 Anm. 13, Mayer § 20 Anm. 6.

Das Gericht soll **sobald als möglich entscheiden,** ob das VV. zu eröffnen ist oder nicht. Aus der Sollvorschrift ergibt sich, daß es den Bestand des VV. nicht berührt, wenn die Frist überschritten wird; ist dem Sch. nach § 19 eine Nachfrist gewährt worden, so muß das Gericht selbstverständlich den Ablauf dieser Nachfrist abwarten. Bis zur Entscheidung des Gerichts, also auch nach Fristablauf, kann der Sch. seinen **Antrag ergänzen.** Die nach § 19 bewilligte Frist hat nur die Bedeutung, daß das Gericht mit Rücksicht auf Mängel des Antrags allein die Entscheidung nicht über die gewährte Frist hinausschieben darf. Kann die Frist infolge Verschuldens des Sch. nicht eingehalten werden, so läßt diese Sachlage es gerechtfertigt erscheinen, daß das Gericht, wenn nicht besondere Ausnahmefälle vorliegen, das VV. ablehnt und im Zusammenhang damit über die Eröffnung des Ks. zu entscheiden hat (Begr. S. 21).

Sind die angestellten **Erhebungen,** insbes. die Aeußerung der Berufsvertretung **ungünstig für den Sch.** ausgefallen, so wird es regelmäßig zur weiteren Ermittlungspflicht des VglGer. (§ 9) gehören, daß dem Sch. Gelegenheit gegeben wird, zu den ungünstigen Erhebungen Stellung zu nehmen.

§ 22.

Die Eröffnung ist abzulehnen,

1. **wenn den Erfordernissen des § 15, des § 16 Abs. 1 oder der §§ 17, 18 nicht genügt ist und der Mangel auch nicht innerhalb der nach § 19 gesetzten Frist beseitigt wird;**
2. **wenn der Schuldner flüchtig ist oder sich verborgen hält oder auf eine an ihn ergehende Ladung des Gerichts (§ 9) ohne genügende Entschuldigung ausbleibt;**
3. **wenn gegen den Schuldner wegen betrügerischen Bankrotts eine gerichtliche Untersuchung oder ein wiederaufgenommenes Verfahren anhängig oder der Schuldner wegen betrügerischen Bankrotts rechtskräftig verurteilt ist;**
4. **wenn sich, insbesondere aus der Uebersicht des Vermögensstandes (§ 16 Abs. 1 Nr. 2, § 18), der nach § 16 Abs. 1 Nr. 3 vom Schuldner abzugebenden Erklärung oder aus der Bilanz (§ 18 Abs. 2) ergibt, daß der Schuldner seinen Vermögensverfall durch Unredlichkeit oder Leichtsinn herbeigeführt hat, daß er den Antrag**

auf Eröffnung des Vergleichsverfahrens böswillig verzögert hat oder daß der Vergleichsvorschlag der Vermögenslage des Schuldners nicht entspricht;

5. **wenn das Vermögen des Schuldners unter Berücksichtigung der in dem Vergleichsvorschlag übernommenen Verpflichtungen nicht ausreicht, um die gerichtlichen Kosten des Verfahrens einschließlich der einer Vertrauensperson zu gewährenden Vergütung zu decken; die Ablehnung unterbleibt, wenn ein zur Deckung dieser Kosten ausreichender Geldbetrag bei Stellung des Antrags vorgeschossen oder sonst hinreichend sichergestellt wird.**

Uebersicht über die Anmerkungen:

I. Allgemeines.

§ 22 enthält die **zwingenden** Ablehnungsgründe, § 23 diejenigen, bei deren Vorliegen die Ablehnung dem richterlichen **Ermessen** überlassen bleibt. **Andere** Gründe, das VV. abzulehnen, als die in §§ 22 und 23 aufgeführten, gibt es nicht[1]). Insbes. genügt nicht zur Begründung der Ablehnung die Bezugnahme auf eine gegen das VV. sich aussprechende Aeußerung der Berufsvertretung; das Gericht muß vielmehr die Gründe, die für und gegen die Eröffnung des VV. sprechen, selbständig abwägen. 1

Für OHGes., KoGes. und Nachlaß vgl. §§ 89 Z. 3 und 92.

II. Im einzelnen:

a) Zu Z. 1:

Das Erfordernis einer bestimmten **Mindestquote** kann natürlich nur für einen ErlaßVgl. und dort auch nur dann 2

1) So Kiesow § 23 Anm. 1; Mayer § 21 Anm. 4; Samolewitz § 22 Anm. 1 gegen Cahn in JW, 1928, 1120.

aufgestellt werden, wenn der Sch. einen bestimmten Erlaß verlangt. Für StundungsVgl. mit oder ohne Erlaß von Zinsen sind ebensowenig Schranken gezogen wie für einen Liquidationsvergleichsvorschlag (Begr. S. 21).

Ist ein Mangel zwar vor Erlaß der Entscheidung, wenn auch nicht innerhalb der gem. § 19 gesetzten Frist behoben worden, so ist dies kein Grund, die Eröffnung des VV. abzulehnen[2]).

b) **Zu Z. 2:**

3 Von einem **Ausbleiben** kann man nur sprechen, wenn der Sch. die Ladung wirklich erhalten hat, nicht dann, wenn die Ladung als unbestellbar zurückkommt und daher gem. § 175 ZPO. als zugestellt gilt. **Verborgen** hält sich der Sch. nur dann, wenn mit seinem Willen der Aufenthalt dem Gericht unbekannt ist[3]).

c) **Zu Z. 3:**

4 Eine **gerichtliche Untersuchung** (Voruntersuchung oder Hauptverfahren) muß eingeleitet sein; ein Ermittlungsverfahren der Staatsanwaltschaft genügt nicht. Der Tatbestand des **betrügerischen Bankrotts** ergibt sich aus § 239 KO.[4]). Verurteilungen, die infolge Zeitablaufs (10 oder 20 Jahre, je nach der Schwere der Verurteilung) oder infolge besonderer Verwaltungsanordnung nach Maßgabe des Ges.

2) Kiesow § 22 Anm. 2.
3) Vgl. Kiesow § 22 Anm. 3 u. 4; Cahn VglO. S. 167.
4) § 239 KO. lautet:

Schuldner, welche ihre Zahlungen eingestellt haben, oder über deren Vermögen das Konkursverfahren eröffnet worden ist, werden wegen betrügerischen Bankerotts mit Zuchthaus bestraft, wenn sie in der Absicht, ihre Gläubiger zu benachteiligen,

1. Vermögensstücke verheimlicht oder beiseite geschafft haben,
2. Schulden oder Rechtsgeschäfte anerkannt oder aufgestellt haben, welche ganz oder teilweise erdichtet sind,
3. Handelsbücher zu führen unterlassen haben, deren Führung ihnen gesetzlich oblag, oder
4. ihre Handelsbücher vernichtet oder verheimlicht oder so geführt oder verändert haben, daß dieselben keine Uebersicht des Vermögenszustandes gewähren.

Sind mildernde Umstände vorhanden, so tritt Gefängnisstrafe nicht unter drei Monaten ein.

v. 9. 4. 20 über beschränkte Auskunft aus dem Strafregister und die Tilgung von Strafvermerken im **Strafregister zu tilgen** sind, können, auch wenn sie dem VglRichter bekannt sind, nicht zur Grundlage einer Ablehnung des VglAntrags gemacht werden. Dagegen hat der Erlaß der Strafe im Gnadenwege für sich allein diese Folge ebensowenig wie die Strafverbüßung (Begr. S. 21).

d) Zu Z. 4:

Vermögensverfall durch Unredlichkeit oder Leichtsinn.

Ueber den Begriff des **unredlichen** Verhaltens ent- 5
scheidet das freie richterliche Ermessen[5]). **Leichtsinniges** Verhalten bedeutet ein Unbekümmertsein um die wirtschaftlichen Folgen[6]). Auch hier muß ein **ursächlicher Zusammenhang** zwischen der Zahlungsunfähigkeit (oder Ueberschuldung) und dem unredlichen oder leichtsinnigen Verhalten des Sch. bestehen. Hingabe von **Gefälligkeitsakzepten** ist daher als Leichtsinn i. S. dieser Vorschrift nur anzusehen, wenn sie ursächlich war für den Vermögensverfall und wenn bei ihr die Sorgfalt eines ordentlichen Kaufmanns nicht mehr gewahrt worden ist[7]).

Leichtsinniges Verhalten ist aber **mehr als bloße Fahrlässigkeit.** Stellt sich heraus, daß der Sch. kaufmännisch falsch gehandelt hat, so braucht das noch kein leichtsinniges Verhalten zu sein, auch wenn eine ganze Reihe von Maßnahmen falsch waren und der Sch. ohne die erforderliche Sorgfalt (also fahrlässig) gehandelt hat. Der Begriff des leichtsinnigen Verhaltens berührt sich mit dem einfachen Bankerott i. S. von § 240 KO.: übermäßiger Verbrauch durch persönlichen Aufwand, insbes. übermäßig hohe Privatentnahmen, Spiel, Wette, Differenzgeschäfte, Verkauf

5) Jaeger (KO. § 187 Anm. 12) definiert den Unterschied zwischen Unredlichkeit und Leichtsinn wie folgt: „Der Unterschied zwischen Unredlichkeit und Leichtsinn ist demjenigen zwischen Vorsatz und Fahrlässigkeit verwandt. Ein unredliches Verhalten (Tun und Lassen) des Sch. kann sehr wohl auch bei mittelbarem Vorsatz gegeben sein; so, wenn der Sch. den schädigenden Erfolg als wahrscheinlich erkennt und ihn gleichwohl bewußt in Kauf nimmt (etwa indem er trotz einer nach außen unverkennbaren gefahrdrohenden Ueberschuldung weiter wirtschaftet)."

6) RGSt. 29, 17.

7) LG. Würzburg v. 29. 5. 29 in KTrW. 1929, 109.

von auf Kredit bezogene Waren weit unter Wert, Nichtführung oder unordentliche Führung von Handelsbüchern, Unterlassen der Bilanzziehung. Der Vergleich mit diesen Tatbeständen des einfachen Bankerotts ermöglicht die Feststellung, ob leichtsinniges Verhalten des Sch. vorlag[8]). Dagegen wird man regelmäßig **nicht** von einem Vermögensverfall infolge leichtsinnigen Verhaltens sprechen können, wenn der Zusammenbruch zurückzuführen ist auf: Verluste in Außenständen, Rückgang der Warenpreise, Krankheit der Geschäftsinhaber, Wegfall von Absatzgebieten durch Konkurrenz anderer Firmen, Modewechsel, Betriebsverluste durch unrationelle Betriebsführung, Unmöglichkeit der Ausnutzung eines mit hohen Lasten verbundenen Grundbesitzes. Jedenfalls kann man aus dem Umstande, daß der Sch. nur 30 Prozent bietet oder daß bei einem LiquidationsVgl. voraussichtlich noch weniger herauskommt, nicht ohne weiteres auf leichtsinniges Verhalten des Sch. schließen; es müssen noch weitere schwerwiegende Momente hinzukommen. Auch wenn eine gesetzlich nicht vorgeschriebene **Zwischenbilanz nicht** gezogen wird, kann dies nicht ohne weiteres als Leichtsinn angesehen werden[9]).

Böswillige Verzögerung des Antrags:

6 In einem ernstgemeinten Sanierungsversuch wird man, auch wenn er erfolglos geblieben ist, keine Verzögerung des Antrags sehen können. Böswillig ist der Antrag nur dann verzögert, wenn der Sch. einen hierauf gerichteten unbedingten **Vorsatz** gehabt und des weiteren einen besonders **verwerflichen Beweggrund** (z. B. die Absicht der Gl.Benachteiligung) gehabt hat[10]).

VglVorschlag entspricht nicht der Vermögenslage des Sch.

7 Dies kann seinen Grund darin haben, daß der Sch. **mehr** bietet, als er leisten kann, oder aber auch darin, daß er **weniger** bietet, als er leisten kann. Bei der Prüfung der Frage, ob die gebotene Quote unter Berücksichtigung des vorgelegten Status angemessen ist, ist jedoch folgendes in Betracht zu ziehen:

---

8) Vgl. Cahn § 22 B 4 — S. 171.
9) Cahn in JW. 1928, 1119; Kiesow § 22 Anm. 10.
10) Kiesow § 22 Anm. 11.

Im Gegensatz zum Kks. soll nicht die ganze vorhandene Masse zwecks Befriedigung der Gl. liquidiert, sondern es soll unter Fortführung des Unternehmens die schuldnerische Existenz erhalten bleiben; lediglich der LiquidationsVgl. hat insofern eine gewisse Aehnlichkeit mit dem Kks., als auch dort die gesamten vorhandenen Vermögenswerte oder doch wenigstens die wesentlichsten Teile zugunsten der Gl. versilbert werden sollen. Aus diesem Wesen des Vgl., nicht das schuldnerische Unternehmen zu liquidieren, sondern fortzusetzen, ergibt sich aber, daß die **eigentliche VglErfüllung sich im Umsatz** und nicht in der Liquidation **vollzieht.** Die **Höhe** einer angemessenen Quote kann daher nicht einfach durch rein rechnerische Gegenüberstellung der freien Aktiven (nach Abzug der bevorrechtigten Forderungen) zu den beteiligten Passiven gefunden werden. Feste Anlagegegenstände scheiden daher regelmäßig für die Bemessung der Quote aus. Schließlich muß darauf Rücksicht genommen werden, daß im Interesse der Erhaltung der schuldnerischen Existenz es erforderlich ist, dem Sch. nach Durchführung des Vgl. ein gewisses Eigenkapital zu belassen[11]).

Daß die Eröffnung des VV. abzulehnen ist, wenn der Sch. **mehr** bietet, als er leisten kann, findet seinen Grund darin, daß in solchen Fällen die Ernstlichkeit des Vorschlags Zweifeln unterliegt. Dem Grundgedanken der VglO. würde es widersprechen, VV. einzuleiten, die voraussichtlich doch nicht zum Vgl. führen werden. Deshalb ist die Eröffnung abzulehnen, wenn sich bereits in diesem Zeitpunkte übersehen läßt, daß die Frist von einem Monat für den VglTermin (§ 26 Abs. 2) und von zwei Wochen für eine einmalige Vertagung (§ 66) nicht ausreichen werden, um einen Vgl. zustande zu bringen (Begr. S. 21). Bietet der Sch. dagegen **weniger,** als es seiner Vermögenslage entspricht, so ist die zwingende Vorschrift der Z. 4 eingeengt durch § 23 Z. 1. Bietet er nämlich einen ErlaßVgl. zwischen 30 und 50 Prozent, so darf der Richter, falls eine amtliche Berufsvertretung besteht, nur ablehnen, wenn die amtliche Berufsvertretung das Angebot als unzureichend bezeichnet. Liegen dagegen diese beiden Voraussetzungen — Angebot eines ErlaßVgl. und Bestehen einer amtlichen Berufsvertretung

11) Ausführlich Paulsen in DAZ. 4. 12. 30 (Reichsausgabe), Botteler im Dr.-Anz. 1930 Nr. 468 und 492.

— nicht vor, so ist es völlig dem Ermessen des Gerichts überlassen, ob es das Angebot als den Vermögensverhältnissen des Sch. entsprechend ansieht oder nicht; dabei ist es gleichgültig, ob ein Stundungs-, Erlaß- oder LiquidationsVgl. vorgeschlagen ist.

e) Zu Z. 5:

8 Die Bestimmung entspricht dem § 107 Abs. 1 KO. Einer Vorschrift über die Eintragung in die **Liste der kksunfähigen Sch.** (§ 107 Abs. 2 KO.) bedarf es nicht. Die Ablehnung der Eröffnung des VV. hat die Entscheidung über die Eröffnung des Kks. zur notwendigen Folge. Wird das VV. mangels Masse abgelehnt, so wird, von ganz seltenen Ausnahmefällen abgesehen, der gleiche Grund auch zur Ablehnung der Kks-Eröffnung führen. Dann findet § 107 Abs. 2 KO. aber unmittelbar Anwendung (Begr. S. 21).

§ 23.

Die Eröffnung kann abgelehnt werden,

1. **wenn die Gläubiger bei einem Vergleiche, der auf einen ziffermäßig bestimmten teilweisen Erlaß ihrer Forderungen lautet, nicht mindestens die Hälfte ihrer Forderungen erhalten sollen und die amtliche Berufsvertretung das Angebot als unzureichend bezeichnet;**
2. **wenn innerhalb der letzten fünf Jahre vor dem Tage des Antrags auf Eröffnung des Vergleichsverfahrens im Inland die Geschäftsaufsicht, das Konkursverfahren oder das Vergleichsverfahren zur Abwendung des Konkurses über das Vermögen des Schuldners rechtskräftig eröffnet oder mangels Masse rechtskräftig abgelehnt worden ist;**
3. **wenn innerhalb der letzten fünf Jahre vor dem Tage des Antrags auf Eröffnung des Vergleichsverfahrens der Schuldner im Inland den Offenbarungseid auf Grund des § 807 der Zivilprozeßordnung geleistet hat oder im Inland gegen ihn zur Erzwingung dieses Eides die Haft angeordnet worden ist.**

I. Allgemeines.

1 Vgl. § 22 Anm. 1. Stellen sich die Ablehnungsgründe des § 23 **erst später** heraus, so kann deswegen das VV. nicht eingestellt und der Vgl. nicht verworfen werden.

II. **Im einzelnen.**

a) **Zu Z. 1:**

2 Wegen der Frage, inwieweit die gebotene **Quote angemessen** ist, vgl. § 22 Anm. 7.

b) **Zu Z. 2:**

3 Trotz der hier angegebenen Vorgänge (Eröffnung des VV. innerhalb der letzten 5 Jahre über das Vermögen des Sch. usw.) kann sich die erneute Eröffnung des VV. rechtfertigen, wenn das Gericht zu der Ueberzeugung gelangt, daß der Sch. noch das **Recht wirtschaftlicher Selbständigkeit** hat und daß er trotz dieser Vorgänge die zur Eröffnung des VV. erforderliche **wirtschaftliche Zuverlässigkeit** besitzt.

Im übrigen vgl. § 15 Anm. 8.

c) **Zu Z. 3:**

4 Hier gilt das unter b Gesagte. Entscheidend ist die gegenwärtige wirtschaftliche Zuverlässigkeit des Sch.

§ 24.

Wird die Eröffnung des Vergleichsverfahrens abgelehnt, so ist zugleich über die Eröffnung des Konkursverfahrens zu entscheiden. Für diese Entscheidung gilt der Antrag auf Eröffnung des Vergleichsverfahrens als Antrag auf Eröffnung des Konkursverfahrens, der nicht zurückgenommen werden kann.

Gegen die Entscheidung über die Eröffnung des Konkursverfahrens steht dem Schuldner die sofortige Beschwerde zu. Mit ihr kann auch geltend gemacht werden, daß die Eröffnung des Vergleichsverfahrens zu Unrecht abgelehnt worden sei.

Uebersicht über die Anmerkungen:

I. **Eröffnung des Ks.**

1 Lehnt das Gericht die Eröffnung des VV. ab, so hat es darüber zu **entscheiden**, ob der Ks. zu eröffnen ist, also nicht

einfach ohne Prüfung der KksVoraussetzungen den Kks. zu eröffnen. Damit bleibt für das Gericht die Möglichkeit offen, die KksEröffnung abzulehnen, weil z. B. im Laufe der Ermittlungen die frühere Zahlungsunfähigkeit behoben worden oder aber mit allen am VV. beteiligten Gl. eine außergerichtliche Einigung zustandegekommen ist[1]).

Die KksEröffnung wird **sofort wirksam** (anders §§ 71 Abs. 2, 80 Abs. 2 VglO.). Vorläufige Sicherungsmaßnahmen nach § 106 KO. sind daher nicht möglich und auch nicht erforderlich.

II. Rücknahme des VVAntrags.

2 Das Konkursverfahren kann nur auf Antrag eröffnet werden (§ 103 Abs. 1 KO.). Die VglO. behandelt daher den VglAntrag als einen bedingten KksAntrag. Der VglAntrag kann sowohl vor der Entscheidung über den VVAntrag, als auch nach Einleitung des VV. zurückgenommen werden, und zwar bis zur Beendigung der Abstimmung über den VglVorschlag (§ 79 Abs. 1 Nr. 1). Auf den bedingten KksAntrag hat diese Rücknahme aber nur dann Einfluß, wenn noch keine gerichtliche Entscheidung über die Eröffnung des VV. getroffen ist (§ 79 Abs. 1 Nr. 1 Satz 2, § 80 Abs. 1 Satz 2). Durch diese Regelung wird erreicht, daß sich der Kks. einem erfolglosen VglVersuch unmittelbar anschließen kann (Begr. S. 22). Nach Eröffnung des VV. kann also der Sch. den Antrag auf VV. nicht mehr zurücknehmen, ohne Gefahr zu laufen, daß Kks. eröffnet wird.

III. Beschwerde wegen Ablehnung des VV.

3 Die sofortige Beschwerde richtet sich nach § 14 Abs. 2. Für die Fälle, in denen sich an einen VVAntrag der Kks. anschließt, ist also § 109 KO. außer Kraft gesetzt[2]). Die Beschwerdefrist beträgt also eine Woche; weitere Beschwerde gibt es nicht.

Der Sch. kann bei Ablehnung des VVAntrags die sofortige **Beschwerde in folgender Richtung** einlegen:

a) er kann sich mit der Ablehnung des VV. zufrieden geben und

---

1) KTrW. 1929, 34.

2) So HL., insbes. Kiesow § 24 Anm. 7; a. M. Weil JZP. 1928, 263.

aa) falls Kfs. eröffnet ist, dies angreifen mit der Begründung, er sei wieder zahlungsfähig, z. B. weil er sich mit seinen Gl. außergerichtlich geeinigt habe;

bb) falls Kfs. mangels Masse abgelehnt ist, dies angreifen mit der Begründung, der Kfs. hätte eröffnet werden müssen, da genügend Masse vorhanden sei;

b) er kann sich gegen die Ablehnung des VV. mit der Begründung wenden, daß sie zu Unrecht erfolgt sei. Hierbei kann er auch noch fehlende Voraussetzungen nachholen[3]).

Das Beschwerdegericht kann entweder bei Aufhebung des Beschlusses, durch den der Kfs. eröffnet wurde, dem VglGer. die erforderlichen weiteren **Anordnungen übertragen** oder aber **selbst** diese Anordnungen **treffen,** also insbes. das VV. eröffnen und die VP. ernennen (vgl. § 575 ZPO.).

IV. Rechtslage bei Wiederaufhebung des Kfs.

Hebt das BeschwerdeGer. den Kfs. auf, so wird dieser Beschluß **sofort wirksam,** da die Gl. des Sch. gegen diesen Beschluß kein Rechtsmittel haben. Die mit der KfsEröffnung verbundenen **Rechtsfolgen** fallen **rückwirkend** wieder **fort.** Die Rechtslage ist die gleiche, wie wenn — ohne daß vorher ein VVAntrag gestellt worden wäre — ein eröffneter Kfs. vom Beschwerdegericht aufgehoben worden wäre. Immerhin aber bleiben **Rechtshandlungen,** die in der Zwischenzeit vom KfsVerwalter vorgenommen worden sind, wirksam für und gegen den Sch.[4]). Da aber im übrigen die Rechtsfolgen des Kfs. rückwirkend wegfallen, erhalten auch die in der Zwischenzeit **vom Sch. selbst vorgenommenen Rechtshandlungen** im gewissen Umfange Wirksamkeit. Zweiseitige Rechtsgeschäfte, die der Sch. selbst in der Zwischenzeit vornahm, werden rückwirkend wirksam. Einseitige empfangsbedürftige Willenserklärungen des Sch. dagegen (z. B. Kündigungen) 4

3) Samolewitz § 24 Anm. 5; Lucas § 14 III; a. M. Kiesow § 24 Anm. 10; vgl. auch oben § 19 Anm.

4) So Jaeger KO. § 109 Anm. 4; Mentzel KO. § 109 Anm. 1; RG. 36, 94; a. M. teilweise Mittelbach KTrW. 1927, 23, der Handlungen des KfsVerwalters für den GemeinSch. nur dann für bindend erachtet, wenn und soweit Dritte, die auf die Verwaltungsbefugnis des KfsVerw. vertrauten, durch die Nichtwirksamkeit seiner Handlungen Schaden erleiden würden.

dürften nicht wirksam werden[5]). Ebenso bleiben unwirksam Rechtshandlungen des Sch., die einer Rechtshandlung des KksVerwalters in derselben Angelegenheit widersprechen[6]). Soweit durch die Rechtsgeschäfte des Sch. oder KksVerwalters in der Zwischenzeit Ansprüche gegen den Sch. entstanden sind, werden diese vom VV. betroffen, da die Eröffnung des VV. erst mit der Aufhebung des Kks., also regelmäßig nach Entstehung dieser Ansprüche erfolgt.

§ 25.

In dem Beschlusse, durch den das Vergleichsverfahren eröffnet wird, ist die Stunde der Eröffnung anzugeben.

Ist dies versäumt worden, so gilt als Zeitpunkt der Eröffnung die Mittagsstunde des Tages, an dem der Beschluß erlassen worden ist.

Der Zeitpunkt der Eröffnung des VV. — d. h. die Minute, in der der Richter den Beschluß unterschreibt — ist nach mehreren Richtungen von Bedeutung. Nach ihm bestimmt sich, wer am VV. beteiligt und vom Vgl. betroffen wird (§ 2 ff.). Die Verjährung der Ansprüche beteiligter Gläubiger ruht von der Eröffnung des VV. an (§ 39; Begr. S. 22).

§ 26.

Bei der Eröffnung des Vergleichsverfahrens ist ein Termin zur Verhandlung über den Vergleichsvorschlag zu bestimmen.

Der Vergleichstermin ist nicht über einen Monat hinauszurücken.

Das Gericht soll grundsätzlich einen möglichst nahen Termin bestimmen, damit möglichst bald Klarheit geschaffen wird, ob der Vergleichsversuch Erfolg hat. Die Monatsfrist bildet demnach die äußerste Grenze. Das Gericht kann aus erheblichen Gründen den Vergleichstermin verlegen (§ 8 in Verb. m. § 227 Abs. 1, 3 ZPO.). Der verlegte Termin muß aber in der Monatsfrist des § 26 liegen und ist nach Maß-

5) So Jaeger KO. § 109 Anm. 4; Hellwig: „Grenzen der Rückwirkung" 1907 S. 43; teilweise a. M. Mittelbach KTrW. 1927, 24.

6) Jaeger a. a. O.; Mayer § 24 Anm. 11.

gabe § 27 öffentlich bekanntzumachen. Vertagt werden kann der Termin nur nach Maßgabe des § 66 (Begr. S. 22).

§ 27.

Der Gerichtsschreiber hat den Eröffnungsbeschluß und den Vergleichstermin sofort öffentlich bekanntzumachen.

Der Schuldner und die aus dem Gläubigerverzeichnis ersichtlichen, an dem Verfahren beteiligten Gläubiger sowie die Vertrauensperson (§ 40) sind unter Bekanntmachung des Eröffnungsbeschlusses zu dem Vergleichstermine zu laden (§ 11).

Der Antrag auf Eröffnung des Vergleichsverfahrens nebst seinen Anlagen und das Ergebnis der etwaigen weiteren Ermittlungen wird auf der Gerichtsschreiberei zur Einsicht der Beteiligten (Abs. 2) niedergelegt. In der öffentlichen Bekanntmachung und in der Ladung der Gläubiger ist darauf hinzuweisen.

Die öffentliche Bekanntmachung des Vergleichstermins ist vorgeschrieben, weil bei der Ladung der Gläubiger zum Vergleichstermine das vom Schuldner aufgestellte Verzeichnis zugrunde gelegt werden muß und dieses Verzeichnis unvollständig sein kann. Eine Mitteilung des Vergleichsvorschlags an die Gläubiger schreibt die VglO. nicht vor, da sie davon ausgeht, daß der Schuldner mit seinen Gläubigern bereits vor dem Antrag über den Vergleichsvorschlag verhandelt hat. Wegen der Einzelheiten der öffentlichen Bekanntmachungen siehe § 12. Empfehlenswert ist Benachrichtigung des zuständigen Gerichtsvollziehers und Grundbuchamts durch das VglGericht.

3. Abschnitt.

Wirkungen der Eröffnung des Vergleichsverfahrens.

Vorbemerkungen.

Die Eröffnung des VV. hat **keine ehrenmindernde Bedeutung,** jedoch Ausschluß vom Börsenbesuch (§ 7 Z. 6 Börsengeſ.) und — bei allgem. Veräußerungsverbot — Aemterverlust (vgl. § 54).

Die Eröffnung des VV. bedeutet **keine Stundung. Verzug** mit seinen Folgen (z. B. Schadenersatzansprüchen) wird nicht geheilt (RAusschBer. S. 21), nur nehmen natürlich **Schadenersatzansprüche**, soweit sie z. B. der Eröffnung des VV. schon entstanden waren, am VV. teil. Auch **Verzugszinsen** laufen weiter, gelten aber, wenn nicht der Vgl. etwas anderes bestimmt (vgl. § 74), als erlassen.

Die Eröffnung des VV. bewirkt, auch wenn **kassatorische Klausel** vorliegt, für sich allein keine vorzeitige Fälligkeit der Forderung; es muß noch Verzug dazu kommen (JW. 27, 380).

§ 28.

Ist ein gegenseitiger Vertrag zur Zeit der Eröffnung des Vergleichsverfahrens von dem Schuldner und von dem anderen Teile noch nicht oder noch nicht vollständig erfüllt, so kann jeder Vertragsteil mit Ermächtigung des Gerichts die Erfüllung oder die weitere Erfüllung ablehnen.

Das Gesuch um Ermächtigung zur Ablehnung der Erfüllung oder der weiteren Erfüllung muß binnen zwei Wochen nach der öffentlichen Bekanntmachung des Eröffnungsbeschlusses (§ 27) bei dem Gericht angebracht werden. Vor der Entscheidung soll das Gericht die bestellte Vertrauensperson (§ 40) und den Vertragsgegner hören. Dem Schuldner soll die Ermächtigung nur erteilt werden, wenn die Erfüllung oder die weitere Erfüllung des Vertrags das Zustandekommen oder die Ausführbarkeit des Vergleichs gefährden würde und die Ablehnung der Erfüllung dem anderen Teile keinen unverhältnismäßigen Schaden bringt.

Uebersicht über die Anmerkungen:

I. Allgemeines:

Wegen der **Grundgedanken** für die Abwicklung gegenseitiger beiderseits unerfüllter Verträge vgl. § 4 Anm. 1. Bestritten ist, ob im voraus **Vereinbarungen über die Nichtanwendung der §§ 28 ff.** zulässig sind. Können Sch. und Vertragsgegner schon bei Abschluß des Vertrags (z. B. durch allgemeine Lieferungsbedingungen) vereinbaren, daß beide Teile auf ihr etwaiges künftiges Recht, im Falle eines VV. die Erfüllung gem. §§ 28 ff. abzulehnen, im voraus verzichten? Dies wird zu verneinen sein; die §§ 28—30 müssen als zwingendes Recht angesehen werden. Denn durch derartige Vereinbarungen würde, vor allem wenn sie in größerem Umfange in die allgemein üblichen Lieferungsbedingungen übergingen, das Zustandekommen eines Vgl. außerordentlich gefährdet werden. Sie würden also dem Schutze des Sch. und der übrigen Gl. widersprechen[1]). Dagegen können **Vertragsstrafen** für den Fall, daß der eine Teil von seinem Lossagerecht gem. §§ 28 ff. Gebrauch macht, im voraus ausgemacht werden[2]). Eine so vereinbarte Vertragsstrafe nimmt am VV. teil. Ob allerdings der Sch. Anspruch auf eine ihm vom Gl. für den Fall der Nichterfüllung versprochene Vertragsstrafe hat, wenn der Gl. mit Ermächtigung des Gerichts ablehnt, erscheint zweifelhaft, denn diese Ablehnung hat doch immer ihren Grund in der schlechten Vermögenslage des Sch., die dieser zu vertreten hat, weshalb ihm ja auch solchenfalls Schadenersatzansprüche versagt sind (vgl. Begr. S. 24). 1

II. Voraussetzung der Ermächtigung zur Erfüllungsablehnung.

a) Bei Gesuch des Gl.:

Dem Gl. kann nicht ausnahmslos zugemutet werden, das Vertragsverhältnis mit einem Sch., dessen Unsicherheit sich herausgestellt hat, fortzusetzen, wenn der Sch. dies will. Eine besondere Einschränkung, wann dem Gl. die Ermächtigung zur Erfüllungsablehnung zu verweigern sei, trifft die 2

1) Wie hier Maeder S. 40; Nagel S. 133; Pinner in LZ. 1928, 391; vgl. auch Jaeger KO. § 17 Anm. 55b; a. M. Kiesow § 28, 39; Samolewitz § 28, Anm. 11.

2) So auch Kiesow § 28 Anm. 39; Samolewitz § 28 Anm. 11; Levy § 28 Anm. 3; JW. 27, 382.

VglO. nicht. Das Gericht wird daher regelmäßig einen dahingehenden Antrag des Gl. stattgeben müssen, sofern dieser dartut, daß die Durchführung des Vertrags ihm angesichts der Unsicherheit des Sch. vernünftigerweise nicht mehr zugemutet werden kann. Dagegen wird dem Gl. die Ermächtigung **zu versagen** sein, wenn er trotz Sicherstellung der Erfüllung die Gelegenheit benutzen will, um sich von einem für ihn ungünstigen Vertrag zum Nachteil des Sch. und der übrigen Gl. zu lösen.

b) **Bei Gesuch des Sch.:**

3 Die Möglichkeit einer Ermächtigung zur Erfüllungsverweigerung durch das Gericht ist durch § 28 Abs. 2 Schlußsatz stark eingeschränkt. Die Ermächtigung darf nur unter **zwei Voraussetzungen** erteilt werden: Die Erfüllung des Vertrags muß das Zustandekommen oder die Ausführbarkeit des Vgl. gefährden und die Erfüllungsverweigerung darf dem anderen Teil keinen unverhältnismäßigen Schaden bringen. Die Erfüllung des Vertrages kann auch dann das Zustandekommen oder die Ausführbarkeit des Vgl. gefährden, wenn aus anderen als nur aus finanziellen Momenten heraus bei einer weiteren Erfüllung das Zustandekommen des Vgl. oder seine Ausführbarkeit gefährdet ist, z. B. wenn eine als Garantin auftretende Persönlichkeit die Uebernahme der Garantie von der Lösung gewisser Verträge abhängig macht. Dies kann insbesondere für Verträge mit den Vorstandsmitgliedern einer A.-G. oder GmbH. gelten, wenn die Garantin zur Geschäftsführung dieser Vorstandsmitglieder nicht das erforderliche Vertrauen hat.

Entscheidend kann ferner nicht sein, ob der **einzelne** Vertrag das Zustandekommen und die Durchführbarkeit des Vgl. gefährdet. Wenn eine ganze Reihe gleichartiger oder ähnlicher Verträge vorliegen und diese in ihrer **Gesamtheit** eine Gefährdung für die Durchführung oder das Zustandekommen des Vgl. darstellen, so sind für die Lösung der einzelnen Verträge die §§ 28 ff. anwendbar[3]). Andererseits ist der Umstand, daß der Gl. bei Ablehnung der Erfüllung einen gewissen Schaden erleidet, kein Grund, dem Sch. die Ermächti-

3) Z. B.: wenn in einem VV., an dem insgesamt 1,2 Mill. Forderungen beteiligt sind, etwa 40 Lieferungsverträge mit einer Gesamterfüllungssumme von RM. 120 000,— offen sind.

gung zur Erfüllungsverweigerung zu versagen; nur dann, wenn dem Gl. ein unverhältnismäßiger Schaden entstehen würde, soll die Ermächtigung erteilt werden.

III. Ermächtigung zur Erfüllungsablehnung.

4 Das Gesuch an das Gericht wegen der Ermächtigung zur Erfüllungsablehnung (Vertragsbefreiungsantrag) muß binnen 2 Wochen nach der öffentlichen Bekanntmachung des Eröffnungsbeschlusses beim Gericht eingereicht werden (d. h. dort eingegangen sein). Die öffentliche Bekanntmachung gilt als bewirkt erst mit dem Ablauf des zweiten Tages der Ausgabe des betr. Blattes (§ 12 Abs. 1 VglO.). Wenn also die Veröffentlichung in einem am 15. 8. ausgegebenen Blatte erfolgt ist, gilt sie mit dem Ablauf des 17. 8. als bewirkt. Die Zweiwochenfrist des § 28 VglO. beginnt also mit dem 18. 8. zu laufen und endigt mit dem 31. 8. Bei **Fristversäumung** ist eine **Wiedereinsetzung** in den vorigen Stand **nicht** zulässig, da die Frist nicht als „Notfrist" bezeichnet, nur gegen eine solche aber eine Wiedereinsetzung möglich ist (vgl. § 233 ZPO., § 8 VglO.).

Die Ermächtigung des Gerichts zur Ablehnung der Erfüllung wird vom Gericht **dem Antragsteller zugestellt**; eine Zustellung an den Vertragsgegner ist nicht erforderlich[4]), aber immerhin ist eine Verständigung des anderen Teiles zweckmäßig. Da der Antragsteller auf die Ermächtigung des Gerichts bei Erklärung der Erfüllungsablehnung Bezug nehmen soll, ist ferner eine Zufertigung weiterer Abschriften des Ermächtigungsbeschlusses an den Antragsteller zweckmäßig. Das Gericht kann die Ermächtigung auch zu Erklärungen erteilen, die **lediglich vorsorglich** abgegeben werden sollen. Wenn z. B. das Bestehen oder die Zeitdauer eines Mietvertrages streitig ist, so kann das Gericht die Ermächtigung zu einer vorsorglichen Kündigung erteilen. Es wird ferner zulässig sein, daß das Gericht die Ermächtigung **befristet** erteilt[5]). Zweckmäßig ist dies jedenfalls deshalb, damit bis zum VglTermin für die Vertragsteile Klarheit besteht, ob von der Ermächtigung der Erfüllungsablehnung Gebrauch gemacht wird oder nicht.

---

4) RG. 114, 387.

5) So Lucas §§ 28—30 IV; Kiesow § 28 Anm. 25; Nagel S. 65; a. M. Samolewitz § 28 Anm. 10; Cahn VglO. S. 188; Maeder S. 27.

Die vom Gericht zugestellte Ermächtigung kann vom Gericht **nicht zurückgenommen** werden. Ist die Ermächtigung versagt worden, so **keine Beschwerde;** das Gericht kann aber auf einen neuen Antrag hin, sofern dieser nur innerhalb der Zweiwochenfrist seit Eröffnung des VV. gestellt ist (§ 28 Abs. 2 Satz 1), die Ermächtigung gleichwohl erteilen.

IV. **Erklärung der Erfüllungs-Ablehnung.**

5 Mit der Erteilung der Ermächtigung durch das Gericht ist die Erfüllung jedoch noch nicht erklärt, vielmehr steht es noch im Belieben des Antragstellers (Gl. oder Sch.), ob er von der Ermächtigung zur Erfüllungsablehnung Gebrauch macht oder nicht. Die Erfüllungsverweigerung muß dem Antragsteller **erklärt** werden. Zweckmäßigerweise wird der Ermächtigungsbeschluß des Gerichts in einer zweiten Ausfertigung oder durch Zustellung mitgeteilt. Wenn dies auch nicht notwendig ist, so muß doch der Ablehnende damit rechnen, daß der Vertragsgegner die Ablehnungserklärung zurückweisen kann, wenn ihm die Ausfertigung des Ermächtigungsbeschlusses nicht vorgelegt oder zugestellt wird, es sei denn, daß er von anderer Seite positiv von der Ermächtigung Kenntnis erhalten hat[6]). U. U. kann die Erfüllungsverweigerung auch durch **stillschweigende Erklärung** erfolgen. Schweigt derjenige, der die Erfüllung verweigern will, auf eine Anfrage des Vertragsgegners wegen der weiteren Vertragserfüllung, so kann dies allein noch nicht als Ablehnungserklärung angesehen werden[7]). Dagegen wird man eine genügende Ablehnungserklärung darin finden können, daß der Ablehnende lediglich die Ermächtigung des VglGer. zur Erfüllungsverweigerung dem Vertragsgegner mitteilt und die Erfüllung tatsächlich unterläßt[8]). Vor Zustellung des Ermächtigungsbeschlusses durch das Gericht kann zwar die Lossage nicht erklärt werden[9]); ist aber eine Lossage doch vor Genehmi-

6) Bestr., so jedoch Kiesow § 28 Anm. 21; Mayer § 28 Anm. 12; Maeder S. 31.

7) RG. 112, 157; Maeder S. 27; Mayer § 28 Anm. 13; Kiesow § 28 Anm. 17.

8) Bendix § 28 Anm. 3; Cahn VglO. S. 188; Kiesow § 28 Anm. 17.

9) Wie hier Kiesow § 28 Anm. 21; Mayer § 28 Anm. 12; Levy § 28 Anm. 3 u. a.; a. M. Samolewitz § 28 Anm. 9; Cahn S. 200 VglO.

gung des Gerichts erklärt worden, so wird man regelmäßig aus dem weiteren Verhalten des Sch. bzw. Vertragsgegners eine zumindest stillschweigende Ablehnung der Erfüllung entnehmen können.

Ein stillschweigender **Verzicht auf das Lossagerecht** kann darin liegen, daß der Vertrag trotz der Ermächtigung des Gerichts zur Ablehnung von beiden Seiten weiter erfüllt wird. Ebenso kann ein Verzicht auf das in §§ 28 ff. eingeräumte Recht darin liegen, daß derjenige, der nunmehr die Erfüllung verweigern will, vorher selbst den anderen Teil zur Erfüllung aufgefordert hat.

Die Ablehnungserklärung ist nach dem Wortlaut des 6
Gesetzes an eine **Frist** nicht gebunden, nur das Gesuch ans Gericht muß innerhalb der Zweiwochenfrist gem. § 28 Abs. 2 Satz 1 eingereicht werden. Es ist daher nicht unzweifelhaft, ob die Erfüllungsverweigerung vom Sch. nicht auch erst nach Beendigung des VV. erklärt werden kann[10]). Da aber der Gl. im Falle der Erfüllungsverweigerung mit seinem Schadensersatz vom Vgl. betroffen wird, wird man ihm die Möglichkeit einer Teilnahme an der Abstimmung geben müssen. Daraus ergibt sich, daß der Sch. die Ablehnungserklärung vor dem Termin rechtzeitig zukommen lassen muß, wenn er sich nicht dem Einwand einer arglistigen Verzögerung der Ablehnungserklärung aussetzen will[11]). Jedenfalls dürfte nach rechtskräftiger Beendigung des VV. eine Ablehnungserklärung nicht mehr möglich sein[12]).

Die Erfüllungsablehnung muß **unbedingt** erklärt werden; sie kann **vorsorglich** für den Fall des Bestehens eines an sich bestrittenen Vertrags erklärt werden. Sie muß jedoch sich auf den **Vertrag im ganzen** beziehen, kann also nicht hinsichtlich eines Teiles des Vertrags erklärt werden. GesamthandsGl. (z. B. Miterben oder Gesellschafter können dem Sch. gegenüber nur gemeinsam ablehnen; lehnt der Sch. ab, so muß er allen gegenüber ablehnen. Bei Gesamthandverbindlichkeiten (z. B. bei mehreren Miterben im

---

10) Dies halten für zulässig: Cohn in KTrW. 1931, 3; Jaffa in KTrW. 1931, 34; LG. III Berlin 7. 7. 30, KTrW. 1931, 35.

11) So Samolewitz § 28 Anm. 10; ähnlich auch Kiesow § 28 Anm. 22; Maeder S. 30; Mayer § 28 Anm. 21; Cahn JW. 1929, 2131 und KTrW. 1931, 36; OLG. Celle 29. 11. 30 KTrW. 1931, 58.

12) OLG. Nürnberg 24. 11. 30, KTrW. 1931, 36.

NachlaßVgl.) müssen alle Miterben gemeinsam ablehnen; der Gl. muß allen gegenüber die Erfüllung verweigern. Ist der VglSch. neben anderen Sch. GesamtSch., so kann er selbständig ablehnen, ebenso der Gl. ihm allein gegenüber[13]).

V. Erfüllungsablehnung und Prozeß.

7 Ob der Ablehnende oder der Gegner sich im **Verzug** befindet (z. B. infolge einer gem. § 326 BGB. gesetzten Frist) ist gleichgültig. Auch im **Prozeß** kann die Ablehnung der Erfüllung von beiden Teilen noch erklärt werden, ja selbst dann, wenn ein Teil schon **rechtskräftig zur Erfüllung verurteilt** ist und die Zwangsvollstreckung betrieben wird[14]). Die Zwangsvollstreckung kann gem. §§ 767, 769 ZPO. eingestellt werden. Etwa gepfändete Gegenstände h a f t e n n i c h t für den infolge der Erfüllungsablehnung entstehenden Schadenersatzanspruch; denn dem Schuldtitel, auf Grund dessen die Zwangsvollstreckung erfolgte, lag ja ein anderer Anspruch zugrunde[15]).

VI. Rechtliche Folgen der Ablehnung.

8 Eine Nachprüfung, ob das VglGer. die Ermächtigung zur Erfüllungablehnung zu Unrecht erteilt hat oder nicht, ist ausgeschlossen (vgl. oben Anm. 4). Wohl aber ist (gegebenenfalls im Prozeßwege) nachprüfbar, ob die Erfüllungsablehnung **rechtswirksam erklärt** worden ist und ob überhaupt ein **Rechtsverhältnis,** das nach §§ 28 ff. VglO. gelöst werden kann, **vorlag.** Ermächtigt das VglGer. den Sch. zur Ablehnung eines angeblich von beiden Teilen noch nicht voll erfüllten Vertrags, der in Wirklichkeit aber vom Gl. voll erfüllt ist, so kann sich der Sch. nicht auf die genehmigte Erfüllungsablehnung berufen; denn das VglGer. hatte seine Zuständigkeitsgrenze überschritten. Das Pfandrecht, das dieser Gl. vor der Dreißig-Tage-Frist des § 3 erworben hatte, blieb also wirksam[16]).

Ist die Ablehnung zu Recht erklärt, so ergibt sich folgendes:

a) Auch nach Schluß des VV. (gleichgültig, wie es endigt) ist ein **Anspruch auf Erfüllung nicht** mehr gegeben.

---

13) Ausführl. s. Maeder S. 22; auch Kiesow § 28 Anm. 19.

14) RG. 114, 386.

15) Vgl. RG. 114, 386.

16) In KTrW. 1929, 125; Kiesow § 28 Anm. 42; Samolewitz § 28 Anm. 13; Mayer § 28 Anm. 26 u. a.

b) Die Ablehnung der Erfüllung ist nicht gleichbedeutend mit Rücktritt; denn der Gl. hat ja einen Schadenersatzanspruch wegen Nichterfüllung. Die Erfüllungsverweigerung wirkt nur für die Zukunft; schon gemachte **Teilleistungen** können daher nicht zurückgefordert werden. Der Gl. kann auch wegen dieser Teilleistungen nur Schadenersatz fordern, mit dem er an der Quote teilnimmt (vgl. § 30).

c) Der **Schadenersatzanspruch** geht auf Geld. Es geht nicht etwa an, daß der Gl. die Rückgewähr gemachter Teilleistungen unter dem bürgerlich-rechtlichen Gesichtspunkt des Schadenersatzes „in natura" verlangt. Der Schadenersatzanspruch kann auch durch Vereinbarung im voraus im Wege der Festlegung einer **Vertragsstrafe** vereinbart sein. Der **Gl.** hat den Schadenersatzanspruch auch dann, wenn er selbst die Erfüllung ablehnt (§ 30). Umgekehrt hat der **Sch.** keinen Schadenersatzanspruch, wenn er oder der Gl. von seinem Ablehnungsrecht Gebrauch macht[17]). Wegen der Berechnung des Schadenersatzes vgl. § 30 Anm. 2.

VII. Besonderheiten für einzelne Vertragsansprüche.

a) Verlagsvertrag.

Auch mit der Ablieferung des Werks hat der Verfasser 9
den Verlagsvertrag noch nicht vollständig erfüllt[18]). Darüber hinaus wird der Verfasser aber kein Rücktrittsrecht (wie in § 36 Abs. 3 VerlagsGes. für den KsFall vorgesehen) haben. Wird die Erfüllung durch den Verfasser abgelehnt, so ist auch der Verleger verpflichtet, dem Verfasser das Manuskript zurückzugeben[19]).

b) Tarifvertrag.

Eine Erfüllungsablehnung mit gerichtlicher Ermächti- 10
gung ist nur möglich, wenn der VglSch. für sich allein Tarifvertragspartei ist, nicht dagegen, wenn der Tarifvertrag von einem Arbeitgeberverband geschlossen ist[20]).

17) So auch Kiesow § 28 Anm. 33 und vgl. Begr. S. 24.

18) Vgl. § 36 Abs. 1 VglGes.; wie hier Kiesow § 28 Anm. 4; Nagel S. 138; a. M. Maeder S. 87; Mayer § 28 Anm. 7.

19) Obwohl grundsätzlich (vgl. oben Anm. 7) gemachte Leistungen nicht zurückverlangt werden können, vgl. hierzu Hofmann, Verlagsrecht § 36 Anm. II 1a u. Alfeld, Verlagsrecht § 36 Anm. 11.

20) Stritzke KTrW. 1927, 135.

c) **Kartelle, Syndikate usw.**

11 Die vorzeitige Lösung eines Kartellvertrages kann u. U. für das Zustandekommen oder die Durchführbarkeit eines Vgl. von großer Bedeutung sein. Ob eine Kündigung des Kartellvertrages gem. § 28 VglO. möglich ist, hängt von der **Rechtsform des Kartells ab**, je nachdem, ob es sich um eine bürgerlich-rechtliche Gesellschaft, um einen nichtrechtsfähigen Verein, einen eingetragenen Verein oder eine GmbH. handelt. Meistens (vor allem bei Verkaufssyndikaten) wird die Form der GmbH. gewählt. „Hierbei ist dann wieder eine doppelte Konstruktion möglich: Die Einheits-GmbH. und die sogenannte Doppelgesellschaft. Bei der Einheits-GmbH. ist die gesamte Kartellorganisation in der GmbH. zusammengefaßt. Die sogenannten „Nebenleistungen" — außer der Kapitaleinlage — nach § 3 Abs. 2 sind in den Gesellschaftsvertrag eingegliedert, die gesetzlichen Vertreter und Organe der GmbH. sind zugleich auch diejenigen des Kartells. Bei der Doppelgesellschaft ist dagegen die Geschäftsführung des Kartells einem besonderen Organ mit eigener Rechtspersönlichkeit, einer meist von einem überwiegenden Teil, wenn nicht von allen Mitgliedern des Kartells begründeten GmbH. übertragen. Die Kartellpflichten können dann durch die Mitgliedschaft einer besonderen bürgerlichen Gesellschaft begründet werden, sie können aber auch durch besondere mit den einzelnen Gesellschaftern und Nichtgesellschaftern abgeschlossene, sachlich notwendig im wesentlichen übereinstimmende Einzelverträge mit der GmbH. begründet werden. Dann enthält das Statut der GmbH. meist nur die gesetzlichen Notwendigkeiten. Auch in solchem Falle wird man die Gesamtheit der durch die Nebenverträge Gebundenen als bürgerliche Gesellschaft auffassen müssen, da es sich hier ja durchaus im Sinne von § 705 BGB. um gegenseitige Verpflichtungen zur Erreichung eines gemeinsamen Zweckes handelt: A unterwirft sich den Kartellpflichten nur, weil seine Konkurrenten B, C usw. es gleichfalls tun. Die Kartellverpflichtungen sind regelmäßig Leistungen, so Zahlung von Beiträgen, bei den zentralisierten Verkaufssyndikaten Lieferung der Erzeugnisse in handelsüblicher Form zu den festgesetzten Zeiten und Bedingungen, und wesentlich gerade Unterlassungspflichten, so Unterlassung von Unterbietungen der festgesetzten Preise und Bedingun-

gen, Verbot selbständigen Verkaufs oder auch nur Verkehrs mit der Kundschaft u. a. m.[21])."

Hieraus ergibt sich: Soweit die Kartellbeziehungen in die **Rechtsform einer GmbH.** oder eines eingetragenen Vereins gekleidet sind, ist auf Grund des § 28 VglO. eine vorzeitige Lösung **nicht möglich,** denn die Beziehungen eines Gesellschafters zur GmbH. (eines Mitglieds zum Verein) sind kein gegenseitiger Vertrag (vgl. § 4 Anm. 2). Soweit dagegen die Kartellbeziehungen in **andere Vertragsform** gekleidet sind (bürgerlich-rechtliche Gesellschaft, Einzelverträge usw.) ist eine Lösung gemäß § 28 VglO. durchaus möglich, wenn dessen Voraussetzungen vorliegen, insbes. eine Gefährdung des Zustandekommens oder der Erfüllung des Vergleichs[22]).

Abgesehen hiervon besteht natürlich für den Sch. noch die Möglichkeit der Lösung des Kartellvertrags **auf Grund von § 8 KartellVO.**[23]). Die mit der Durchführung des Vgl. erforderlichen Veränderungen im Betriebe des Sch. können einen wichtigen Grund im Sinne dieser Vorschrift bilden, ebenso die Gefahr, daß die fernere Bindung an die bestehenden Kartellverpflichtungen zu einer Gefährdung oder Vernichtung der wirtschaftlichen Existenz des Sch. führen würde[24]). Dabei ist auch darauf Rücksicht zu nehmen, ob ein etwaiger Garant für den Vgl. die Uebernahme der Garantie davon abhängig macht,

21) So Tschierschky in KTrW. 1927, 145.

22) Vgl. AG. Lommatzsch v. 8. 10. 30 — VV. 2 bis 6/30 (noch nicht veröffentlicht).

23) § 8 der KartellVO. (RGBl. 1923 S. 1090) lautet:

Verträge und Beschlüsse der in § 1 bezeichneten Art kann jeder Beteiligte fristlos kündigen, wenn ein wichtiger Grund vorliegt.

Als wichtiger Grund ist es immer anzusehen, wenn die wirtschaftliche Bewegungsfreiheit des Kündigenden, insbesondere bei der Erzeugung, dem Absatz oder der Preisgestaltung unbillig eingeschränkt wird.

Darüber, ob die Kündigung zulässig war, entscheidet im Streitfalle das Kartellgericht auf Antrag eines Beteiligten. Der Antrag ist binnen zwei Wochen nach Zugang der Kündigung zu stellen. Wird der Antrag nicht innerhalb dieser Frist gestellt, so gilt die Kündigung als wirksam erfolgt.

24) Aehnlich auch Isay-Tschierschky KartellVO. S. 216 und Krause, Kartellkündigung S. 25.

daß der Kartellvertrag gelöst wird und ob ohne die Uebernahme dieser Garantie der Sch. den Vergleich nicht zustande bringen kann und infolgedessen seine wirtschaftliche Existenz verliert.

d) Vormerkung und Vorkaufsrecht.

12 Ist für den Gl. zur Sicherung seines Anspruchs aus einem gegenseitigen Vertrag eine **Vormerkung** eingetragen, so ist es fraglich, ob der Sch. die Erfüllung des Vertrags mit Genehmigung des Gerichts gem. § 28 VglO. ablehnen kann. Ein Gl., der durch Vormerkung gesichert ist, ist wegen des gesicherten Anspruchs am VV. nicht beteiligt (vgl. § 2 Anm. 27). Die Literatur[25]) verneint auch die Möglichkeit einer Lösung des der Vormerkung zugrunde liegenden Vertrags gem. § 28. Zweifellos ist eine solche Lösung nicht möglich, wenn der Gl. seinerseits den Vertrag **voll erfüllt** hat (z. B., wenn der BauGl., für den gem. § 648 BGB. eine Vormerkung eingetragen ist, die ihm aus dem Bauvertrag obliegenden Verpflichtungen voll erfüllt hat); denn dann liegt kein beiderseits unerfüllter Vertrag vor. Wenn aber beide Teile den der Vormerkung zugrunde liegenden Vertrag **noch nicht erfüllt** haben, so dürfte doch eine Lösung dieses Vertrags gem. § 28 denkbar sein. Für den Kfs. wird allerdings von der h. L. die Auffassung vertreten, daß das Wahlrecht des KfsVerwalters nach § 17 KO. gegenüber dem durch Vormerkung gesicherten Gl. ausgeschlossen ist[26]); das ergibt sich ja gerade aus § 24 KO. Für das VV. dagegen fehlt eine dem § 24 KO. entsprechende Bestimmung. Es kommt noch der Unterschied im Wesen der beiden Verfahren (Kfs. und VV.) hinzu. § 17 KO. soll dem KfsVerwalter eine für die Gl. möglichst vorteilhafte Verwertung der Masse ermöglichen; hiervon kann eine Vormerkung nicht berührt werden, da sie ja eben gerade bezweckt, eine Beeinträchtigung des Rechtes des Gl. durch Zugriff Dritter zu verhindern. § 28 VglO. dagegen soll dem Sch. es ermöglichen, sich von Verbindlichkeiten zu befreien, die den ganzen Erfolg des VV. in Frage stellen können. Diesem Grundgedanken der VglO., den wirtschaftlich schwachen Sch. die Erhaltung seiner Existenz möglich zu

25) Kiesow § 2 Anm. 58; Mayer § 2 Anm. 6; Entscheidungen fehlen.

26) Jaeger KO. § 17 Anm. 52; § 24 Anm. 2.

machen, muß sich gegebenenfalls auch der VormerkungsGl. beugen, der noch kein dingliches Recht erlangt und zu dessen Schutze auch der Gesetzgeber keine dem § 24 KO. entsprechende Bestimmung eingefügt hat. Der Hinweis auf § 73 Abs. 2 VglO. kann nicht genügen, da § 73 nur von den Rechten beteiligter Gl. spricht, also nicht von Rechten von Gl., deren Ansprüche aus einem beiderseits unerfüllten Vertrag beruhen und die daher gem. § 4 am VV. nicht beteiligt sind[27]).

Für das dingliche **Vorkaufsrecht** vertritt die h. L. die gleiche Auffassung. Nach der hier vertretenen Meinung wird dagegen auch bei Ausübung des Vorkaufsrechtes der Sch. die Erfüllung des Vertrags ablehnen können. Ist aber das Vorkaufsrecht nicht ausgeübt, sondern hat der Sch. (Vorkaufsverpflichtete) lediglich einen Kaufvertrag mit einem Dritten abgeschlossen, der den vorkaufsberechtigten Gl. zur Ausübung des Vorkaufsrechtes berechtigen würde (§ 1098 Abs. 1 BGB.), so kann auch nach der h. L. der Sch. dem Dritten gegenüber die Erfüllung des Kaufvertrags gem. § 28 ablehnen und damit auch das Vorkaufsrecht zu Fall bringen[28]).

VIII. Besonderheiten bei mangelhafter Leistung.

Besondere Schwierigkeiten können sich bei mangelhafter Leistung der einen oder anderen Vertragsseite ergeben. Denn auch bei mangelhafter Leistung liegt auf seiten des Leistenden eine vollständige Erfüllung nicht vor[29]). Die Rechtslage wird die folgende sein: 13

Sch. leistet mangelhaft:

a) Gl. hat Kaufpreis **noch nicht vollständig** bezahlt. Vertrag ist dann noch von keiner Seite vollständig erfüllt. Gl. hat folgende Möglichkeiten: 14

aa) Er kann mit Genehmigung des Gerichtes die Erfüllung des Vertrages ablehnen. Ueber die Gründe zu dieser Genehmigung vgl. oben Anm. 2. Die mangelhafte Lieferung allein wird kein Grund sein, die Genehmigung zu erteilen.

bb) Er kann gem. § 462 BGB. Minderung verlangen; soweit der von ihm gezahlte Kaufpreis höher ist, als

27) So ausführlich Kloppe KTrW. 1930, 132.
28) Kiesow § 2 Anm. 59. 29) Vgl. § 4 Anm. 4.

der geminderte Kaufpreis, kann er ihn zurückfordern. Der Gl. ist insofern nicht am VV. beteiligt (§ 2), kann also auch vollstrecken, falls er für seinen Rückforderungsanspruch bereits einen Schuldtitel hat. Er läuft aber Gefahr, daß der Sch. seinerseits mit Ermächtigung des Gerichtes die Erfüllung des Vertrages ablehnt; der Ersatzanspruch des Gl. nimmt am VV. teil (§ 30).

cc) Er kann Wandlung begehren. Sch. hat Kaufpreis in voller Höhe (also nicht nur die Quote) zurückzuzahlen. Gl. hat gelieferten Gegenstand zurückgegeben. Gl. läuft aber Gefahr, daß Sch. mit Genehmigung des Gerichts die Erfüllung ablehnt. Gl. ist dann wegen seines Schadenersatzanspruches auf die Quote beschränkt (§ 30).

dd) Er kann Schadenersatz wegen Nichterfüllung gem. § 463 BGB. fordern. An sich nicht auf die Quote beschränkt (da von keiner Seite der Vertrag voll erfüllt ist), muß auch hier der Gl. mit Ablehnung der Erfüllung gem. § 28 rechnen.

14a b) Gl. hat Kaufpreis **völlig bezahlt.** Dann ist der Vertrag von einer Seite vollständig erfüllt. Der Gl. fällt daher nicht unter §§ 4, 28, 30. Sein Minderungsanspruch (§ 462 BGB.) und sein Schadenersatzanspruch (§ 463 BGB.) werden quotenmäßig befriedigt; auch wenn er Wandlung verlangt, erhält er nur die auf den von ihm gezahlten Kaufpreis entfallende Quote gegen Rückgewähr des gelieferten Gegenstandes. Nur dann liegt die Sache anders, wenn über die **Wandlung schon vor Eröffnung des VV.** ein Einverständnis mit dem Sch. erzielt oder aber ein rechtskräftiges Urteil gegen den Sch. auf Wandlung (Rückzahlung Zug um Zug gegen Herausgabe des gelieferten Gegenstandes) erwirkt ist. Denn ebenso wie § 17 KO. anwendbar ist, wenn die Vertragsteile infolge eines vor KsEröffnung erklärten Rücktritts oder einer vor KsEröffnung vollzogenen Wandlung sich gegenseitig die Leistungen zurückzugewähren haben[30]), ebenso ist auch § 28 VglO. in diesen Fällen anwendbar. Grundsätzlich wird also der Gl., der gewandelt hatte, vom VV. nicht betroffen und kann daher auf Grund des von ihm erwirkten Urteiles vollstrecken. Aber das Gericht kann den Sch. ermächtigen, die Erfüllung des Ver-

30) Vgl Mentzel KO. § 17 Anm. 1; Jaeger KO. § 17 Anm. 19 und auch RG. in LZ. 1915, Sp. 217.

trages, d. h. die Durchführung der Wandlung durch gegenseitige Rückgewähr, abzulehnen (§ 28) mit der Wirkung, daß der Gl. wegen seiner Schadenersatzansprüche quotenmäßig befriedigt wird.

Dies gilt für die Fälle, in denen die Wandlung schon **vor** Eröffnung des VV. durch Einigung oder rechtskräftige Entscheidung **zustande gekommen** („vollzogen" i. S. von § 465 BGB.) war. Ist die Wandlung vor Eröffnung des VV. zwar vom Gl. **erklärt**, ihre Berechtigung aber erst im Laufe des VV. durch gerichtliches Urteil festgestellt worden, so erscheint es zweifelhaft, ob der Gl. hinsichtlich seines Rückforderungsanspruches vom Verfahren betroffen wird oder nicht. Nach RG. 65, 132 ist der wandlungsberechtigte Käufer im Kks. des Verkäufers auf eine KksForderung beschränkt. Nach Jaeger KO. § 17 Anm. 19 entspricht dies jedoch nicht dem Verkehrsbedürfnis, vielmehr ist auch dann ein gegenseitiges Schuldverhältnis dahingehend, daß beide Teile sich ihre Leistungen zurückzugewähren haben, anzunehmen, das unter § 17 KO. und dementsprechend auch unter §§ 4, 28 VglO. fällt. Zweifellos entspricht diese Auffassung der Billigkeit; denn warum soll derjenige Käufer, der sich die Anerkennung seiner schon vor Eröffnung des VV. erklärten Wandlung erst hat durch Urteil erstreiten müssen, schlechter gestellt sein als derjenige Käufer, der sich mit seinem Sch. vor Eröffnung des Verfahrens auf Wandlung einigte. Doch erscheint es nicht angängig, auch dann die §§ 4, 28 für anwendbar zu erklären, wenn die Wandlung nach Eröffnung des VV. erklärt wird; denn im Zeitpunkt der Eröffnung des VV. war ja eben noch nicht gewandelt, der ursprüngliche Vertrag (Lieferungsvertrag) schon von einer Seite (der des Gl.) vollständig erfüllt.

Gl. leistet mangelhaft.

aa) Sch. kann gem. § 28 Erfüllung ablehnen. 15
Gl. ist nach § 30 auf Schadenersatz wegen Nichterfüllung in Höhe der Quote berechtigt.

bb) Sch. kann Minderung verlangen. Er müßte aber, da der Anspruch des Gl. gem. § 4 nicht vom VV. betroffen würde (beide Teile haben noch nicht vollständig erfüllt), den geminderten Kaufpreis in voller Höhe, nicht nur quotenmäßig zahlen. Dies würde ein unbilliges Ergebnis sein. Denn der Gl., der schuldhaft eine mangelhafte Sache liefert, würde dann bessergestellt sein als derjenige

Gl., der vertragsmäßig liefert, seinerseits also voll erfüllt hat und daher vom VV. betroffen wird. Das kann nicht der Zweck der Vorschrift sein. Man wird also den Gl., der schuldhaft seine Leistung unvollständig bewirkt, hinsichtlich seines Anspruchs auf die Gegenleistung ebenso behandeln wie den, der vor Eröffnung des Verfahrens seine Leistung schon vollständig bewirkt hat, d. h. ihn mit seinem Anspruch auf die Quote beschränken. Dies gilt natürlich dann nicht, wenn die Unvollständigkeit der Leistung den Vereinbarungen entspricht, z. B. wenn unter Eigentumsvorbehalt geliefert ist[31]).

cc) Sch. kann Schadenersatz wegen Nichterfüllung fordern.

§ 29.

Auf Miet- und Pachtverträge, bei denen der Schuldner der Vermieter oder der Verpächter ist, sowie auf Dienstverträge, bei denen der Schuldner der zur Dienstleistung Verpflichtete ist, finden die Vorschriften des § 28 keine Anwendung.

Auf Miet- und Pachtverträge, bei denen der Schuldner der Mieter oder Pächter ist und der Miet- oder Pachtgegenstand ihm vor der Eröffnung des Verfahrens bereits überlassen worden ist, sowie auf Dienstverträge, bei denen der Schuldner der Dienstberechtigte ist, finden die Vorschriften des § 28 mit folgenden Maßgaben Anwendung:

1. **An die Stelle der Befugnis zur Ablehnung der Erfüllung oder der weiteren Erfüllung tritt die Befugnis, das Vertragsverhältnis ohne Rücksicht auf eine vereinbarte Vertragsdauer unter Einhaltung der gesetzlichen Frist zu kündigen.**
2. **Bei Mietverträgen über Grundstücke oder Räume kann nur der Schuldner gemäß Nr. 1 kündigen.**
3. **Wird ein Miet- oder ein Pachtvertrag auf Grund der vorstehenden Bestimmungen vorzeitig gekündigt, so kann das dem Vermieter oder dem Verpächter nach den §§ 559, 581, 585 des Bürgerlichen Gesetzbuchs zustehende Pfandrecht für einen infolge der vorzeitigen Beendigung des Vertrags erwachsenden Schadensersatzanspruch nicht geltend gemacht werden.**

31) Vgl. Anh. zu § 4 Anm. 14.

Uebersicht über die Anmerkungen:

A. Miet- und Pachtverträge.

I. Sch. ist Vermieter (Verpächter):

1 Es gilt in diesen Fällen die Vorschrift des § 4, wonach der Gläubiger (Mieter, Pächter) am VV. nicht beteiligt ist. Und zwar ist es gleichgültig, ob der vermietete (verpachtete) Gegenstand dem Mieter (Pächter) bei Eröffnung des VV. schon überlassen war oder nicht (anders die KO.!). Der Mieter (Pächter) kann ohne Rücksicht auf das VV. seine Rechte geltend machen. Er kann also vor allem etwaige **Schadenersatzansprüche** einklagen und deswegen vollstrecken; er kann überdies gegen die Mietzins- (Pachtzins-) Forderung mit Gegenansprüchen aus dem Miet- (Pacht-) Vertrag **aufrechnen,** mit anderen Gegenansprüchen aber, wegen deren er ein am VV. beteiligter Gläubiger ist, nur gemäß § 36.

II. Sch. ist Mieter (Pächter):

a) Allgemeines.

2 Es ist zu unterscheiden, ob der vermietete (verpachtete) Gegenstand dem Schuldner **bereits überlassen** war **oder nicht,** als das VV. eröffnet wurde.

a) Ist der Miet- oder Pachtgegenstand dem Schuldner **noch nicht überlassen**, so bewendet es bei der allgemeinen Regel der §§ 4, 28; jeder Teil kann mit Ermächtigung des Gerichts Vertragserfüllung ablehnen (Begr. S. 25). Dieses Recht der Ablehnung **erlischt** aber, wenn nach Einleitung des VV. der Schuldner Mietzins (Pachtzins) zahlt und der Vermieter dies annimmt, obwohl er Kenntnis vom VV. hat; ebenso, wenn der Vermieter, obwohl er die Einleitung des VV. kennt, den Miet- (Pacht-) Gegenstand dem Schuldner überläßt und dieser ihn annimmt.

b) Bei solchen Miet- oder Pachtverträgen, bei denen dem Schuldner bei der Eröffnung des VV. der Miet- oder Pachtgegenstand **bereits überlassen** war, soll der Natur dieser Vertragsverhältnisse entsprechend an die Stelle des Rechts, die Erfüllung abzulehnen, die Befugnis zur Kündigung treten (§ 29 Abs. 2 Nr. 1); auch hierin stimmt die VglO. mit der KO. (§§ 19, 22) überein. Die Vorschrift hat eine positive Bedeutung für die Fälle, in denen das Vertragsverhältnis für bestimmte Zeit eingegangen ist; hier kann ohne Rücksicht auf die vereinbarte Dauer unter Einhaltung der **gesetzlichen** Frist gekündigt werden. Ist das Vertragsverhältnis ohnehin mit keiner längeren als der gesetzlichen Frist kündbar, so hat die Bestimmung nur die negative Bedeutung, daß das Vertragsverhältnis nicht wegen des VV. fristlos gelöst werden darf (Begr. S. 23). Das gilt vor allem bei Miet- (Pacht-) Verträgen, die auf unbestimmte Zeit geschlossen sind und gem. § 564 Abs. 2 BGB. mit gesetzlicher Frist gekündigt werden können.

Bei **Mietverträgen über Grundstücke oder Räume** soll nur der Mieter das außerordentliche Kündigungsrecht haben (§ 29 Abs. 2 Nr. 2). Das VV. soll dem Schuldner die Möglichkeit geben, sein Unternehmen fortzuführen. Diesem Zwecke widerspricht es, wenn der Vermieter dem Schuldner die Unterlagen seines Betriebs, das Geschäftslokal, wegnehmen kann. Andererseits läuft der Vermieter durch die Fortsetzung des Mietverhältnisses keine Gefahr, da er durch das gesetzliche Pfandrecht der §§ 559, 580 des Bürgerlichen Gesetzbuchs gesichert ist. Bei der **Pacht** liegt die Sache insofern anders, als der Verpächter dem Pächter nicht nur Räume überläßt, in denen z. B. der Pächter sein Gewerbe betreibt, sondern ihm die Fruchtziehung aus seinem Vermögen gestattet; hier soll es daher bei dem Kündigungsrecht beider Teile verbleiben. Versagt ist dem Vermieter übrigens nur das außerordentliche Kündigungsrecht des § 29 Abs. 2 Nr. 1; die sonst für den Vermieter bestehenden Möglichkeiten, das Mietverhältnis vorzeitig zur Aufhebung zu bringen, z. B. wegen Nichtzahlung der Miete, bleiben unberührt (Begr. S. 25).

b) **Kündigung mit gerichtlicher Ermächtigung:**

Für jede Kündigung gilt, daß die Genehmigung des Gerichts eingeholt werden muß (§ 28), und zwar **vorher**[1]). Die Kündigung selbst erfolgt durch Erklärung gegenüber dem anderen Teile (§ 130 BGB.). Die Kündigung muß **nicht für den ersten Termin** erfolgen, für welchen sie zulässig ist. Je nach dem Zwecke des VV. und nach der Weisung der Vertrauensperson oder des Gerichts kann also der Schuldner eine gewisse Zeit über die Wohn- oder Geschäftsräume beibehalten und erst für den Zeitpunkt kündigen, bis zu dem eine Aenderung des Vertragsverhältnisses ihm selbst und der Vertrauensperson geeignet erscheint. Der Zeitpunkt, für den die Kündigung ausgesprochen wird, braucht nicht mehr innerhalb des VV. zu liegen, wohl aber die Kündigung selbst (vgl. § 28 Anm. 6). Die gesetzliche Kündigungsfrist ergibt sich aus § 565 GBG.[2]) für Mietverhältnisse und aus § 595 3

1) So Kiesow § 29 Anm. 12; a. M. OLG. Hamburg Seuff. Arch. 81, 32.

2) So auch Kiesow § 29 Anm. 10.

2) § 565 BGB. lautet:

Bei Grundstücken ist die Kündigung nur für den Schluß eines Kalendervierteljahres zulässig; sie hat spätestens am dritten Werktage des Vierteljahrs zu erfolgen. Ist der Mietzins nach Monaten bemessen, so ist die Kündigung nur für den Schluß eines Kalendermonats zulässig; sie hat spätestens am fünfzehnten des Monats zu erfolgen. Ist der Mietzins nach Wochen bemessen, so ist die Kündigung nur für den Schluß einer Kalenderwoche zulässig; sie hat spätestens am ersten Werktage der Woche zu erfolgen.

Bei beweglichen Sachen hat die Kündigung spätestens am dritten Tage vor dem Tage zu erfolgen, an welchem das Mietverhältnis endigen soll.

Ist der Mietzins für ein Grundstück oder für eine bewegliche Sache nach Tagen bemessen, so ist die Kündigung an jedem Tage für den folgenden Tag zulässig.

BGB.[3]) für Pachtverhältnisse. Wenn ein Miet- oder Pachtvertrag zwar auf unbestimmte Zeit geschlossen, als Kündigungsfrist aber eine **kürzere als die gesetzliche** ausbedungen ist, so gilt die kürzere Frist.

c) **Pfandrecht des Vermieters (Verpächters):**

4 Der § 29 Abs. 2 Nr. 3 **beschränkt** entsprechend der Regelung im Kks. (§ 49 Abs. 1 Nr. 2 KO.) das Pfandrecht des Vermieters und des Verpächters. Der Vermieter und der Verpächter sind also mit einem infolge der vorzeitigen Beendigung des Vertrages etwa entstehenden **Schadenersatzanspruch am VV. beteiligt** und werden von einem Vgl. betroffen. Dabei ist es gleichgültig, ob der Schadenersatzanspruch dadurch entsteht, daß der vermietete oder verpachtete Gegenstand nicht oder weniger vorteilhaft anderweit vermietet oder verpachtet werden kann, oder ob bereits in dem gekündigten Vertrage bedungen ist, daß für den Fall einer Kündigung nach Maßgabe des § 25 Abs. 2 Nr. 1, 2 für die vereinbarte Vertragsdauer der Miet- oder Pachtzins oder eine anderswie berechnete Vertragsstrafe zu entrichten ist (Begr. S. 25). Für den **Miet-(Pacht-)zins,** der bis zu dem Termin, für den gekündigt ist, fällig wird, **haften** die eingebrachten Sachen des Mieters (Pächters) gem. §§ 559, 581, 585 BGB. (vgl. § 2 Anm. 20).

Handelt es sich dagegen um Miete von **beweglichen Sachen,** so kein Pfandrecht; Vermieter ist daher mit den Mietrückständen am VV. beteiligt.

Die Vorschriften des Abs. 1 Satz 1, Abs. 2 gelten auch für die Fälle, in denen das Mietverhältnis unter Einhaltung der gesetzlichen Frist vorzeitig gekündigt werden kann.

3) § 595 BGB. lautet:

Ist bei der Pacht eines Grundstücks oder eines Rechtes die Pachtzeit nicht bestimmt, so ist die Kündigung nur für den Schluß eines Pachtjahres zulässig; sie hat spätestens am ersten Werktage des halben Jahres zu erfolgen, mit dessen Ablaufe die Pacht endigen soll.

Diese Vorschriften gelten bei der Pacht eines Grundstücks oder eines Rechtes auch für die Fälle, in denen das Pachtverhältnis unter Einhaltung der gesetzlichen Frist vorzeitig gekündigt werden kann.

B. Dienstverträge.

I. Sch. ist Dienstverpflichteter (Arbeitnehmer).

Das VV. hat auf den Dienstvertrag grundsätzlich keinen Einfluß. Der Dienstberechtigte kann aber u. U. in der Eröffnung des VV. einen wichtigen Grund zur fristlosen Kündigung (§ 626 BGB., § 70 HGB.) sehen; so z. B. bei besonderem Vertrauensverhältnis, Schädigung des Rufs des Dienstberechtigten. 5

II. Sch. ist Dienstberechtigter (Arbeitgeber).

Allgemeines.

Die Arbeit n e h m e r (Dienstverpflichteten) können gem. Abs. 2 Z. 1 kündigen. Aber auch der Arbeit g e b e r (Sch.) kann mit Ermächtigung des Gerichts kündigen. Die Kündigungs**frist** ist grundsätzlich die gesetzliche Frist; sie beträgt also bei Angestellten sechs Wochen vor Quartalsschluß (§ 661 HGB.), bei B e t r i e b s b e a m t e n, W e r k m e i s t e r n und T e c h n i k e r n ebenfalls sechs Wochen vor Quartalsschluß (§ 133a GewO.), bei G e s e l l e n und G e h i l f e n 14 Tage (§ 122 GewO.). Diese Kündigung mit gesetzlicher Frist muß mit Ermächtigung des VglGer. erfolgen, die binnen zwei Wochen nach Veröffentlichung des VV. (§ 28 Abs. 2) nachgesucht werden muß. 6

Wird mit gesetzlicher Frist gekündigt und ist auch die **vertragliche** Kündigungsfrist nicht länger, so kann von vorzeitiger Kündigung nicht die Rede sein; eine Ermächtigung durch das VglGericht ist also solchenfalls nicht nötig[3]). Dasselbe gilt, wenn die vertragliche Frist kürzer ist als die gesetzliche. Dann kann mit der vertraglichen Frist gekündigt werden, eine Ermächtigung durch das VglGericht ist nicht erforderlich[4]). **Tarifvertrags**fristen sind als vertragliche Fristen anzusehen. Ist die Tarifvertragskündigungsfrist länger als die gesetzliche, so hat dies nur Bedeutung für die Höhe des Schadenersatzanspruchs (§ 30). Wegen der Besonderheiten bei Vorliegen eines Tarifvertrags vgl. § 28 Anm. 10.

---

3) LArbG. Dresden 30. 1. 28 — Arb. D. 1/28 in KTrW. 1929, 58; Kiesow § 29 Anm. VII; Lucas § 30 Anm. 5; Neesse in KTrW. 1929, 52; LZ. 1928, 663; anders allerdings RArbG. in KTrW. 1929, 26 für die GeschAufs.

4) So auch Samolewitz § 29 Anm. 13.

In allen diesen Fällen ist der **Gehalt (Lohn)** bis zu dem Zeitpunkt, an dem nach vorstehendem die gesetzliche Kündigungsfrist abläuft, **am VV. nicht beteiligt** und wird insoweit vom Vgl. nicht betroffen. Ist die vertragliche Kündigungsfrist kürzer und also ohne Zustimmung des VglGerichts mit der vertraglichen Frist gekündigt worden, so ist natürlich nur der Gehalt bis zum Ablauf der vertraglichen Frist am VV. nicht beteiligt. Ist die vertragliche (tarifvertragliche) Kündigungsfrist länger als die gesetzliche, so ist der Gehalt (Lohn) für die Zeit nach Ablauf der gesetzlichen bis zum Ende der vertraglichen Frist als Schadenersatz geltend zu machen; er ist vom Vgl. betroffen (§ 30).

Besondere gesetzliche Kündigungsfristen.

a) **Für Schwerbeschädigte.**

7 Die Kündigung von Schwerbeschädigten kann an sich nur mit Zustimmung der Hauptfürsorgestelle erfolgen. Die Kündigungsfrist beträgt vier Wochen (§ 13 des Ges. über die Beschäftigung Schwerbeschädigter — RGBl. 1923 I S. 58, 1926 I S. 398). Die Zustimmung der Hauptfürsorgestelle darf nicht versagt werden, wenn der Betrieb des Sch. (oder eine selbständige Betriebsabteilung) vollständig eingestellt oder wesentlich eingeschränkt wird und Lohn bzw. Gehalt auf mindestens drei Monate weitergezahlt werden (§ 16 dess. Ges.).

Die VglO. ist das spätere Ges. und gegenüber dem SchwerbeschGes. das spezielle Ges. Bei Kündigung auf Grund von §§ 28, 29 Vgl. ist daher Zustimmung der Hauptfürsorgestelle nicht erforderlich. Dann gelten aber auch nicht die besonderen Kündigungsvorschriften des SchwerbeschGes., sondern die gewöhnlichen Kündigungsfristen (oben Anm. 6)[5]). Natürlich wird das VglGericht, ehe es die Ermächtigung zur Kündigung eines Schwerbeschädigten gibt, dessen besondere Schutzbedürftigkeit berücksichtigen und gegenüber dem Interesse des Sch. an der Entlassung gerade dieses Angestellten abwägen müssen.

---

5) Wie hier Kiesow § 29 Anm. 29; Maeder S. 76; Stritzke in KTrW. 1927, 147; teilweise a. M. Samolewitz § 29 Anm. 13.

b) **für ältere Angestellte:**

Nach dem Ges. v. 9. 7. 26 (RGBl. 1926 I S. 399) betragen die Kündigungsfristen bei einer Beschäftigungsdauer 8

von mindestens 5 Jahren 3 Monate,
von mindestens 8 Jahren 4 Monate,
von mindestens 10 Jahren 5 Monate,
von mindestens 12 Jahren 6 Monate.

Dabei ist auch die beim **Rechtsvorgänger** verbrachte Beschäftigungszeit mit zu rechnen. Der Begriff der Rechtsnachfolge ist nach der Rechtsprechung des RArbG. rein wirtschaftlich auszulegen, so daß also eine Rechtsnachfolge auch dann vorliegt, wenn der Betrieb in einer anderen Rechtsform ohne wesentliche Aenderung des Geschäftszweckes und unter Weiterverwendung von Angestellten des Vorgängers fortgeführt wird. Die Kündigung ist nur zum Schlusse eines Kalendervierteljahres zulässig.

Daß dieser Kündigungsschutz auch im VV. gilt, ist allgemein anerkannt[6]). Auch das **Vorstandsmitglied** einer AG., das wirtschaftlich an der AG. nicht beteiligt ist, hat Anspruch auf die Einhaltung dieser Kündigungsfristen[7]). Dasselbe gilt natürlich für den Geschäftsführer einer GmbH.

c) **für Schwangere:**

Kündigungen des Schuldners sind innerhalb 6 Wochen vor und nach der Niederkunft unwirksam (§ 4 Abs. 1 des Ges. über die Kündigung vor oder nach der Niederkunft v. 16. 7. 27 — RGBl. 1927 I S. 184 und 325). Wenn der Zeitpunkt, für den gekündigt ist, in die Schutzfrist fällt, so wird der Zeitpunkt der Beendigung des Arbeitsvertrages um die Dauer dieser Schutzfrist hinausgeschoben. Aus der Begründung zu diesem Gesetz ist zu entnehmen, daß es **auch im Konkurs und VV. Geltung haben** soll. Dem Schuldner gegenüber gelten also diese Fristen. Aus **wichtigem Grund**, der nicht mit der Schwangerschaft oder Niederkunft zusammenhängt, kann aber der Schuldner kündigen, ohne daß eine Fristverlängerung eintritt (§ 4 Abs. 3 d. Ges.). Ein 9

6) Kiesow § 29 Anm. 28; Samolewitz § 29 Anm. 13.
7) RArbG. 25. 9. 29, KTrW. 1929, 189.

solcher wichtiger Grund kann die Betriebsauflösung sein, wenn es das Interesse der Gläubigerschaft und des Schuldners erfordert[8]).

d) **Bei Betriebsstillegungen:**

10 Nach der Still.-VO.[9]) muß der zuständigen Demobilmachungsbehörde bei Betriebsstillegung oder -einschränkung Anzeige gemacht werden. **Kündigungen** ohne Zustimmung der Demobilmachungsbehörde sind grundsätzlich wirkungslos.

---

8) Kiesow § 29 Anm. 34; Maeder S. 78; vgl. ferner die Ausführungen von Kunitzki-Neu „Mutterschutz" in Stilkes Rechtsbibliothek Nr. 85 S. 114 ff. über die Kündigung aus wichtigem Grund.

9) § 1 der StillVO. v. 8. 11. 20 in der Fassung vom 15. 10. 23 (RGBl. 1923 I 983) lautet:

§ 1. Inhaber oder Leiter von gewerblichen Betrieben (§ 105 b Abs. 1 der RGewO.) und von Betrieben des Verkehrsgewerbes, in denen in der Regel mindestens 20 Arbeiter beschäftigt werden, jedoch ausschließlich der Betriebe des Reichs und der Länder, sind verpflichtet, der von der Landeszentralbehörde zu bestimmenden Demobilmachungsbehörde Anzeige zu erstatten, bevor sie

1. Betriebsanlagen ganz oder teilweise abbrechen oder bisher zum Betriebe gehörige Sachen in anderer Weise dem Betrieb entziehen, insbesondere veräußern oder betriebsuntauglich machen, sofern hierdurch die gewerbliche Leistungsfähigkeit des Unternehmens wesentlich verringert wird. Diese Vorschrift findet auf zum Betriebe gehörige Rechte sinngemäße Anwendung;
2. Betriebsanlagen ganz oder teilweise nicht benutzen, sofern hierdurch

a) in Betrieben oder selbständigen Betriebsteilen mit in der Regel weniger als 200 Arbeitnehmern 10 Arbeitnehmer,

b) in Betrieben oder selbständigen Betriebsteilen mit in der Regel mindestens 200 Arbeitnehmern 5 vom Hundert der im Betriebe beschäftigten Arbeitnehmerzahl, jedenfalls aber, wenn mehr als 50 Arbeitnehmer zur Entlassung kommen. Die Anzeigepflicht besteht nicht bei Unterbrechungen und Einschränkungen in der Betriebsführung, die durch die Eigenart des Betriebes bedingt sind.

Die beabsichtigte Maßnahme darf ohne Zustimmung der zuständigen Demobilmachungsbehörde im Falle 1 nicht vor Ablauf von

Es ist aber zulässig, die Entlassungen für den Ablauf der Sperrfrist auszusprechen dergestalt, daß Sperrfrist und Arbeitsvertrag am gleichen Termin ablaufen[9a]). Nur wenn eine Stillegung infolge **unvorhersehbarer Ereignisse sofort** getroffen werden muß und die Anzeige spätestens innerhalb von 3 Tagen nachgeholt wird, behalten die Kündigungen ihre Wirkung. Ein solcher unvorhersehbarer Grund kann auch in plötzlichen Geld- und Kreditschwierigkeiten bestehen[10]). Als unvorhersehbar muß schon ein Ereignis gelten, mit dessen Eintritt in nächster Zeit nicht so bestimmt gerechnet werden mußte, daß dem Betriebsinhaber zuzumuten war, die Stillegungsanzeige mit ihren schweren Folgen bereits zu erstatten[11]).

Die Frage, ob die StillVO. auch zu beachten ist, wenn eine Kündigung der Belegschaft **mit Genehmigung des VglG.** nach § 29 VglO. erfolgt, ist bestritten, aber wohl zu verneinen. Auch gegenüber der StillVO. ist die VglO. das spätere und spezielle Gesetz. Zudem spricht der wirtschaftliche Zweck der §§ 28. 29 VglO. dagegen, daß Kündigungen, die mit Ermächtigung des VglGerichts vorgenommen worden sind, daneben auch noch der Zustimmung der Demobilmachungsbehörde be-

6 Wochen, im Falle 2 nicht vor Ablauf von 4 Wochen nach der Erstattung der Anzeige getroffen werden. Wird sie nicht innerhalb eines Monats nach Ablauf der im Satze 1 dieses Absatzes und im Falle des § 4 Abs. 1 Nr. 1 innerhalb eines Monats nach Ablauf der dort festgesetzten Fristen getroffen, so ist unter den Voraussetzungen des Abs. 1 die Anzeige erneut zu erstatten.

Muß eine Maßnahme der im Abs. 1 Nr. 2 bezeichneten Art infolge unvorhergesehener Ereignisse sofort getroffen werden, so ist die Anzeige unverzüglich, spätestens innerhalb von 3 Tagen, nachzuholen.

Unverzüglich, spätestens innerhalb von 3 Tagen nach Erstattung der Anzeige, sind die im betroffenen Betrieb oder selbständigen Betriebsteile vorhandenen und die für ihn bestimmten Vorräte an Roh- und Betriebsstoffen, insbesondere Brennstoffen, und Halbfabrikaten vollständig und wahrheitsgemäß der zuständigen Demobilmachungsbehörde mitzuteilen.

Als Arbeitnehmer im Sinne dieser Verordnung gelten die Arbeitnehmer im Sinne des Betriebsrätegesetzes.

9a) RArbG. 11. 2. 31 — RAG. 353/1930 (bisher nicht veröffentlicht).

10) RArbG. 28. 3. 28, Bensh. II, 05; RArbG. 20. 4. 29, Bensh. VI, 36; Stritzke KTrW. 1929, 117; 1930, 187.

11) Göppert, S. 81.

dürfen sollen[12]). Selbstverständlich muß aber die StillVO. beachtet werden, wenn die Kündigung der Belegschaft erst im weiteren Verlauf des VV., also nach Ablauf der Zweiwochenfrist des § 28 VglO., erfolgt, eine Genehmigung des Vgl. also nicht mehr möglich ist.

e) Für den Kündigungsschutz nach dem BetrRG.:

11 Besteht eine Betriebsvertretung, so kann diese gem. § 84 BetrRG. gegen eine Kündigung Einspruch einlegen. Ferner ist zur Entlassung von Mitgliedern der Betriebsvertretung die Genehmigung der Betriebsvertretung oder des ArbG. gem. § 96 BetrRG. erforderlich. Für das VV. gilt aber folgendes:

Die VglO. ist gegenüber dem BetrRG. das spätere und spezielle Ges. Die Vorschriften des BetrG., die die Kündigungen einschränken, haben daher bei einer Kündigung, die durch den Sch. gem. §§ 28, 29 erfolgt, keine Wirkung[13]). Für den Kfs. hat allerdings das RArbG. die Zustimmung der Betriebsvertretung gefordert[14]).

f) Für Lehrlinge:

12 Der Lehrvertrag kann nur aus wichtigem Grund und dann nur fristlos gelöst werden. Im VV. ist fristlose Kündigung durch den Sch. oder den Lehrling mit Ermächtigung des VglGer. zulässig, wenn die Fortsetzung des Lehrvertrags für den Sch. eine untragbare Belastung bedeuten würde oder dem Lehrling nicht die Sicherheit einer zweckmäßigen Ausbildung gewährleistet ist[15]). Der Lehrling bedarf zum Lossagegesuch der Zustimmung seines gesetzlichen Vertreters, wenn er minderjährig ist, da ja auch der Abschluß des Lehrvertrages dieser Zustimmung bedarf.

---

12) So Maeder S. 77; Nagel S. 113; Stritzke KTrW. 1927, 147; ausführlich Bley KTrW. 1929, 65 ff.; a. M. Kiesow § 29 Anm. 35; Samolewitz § 29 Anm. 15a; Levy § 29 Anm. 2.

13) Samolewitz § 29 Anm. 13; Kiesow § 29 Anm. 32; a. M. Stritzke KTrW. 1930, 187.

14) KTrW. 1930, 62.

15) So Samolewitz § 29 Anm. 17; vgl. Maeder S. 39 und Stritzke in KTrW. 1930, 186.

g) **Für Kündigungen aus wichtigem Grund:**

Gem. § 626 BGB., § 70 HGB., § 133 b GewO. kann bei Vorliegen eines wichtigen Grundes ein Dienstverhältnis gegebenenfalls fristlos gekündigt werden. Die Eröffnung des VV. ist aber weder für den Arbeitgeber noch für den Arbeitnehmer ein wichtiger Grund. Der Arbeitnehmer kann fristlos und ohne Genehmigung des VglGerichts kündigen, wenn er anderweit eine sichere Möglichkeit des Fortkommens hat und ihm die Lage seiner jetzigen Firma keine Gewähr für ausreichende Sicherung seiner Zukunft bietet[16]). 13

§ 30.

Wird die Erfüllung oder die weitere Erfüllung eines gegenseitigen Vertrags auf Grund des § 28 abgelehnt oder ein Miet-, Pacht- oder Dienstvertrag auf Grund des § 29 Abs. 2 vorzeitig gekündigt, so kann der Vertragsgegner des Schuldners Schadensersatz wegen Nichterfüllung verlangen. Er ist mit dem Ersatzanspruch am Vergleichsverfahren beteiligt und wird von dem Vergleiche betroffen.

I. **Allgemeines.**

Der **Gl.** hat den Schadenersatzanspruch, gleichgültig, ob 1
er sich vom Vertrag losgelöst hat oder der Sch. Der **Sch.** dagegen hat keinen Schadenersatzanspruch, wenn er sich vom Vertrag lossagt (vgl. S. 24) und natürlich auch nicht, wenn der Gl. sich losgesagt hat. Der Schadenersatzanspruch nimmt am VV. teil. Wird jedoch ein gegenseitiger Vertrag nach Eröffnung des VV. nicht einseitig mit Ermächtigung des Gerichts, sondern durch **freiwillige Vereinbarung aufgelöst** und hierbei vom Sch. ein Schadenersatzanspruch anerkannt, so fällt dieser natürlich nicht unter den Vgl. Setzt der Gl. dem Sch. **gem. § 326 BGB. eine Frist** mit der Erklärung, daß er nach Fristablauf die Annahme der Leistung ablehne, und geht der Gl. alsdann zum Schadenersatzanspruch über, so wird auch dieser Schadenersatzanspruch nicht vom Vgl. betroffen, vorausgesetzt, daß die Frist nach Eröffnung des VV. abgelaufen ist. Ist der Fristablauf schon vorher eingetreten, so hatte sich der Erfüllungsanspruch des Gl. bereits

16) Samolewitz § 29 Anm. 18.

bei Eröffnung des VV. in einen Schadenersatzanspruch umgewandelt, der vom VV. betroffen wird[1]).

II. Inhalt des Schadenersatzanspruchs.

2 Der Gl. nimmt am VV. **teil**, auch insoweit, als er den Vertrag **bereits erfüllt** hat. Hat er also z. B. Waren geliefert, so kann er auch insoweit nur die Quote auf den Kaufpreis verlangen[2]). Die gemachten **Teilleistungen** kann der Gl. vom Sch. nicht zurückfordern. Hat der Sch. schon zum Teil geleistet, so kann der Gl. diese Teilleistung behalten, muß sie sich aber auf seinen Schadenersatzanspruch anrechnen lassen[3]). Wenn aber die vom Sch. erbrachte Teilleistung höher ist, als der Schadenersatzanspruch des Gl., so wird man dem Sch. einen Bereicherungsanspruch auf den Ueberschuß gewähren müssen[4]). Für die Besonderheiten bei Lieferung unter Eigentumsvorbehalt vgl. Anh. zu § 4 Anm. 18.

III. Haftung von Sicherheiten für den Schadenersatzanspruch.

3 Der **Bürge** haftet gem. § 767 Abs. 1 S. 2 BGB. für die durch Verschulden des Sch. veränderte Hauptschuld, demgemäß wird der Bürge auch für die Schadenersatzforderungen haften, wenn der Gl. die Erfüllung abgelehnt hat, da der Sch. den Grund der Ablehnung (seine Zahlungsunfähigkeit) zu vertreten hat. Wenn dagegen der Sch. selbst die Erfüllung ablehnt, so wird der Bürge für die dem Gl. erwachsene Schadenersatzforderung nicht haften, da die Verwahrung der Hauptschuld auf einem Rechtsgeschäft des Sch. beruht[5]). Dasselbe wird zu gelten haben, wenn der Anspruch des Gl. durch ein **vertragliches Pfandrecht** oder durch eine **Sicherungsübereignung** gedeckt ist[6]). Ein **Pfändungspfandrecht** dagegen haftet für den Ersatzanspruch nicht[7]).

---

1) So h. L., insbes. Kiesow § 4 Anm. 4 und Nagel S. 27.
2) KG. KTrW. 1929, 78.
3) Kiesow § 28 Anm. 34; Maeder S. 44.
4) Bestr., so vgl. Jaeger § 17 Anm. 46; Kiesow § 28 Anm. 35; Mayer § 30 Anm. 18; Samolewitz § 28 Anm. 13; Maeder S. 45; Nagel S. 130.
5) So Kiesow § 30 Anm. 2; Mayer § 30 Anm. 15; Maeder S. 82.
6) Bestr., so Kiesow § 30 Anm. 2 unter Berufung auf §§ 12, 110 BGB.; a. M. Samolewitz § 30 Anm. 2.
7) RG. 114, 386.

§ 31.

Von der Stellung des Antrags auf Eröffnung des Vergleichsverfahrens bis zur Rechtskraft der Entscheidung, die das Verfahren beendet, ist die Entscheidung über einen Antrag auf Eröffnung des Konkursverfahrens ausgesetzt.

I. Schicksal des KksAntrags.

1 Die Entscheidung über jeden KksAntrag bleibt ausgesetzt, auch wenn der Antrag von einem nicht am VV. beteiligten Gl. gestellt worden ist. Im übrigen wird verwiesen auf § 1 Abs. 3 VglO., wonach der Sch. einem KksAntrag durch Antrag auf Eröffnung des VV. entgegentreten kann. Er kann dies auch durch **hilfsweise** Stellung des VVAntrags, und zwar so lange, als nicht über den KksAntrag rechtskräftig entschieden ist, also auch noch in der Beschwerdeinstanz[1]).

Kommt es zum Vgl., so gilt ein Antrag auf Eröffnung des Kks., über den die Entscheidung nach § 31 ausgesetzt war, **als nicht gestellt,** und zwar gleichgültig, ob der KksAntrag nach dem Antrag auf Eröffnung des VV. oder vorher angebracht worden war (§ 69 Abs. 3 S. 2); er ist dann also verfahrensrechtlich endgültig erledigt (Begr. S. 26). Kommt es nicht zum Vgl., so ist über den bedingten **KksAntrag zu entscheiden,** der ja im VVAntrag liegt (vgl. § 24 Anm. 1). Wird daraufhin der Kks. eröffnet, so ist der frühere Antrag des Gl. überflüssig geworden und daher zurückzuweisen, sofern er nicht vom Gl. zurückgenommen wird; es wird sich natürlich empfehlen, dem Gl. diese Rücknahme anheimzugeben, da dann gem. § 6 Abs. 1 S. 3 GKG. von der Erhebung einer Gebühr abgesehen werden kann. Wird auch im Anschluß an das VV. der Kks. nicht eröffnet, so steht immer noch der KksAntrag des früheren Gl., über den gesondert zu entscheiden ist. Denn dieser Gl. kann, wenn der AnschlußKks. mangels Masse abgelehnt wird, Kostenvorschuß oder Sicherheit leisten. Auch hat er gegen den ablehnenden Beschluß das Beschwerderecht.

---

1) Vgl. oben § 1 Anm. 8; OLG. Dresden in KTrW. 1929, 155; Hertzfeld in KTrW. 1931, 19; Levy § 1 Anm. 7; a. M. Neese KTrW. 1929, 149; Kiesow § 31 Anm. 3.

II. Sicherungsmaßregeln.

2 Obwohl die Entscheidung über den KksAntrag ausgesetzt ist, können doch **Sicherungsmaßregeln** getroffen, vor allem ein allgemeines Veräußerungsverbot (§ 106 KO.) erlassen werden (RAusschBer. S. 48). Das wird vor allem dann in Frage kommen, wenn mit einem VVAntrag zugleich auch die KksEröffnung mangels Masse abgelehnt und dieser Beschluß noch nicht rechtskräftig ist.

§ 32.

Nach der Eröffnung des Vergleichsverfahrens können die an ihm beteiligten Gläubiger Zwangsvollstreckungen gegen den Schuldner nicht mehr vornehmen. Das gleiche gilt für solche Gläubiger, die nur deshalb an dem Vergleichsverfahren nicht beteiligt sind, weil ihre Ansprüche nach § 63 der Konkursordnung im Konkursverfahren nicht geltend gemacht werden können.

Uebersicht über die Anmerkungen:

I. Betroffene Gl.

1 Die Vollstreckungssperre des § 32 gilt nur für solche Gl., die am VV. beteiligt sind (Satz 1). Dagegen gilt die Vollstreckungssperre **nicht** für die Gl., die **am VV. nicht** beteiligt sind (vgl. § 2), also auch nicht für Herausgabeansprüche auf Grund Eigentums. Ferner können die Gl. gegen den Sch. während des VV. mit Zwangsvollstreckungsmaßnahmen vorgehen, denen der Sch. erst **nach** der Eröffnung des VV. etwas schuldig wird (Neugläubiger). Dasselbe gilt auch für die von der Beteiligung am Konkurse ausgeschlossenen Unterhaltungsberechtigten des § 3 Abs. 2 KO. (vgl. § 2 Anm. 26).

§ 32 gilt aber auch für solche Gläubiger, die, weil ihre Forderungen längere Zeit zurückliegen, ihr **Vorrecht verloren** haben, also z. B. Krankenkassenbeiträge, Steuerforderungen, die länger als ein Jahr vor Eröffnung des VV. fällig geworden sind[1]) oder Forderungen, die im Verwaltungszwangsverfahren beigetrieben werden sollen. Ueber Urteile, die auf **Abgabe einer Willenserklärung** gehen (z. B. auf Bewilligung der Eintragung einer Hypothek), vgl. Lucas § 32 IIc; die Wirkung, daß die Willenserklärung mit der Rechtskraft des Urteils als abgegeben gilt, soll nicht eintreten, wenn das Urteil während des VV. rechtskräftig wird.

Ist das **VV. über eine OHGes.** eröffnet, nicht aber gleichzeitig über das Vermögen der persönlich haftenden Gesellschafter, so ist Schuldnerin nur die OHGes., nur gegen sie gilt die Vollstreckungssperre. Gegen die Gesellschafter selbst kann weiter vollstreckt werden, sofern auch gegen diese persönlich Schuldtitel vorliegen (vgl. § 89 Anm. 4)[2]).

Die seit Eröffnung des Verfahrens laufenden **Zinsen,** die **Kosten,** welche den einzelnen Gläubigern durch ihre Teilnahme am Verfahren erwachsen, **Geldstrafen** und **Forderungen aus einer Freigebigkeit** des Schuldners behandelt die KO. als Forderungen minderen Rechts und schließt sie deshalb von der Geltendmachung im Konkursverfahren aus (§ 63 KO.). Das hat zur Folge, daß sie im Konkurse regelmäßig völlig ausfallen. Dieses Ergebnis würde man für das VV. in sein Gegenteil verkehren, wenn man diesen Forderungen die Möglichkeit unbeschränkter Zwangsvollstreckung während der Dauer des VV. gewährte. Nach der Regel des Satz 1 des § 32 wäre das aber der Fall; denn die im § 63 KO. bezeichneten Forderungen nehmen nach dem Grundsatz des § 2 nicht teil (vgl. § 2 Anm. 29a). Der Satz 2 des § 32 unterwirft daher die bezeichneten Ansprüche der Vollstreckungssperre, obgleich sie am VV. nicht beteiligt sind (Begr. S. 27).

II. Wirkung der Vollstreckungssperre.

Zwangsvollstreckungen begründen, wenn sie trotzdem vorgenommen werden, für den Gl., zu dessen Gunsten sie erfolgt sind, **keinerlei Rechte.** — Die Unzulässigkeit dieser Maßnahmen wirkt für immer. Auch nach Wegfall des VV. kann also z. B. ein vom Verfahren betroffener Gl., der dieser Vorschrift zuwider eine „Pfändung“ erwirkt hat, aus den „gepfändeten“ Gegenständen sich nicht befriedigen. Eine nach Eröffnung des VV. zugunsten eines nicht berechtigten 2

1) LFinAmt Dresden 15. 10. 29 — S. 1177/1414 J. 304 A./29.
2) Bay. ObLG. JW. 1930, 1507.

Gl. eingetragene Zwangshypothek ist nichtig. Gegen eine solche eingetragene Zwangshypothek ist Widerspruch von Amts wegen einzutragen[3]). Der Gl. ist verpflichtet, die Löschung zu bewilligen. Führt der Gl. die Vollstreckung trotzdem durch, so ist er zur **Herausgabe wegen ungerechtfertigter** Bereicherung verpflichtet, bei Kenntnis des VV. zum **Schadenersatz** (vgl. §§ 819 und 823 BGB.)[4]). Will der Gl. mit seiner Forderung gegen den Bereicherungsanspruch aufrechnen, so ist dies während des VV. nicht zulässig. Ist das VV. durch einen Vgl. beendigt, kann der Gl. nur insoweit aufrechnen, als seine Forderung nicht durch den Vgl. erlassen oder gestundet ist. Hat ein Gl. vor Eröffnung des VV. eine Forderung durch Pfändungsankündigung (§ 845 ZPO.) oder durch Pfändungsbeschluß **gepfändet,** so ist es unzulässig, wenn nach Eröffnung des VV. die Forderung ihm noch zur Einziehung oder an Zahlungs Statt **überwiesen** wird. Ist die Forderung ihm vor Eröffnung des VV. zur Einziehung überwiesen, so ist er an der Einziehung nicht gehindert. Erfolgte aber die Ueberweisung innerhalb der Dreißig-Tage-Frist (vgl. § 3), so ist er trotzdem am VV. beteiligt; denn die Ueberweisung zur Einziehung war nur eine Zwangssicherung. Er muß also gemäß §§ 70, 84 das Erlangte herausgeben.

III. Maßnahmen zur Durchführung der Sperre.

3 Das Vollstreckungsverbot ist **von Amts wegen zu berücksichtigen,** d. h. das Vollstreckungsgericht und der Gerichtsvollzieher haben die Vornahme jeder weiteren Zwangsvollstreckung von Amts wegen abzulehnen, sobald sie Kenntnis von der Eröffnung des VV. erlangt haben[5]). Allerdings wird diese Ablehnung dazu führen können, daß die Vollstreckungsorgane Zwangsvollstreckungsaufträge ablehnen, obwohl es sich um Ansprüche von vom VV. nicht betroffenen Gl. handelt. Es ist dann aber Sache des Gl., dem Gerichtsvollzieher bei Stellung seines Antrags den Beweis zu erbringen, daß er vom VV. nicht betroffen wird. Wird sein Antrag abgelehnt, so steht ihm nach § 766 ZPO. das Recht der **Einwendung** zu. Erfolgen Vollstreckungshand-

3) RG. 4. 4. 17, RJA. 16, 123; Warneyer Entsch. 20; Jg. S. 198, 217.
4) Kiesow § 32 Anm. 25; Bernhardt a. a. O. S. 50.
5) Vgl. OLG. Jena JW. 1926, 2462[3], ferner JW. 1927, 404[14].

lungen entgegen dem Verbot des § 32, so können sowohl der Sch. als auch die VP. die Vollstreckung im Wege der **Erinnerung** gemäß § 766 Abs. 1 ZPO. anfechten[6]).

Zuständig für diese Entscheidungen ist das Vollstreckungsgericht (nicht Vergleichsgericht), so daß also die Beschränkung des Beschwerderechts gem. § 14 nicht gilt.

Wird die Vollstreckung nicht von einem Vollstreckungsorgan der Justizbehörde, sondern z. B. von der Vollstreckungsstelle eines **Finanzamtes** vorgenommen, so entscheidet über Einwendungen gegen die Vollstreckung die zuständige Behörde. Für Reichssteuern gelten §§ 298 ff., 228 ff., 281 ff., RAbgO. und § 59 BeitreibO. **Krankenkassen-, Invaliden-** und **Unfallversicherungs**beiträge werden wie Gemeindeabgaben beigetrieben (§ 28 RVersO.). Ebenso die Beiträge zur **Arbeitslosen**versicherung (§ 145 Ges. betr. Arbeitsvermittl. und Arbeitslosenversicherung (§ 212 AngVersGes.). Hier entscheiden also zunächst die betr. Vollstreckungsbehörden der Gemeinden.

IV. Vollstreckungsschutz vor Eröffnung des VV.

4 Vor Eröffnung des VV. gibt es keinen unmittelbaren Vollstreckungsschutz. Der Gl., der innerhalb der Dreißig-Tage-Frist (vgl. § 3) vollstreckt, muß aber damit rechnen, daß er nach Bestätigung des Vgl. (§ 70) oder nach Eröffnung des Anschlußkurses (§ 84) die Sicherung oder die erlangte Befriedigung herausgeben muß. In Ausnahmefällen kann der Sch. eine **einstweilige Verfügung** des Inhalts beantragen, daß die Zwangsvollstreckung bis zur Entscheidung über den VVAntrag eingestellt wird. Der Sch. muß aber glaubhaft machen, daß dem Antrag nach Lage der Sache stattgegeben werden wird, insbesondere, daß er die Mehrheit der Gl. nicht nur für die Eröffnung des VV., sondern auch für die Bestätigung des Vgl. hat[7]).

Einen gewissen **Schutz** bietet in der Praxis § 825 ZPO. Um im Interesse aller Gl. zu vermeiden, daß gepfändete Gegenstände zum Schaden der Masse verschleudert werden, muß der Sch. versuchen, sie freihändig durch den Gerichtsvollzieher verkaufen zu lassen (Weinberg § 33 Anm. 3). Ent-

6) Vgl. hierzu Samolewitz § 32 Anm. 6 sowie KTrW. 1927, 130 und 1928, 13; JW. 1927, 2403; 1928, 95 und 1120; 1929, 311.

7) Näheres Samolewitz in JW. 1929, 311; Bedenken hiergegen Schumann KTrW. 1929, 141; vgl. weiter JW. 1929, 1639.

weder ist bis zur Entscheidung über diesen Antrag das VV. eröffnet, oder aber es wird wenigstens eine Verschleuderung der Masse vermieden. Bis zur Entscheidung über den Antrag aus § 825 kann die Zwangsvollstreckung vorläufig eingestellt werden, da es sich um einen Antrag handelt, der die Art und Weise der Zwangsvollstreckung betrifft[8]). Vgl. hierzu Musterbeispiel 15.

V. **Keine Anfechtung während des VV.**

5 Gläubiger, die von der Vollstreckungssperre des § 32 betroffen werden, können auch **nicht** während des VV. auf Grund des Anfechtungsgeſ. v. 1879 einzelne Rechtshandlungen des Schuldners **anfechten**[9]). Gl., die der Vollstreckungssperre nicht unterliegen, werden dagegen auch während des VV. anfechten können.

§ 33.

Zwangsvollstreckungen, die zur Zeit der Eröffnung des Vergleichsverfahrens zugunsten eines an ihm beteiligten Gläubigers gegen den Schuldner anhängig sind, sind für die Dauer des Verfahrens einstweilen einzustellen. Das gleiche gilt für Zwangsvollstreckungen zugunsten solcher Gläubiger, die nur deshalb an dem Vergleichsverfahren nicht beteiligt sind, weil ihre Ansprüche nach § 63 der Konkursordnung im Konkursverfahren nicht geltend gemacht werden können.

Das Vergleichsgericht kann die endgültige Einstellung und die Aufhebung der Vollstreckungsmaßregeln auf Antrag der Vertrauensperson anordnen, wenn die Verfügung über den von der Vollstreckung betroffenen Gegenstand im Interesse der an dem Vergleichsverfahren beteiligten Gläubiger geboten ist.

I. **Betroffene Gl.**

1 Welche Gl. von der Einstellung und Aufhebung der Zwangsvollstreckungsmaßregeln betroffen werden, darüber vgl. § 32 Anm. 1. Nach der geltenden Regelung können Zwangsvollstreckungen, die **vor** Beginn der Sperrfrist des

8) Vgl. § 766 ZPO.; LG. Dresden JW. 1930, 125.

9) So auch Kiesow § 32 Anm. 12; Cahn JW. 1928, 1119; Wilmersdoerffer S. 144; Lucas S. 103.

§ 3 vorgenommen worden sind, nicht eingestellt werden[1]). Ebenso können sie natürlich nicht nach Abs. 2 aufgehoben werden. Für Gl., die innerhalb der Dreißig-Tage-Frist vollstreckt haben, gelten bei Bestätigung des Vgl. § 70 und bei AnschlußKks. § 80. **Vollstreckungskosten** gelten bei Bestätigung des Vgl. als erlassen (§ 74). Wird aber kein Anschluß-Kks. eröffnet, so kann die Zwangsvollstreckung fortgesetzt werden[2]).

Eine Anordnung nach § 33 ist nicht mehr zulässig, sobald der Gl. durch die Zwangsvollstreckung bereits **befriedigt** ist[3]). Das ist der Fall, wenn der Versteigerungserlös an den Gl. abgeführt, der Betrag der zur Einziehung überwiesenen Forderung eingegangen, eine Forderung an Zahlungs Statt überwiesen, eine Sicherungshypothek eingetragen ist. Aber §§ 3, 70, 84 sind auch hier zu beachten!

II. Einstellung der Zwangsvollstreckung.

Vollstreckungsmaßnahmen, einschließlich der aus Ar- 2
resten und einstweiligen Verfügungen hergeleiteten (vgl. § 34), die zur Zeit der Stellung des Vergleichsantrags zugunsten eines am VV. beteiligten Gl. anhängig sind, sind **einstweilen einzustellen.** Die Einstellung hat das Vollstreckungsorgan (Gerichtsvollzieher oder Gericht) von Amts wegen vorzunehmen, sobald es von der Eröffnung des VV. erfährt. Die Einstellung soll nur einstweilig sein, weil sich bei der Eröffnung des VV. noch nicht übersehen läßt, ob es zum Vergleich oder bei Erfolglosigkeit des VV. zum Konkurse kommen wird. Geht das VV. erfolglos aus, ohne daß es zum Konkurse kommt, so kann die Zwangsvollstreckung fortgesetzt werden, denn die Einstellung geschieht nur für die Dauer des Verfahrens (Begr. S. 25). **Zuständig** ist das Vollstreckungsgericht, daher keine Beschränkung der Beschwerde gem. § 14 VglO.

Ein **besonderer Einstellungsbeschluß** des Vollstreckungsgerichts wird vielfach nicht nötig sein. Der Gerichtsvollzieher muß vielmehr, sobald ihm die Einleitung des VV. nachgewiesen wird, einstellen, außer wenn er zweifelt, ob es sich

1) Neesse KTrW. 29, 55. 2) OLG. Dresden JW. 1926, 2113.
3) Vgl. OLG. Karlsruhe JW. 1930, 2813.

um einen am VV. beteiligten Gl. handelt. Dann ist es Sache des Sch., die Einstellung beim Vollstreckungsgericht zu betreiben.

III. Aufhebung der Zwangsvollstreckungs-Maßnahmen.

3 Die Aufhebung der Vollstreckungsmaßnahmen erfolgt durch das **Vergleichsgericht.** Der Gl. kann keine Beschwerde einlegen gegen die vom Vergleichsgericht ausgesprochene Aufhebung einer Zwangsvollstreckung, auch dann nicht, wenn der Gl. nicht am VV. beteiligt ist[4]).

Zu beachten ist, daß dadurch allein, daß das Gericht die Zwangsvollstreckungsmaßregel aufhebt, noch nicht gewährleistet ist, daß der Schuldner nun auch wirklich über den betreffenden Gegenstand im Interesse der am VV. beteiligten Gl. verfügt. Es wird sich daher empfehlen, daß die Anordnung des Gerichts nach § 33 Abs. 2 erst dann erfolgt, wenn der Sch. in der gewünschten Weise über den Gegenstand — natürlich unter Vorbehalt der infolge der Zwangsvollstreckung vorläufig noch bestehenden Rechte — verfügt hat. Das Pfandrecht des Gl. wird durch eine derartige Anordnung endgültig vernichtet.

Durch die Aufhebung der Pfändungen soll der VglSch. in den Stand gesetzt werden, bis zum VglTermin zwecks Weiterbetrieb seines Geschäfts über die Pfänder durch Verwertung zu verfügen. Sind daher Gegenstände (z. B. Inventarstücke) gepfändet, bei denen eine **Verwertung nicht in Betracht** kommt, so wird eine Aufhebung der Vollstreckungsmaßregeln regelmäßig nicht erfolgen können. Ferner müssen Anträge auf Aufhebung von Vollstreckungsmaßregeln **alsbald nach Eröffnung des VV.** gestellt werden. Geschieht dies nur wenige Tage vor dem VglTermin, so wird das Gericht ihnen grundsätzlich nicht zu entsprechen haben; denn dann kann der Sch. warten, bis der Vgl. bestätigt ist und sich wegen der noch bestehenden Pfändungen nach § 70 an den Gerichtsvollzieher wenden. Sind Gegenstände gepfändet, die dem Sch. **nicht gehören** (z. B. sicherungsweise übereignete Gegenstände), so wird ebenfalls regelmäßig für eine Aufhebung der Vollstreckungsmaßnahme kein Raum sein; denn der betr. SicherungsGl. kann alsdann reklamieren. Nur wenn der Sch. glaubhaft macht, daß der SicherungsGl. mit

4) Vgl. § 14 Abs. 1; LG. III Berlin 3. 5. 29 KTrW. 1929, 95.

der beabsichtigten Verwertung einverstanden ist, und daß die Durchführung des Reklamationsprozesses langwierig sein und die beabsichtigte Realisierung bei längerem Zuwarten unmöglich oder schwierig werden würde, wird das Gericht die Zwangsvollstreckungsmaßnahme aufheben können. Denn diese richtete sich, war sie auch in fremde Sachen erfolgt, doch immer gegen den Sch.

§ 34.

Zwangsvollstreckung (§§ 32, 33) ist auch die Vollziehung eines Arrestes oder einer einstweiligen Verfügung.

Bei **Vollziehung vor der Zustellung** (vgl. § 929 Abs. 3 ZPO.) kann die Zustellung auch nach Einleitung des VV. erfolgen, wenn nur die Vollziehung vorher erfolgt ist; die Zustellung ist kein Vollstreckungsakt. Anders ist es bei einer vor Einleitung des VV. zugestellten **Vorpfändung** (Pfändungsankündigung) gemäß § 845 ZPO.; hier ist zur Aufrechterhaltung des durch die Vorpfändung erwirkten Pfandrechts noch eine Pfändung durch Gerichtsbeschluß nötig, die aber nach § 32 nicht mehr nach Einleitung des VV. erfolgen kann.

§ 35.

Erhebt ein am Vergleichsverfahren beteiligter Gläubiger nach Eröffnung des Verfahrens Klage auf Leistung, so fallen ihm die Prozeßkosten zur Last, wenn der Schuldner den Anspruch sofort anerkennt. Dies gilt nicht, wenn der Gläubiger bei der Erhebung der Klage die Eröffnung des Vergleichsverfahrens nicht kannte oder aus besonderen Gründen an alsbaldiger Erlangung des Urteils ein berechtigtes Interesse hatte.

Uebersicht über die Anmerkungen:

I. Einwirkung des VV. auf anhängige Prozesse.

a) Einwirkung der Eröffnung des VV.:

1 Die Eröffnung des VV. beeinflußt materiell den Prozeß nicht[1]). Klagt der Gl. auf Zahlung, so ist nach Eröffnung des VV. eine Umstellung des Klagantrags auf Feststellung der Klagforderung zum GlVerzeichnis (vgl. §§ 60, 62) nicht angängig. Der Gl. muß vielmehr weiter auf Leistung klagen. Ergeht im Prozeß Urteil, ohne daß vor der letzten mündlichen Verhandlung der Vgl. bestätigt war, so muß der Sch., wenn der Vgl. alsdann bestätigt wird, den Einwand des Vgl. im Wege der Vollstreckungsgegenklage nach § 767 ZPO. bringen und notfalls nach § 769 ZPO. Einstellung und Zwangsvollstreckung beantragen.

b) Einwirkung des Vgl.:

2 Wird der Vgl. **bestätigt vor** der letzten mündlichen Verhandlung im Prozeß, so muß der Einwand des Vgl. in der letzten mündlichen Verhandlung gebracht werden, denn durch die Bestätigung des Vgl. hat der der Klage zugrunde liegende Anspruch materiell eine Aenderung erfahren. Der Gl. muß daher auch den Klaganspruch nach Maßgabe der Bestimmungen des Vgl. umstellen. Der Sch., der vor Bestätigung des Vgl. den Anspruch des Gl. bestritten, im VglTermin jedoch den Anspruch des Gl. anerkannt hatte, kann nunmehr den Gl. nicht dadurch klaglos stellen, daß er unter Hinweis auf die Möglichkeit einer Vollstreckung aus dem Anerkenntnis das Vorliegen eines Rechtsschutzinteresses des Gl. nunmehr verneint. Der Gl. wird vielmehr solchenfalls Erledigung in der Hauptsache anzuzeigen und um Kostenurteil gegen den Sch. zu bitten haben. Ist Versäumnisurteil ergangen und läuft bei Bestätigung des Vgl. die Einspruchsfrist noch, so muß der Sch. Einspruch einlegen, da er durch Vollstreckungsgegenklage nach § 767 ZPO. den Einwand des Vgl. nicht bringen kann. Vgl. hierzu ferner § 73 Anm. 2.

Lautet der Vgl. nicht auf Zahlung durch den Sch., sondern ist es z. B. ein **LiquidationsVgl.,** bei dem das Vermögen einem Treuhänder übertragen wird, oder werden z. B. die Gl. durch neue Aktien abgefunden, so bleibt dem Gl., wenn während des Prozesses der Vgl. bestätigt wird,

1) Samolewitz § 35 Anm. 1.

nichts übrig, als seinen Klagantrag auf Feststellung umzuändern, daß ihm eine Forderung in Höhe von . . . zusteht, die nach Maßgabe des Vgl. zu befriedigen ist. Wird der Vgl. erst nach der letzten mündlichen Verhandlung bestätigt (oben a) so hat die Vollstreckungsgegenklage des Sch. einen solchen Feststellungsantrag zu enthalten.

II. **Klagerhebung nach Eröffnung des VV.**

a) **Allgemeines:**

3 **Gl.**, die am VV. **nicht beteiligt** sind (also z. B. Gl. aus § 4), können trotz des VV. klagen und vollstrecken. Die **beteiligten** Gl. hingegen haben bei Erhebung der Leistungsklage (nicht Feststellungs- und Duldungsklage oder Klage auf Abgabe einer Willenserklärung) mit dem Kostennachteil des § 35 VglO. zu rechnen, ganz abgesehen davon, daß sie während des VV. nicht vollstrecken können. Grundsätzlich hat der beteiligte Gl. die Kosten zu tragen (Ausnahmen siehe Anm. 5), wenn der Sch. auf eine nach Eröffnung des VV. erhobene Leistungsklage den Anspruch sofort anerkennt.

b) **Klagerhebung und sofortiges Anerkenntnis:**

4 **Erhoben** ist die Klage beim Landgerichtsprozeß mit der Zustellung, ebenso beim Amtsgerichtsprozeß. Ist dagegen im Amtsgerichtsprozeß, was die Regel ist, zunächst Güteverfahren angeordnet, so gilt auch die Zustellung einer Klagschrift nur als Zustellung des Güteantrags; die Klage ist also noch nicht erhoben. Erst wenn durch Beschluß ins Streitverfahren übergegangen wird, gilt die Klage als zugestellt. Ist also Güteantrag oder Zahlungsbefehl vor Eröffnung des VV. zugestellt und wird erst nach Eröffnung des VV. ins Streitverfahren übergegangen, so gilt dies als Klagzustellung nach Eröffnung des VV.; der Sch. kann sich durch sofortiges Anerkenntnis von seiner Kostenpflicht befreien[2]). Bei Zustellung des Zahlungsbefehls nach Eröffnung des VV. wird der Sch. wegen der Kosten Widerspruch zu erheben und wegen der Kosten ins Streitverfahren überzugehen haben. Ist die Klage vor Eröffnung des VV. eingereicht, aber nicht zugestellt, so treffen die Kosten ebenfalls den Sch. als Verzugsschaden[3]).

2) Kiesow § 35 Anm. 4. 3) JW. 1927, 729.

Ein **Anerkenntnis** im Gegensatz zu einem bloßen Geständnis der Klagtatsache liegt vor, wenn in einem anhängigen Prozeß der Beklagte vor Gericht die Erklärung abgibt, daß der vom Kläger geltend gemachte Anspruch ganz oder zum Teil begründet sei. Wirkliche Leistung dagegen setzt das Gericht nicht voraus. Das Anerkenntnis muß sofort erfolgen, d. h. regelmäßig in dem ersten Termin nach der Klagerhebung. Sofortiges Anerkennen ist auch noch denkbar nach bloßer Vertagung. Ist dagegen gegen den Sch. Versäumnisurteil ergangen, so wird er im Einspruchsverfahren durch sofortiges Anerkenntnis die Kosten dem Gl. nicht gem. § 35 VglO. auferlegen können[4]). Findet auf die Klage hin der Verhandlungstermin erst **nach rechtskräftiger Beendigung des VV.** statt (z. B. wegen später Anberaumung oder wegen unstreitiger Vertagung des Termins), so wird regelmäßig für ein sofortiges Anerkenntnis des Sch. kein Raum sein; denn der Sch. wird die Forderung des Gl. bereits im VglTermin anerkannt haben und daher im Verhandlungstermin ein Rechtsschutzinteresse für den Gl. bestreiten müssen. Hat der Sch. dagegen im VglTermin die Forderung des Gl. bestritten, so wird auch ein sofortiges Anerkenntnis des Sch. im Verhandlungstermin die Kostenfolge des § 35 nicht nach sich ziehen, da ja dann der Gl. ein Interesse an der alsbaldigen Erlangung eines Urteils hat (siehe Ausnahme unten Anm. 5)[5]).

c) **Ausnahmsweise Kostenlast des Sch.:**

5 aa) Die Kosten treffen ausnahmsweise den Sch., wenn der klagende **Gl.** das VV. **nicht kannte.** Diese Nichtkenntnis muß der Gl. beweisen. Der Sch. oder die VP. können ihrerseits den Gegenbeweis, selbst durch Indizien, führen. Kennen heißt nicht Kennen-Müssen. Kenntnis des Bevollmächtigten gilt als eigene Kenntnis des Gl.[6]).

---

4) Bestr. wie hier Kiesow § 35 Anm. 9; KG. in JW. 1926, 2460; ähnlich auch Levy in JW. 1926, 2460. Dagegen Cahn VglO. S. 121 und Mayer § 35 Anm. 4 wollen auch im Einspruchsverfahren bei sofortigem Anerkenntnis dem Gl. die Kosten auferlegen.

5) Im Ergebnis ebenso OLG. Dresden 10. 12. 30 — 12 O. 173/30 (bisher nicht veröffentlicht), das überhaupt die Kostenregelung in § 35 VglO. auf ein während des VV. erfolgendes Anerkenntnis beschränkt.

6) JW. 1927, 870.

bb) Wenn der Gl. aus besonderen Gründen an einer **alsbaldigen Erlangung des Urteils ein berechtigtes Interesse** hatte: z. B. der Sch. hatte den Anspruch zunächst bestritten oder die unter Androhung der Klage ergangene Forderung des Gl., die Forderung anzuerkennen, unbeantwortet gelassen[6a]). Da *besondere* Gründe vorliegen müssen, kann die in jedem Falle mögliche Erwägung, daß der Sch. nicht gezahlt habe, und daß die vorsorgliche Beschaffung eines Titels für den Fall der Beendigung des VV. dem Gl. stets Vorteile bringe, nicht genügen, um ein berechtigtes Interesse im Sinne der Vorschrift zu begründen. Der Sch., der als *Wechselverpflichteter* neben anderen mit verklagt wird, kann sich regelmäßig ebenfalls auf § 35 berufen; denn der Gl. brauchte den Sch. nicht mit zu verklagen, sondern konnte die Klage gegen die übrigen Wechselverpflichteten allein richten[7]).

§ 36.

Ein Gläubiger, der nach der Eröffnung des Vergleichsverfahrens Zwangsvollstreckungen in das Vermögen des Schuldners nicht mehr vornehmen kann (§ 32), bleibt zur Aufrechnung befugt; die Vorschriften der §§ 54, 55 der Konkursordnung finden entsprechende Anwendung. Soweit die Aufrechnung hiernach statthaft ist, wird die Befugnis dazu durch die Wirkungen des Vergleichs nicht berührt.

I. Allgemeines.

Unbeschränkt aufrechnen können die bevorrechtigten Gl. 1
gem. § 61 KO. und die sonstigen am VV. **nicht beteiligten Gl.**, also auch die Gl. aus **gegenseitigen Verträgen**, solange diese Verträge gem. §§ 4, 28, 29 bestehen bleiben, und die Gl., deren Forderungen **nach** Eröffnung des VV. entstanden sind. **Beschränkt** in der Aufrechnung sind also nur

a) die am VV. beteiligten Gl. (vgl. hierzu §§ 2, 3, 32),
b) die Gl. aus § 63 KO.

Die Aufrechnungsbefugnis dieser Gl. wird gem. § 54 KO. **begünstigt** (vgl. unten Anm. 2), gem. § 55 KO. **beschränkt** (vgl. unten Anm. 3). Auch wenn der **Vgl. abgeschlossen** ist,

---

6a) Vgl. Recht 1925 Nr. 1802.

7) So OLG. Nürnberg JW. 1925, 658; OLG. Dresden JW. 1926, 1604; RG. JW. 1930, 3562; a. M. Cahn in JW. 1925, 289.

ist die Aufrechnung im selben Umfang zulässig, wie sie während des VV. war (§ 36 Satz 2).

Wird die Frage streitig, ob ein Gl., der zugleich dem Sch. etwas schuldet, an dem VV. teilnimmt, so entscheidet im Verfahren das VglGericht nach Maßgabe des § 62 über die Frage des Stimmrechts. Ob und in welchem Umfang der Gl. von einem abgeschlossenen Vgl. betroffen wird, ist gegebenenfalls nachträglich im Prozeßweg auszutragen (Begr. S. 16).

II. Begünstigung der Aufrechnung (§ 54 KO.).

2 Die Begünstigung gem. § 54 KO.[1]) gilt nur zugunsten der in § 32 KO. genannten Gl. (also der am VV. beteiligten Gl. und der Gl. aus § 63 KO.), nicht aber zugunsten des Sch. Auch wenn die Forderung des Gl. bei Eröffnung des VV. **noch nicht fällig** ist, kann er gegen die fällige Forderung des Sch. aufrechnen, muß sich allerdings gegebenenfalls den Zwischenzins kürzen lassen (§ 54 Abs. 2 vbd. § 65 KO.). Ist die Forderung des Gl. **aufschiebend bedingt,** so kann er erst bei Eintritt der Bedingung aufrechnen. Verlangt der Sch. auf Grund seiner fälligen Gegenforderung Zahlung, so kann der Gl. die Zahlung verweigern, bis der Sch. in voller Höhe der bedingten Forderung des Gl. Sicherheit leistet (§ 54 Abs. 3 KO.). Ist die Forderung des Sch. **auflösend bedingt,** so kann der Gl. seine fällige Forderung sofort aufrechnen[2]). Tritt aber die Bedingung nicht ein, so ist seine

---

1) § 54 KO. (wegen der §§ 65, 69, 70 KO. vgl. § 2 Anm. 34, 37, 38) lautet:

Die Aufrechnung wird nicht dadurch ausgeschlossen, daß zur Zeit der Eröffnung des Verfahrens die aufzurechnenden Forderungen oder die eine von ihnen noch betagt oder noch bedingt war, oder die Forderung des Gläubigers nicht auf einen Geldbetrag gerichtet war.

Eine betagte Forderung des Gläubigers ist zum Zwecke der Aufrechnung nach der Vorschrift des § 65 zu berechnen.

Zum Zwecke der Aufrechnung einer aufschiebend bedingten Forderung bei dem Eintritte der Bedingung kann der Gläubiger Sicherstellung insoweit verlangen, als die Forderung der von ihm einzuzahlenden Schuld gleichkommt.

Eine nicht auf Geld gerichtete Forderung des Gläubigers ist zum Zwecke der Aufrechnung nach den Vorschriften der §§ 69, 70 zu berechnen.

2) § 54 Abs. 1 KO.

Gegenforderung gegen den Sch. endgültig erloschen[3]). Auflösend bedingte Forderungen können beiderseits aufgerechnet werden. Auch wenn die Forderung des Gl. **nicht auf Geld geht** (§ 2 Anm. 37), ist eine Aufrechnung zulässig (§ 54 Abs. 1, 4 KO.). Ausgeschlossen ist die Aufrechnung, wenn die Gegenforderung des Sch. nicht auf Geld geht.

III. Beschränkung der Aufrechnung.

3 Ist die Aufrechnung gem. § 55 KO.[4]) während des VV. beschränkt, so ist sie es auch **nach Bestätigung des Vgl.** gegenüber der VglQuote; der Gl. muß also sich mit der VglQuote begnügen und seine alte Schuld voll bezahlen. Gegen die Quote darf er nur insoweit aufrechnen, als diese fällig ist.

Einzelfälle unzulässiger Aufrechnung:

Gl. hat auf Grund eines vom Sch. vor VV. erteilten Auftrags etwas nach Eröffnung des VV. für den Sch. eingezogen. Gl. kann gegen die Forderung auf Herausgabe

---

3) Jaeger Konkursrecht S. 90 Anm. 5.

4) § 55 KO. lautet:

Eine Aufrechnung im Konkursverfahren ist unzulässig:

1. wenn jemand vor oder nach der Eröffnung des Verfahrens eine Forderung an den Gemeinschuldner erworben hat und nach der Eröffnung etwas zur Masse schuldig geworden ist;
2. wenn jemand dem Gemeinschuldner vor der Eröffnung des Verfahrens etwas schuldig war und nach derselben eine Forderung an den Gemeinschuldner erworben hat, auch wenn diese Forderung vor der Eröffnung für einen anderen Gläubiger entstanden war;
3. wenn jemand vor der Eröffnung des Verfahrens dem Gemeinschuldner etwas schuldig war und eine Forderung an den Gemeinschuldner durch ein Rechtsgeschäft mit demselben oder durch Rechtsabtretung oder Befriedigung eines Gläubigers erworben hat, falls ihm zur Zeit des Erwerbes bekannt war, daß der Gemeinschuldner seine Zahlungen eingestellt hatte, ohne daß die Eröffnung des Verfahrens beantragt war. Die Vorschrift des § 33 findet entsprechende Anwendung.

Die Aufrechnung ist zulässig, wenn der Erwerber zur Uebernahme der Forderung oder zur Befriedigung des Gläubigers verpflichtet war und zu der Zeit, als er die Verpflichtung einging, weder von der Zahlungseinstellung noch von dem Eröffnungsantrage Kenntnis hatte.

des Eingezogenen nicht mit Forderungen aus dem Auftrage aufrechnen, wenn diese Auftragsforderung (z. B. Anwaltsgebühren) bereits vor Eröffnung des VV. entstanden war[5]).

Gl. ist nach Eröffnung des VV. Miet- oder Pachtzins schuldig. Mit einer vorher erworbenen Forderung kann Gl. nicht aufrechnen. Die Ausnahmevorschrift in § 21 Abs. 2 Satz 2 KO. für die Miete oder Pacht von Grundstücken bzw. Räumen ist von der VglO. nicht übernommen.

Hat Gl. vor Eröffnung des VV. eine Forderung erworben, dann abgetreten und nach Eröffnung des VV. wieder erworben, so ist eine Aufrechnung nicht zulässig[6]).

5) Vgl. RG. 53, 330. 6) Mentzel KO. § 55 Anm. 3.

§ 37.

Ist der Schuldner Kaufmann, so hat er von der Zustellung des Beschlusses über die Eröffnung des Vergleichsverfahrens bis zur Bekanntmachung des Beschlusses über die Beendigung des Verfahrens seiner Firma den ausgeschriebenen Zusatz „im Vergleichsverfahren" beizufügen. Auf den im § 15a der Gewerbeordnung[1]) vorgesehenen Gebrauch der Firma findet diese Vorschrift keine Anwendung.

1) **§ 15a GewOrdn.** lautet:

Gewerbetreibende, die einen offenen Laden haben oder Gast- oder Schankwirtschaft betreiben, sind verpflichtet, ihren Familiennamen mit mindestens einem ausgeschriebenen Vornamen an der Außenseite oder am Eingange des Ladens oder der Wirtschaft in deutlich lesbarer Schrift anzubringen.

Kaufleute, die eine Handelsfirma führen, haben zugleich die Firma in der bezeichneten Weise an dem Laden oder der Wirtschaft anzubringen; ist aus der Firma der Familienname des Geschäftsinhabers mit dem ausgeschriebenen Vornamen zu ersehen, so genügt die Anbringung der Firma.

Auf offene Handelsgesellschaften, Kommanditgesellschaften und Kommanditgesellschaften auf Aktien finden diese Vorschriften mit der Maßgabe Anwendung, daß für die Namen der persönlich haftenden Gesellschafter gilt, was in betreff der Namen der Gewerbetreibenden bestimmt ist.

Sind mehr als zwei Beteiligte vorhanden, deren Namen hiernach in der Aufschrift anzugeben wären, so genügt es, wenn die Namen von zweien mit einem das Vorhandensein weiterer Beteiligter andeutenden Zusatz aufgenommen werden. Die Polizeibehörde kann im einzelnen Falle die Angabe der Namen aller Beteiligten anordnen.

Die Vorschriften des § 32 und des § 37 Abs. 1 des Handelsgesetzbuchs[2]) finden entsprechende Anwendung. Der Gerichtsschreiber hat eine beglaubigte Abschrift der Formel des Eröffnungsbeschlusses und der Entscheidung, welche das Vergleichsverfahren beendet, dem Registergerichte mitzuteilen.

Die Pflicht zur Beifügung des Firmenzusatzes besteht nur für Kaufleute und auch für diese nur, wenn sie zur Führung einer Firma verpflichtet sind; demgemäß gilt die Bestimmung nicht für die im § 4 HGB. genannten Gewerbetreibenden (Handwerker und Kleingewerbetreibender). Die Erfüllung der Pflicht hat das Registergericht zu **überwachen** (vgl. Begr. S. 27). Der Zusatz „im Vergleichsverfahren" darf **nicht** etwa mit „i. V." **abgekürzt** werden, und muß auf Geschäftsbriefbogen, in Zeitungsinseraten, bei Scheck- und Wechselzeichnungen, in Reklamedrucksachen, kurz überall da, wo der Kaufmann in Handel und Verkehr auftritt, angewandt werden. Auch die Angestellten des Schuldners müssen bei der Firmenzeichnung den Zusatz verwenden.

Wenn auch die **VP.** gemäß §§ 40, 47 VglO. zur Ueberwachung der Geschäftsführung verpflichtet ist, so kann sie jedoch grundsätzlich nicht haftbar gemacht werden, wenn der Sch. den nach § 37 erforderlichen Firmenzusatz nicht führt. Sie könnte höchstens gegenüber den am VV. beteiligten Gläubigern (§ 44) verantwortlich sein, wenn ihr nachgewiesen würde, daß sie von dem Weglassen des Zusatzes Kenntnis gehabt und dies gebilligt hätte und wenn den beteiligten Gläubigern hierdurch ein Schaden entstanden ist. Gegenüber einem Neugläubiger (§ 2 Anm. 1) ist sie

---

2) **§§ 32, 37 Abs. 1 HGB.** lauten:

§ 32. Wird über das Vermögen eines Kaufmanns der Konkurs eröffnet, so ist dies von Amts wegen in das Handelsregister einzutragen. Das gleiche gilt von der Aufhebung des Eröffnungsbeschlusses sowie von der Einstellung und Aufhebung des Konkurses. Eine öffentliche Bekanntmachung der Eintragung findet nicht statt. Die Vorschriften des § 15 bleiben außer Anwendung.

§ 37 Abs. 1. Wer eine nach den Vorschriften dieses Abschnitts ihm nicht zustehende Firma gebraucht, ist von dem Registergericht zur Unterlassung des Gebrauchs der Firma durch Ordnungsstrafen anzuhalten. Die Höhe der Strafen bestimmt sich nach § 14 Satz 2.

nicht verantwortlich, z. B. wenn dieser von der Eröffnung des VV. keine Kenntnis gehabt, dem Sch. (der ohne Zusatz firmierte) geliefert und im Anschlußkonkurs einen Ausfall erlitten hat.

§ 38.

Der Schuldner darf während der Dauer des Verfahrens die vorhandenen Mittel nur insoweit für sich verbrauchen, als es zu einer bescheidenen Lebensführung für ihn und seine Familie unerläßlich ist.

Die Einhaltung dieser Verpflichtung überwacht die **VP.**; ihre Verletzung bedroht § 79 Abs. 1 Nr. 5 mit der Einstellung des Verfahrens. **Vorhandene Mittel** sind die jeweils vorhandenen Geldbeträge, auch Schecks usw. Mit den Worten: „Zu einer bescheidenen Lebensführung unerläßlich" ist dem Sch. **mehr als der notdürftige,** aber auch weniger als der standesgemäße Unterhalt überlassen. Es wird auf den einzelnen Fall ankommen: ob z. B. eine sehr teure Wohnung vom Sch. aufgegeben werden muß, obgleich das VV. nur kurze Zeit dauert, usw.

Ist die Schuldnerin eine **AG.** oder **GmbH.**, wirtschaftlich aber der Geschäftsführer oder Vorstand der Gesellschaft Inhaber des Unternehmens (z. B. bei Familiengesellschaften), so entspricht es dem Sinne des Gesetzes, daß der Gehalt des Geschäftsführers oder Vorstandes entsprechend herabgesetzt wird, wenn er die zu einer „bescheidenen Lebensführung" des wirtschaftlichen Inhabers erforderlichen Beträge übersteigt. Praktisch wird allerdings ein Zwang auf die Vorstandsmitglieder (Geschäftsführer) in dieser Richtung nicht ausgeübt werden können[1]).

§ 39.

Die Verjährung der Ansprüche der an dem Vergleichsverfahren beteiligten Gläubiger ist von der Eröffnung des Vergleichsverfahrens bis zur Rechtskraft der Entscheidung, die das Verfahren beendet, gehemmt.

Es tritt also bei allen vom Verfahren betroffenen Ansprüchen eine **Hemmung** der Verjährung für die Dauer des VV. ein, so daß also der Zeitraum des VV. (d. h. die Zeit

1) So Weinberg, Cahn, Samolewitz zu § 38.

vom Tage der Eröffnung des VV. bis zum Tage der Rechtskraft der das VV. aufhebenden Entscheidung). Nach Beendigung des VV. läuft die begonnene Verjährungsfrist weiter, die Verjährung beginnt nicht von neuem zu laufen. Wird dagegen trotz Anordnung des VV. Klage erhoben oder Zahlungsbefehl zugestellt, so wird die Verjährung unterbrochen.

Gewährt der Vgl. eine **Stundung,** so wird die Verjährung bis zum Ablauf der Stundung gehemmt, läuft also erst von da an weiter. **Ausschlußfristen,** z. B. Anfechtungsfristen (vgl. §§ 121, 124, 864 BGB. u. a.) werden gem. § 39 nicht gehemmt. Sie laufen also während des VV. weiter.

Die Verjährungs**frist** wird zur **30jährigen,** wenn die Forderungen im VglTermin anerkannt und der Vgl. bestätigt worden ist[1]) (vgl. § 73 VglO.). Wird das **VV. eingestellt** und Kks. eröffnet, so endigt die Hemmung der Verjährung. Eine neue Unterbrechung tritt erst mit der Anmeldung zur KksTabelle ein (vgl. § 209 BGB.). Die Anmeldung im VV. unterbricht die Verjährung nicht.

§ 40.

Das Gericht hat bei der Eröffnung des Vergleichsverfahrens zur Prüfung der Verhältnisse des Schuldners und zur Ueberwachung seiner Geschäftsführung sowie der Ausgaben für die Lebensführung des Schuldners und seiner Familie während des Verfahrens eine oder mehrere Vertrauenspersonen zu bestellen.

Von der Bestellung einer Vertrauensperson kann abgesehen werden, wenn sie aus besonderen Gründen, insbesondere wegen der Einfachheit und Klarheit der Verhältnisse oder wegen des geringen Umfanges des Geschäftsbetriebs des Schuldners, entbehrlich erscheint. Eine Vertrauensperson muß jedoch auch in diesem Falle bestellt werden, sobald ein Gläubiger oder der Schuldner es beantragt oder sich im Laufe des Verfahrens herausstellt, daß die Voraussetzungen des Satz 1 nicht oder nicht mehr vorliegen.

Die **Bestellung der VP.** erfolgt im Anordnungsbeschluß. Eine besondere Annahmeerklärung seitens der VP. ist nicht vorgeschrieben. Eine **Verpflichtung** der VP. durch das Gericht findet **nicht** statt. Dieses soll jedoch die VP. auf die

1) So auch Kiesow § 39 Anm. 6; a. M. Mayer § 39 Anm. 10.

ihnen obliegenden Pflichten, insbesondere darauf hinweisen, daß sie unter der Aufsicht des Gerichts stehen. Ist zunächst keine VP. bestellt, so **muß** dies geschehen, wenn ein Gl. — gleichgültig, ob er am VV. beteiligt ist oder nicht — dies beantragt.

Die VP. nimmt eine **Mittelstellung** ein[1]): sie ist weder Vertreter des Sch. noch Vertreter der Gl. Sie ist Aufsichtsperson. Daher ist sie zur selbständigen Geschäftsführung nicht befugt, kann auch nicht namens des Sch. Willenserklärungen abgeben oder Prozesse führen. In Prozessen des Sch. kann sie als Zeuge vernommen werden. Sie kann aber dem Sch. hinsichtlich seiner Geschäftsführung Weisungen erteilen.

In der Regel wird die Bestellung nur einer VP. genügen. Werden **mehrere** VP. bestellt, so ist § 79 KO. entsprechend anzuwenden: Wenn die Verwaltung verschiedene Geschäftszweige umfaßt, können mehrere VP. ernannt werden. Dabei ist jede in ihrer Geschäftsführung selbständig. Wenn aber das VglGericht eine andere Regelung für zweckmäßig hält, so ist dies zulässig; es können also beispielsweise mehrere Personen zu gemeinsamer Tätigkeit bestellt werden (Klarstellung durch die Bestallung!). Sind die VP. zu gemeinsamer Tätigkeit bestellt, so können sie nur gemeinsam handeln. Sind Erklärungen der VP. (z. B. bei Aufnahme von Darlehen gem. § 87 VglO.) erforderlich, so müssen diese von allen VP. abgegeben werden.

Zur **Annahme** des Amtes besteht keine Verpflichtung. Nach Bestellung kann die VP. aber, wenn sie das Amt nicht weiter fortführen will, nicht einfach niederlegen, sondern muß um **Entlassung nachsuchen** (§ 45 Abs. 2 S. 1); die Bitte um Entlassung wird regelmäßig als wichtiger Grund zur Entlassung anzusehen sein[2]). Lehnt das Gericht die Entlassung ab, so kein Beschwerderecht[3]).

§ 41.

Die Vertrauensperson wird vom Gericht ausgewählt.

Die im § 16 Abs. 1 Nr. 4 genannte Gläubigermehrheit kann eine bestimmte Vertrauensperson vorschlagen, solange

---

1) Ausführlich über die Stellung der VP.: Dr. Josef Schmitt „Die Vertrauensperson im Vergleichsverfahren zur Abwendung des Konkurses“.

2) Samolewitz § 39 Anm. 6. 3) Wilmersdoerffer S. 89.

nicht eine andere bestellt ist. Das gleiche gilt nach der Entlassung einer bestellten Vertrauensperson (§ 45 Abs. 2). Einem solchen Vorschlag ist stattzugeben, es sei denn, daß die vorgeschlagene Person ablehnt oder daß Tatsachen vorliegen, die sie als ungeeignet erscheinen lassen. Der Beschluß, durch den die Bestellung einer vorgeschlagenen Vertrauensperson abgelehnt wird, ist zu begründen und den Gläubigern, die den Vorschlag gemacht haben, zuzustellen. Wird der Vorschlag nicht mit dem Antrag (§ 15) verbunden, so sind vor der Entscheidung der Schuldner und die zuständige amtliche Berufsvertretung (§ 20) zu hören.

Die **Auswahl** der VP. steht im Ermessen des Gerichts. 1
Alle natürlichen Personen können bestellt werden: Rechtsanwälte, Kaufleute, und andere Geschäftsleute, Bücherrevisoren, gewerbsmäßige oder nicht gewerbsmäßige Masseverwalter. Ob jemand für das Amt der VP. als geeignet anzusehen ist, richtet sich von Fall zu Fall nach der Persönlichkeit des Vorgeschlagenen. Jedenfalls ist er nicht etwa deswegen ungeeignet, weil er nicht am selben Orte wie der Schuldner wohnt. **Ungeeignet** erscheinen gewerbliche Konkurrenten oder Verwandte des Sch., desgleichen sein gesetzlicher Vertreter. Ein Gl. kann zwar als VP. bestellt werden; doch empfiehlt sich dies mit Rücksicht auf die objektive Stellung, die die VP. hat, nur in vereinzelten Ausnahmefällen bei Vorliegen besonderer Gründe. Ungeeignet ist auch der, der infolge seiner Lebensführung oder wegen offensichtlicher früher begangener Fehler in der Ausübung seines Berufs keinen Anspruch auf allgemeines Vertrauen hat. Ungeeignet erscheint aber auch der, der im Dienste des Sch. oder eines einzelnen Sondervorteile begehrenden Gl. oder einer Gl.-Gruppe steht[1]). Juristische Personen können nach dem Wortlaute des Gesetzes nicht als VP. bestellt werden, wohl aber Frauen.

Die Persönlichkeit der VP. ist für die Neigung der Gl. 2
zum Vergleiche nicht selten von ausschlaggebender Bedeutung (Begr. S. 27). Das Gericht ist daher grundsätzlich an einen **Vorschlag der Gläubigerschaft** auf eine bestimmte VP. gebunden.

Von diesem Vorschlag kann das Gericht nur **abweichen,** wenn trotz des Vertrauens, das der Vorgeschlagene bei der

---

1) KTrW. 1928, 178 und OLG. Dresden in KTrW. 1928, 67.

Gläubigerschaft genießt, schwerwiegende Gründe gegen die Ernennung des Vorgeschlagenen zur VP. sprechen. Das Gericht muß sich selbst ein Urteil dafür bilden, ob und warum der Vorgeschlagene als ungeeignet anzusehen ist. Es darf sich dabei nicht auf allgemeine Werturteile oder auf die Aeußerung der Berufsvertretung allein beziehen. Weicht das Gericht von dem Vorschlage der Gläubigermehrheit ab, so keine Beschwerde, höchstens Dienstaufsichtsbeschwerde, wenn die Begründung des abweichenden Beschlusses offensichtlich willkürlich ist.

Es **empfiehlt sich**, schon im Antrag selbst eine VP. vorzuschlagen und auch in die Zustimmungserklärungen, die nach § 16 Abs. 1 Nr. 4 dem Antrag beigefügt werden müssen, einen entsprechenden Passus aufzunehmen.

3 Nicht bestimmt ist dagegen, daß eine bestellte VP. **entlassen** werden **muß**, wenn eine Gläubigermehrheit es verlangt. Der Wechsel der VP. kann dem sachlichen Fortgange des Verfahrens nicht zuträglich sein und verteuert das VV. (Begr. S. 27).

§ 42.

Der Gerichtsschreiber hat den Namen der Vertrauensperson öffentlich bekanntzumachen und dem Schuldner und den aus dem Gläubigerverzeichnis ersichtlichen, an dem Verfahren beteiligten Gläubigern ohne besondere Form mitzuteilen. Die Vorschriften des § 11 Abs. 2 und des § 12 Abs. 3 finden entsprechende Anwendung.

Es genügt Mitteilung durch Postkarte an Personen, deren Aufenthalt bekannt ist. An einen Gläubiger unbekannten Aufenthalts ist eine formlose Mitteilung nur nötig, wenn er einen im Inland wohnenden Vertreter hat, der zur Empfangnahme von Postsendungen befugt und dem Gericht bekannt ist.

§ 43.

Der Vertrauensperson ist eine urkundliche Bescheinigung über ihre Bestellung zu erteilen. Die Bescheinigung ist bei Beendigung des Amtes dem Gerichte zurückzugeben.

Das Amt der Vertrauensperson beginnt nicht schon mit der Ernennung, sondern erst mit der Uebernahme (Zweigert GAVO. § 23 Z. 1). Verweigert die Vertrauensperson die Rückgabe der Bestallungsurkunde, so ist eine Ordnungsstrafe möglich (§ 45).

§ 44.

Die Vertrauensperson ist für die Erfüllung ihrer Pflichten dem Schuldner und den am Verfahren beteiligten Gläubigern verantwortlich.

Die VP. hat ausschließlich die Interessen des Sch. und der am VV. beteiligten Gl. kraft ihres Amtes zu vertreten. Sie haftet jedoch nicht gegenüber den am VV. nicht beteiligten Gl. (z. B. also nicht den durch Sicherungsübereignung gedeckten Gl. und den Steuer- usw. Gl.)[1]).

Sie haftet für **Vorsatz und Fahrlässigkeit** (§ 276 BGB.). Bedient sie sich zur Erfüllung ihrer Obliegenheiten dritter Personen, so haftet sie für diese Hilfsperson nach § 278 BGB.[1a]). Die Zustimmung des Gläubigerausschusses befreit die VP. nicht ohne weiteres von der Haftung, ist aber von Bedeutung, ob man dann noch der VP. Fahrlässigkeit vorwerfen kann.

Fahrlässigkeit: Nichtüberwachung der Geschäftsführung und des Aufwands des Sch.; Nichterledigung der Korrespondenz; nicht genügende Prüfung, welche Gl. am VV. beteiligt sind; Unterlassung eines Antrags auf Verfügungsbeschränkung; überflüssige Darlehnsaufnahme[2]). Dagegen nicht ohne weiteres Fahrlässigkeit, wenn VP. nicht auf Möglichkeit, einen die Erfüllung eines unerfüllten gegenseitigen Vertrags gem. § 28 ff. abzulehnen, hinweist[3]).

Sind **mehrere** Vertrauenspersonen bestellt, so haftet jede grundsätzlich nur für ihre Tätigkeit innerhalb des ihr zugewiesenen Geschäftskreises. Sind die VP. zu gemeinsamer Tätigkeit bestellt, so haftet die eine an einer Handlung an sich unbeteiligte VP. auch für die schuldhaften Handlungen einer anderen, wenn sie den Sch. und die andere VP. nicht hinreichend überwacht hat[4]).

§ 45.

Die Vertrauensperson steht unter der Aufsicht des Gerichts.

---

1) A. M. wegen der Haftung für Lohnsteuer und Sozialversicherung Stritzke KTrW. 1930, 187.
1a) Vgl. RG. 89, 237.
2) Vgl. JW. 1927, 1705; KTrW. 1927, 158.
3) KTrW. 1929, 47 und 139.
4) Vgl. Samolewitz § 40 Anm. 7.

Das Gericht kann gegen sie Ordnungsstrafen im Betrage von einer bis zu eintausend Reichsmark festsetzen und sie aus wichtigen Gründen ihres Amtes entlassen. Als ein wichtiger Grund soll es namentlich angesehen werden, wenn der Gläubigerausschuß oder in einer Gläubigerversammlung die im § 16 Abs. 1 Nr. 4 bezeichnete Mehrheit der Gläubiger die Entlassung beantragt.

Vor der Entscheidung ist die Vertrauensperson zu hören.

Gegen die Festsetzung einer Ordnungsstrafe steht der Vertrauensperson die sofortige Beschwerde zu. Das Vergleichsgericht kann der Beschwerde abhelfen.

Abs. 1 entspricht vollkommen dem § 83 KO. Das Gericht hat nicht etwa die Tätigkeit der VP. zu leiten, sondern sie lediglich zu **beaufsichtigen.** Die VP. ist dem Gericht gegenüber bericht- und auskunftpflichtig. Gegen Pflichtwidrigkeiten hat das Gericht einzuschreiten. Einzelheiten über die Ausübung der Aufsicht vgl. Levy KTrW. 1928, 74 und 149.

Nur eine **Geldstrafe** ist möglich; sie darf den Betrag von 1000 RM. nicht übersteigen, kann aber wiederholt ausgesprochen werden. Sie muß vorher angedroht sein, kann aber im Falle der Uneinbringlichkeit nicht auf Grund der §§ 28, 29 des Strafgesetzbuches in Freiheitsstrafe umgewandelt werden[1]). Beschwerdefrist eine Woche (§ 14).

Bevor das Gericht zu dem äußersten Mittel, der **Entlassung,** schreitet, hat es die VP. zu hören. Pflichtwidrigkeiten, Untauglichkeit, Unwürdigkeit, Erkrankung oder Vermögensverfall der Vertrauensperson können die Entlassung rechtfertigen. Die Entlassung der VP. wird wirksam, wenn ihr der Entlassungsbeschluß bekanntgemacht worden ist. Keine Beschwerde, wenn Gericht Einschreiten ablehnt (§ 14).

Der Entlassungsantrag des Gläubigerausschusses oder der genannten Gläubigermehrheit *soll* zwar, *braucht* aber nicht unbedingt als wichtiger Grund zur Entlassung angesehen werden. Eine Gläubigerversammlung, in der die genannte Gläubigermehrheit einen solchen Entlassungsantrag beschließen kann, ist nur eine solche, die vom Gericht einberufen worden ist, aber auch der Vergleichstermin (RAussch.-Ber. S. 35). Ein Recht auf Einberufung einer solchen Gläubigerversammlung hat auch die Mehrheit der Gläubiger zwar nicht, doch wird das Gericht einem solchen Gesuch bei glaubhafter Begründung stattgeben müssen.

1) Jaeger KO. § 84 Anm. 2a und b.

Läßt es das Gericht an der nötigen Aufsicht fehlen, so haben die Geschädigten Schadensersatzanspruch gegen den Fiskus[2]).

2) Vgl. RG. 102, 166, 392; 104, 291; 106, 36.

§ 46.

Die Vertrauensperson kann von dem Schuldner die Erstattung angemessener barer Auslagen und eine angemessene Vergütung für ihre Geschäftsführung verlangen.

Die Höhe der Auslagen und der Vergütung setzt das Vergleichsgericht fest.

Gegen den Beschluß findet die sofortige Beschwerde statt. Das Vergleichsgericht kann der Beschwerde abhelfen.

Die Landesjustizverwaltung kann für die der Vertrauensperson zu gewährende Vergütung allgemeine Anordnungen treffen.

Uebersicht über die Anmerkungen:

I. Bare Auslagen.

1 Zu den angemessenen baren Auslagen zählen z. B. Straßenbahn- und Reisekosten, in Dringlichkeitsfällen Auslagen für Autofahrten, Telegramm- und Telephongebühren, Aufwendung für Büromaterial[1]); Berechnung eines Pauschsatzes bei mehreren VV. ist unzulässig[2]). Beiträge für eine Haftpflichtversicherung der VP. sind nicht erstattungsfähig[3]). Die Auslagen und Vergütungen müssen getrennt festgesetzt werden, da bei einem etwaigen AnschlußKks. gem. § 60 KO. zunächst die baren Auslagen den Vorzug vor der Vergütung aus der Masse haben. Die baren Auslagen können nicht durch die Vergütung mit abgegolten werden.

II. Vergütung.

2 Die **Höhe** der Vergütung richtet sich nach dem Umfang des VV., der dabei erforderlichen Verantwortung, dem Erfolge des VV. und dem Zeitaufwand. Wenn auch im Gesetz

1) KTrW. 1928, 13. 2) KTrW. 1927, 39.
3) KTrW. 1927, 112.

der VP. die Ausarbeitung des VglVorschlags nicht ausdrücklich zur Pflicht gemacht ist, so ergibt sich doch in der Praxis für die VP. regelmäßig die Notwendigkeit, den Sch. hierbei zu unterstützen und vermittelnde Verhandlungen zwischen dem Sch. und GlAussch. zu führen. Diejenigen Personen, die wiederholt oder ständig als VP. tätig sind, haben zumeist eine außerordentliche Erfahrung auf diesem Gebiet gesammelt, während der Sch. fast ausnahmslos in dieser Hinsicht auf die Beratung und Unterstützung sachkundiger Personen angewiesen ist. Wollte man daher die Tätigkeit, die die VP. hinsichtlich der Ausarbeitung des VglVorschlags und der Verhandlungen mit dem GlAussch. im Interesse des Zustandekommens des Vgl. entwickelt, nicht bei der Bemessung der Vergütung mit zugrunde legen, so würde man ausnahmslos den Sch. und den Gl.-Aussch. zwingen, zu ihrer Unterstützung und Beratung anderweite sachkundige Personen zuzuziehen und hierdurch nur die Masse mit höheren Kosten belegen[4]). Es kann auch die Tätigkeit zu berücksichtigen sein, die gegebenenfalls die VP. für die Vorbereitung des VV. aufgewendet hat und die meist viel umfangreicher als die im VV. selbst ist[5]).

3 Ueber die Höhe der Vergütung hat sich bei den einzelnen Gerichten eine gewisse Praxis herausgebildet[5a]). Es betragen z. B. die Gebühren für die Vertrauensperson

bei einer Aktivmasse von	in Berlin	in Hamburg
5 000 RM.	165 RM.	200 RM.
10 000 „	265 „	400 „
50 000 „	865 „	1 000 „
100 000 „	1 200 „	1 500 „
200 000 „	1 500 „	2 000 „
500 000 „	2 330 „	3 500 „
1 000 000 „	4 200 „	6 000 „
2 000 000 „	5 865 „	11 000 „
5 000 000 „	10 865 „	26 000 „

Das Dresdner KonkursGer. gewährt als Vergütung regelmäßig das 1½- bis 2½fache der im VV. entstandenen

4) A. M. LG. III Berlin 17. 10. 30 KTrW. 1931, 45; a. M. Schumann KTrW. 1930, 192.

5) KTrW. 1927, 55 und 156; 1928, 34, 72 und 155; a. M. Schumann KTrW. 1930, 192.

5a) Vgl. KTrW. 1927, 55; 1928, 33; 1930, 38.

Gerichtskosten, die nach §§ 48a und 48b GKG. berechnet werden. Sind **mehrere VP.** bestellt worden, so brauchen sie sich nicht notwendig in die nach vorstehendem Satze zu gewährende Vergütung zu teilen, sondern es ist sehr wohl denkbar, daß bei entsprechendem Umfange ihrer Tätigkeit jeder der verschiedenen VP. die volle Vergütung zuzubilligen ist.

Rechtsanwälte als VP. erhalten Gebühren nach der GO. f. RA., insoweit als sie Tätigkeit in ihrer Eigenschaft als Rechtsanwalt (und nicht als VP.) entwickeln. Für Instruktion eines auswärtigen Anwaltes in einem Rechtsstreit können daher in der Regel nur Gebühren berechnet werden, wenn die Materie so schwierig ist, daß die Zuziehung eines Anwaltes unbedingt notwendig gewesen ist[6]). Für Wahrnehmung eines auswärtigen Beweisaufnahmetermins[7]) und für Anfertigung eines Rechtsgutachtens, das über die Tätigkeit des Verwalters als VP. hinausgeht, kann der Anwalt Gebühren fordern[8]). 4

III. Beschwerde, Vorschuß.

Gegen die Festsetzung und Vergütung der Auslagen findet **sofortige Beschwerde** statt (§ 14). Beschweren kann sich die VP. und der Sch.; wohl aber nicht ein Gl.[9]). Aus dem Festsetzungsbeschluß findet die **Zwangsvollstreckung** statt (§ 794 Nr. 3). Da die Beschwerde keine aufschiebende Wirkung hat (vgl. § 14 Anm. 1), ist die Zwangsvollstreckung vor der Rechtskraft des Festsetzungsbeschlusses zulässig[10]). Während des VV. ist es zulässig, daß das VglGer. **Vorschußzahlungen** festsetzt; auch insoweit findet sofortige Beschwerde statt[11]). 5

IV. Vergütung und AnschlußKks.

Kommt es infolge der Ergebnislosigkeit des VV. zum Anschlußkonkurs, so gehört der Anspruch der VP. auf Ersatz 6

6) Engherziger OLG. Nürnberg in JW. 1927, 867.
7) A. M. OLG. Kassel 1928, 2162.
8) a. M. Samolewitz § 46 Anm. 3.
9) So Lucas S. 53 Anm. 1c S. 120 I; Wilmersdoerffer S. 43; a. M. Kiesow § 46 Anm. 5; Samolewitz § 46 Anm. 6; Mayer § 46 Anm. 20.
10) Schmitt a. a. O. S. 134; a. M. Mayer § 46 Anm. 23, 24 und Samolewitz § 46 Anm. 6.
11) Vgl. Mayer § 46 Anm. 18; Kiesow § 46 Anm. 4.

der Auslagen und auf Vergütung zu den Massekosten. Kommt es dagegen nicht zum Anschlußkonkurs, sondern erst später zum Konkurs, so gehört der VP. nicht mehr zu den Massekosten.

V. **Vereinbarung über die Vergütung.**

7 Eine Vereinbarung des Sch. mit der VP. über eine höhere als die vom Gericht festgesetzte Vergütung ist **zulässig.** Denn der Sch. ist in seiner Verfügung auch während der Dauer des VV. nicht beschränkt. Der VglRichter braucht von Amts wegen bei Vorliegen solcher Vereinbarungen das Honorar nicht festzusetzen. Gegen ein unangemessenes höheres Honorar hilft u. U. der Einwand der Sittenwidrigkeit. Das Gericht kann das Honorar in Höhe der Vereinbarung nicht etwa auf Grund eines vorgelegten Honorarscheines festsetzen, sondern nur in der Höhe, in der es das Gericht für angemessen erachtet. Wegen des Restes muß die VP. den Sch. verklagen. Dieser übersteigende Rest ist in einem etwaigen Anschlußkonkurs nicht Masseschuld.

§ 47.

Der Schuldner hat der Vertrauensperson von der Aufnahme eines Darlehens oder dem Erwerbe von Gegenständen auf Kredit Anzeige zu machen. Er hat der Vertrauensperson Einsicht in seine Bücher und Geschäftspapiere zu gestatten; er und seine Angestellten haben ihr alle erforderlichen Auskünfte zu erteilen. Die Vertrauensperson ist berechtigt, die Geschäftsräume des Schuldners zu betreten und dort Nachforschungen anzustellen.

Die Vertrauensperson hat dem Gerichte sofort anzuzeigen, wenn ihr Tatsachen bekannt werden, die ein Einschreiten des Gerichts, insbesondere den Erlaß von Verfügungsbeschränkungen, die Einstellung des Vergleichsverfahrens oder die Verwerfung des Vergleichs, zu rechtfertigen vermögen. Sie hat dem Gericht auf Erfordern jederzeit Auskunft zu erteilen und in dem Vergleichstermin über die Sachlage, insbesondere über die Aussichten auf Erfüllung des Vergleichs, zu berichten.

1 Die Aufnahme eines Darlehns während des VV. (ebenso ein Kreditkauf) ist an sich **wirksam** auch **ohne** die Genehmigung der VP.; denn der Sch. ist (anders der Gemein-

schuldner im Konkurs) verfügungsberechtigt und verpflichtungsfähig. Die Genehmigung der VP. ist aber für den Gl. wichtig bei Hingabe eines Darlehns, da unter gewissen Voraussetzungen das Darlehn im Anschlußkonkurs **Masseschuld** wird (§ 86). Wird ein während des VV. aufgenommenes Darlehn durch **Sicherheiten** gedeckt, so ist es nicht völlig ausgeschlossen, daß diese Sicherstellung im Anschlußkonkurs angefochten wird[1]).

Die Zustimmung der Vertrauensperson kann vor Abschluß des Geschäfts oder hinterher gegeben werden. Sie braucht nicht für den einzelnen Fall, sondern kann generell für bestimmte Kreditkäufe oder für einen eingeräumten Barkredit in bestimmter Höhe erteilt werden.

Die VP. braucht sich, um die nötigen **Auskünfte** zu erhalten, nicht stets an den Sch. selbst zu wenden; sie kann auch seine Angestellten fragen. Verweigern sie die Auskunft, so trifft den Sch. der Nachteil des § 79 Z. 4 nur, wenn die Weigerung von ihm veranlaßt worden ist oder sonst in seinem Einverständnis geschieht. Abs. 1 S. 3 stellt klar, daß die VP., selbst gegen den Willen des Sch., die **Geschäftsräume betreten** und dort **Nachforschungen** anstellen darf (Begr. S. 28). Nötigenfalls kann die VP. sich polizeilicher Hilfe bedienen[2]). Die VP. kann zur Prüfung einzelne **Geschäftsbücher an sich nehmen,** wenn dadurch die Geschäftstätigkeit des Sch. nicht unangemessen beeinträchtigt wird[3]) (§ 47 I, IIb). Der **Rechtsanwalt** eines Sch. ist nur dann verpflichtet, der VP. in seine Handakten Einsicht zu gewähren, wenn der Sch. zustimmt[4]). Ist der Sch. eine juristische Person, so kann die VP. Zuziehung zu den Aufsichtsratssitzungen verlangen[5]). 2

Leistet der Sch. der VP. Widerstand, wenn diese von den vorstehenden Rechten Gebrauch machen will, so hat die VP. dem Gericht Mitteilung zu machen; das Gericht kann gemäß § 79 Ziff. 4 die Einstellung des VV. verfügen.

Die VP. hat dem Gericht und dem Gläubigerausschuß (§ 49) jederzeit **Auskunft zu erteilen,** den übrigen Gl. nur in

---

1) Vgl. hierzu § 86 Anm. 4.

2) So auch Samolewitz § 17 Anm. 8; Cahn VglO. S. 268; a. M. Kiesow § 47 Anm. 8.

3) So auch Samolewitz § 47 Anm. 2; a. M. Kiesow § 47 Anm. 5.

4) Vgl. JW. 126, 636. 5) Bestr.; vgl. § 88 Anm. 4.

angemessenen Grenzen. Ein **Bericht** an das Gericht ist nur nötig im Vergleichstermin, sonst nicht regelmäßig erforderlich. Dieser Bericht muß sich aussprechen über Ursache der Zahlungsfähigkeit, Richtigkeit der Angaben des Sch., Angemessenheit des Vergleichsangebots, Wert der angebotenen Sicherheiten, Durchführbarkeit des Vergleichs usw.

Die VP. ist zur **Verschwiegenheit** verpflichtet und macht sich bei Verletzung dieser Pflicht schadensersatzpflichtig.

Die **Maßnahmen des Gerichts** können in Einstellung des VV., Anordnung von Verfügungsbeschränkungen u. a. bestehen.

§ 48.

Zur Unterstützung und Ueberwachung der Vertrauensperson kann das Gericht aus der Zahl der an dem Vergleichsverfahren beteiligten Gläubiger oder ihrer Vertreter einen Gläubigerausschuß bestellen, wenn der besondere Umfang des Unternehmens des Schuldners dies geboten erscheinen läßt. Ein Gläubigerausschuß ist zu bestellen, wenn der Schuldner, die im § 16 Abs. 1 Nr. 4 bezeichnete Gläubigermehrheit oder die Vertrauensperson es beantragen.

Das Gericht kann die Bestellung zum Mitglied des Ausschusses jederzeit widerrufen.

Die Mitglieder des Ausschusses sind für die Erfüllung ihrer Pflichten dem Schuldner und den an dem Vergleichsverfahren beteiligten Gläubigern verantwortlich.

Ein Beschluß des Ausschusses ist gültig, wenn die Mehrheit der Mitglieder an der Beschlußfassung teilgenommen hat und der Beschluß mit der Mehrheit der abgegebenen Stimmen gefaßt worden ist.

I. Bestellung des GlAussch.

1 Ob ein GlAusssch. bestellt werden soll, ist zunächst dem Ermessen des Gerichts überlassen. Er muß aber bestellt werden, wenn

a) der Sch. oder
b) die VP. oder
c) die Mehrheit der Gl. i. S. v. § 16 Abs. 1 Z. 4

es verlangen.

Nur Gl. oder GlVertreter können dem Gläubigerausschuß angehören. Die Auswahl erfolgt durch das Gericht, das an Vorschläge der Gläubigerschaft oder des Sch. zwar nicht gebunden ist, ohne zwingenden Grund aber von diesen Vorschlägen nicht abweichen wird. Eine Pflicht zur Annahme des Amtes als Gläubigerausschußmitglied besteht nicht.

II. Vergütung und Auslagenersatz des GlAussch.

Eine **Vergütung** für die Tätigkeit des Gläubigerausschußmitgliedes ist nicht vorgesehen. Es ist aber wohl selbstverständlich, daß **bare Auslagen** den Mitgliedern zu erstatten sind. Eine **Festsetzung** dieser baren Auslagen durch das Gericht findet nicht statt. Die Gläubigerausschußmitglieder müssen sie vielmehr einklagen. Es empfiehlt sich daher, daß die Gläubigerausschußmitglieder mit dem Schuldner **ausdrücklich vereinbaren,** daß dieser sich verpflichtet, die baren Auslagen zu ersetzen (zu diesen können auch die Kosten eines vom Gläubigerausschuß in seiner Gesamtheit oder einem einzelnen Gläubigerausschußmitglied zugezogenen Anwalt oder Buchsachverständigen gehören (vgl. unten Anm. 4). Das Gläubigerausschußmitglied kann die Uebernahme des Amtes davon abhängig machen, daß der Schuldner diese Verpflichtung eingeht. Sie fällt nicht unter den Vgl., sofern die Vereinbarung mit dem Schuldner nach Eröffnung des VV. getroffen wird. 2

Die Gläubigerausschußmitglieder können — einzeln oder der gesamte Gläubigerausschuß — zu ihrer Unterstützung einen Rechtsanwalt oder einen Bücherrevisor zuziehen. Diesen gegenüber haften die Gläubigerausschußmitglieder persönlich. Inwieweit sie Erstattung von Auslagen fordern können, richtet sich nach den mit diesen getroffenen Vereinbarungen. Mangels solcher Vereinbarungen werden die Kosten von dem gesamten Gläubigerausschuß oder den einzelnen Mitgliedern selbst getragen werden müssen[1]).

III. Haftung des GlAussch.

Der GlAussch. haftet nur den am VV. beteiligten Gl., nicht aber den übrigen (also nicht den absonderungs- und bevorrechtigten Gl.). Aus einer Empfehlung des GlAussch. 3

1) Samolewitz § 48 Anm. 4 und 5.

an die Glschaft, dem Sch. weiterhin Kredit zu gewähren, kann eine Haftung gegenüber der Glschaft nicht hergeleitet werden[2]).

IV. Sitzungen des GlAusch.

4 Wenn auch die **Anwesenheit** des Sch. bei GlAusch.-Sitzungen zweckmäßig sein wird, so hat doch der Sch. — im Gegensatz zur KO. — keinen Anspruch hierauf. Im übrigen entspricht Abs. 4 dem § 9 KO. Bei Stimmengleichheit ist ein Antrag abgelehnt. Dies kann auch nicht durch eine anders lautende „Geschäftsordnung" des GlAusch. abgeändert werden. Jedes Mitglied des GlAusch. hat eine Stimme. Die VP. zählt bei der Abstimmung nicht mit. Voraussetzung für die Gültigkeit der Beschlüsse des GlAusch. ist ferner, daß alle Mitglieder eingeladen worden sind. Schriftliche Abstimmungen des GlAusch. sind zulässig.

§ 49.

Die Mitglieder des Gläubigerausschusses sind berechtigt, die Bücher und Geschäftspapiere des Schuldners und der Vertrauensperson einzusehen und Aufklärung über hierbei sich ergebende Fragen zu verlangen. Sie haben dem Gerichte sofort anzuzeigen, wenn ihnen Tatsachen bekannt werden, die eine Entlassung der Vertrauensperson, ein Einschreiten des Gerichts gegen den Schuldner, insbesondere den Erlaß von Verfügungsbeschränkungen, die Einstellung des Vergleichsverfahrens oder die Verwerfung des Vergleichs, zu rechtfertigen vermögen.

Ein selbständiges Recht zum **Betreten der Räume** des Sch. haben die Mitglieder des Gläubigerausschusses nicht. Ihre Tätigkeit besteht in der Ueberwachung und Unterstützung der VP. Die VP. ist jedoch nicht unter allen Umständen an die Weisung des Gläubigerausschusses gebunden. Der Gläubigerausschuß soll auf Verlangen der VP. oder des Gerichts sich **gutachtlich äußern** (z. B. bei Gesuch um Ermächtigung zur Lossage gemäß § 28). Auch die Mitglieder des Gläubigerausschusses können Rechtshandlungen des Sch., die den VglZweck gefährden, mit der Anregung auf Einstellung des VV. entgegentreten. Entzieht sich der Sch.

2) RG. 259 KO. KTrW. 1930, 177.

gegenüber den Mitgliedern des Gläubigerausschusses seiner Aufklärungspflicht, so droht ihm gleichfalls die Einstellung des VV. (§ 79 Nr. 4).

Eine **grundlose Verweigerung** der gewünschten Aufklärung durch den Sch. liegt nicht vor, wenn der Schuldner befürchten muß, daß einzelne Gläubigerausschußmitglieder die begehrte Auskunft oder Einsicht der Bücher und Geschäftspapiere zu einem eigenen Vorteil (Erforschung von Geschäftsgeheimnissen, Kundenlisten usw.) verlangen.

§ 50.

Bei der Eröffnung des Vergleichsverfahrens hat das Gericht zu prüfen, ob und welche Verfügungsbeschränkungen dem Schuldner aufzuerlegen sind.

Das Gericht kann jederzeit während des Verfahrens von Amts wegen oder auf Antrag der Vertrauensperson, eines Mitglieds des Gläubigerausschusses oder eines an dem Verfahren beteiligten Gläubigers Verfügungsbeschränkungen anordnen.

I. Allgemeines.

Die Verfügungsbeschränkung kann darin bestehen, daß 1
dem Sch. die Verfügung über **einzelne** Gegenstände seines Vermögens — Sachen oder Forderungen — verboten wird. Das Gericht kann aber auch ein **allgemeines** Veräußerungsverbot an den Sch. erlassen. Beide Arten der Verfügungsbeschränkung fallen unter den Begriff des Veräußerungsverbotes des § 136 BGB. Die VglO. regelt ihre Wirkungen, jedoch in Anlehnung an die KO. etwas abweichend von dem BGB. Zur Klarstellung der Rechtslage spricht daher § 51 S. 2 aus, daß sich die Wirkungen der Verfügungsbeschränkungen nur nach den Vorschriften der §§ 54 bis 57 bestimmen (Begr. S. 28).

Allgemeines Versäumungsverbot s. §§ 51 bis 54, 56 bis 58.

Verbot der Verfügung über einzelne Vermögensgegenstände s. §§ 55 bis 58.

Vor Eröffnung des VV. können Verfügungsbeschränkungen auf Grund von § 106 KO. nur angeordnet werden, wenn gleichzeitig ein KsAntrag vorliegt (vgl. § 1 Anm. 7, § 31 Anm. 3). Während des VV. ist eine **Postsperre** unzulässig.

II. Prüfung der Notwendigkeit.

2 Die Frage, ob und welche Verfügungsbeschränkungen am Platze sind, ist bei Eröffnung des VV. von Amts wegen zu prüfen.

Bei der Entschließung wird das Gericht zweckmäßigerweise eine gutachtliche Aeußerung der Berufsvertretung beachten und vor allem den Sch., die VP. und den GlAussch. hören. Nach Levy § 50 Anm. 1 ist ein allgemeines Veräußerungsverbot nur zu erlassen, wenn die KsEröffnung uvermeidlich erscheint, da es praktisch den Stillstand des Geschäfts herbeiführt. Da Verfügungsbeschränkungen den Zweck des VV. — Sanierung unter Aufrechterhaltung des Geschäftsbetriebes — erheblich gefährden, sollen sie nur in besonderen Fällen angeordnet werden, wenn tatsächlich ein derartiges Bedürfnis besteht, das die Nachteile, die die Verfügungsbeschränkung für den Sch. (z. B. schon durch die Veröffentlichung an sich) nach sich zieht, überwiegt. Jedenfalls sollte bei der Veröffentlichung darauf hingewiesen werden, daß Verfügungen mit Zustimmung der VP. wirksam sind (§ 57). Eine Notwendigkeit zum Erlaß von Verfügungsbeschränkungen liegt nur vor, wenn die Gefahr besteht, daß der Sch. das VV. dazu mißbrauchen könnte, Vermögensgegenstände beiseite zu schaffen. Es wird u. U. zur Beruhigung der Glschaft dienen und einzelne Gl. zur Zustimmung für die Eröffnung des VV. bewegen können.

III. Kein Beschwerderecht.

3 Gegen die Anordnung eines allgemeinen Veräußerungsverbotes oder einer Verfügungsbeschränkung über einzelne Gegenstände findet **keine Beschwerde** statt, ebenso nicht, wenn ein dahingehender Antrag vom VglGericht abgelehnt wird. Das VglGericht kann auch weder durch Beschluß des GlAussch., noch der GlVersammlung zu einer solchen Maßnahme oder zu deren Aufhebung gezwungen werden (RAusschBer. S. 35), wenn auch das Gericht bei seinen Entschlüssen der Stellungnahme des GlAussch. (der GlVersammlung) weitestgehend Rechnung tragen wird.

§ 51.

Die Verfügungsbeschränkungen können darin bestehen, daß an den Schuldner ein allgemeines Veräußerungsverbot

erlassen wird, oder daß dem Schuldner die Verfügung über einzelne Vermögensgegenstände verboten wird. Die Wirkungen dieser Maßnahmen bestimmen sich ausschließlich nach den Vorschriften der §§ 54 bis 57.

Die Wirksamkeit der Verfügungsbeschränkung ist, von den im folgenden erörterten sachenrechtlichen Folgen abgesehen, dadurch gesichert, daß der Sch., der ihnen vorsätzlich zuwiderhandelt, sich der Gefahr einer Einstellung des VV. und damit der Konkurseröffnung aussetzt (79 Nr. 3).

An sich sind beide Arten von Verfügungsbeschränkungen „Veräußerungsverbote" i. S. von §§ 136, 135 BGB. Aber auf die Vorschriften des BGB. soll nur insoweit zurückgegriffen werden, als die VglO. auf diese verweist.

§ 52.

Auf das allgemeine Veräußerungsverbot finden die Vorschriften des § 25 entsprechende Anwendung.

Das allgemeine Veräußerungsverbot ist nach Maßgabe des § 12 öffentlich bekanntzumachen und dem Schuldner sowie seinen Schuldnern nach Maßgabe des § 11 zuzustellen.

Die **Wirkung** des allgemeinen Veräußerungsverbotes beginnt nicht erst mit der öffentlichen Bekanntmachung, sondern schon mit der Stunde des Erlasses. Die öffentliche Bekanntmachung kehrt nur die Beweislast um (§ 56 S. 2). Wer also nach der Veröffentlichung eine Schuld an den Sch. bezahlt, muß beweisen, daß er von dem allgemeinen Veräußerungsverbot keine Kenntnis gehabt hat.

Das allgemeine Veräußerungsverbot ist allen Schuldnern des Sch. **zuzustellen**; dies geschieht durch „Aufgabe zur Post", so daß die Zustellung erfolgt mit dem Einwurf des Briefes oder der Postkarte in den Briefkasten. Auch den Schuldnern des Sch., die dessen Forderungsrecht bestreiten, ist zuzustellen. Die öffentliche Bekanntmachung ersetzt zwar die Zustellung in gewisser Hinsicht (§ 12 Abs. 4); aber das hat nicht zur Folge, daß nun die besondere Zustellung unterbleiben könnte.

§ 53.

Das allgemeine Veräußerungsverbot ist in das Grundbuch einzutragen:

1. **bei den Grundstücken, als deren Eigentümer der Schuldner im Grundbuch eingetragen ist;**

2. **bei den für den Schuldner eingetragenen Rechten an Grundstücken oder an eingetragenen Rechten, wenn nach der Art des Rechtes und den obwaltenden Umständen bei Unterlassung der Eintragung eine Beeinträchtigung der an dem Vergleichsverfahren beteiligten Gläubiger zu besorgen ist.**

Das Vergleichsgericht hat, soweit ihm solche Grundstücke oder Rechte bekannt sind, das Grundbuchamt von Amts wegen um die Eintragung zu ersuchen; die Eintragung kann auch von der Vertrauensperson beantragt werden.

Erwirbt der Schuldner während des Bestehens des allgemeinen Veräußerungsverbots ein Grundstück, ein Recht an einem Grundstück oder ein Recht an einem solchen Rechte, so finden die Vorschriften der Abs. 1 und 2 entsprechende Anwendung.

Die Eintragung von Vermerken auf Grund der vorstehenden Vorschriften geschieht gebührenfrei.

Durch die Eintragung des allgemeinen Veräußerungsverbots in das **Grundbuch** wird dieses **nicht gesperrt** in dem Sinne, daß jede vom Sch. bewilligte Eintragung nach Erlaß des allgemeinen Veräußerungsverbots abzulehnen sei. Für den Kks. gilt diese Auffassung; denn im Kks. verliert der Gemeinsch. das Recht, über das zur KksMasse gehörige Vermögen zu verfügen (§ 6 KO.) schlechthin. Eine Eintragung, die trotz des Bestehens eines allgemeinen Veräußerungsverbotes vorgenommen wird, ist n u r r e l a t i v u n w i r k s a m, nämlich nur unwirksam gegenüber den am VV. beteiligten Gl., deren Schutz es ja bezweckt[1]). Eine Eintragung wird — wie sich aus der einschränkenden Fassung von Abs. 2 Z. 2 ergibt — nicht nötig sein bei Grunddienstbarkeiten und Reallasten (z. B. bei Wohnrechten), die nicht übertragbar sind oder einen nennenswerten Vermögenswert nicht haben. Die Eintragung des allgemeinen Veräußerungsverbotes ist nicht möglich, wenn der Sch. noch nicht als Eigentümer eingetragen ist, z. B. das Grundstück noch auf den Namen des Erblassers des Sch. eingetragen ist.

Der **Antrag der VP.** auf Eintragung des allgemeinen Veräußerungsverbotes bedarf keiner notariellen oder gerichtlichen Form (§ 30). Jedoch muß die VP. ihre Be-

---

1) Vgl. RG. 105, 76; Kiesow § 53 II 2; Levy § 53 Anm. 2; a. M. Samolewitz § 53 Anm. 2.

stellungsurkunde, sowie eine Ausfertigung des Beschlusses, in dem das allgemeine Veräußerungsverbot erlassen ist, vorlegen.

§ 54.

Das allgemeine Veräußerungsverbot hat die Wirkung, daß Verfügungen, die der Schuldner nach seinem Erlaß über sein Vermögen trifft, den am Vergleichsverfahren beteiligten Gläubigern gegenüber unwirksam sind.

Hat der Schuldner eine Verfügung am Tage des Erlasses des allgemeinen Veräußerungsverbots getroffen, so wird vermutet, daß er sie nach dem Erlasse des Verbots getroffen habe.

Die Vorschriften der §§ 892, 893 des Bürgerlichen Gesetzbuchs bleiben unberührt.

Uebersicht über die Anmerkungen:

I. Betroffene Verfügungen.

1 **Verfügungen** sind solche Rechtsgeschäfte, durch die eine Rechtsänderung unmittelbar eintritt. **Verpflichtungsgeschäfte** sind keine Verfügungen, durch sie wird nur die Verpflichtung zu einer Verfügung begründet. Es kann also der Sch. trotz des allgemeinen Veräußerungsverbotes noch Kaufverträge abschließen; der (obligatorische) Kaufvertrag ist nicht unwirksam, nur die auf Grund dieses Kaufvertrages erfolgte Eigentumsübertragung oder Zahlung würde unwirksam sein. Nach der Begr. (S. 29) soll ferner eine Verfügung **im Wege der Zwangsvollstreckung** (Pfändung oder Arrestvollziehung) durch das allgemeine Veräußerungsverbot an sich nicht berührt werden; das ergebe sich daraus, daß in § 55 Abs. 1 Satz 2 nur der § 135 Abs. 2 BGB. erwähnt sei. Nach Erlaß des Veräußerungsverbotes können nur Pfändungen von Gl. in Frage kommen, die am VV. nicht beteiligt sind.

Alle rechtsgeschäftlichen Verfügungen werden vom allgemeinen Veräußerungsverbot betroffen: Veräußerungen jeder Art, Verzichte auf Rechte, Erlaß von Forderungen, Zahlung von Schulden. Nicht betroffen von dem allgemeinen Veräußerungsverbote wird die **Annahme einer Leistung.** Die Annahme der Leistung enthält zwar nach der herrschenden Meinung eine Verfügung über die durch die Leistung getilgte Forderung. Diese Verfügung besteht aber nicht in einer Veräußerung. Das durch die Leistung Erlangte wird nicht ohne weiteres von dem allgemeinen Veräußerungsverbot ergriffen. Es steht natürlich nichts im Wege, daß dem Sch. die Verfügung über die Forderung oder das aus ihrer Erfüllung Erlangte besonders verboten wird (Begr. S. 29). Es empfiehlt sich daher, außer dem allgemeinen Veräußerungsverbot dem Sch. noch besonders die Einziehung der Außenstände, etwa bestehender Bank- und Postscheckguthaben, in einem Einzelverbot gem. § 55 zu verbieten.

Der Sch. kann ferner trotz des allgemeinen Veräußerungsverbotes eine ihm angefallene **Erbschaft** (Vermächtnis) ausschlagen (RAusschBer. S. 19). Dagegen unterliegen die Rechte aus einer **Option** (befristetes Vertragsangebot) dem Veräußerungsverbot; der Sch. kann also nicht ablehnen. Gleichgültig ist, ob das betreffende Vermögensstück **pfändbar** ist oder nicht. Gleichgültig ist ferner, ob der Sch. den betreffenden Vermögensgegenstand vor oder nach Erlaß des allgemeinen Veräußerungsverbotes erworben hat (also weitergehend als das Veräußerungsverbot im Kks.!). Eine **Verfügung von Todes wegen** (Testament, Erbvertrag) ist keine Verfügung, der das allgemeine Veräußerungsverbot entgegensteht.

II. Wirkung.

a) Allgemeines.

2 Die Wirkungen des allgemeinen Veräußerungsverbots sind im Anschluß an § 7 KO. gestaltet. Verfügungen, die der Sch. im Widerspruche mit dem Verbot über das ihm zur Zeit seines Erlasses gehörende Vermögen trifft, sind ebenso wie bei dem Einzelverbote den am VV. beteiligten Gl. gegenüber unwirksam. Sie sind wirksam gegenüber den nicht am VV. beteiligten Gl., also auch gegenüber den NeuGl. Kommt es zum AnschlußKks., so wirkt das allgemeine Veräußerungsverbot zugunsten aller Gl., die KksGl. sind (§ 83), also auch zugunsten der NeuGl.

Dagegen muß sie der **Sch. selbst** im Verhältnis zu dem betreffenden Vertragsgegner **gegen sich gelten lassen;** das kommt insbes. in Frage, wenn die Verfügungsbeschränkung aufgehoben wird. Ebenso ist die Verfügung wirksam gegenüber den am VV. nicht beteiligten Gl.; diese können also nicht etwa den betreffenden Vermögensgegenstand als noch zum Vermögen des Sch. gehörig pfänden. Die Unwirksamkeit gegenüber den am VV. beteiligten Gl. äußert sich darin, daß sie nach Abschluß des Verfahrens das Vermögensstück zu ihrer Befriedigung in Anspruch nehmen können, ohne daß es einer Anfechtung des Erwerbes bedarf; kommt es im Anschluß an das VV. zum Kks., so gehören die im Widerspruche mit dem Verfügungsverbote weggegebenen Gegenstücke zur KksMasse (Begr. S. 29).

b) **Zeitpunkt der Wirksamkeit.**

3 Das allgemeine Veräußerungsverbot wird wirksam mit seinem **Erlaß.** Ist im Beschluß, der das allgemeine Veräußerungsverbot anordnet, kein Zeitpunkt der Anordnung angegeben, so gilt die Mittagsstunde als Zeitpunkt der Anordnung (§§ 52, 25). Hat der Sch. an diesem Tage eine Verfügung getroffen, so wird **vermutet,** daß sie nach dem Erlasse des Verbots getroffen worden ist. Der Gegenbeweis ist aber zulässig.

III. **Gutgläubiger Erwerb.**

4 Für gutgläubigen Erwerb gilt folgendes: Das Veräußerungsverbot ist zwar ein solches i. S. von §§ 135, 136 BGB. Hinsichtlich des guten Glaubens des Erwerbes gelten aber diese Vorschriften für das allgemeine Veräußerungsverbot nicht, sondern nur die Vorschriften §§ 892, 893 BGB. Der gutgläubige Erwerb wird also gegenüber dem allgemeinen Veräußerungsverbot **nur** geschützt, wenn es sich um **Verfügungen über Grundstücke,** Rechte an Grundstücken oder Rechte an solchen Rechten handelt (§ 47 Abs. 3; Begr. S. 29). Insofern wird das **Einzelverbot** (§ 55) anders behandelt, denn dort gibt es gutgläubigen Erwerb auch hinsichtlich beweglicher Sachen; beim Einzelverbot findet § 135 Abs. 2 BGB. Anwendung. Nur gutgläubige **Drittschuldner** werden nach Maßgabe von § 56 geschützt (vgl. das dort Gesagte).

IV. Zustimmung der VP.

5 Das allgemeine Veräußerungsverbot hat zur Folge, daß niemand vorhanden ist, der an Stelle des Sch. Verfügungen treffen könnte. Vielmehr sind Verfügungen des Sch. nur dann wirksam, wenn die VP. vorher oder hinterher zustimmt. Das läuft praktisch darauf hinaus, daß die Verfügungsmacht in die Hände der VP. gelegt wird. Eine allgemeine Anordnung des Gerichts, daß der VP. an Stelle des Sch. die Verfügungsmacht eingeräumt wird, erscheint jedoch unzulässig[1]).

§ 55.

Das Verbot der Verfügung über einzelne Vermögensgegenstände hat die Wirkung, daß die Verfügung über den Gegenstand den am Vergleichsverfahren beteiligten Gläubigern gegenüber unwirksam ist. Die Vorschrift des § 135 Abs. 2 des Bürgerlichen Gesetzbuchs findet Anwendung.

Ist dem Schuldner die Verfügung über ein Grundstück, ein Recht an einem Grundstück oder ein Recht an einem solchen Rechte verboten worden, so finden die Vorschriften des § 53 Abs. 1, 2, 4 entsprechende Anwendung.

Ist dem Schuldner die Verfügung über einen Anspruch, insbesondere die Einziehung einer Forderung, verboten worden, so ist das Verbot auch dem Verpflichteten nach Maßgabe des § 11 zuzustellen; dabei hat ihm das Gericht zugleich die Leistung an den Schuldner zu verbieten.

I. Unwirksamkeit der Verfügungen, gutgläubiger Erwerb.

1 Wegen der **Unwirksamkeit** (nicht Nichtigkeit) wird auf § 54 Anm. 2 verwiesen.

Beim Einzelverbot ist der gutgläubige Erwerber weit **mehr geschützt** als beim allgemeinen Veräußerungsverbot. Entsprechend den allgemeinen Vorschriften des BGB. über die richterlichen Veräußerungsverbote (§§ 135, 136) soll auch gegenüber einem für einzelne Vermögensstücke bestehenden Verfügungsverbote der Schutz des guten Glaubens gelten; dies spricht § 55 Abs. 1 Satz 2 durch Bezugnahme auf § 135

1) Wie hier Levy § 54 Anm. 2 a. E.; a. M. Samolewitz § 57 Anm. 5.

Abs. 2 BGB.[1]) aus. Daraus ergibt sich, daß bei einem Verbot, über bestimmte **bewegliche Sachen** zu verfügen, für die Gl. ein **Rechtsverlust** eintritt, wenn der Erwerber in dem nach den §§ 932 ff. BGB. maßgebenden Zeitpunkt das Verfügungsverbot weder kannte, noch infolge grober Fahrlässigkeit nicht kannte. Bezieht sich das Verfügungsverbot auf ein **Grundstück**, ein Recht an einem Grundstück oder ein Recht an einem solchen Rechte, so ist es nach § 892 Abs. 1 Satz 1 BGB. einem Dritten gegenüber nur wirksam, wenn es aus dem Grundbuch ersichtlich oder dem Erwerber in dem nach § 892 BGB. entscheidenden Zeitpunkt bekannt ist; daher ist das Verfügungsverbot alsbald in das Grundbuch einzutragen. Welche Bedeutung der gute Glaube des Erwerbers eines mit dem Verfügungsverbote belasteten Anspruchs, insbes. einer **Forderung**, oder der gute Glaube des Sch. an die Fortdauer der unbeschränkten Verfügungsbefugnis seines Gl. hat, ist in der Rechtslehre streitig. Nach der wohl als herrschend zu bezeichnenden Ansicht kommt ein Schutz des guten Glaubens in Fällen dieser Art nicht in Frage (Begr. S. 29).

Auch das Einzelverfügungsverbot äußert seine Wirkung 2
nur gegenüber **rechtsgeschäftlichen Verfügungen**; auf die Zulässigkeit von **Vollstreckungsmaßnahmen** ist es ohne Einfluß. Das ergibt sich daraus, daß im § 55 Abs. 1 Satz 2 nur der § 135 Abs. 2 BGB. angeführt ist. Die Frage, in welchem Umfange Vollstreckungsmaßnahmen während des VV. statthaft sind, ist im § 32 abschließend behandelt (Begr. S. 29).

Ein gutgläubiger Erwerb wird **vermutet**. Der Erwerber braucht also nicht zu beweisen, daß er gutgläubig war, son-

---

1) Die §§ 135, 136 BGB. lauten:

§ 135. Verstößt die Verfügung über einen Gegenstand gegen ein gesetzliches Veräußerungsverbot, das nur den Schutz bestimmter Personen bezweckt, so ist sie nur diesen Personen gegenüber unwirksam. Der rechtsgeschäftlichen Verfügung steht eine Verfügung gleich, die im Wege der Zwangsvollstreckung oder der Arrestvollziehung erfolgt.

Die Vorschriften zugunsten derjenigen, welche Rechte von einem Nichtberechtigten herleiten, finden entsprechende Anwendung.

§ 136. Ein Veräußerungsverbot, das von einem Gericht oder von einer anderen Behörde innerhalb ihrer Zuständigkeit erlassen wird, steht einem gesetzlichen Veräußerungsverbote der im § 135 bezeichneten Art gleich.

dern derjenige, der die Unwirksamkeit geltend macht, muß den bösen Glauben des Erwerbers nachweisen.

II. **Zeitpunkt der Wirksamkeit.**

3 Das Einzelverbot wird wirksam mit der Zustellung an den Sch. (beachte § 11!). Es wird zweckmäßigerweise auch den betreffenden Antragstellern, der VP. und den Mitgliedern des GlAussch. zugestellt. Oeffentlich bekanntgemacht wird es nicht.

§ 56.

Einem Schuldner des Schuldners gegenüber werden Verfügungsbeschränkungen, soweit sich nicht aus den Vorschriften des § 893 des Bürgerlichen Gesetzbuchs anderes ergibt, erst mit dem Zeitpunkt wirksam, in dem sie ihm bekannt werden. Ist die Anordnung der Verfügungsbeschränkung dem Schuldner des Schuldners zugestellt (§ 52 Abs. 2, § 55 Abs. 3) oder das allgemeine Veräußerungsverbot öffentlich bekanntgemacht (§ 52 Abs. 2), so wird die Kenntnis vermutet.

1 Der **Schutz des Drittschuldners** des Sch. kommt in Frage sowohl beim allgemeinen Veräußerungsverbot als auch beim Einzelverfügungsverbot und umfaßt nicht nur Leistungen, sondern auch andere Rechtsgeschäfte, wie Kündigung, Aufrechnung.

Der Drittschuldner wird hier genau so geschützt, wie der Drittschuldner im Konkursverfahren gemäß § 8 KO. Auch bei **Zahlungen an den Zessionar,** dem der Sch. verbotswidrig die Forderung abgetreten hat, ist der Drittschuldner geschützt.

Der Drittschuldner ist **nicht geschützt,**

2 a) falls es sich um Rechte aus §§ 893, 892 BGB. handelt,
   aa) wenn die Verfügungsbeschränkung im Grundbuch eingetragen ist,
   bb) wenn er die Verfügungsbeschränkung kannte;
b) falls es sich um andere Rechte handelt, nur wenn er die Verfügungsbeschränkung kannte.

In beiden Fällen schadet auch eine **grobfahrlässige** Unkenntnis dem Drittschuldner nicht.

3 Die **Beweislast** ist die, daß der gute Glaube des Drittschuldners vermutet wird so lange, bis die Verfügungs-

beschränkung ihm zugestellt oder öffentlich bekanntgemacht ist; von da an hat der Drittschuldner seinen guten Glauben zu beweisen. Nach der Eintragung im Grundbuch gibt es überhaupt keinen Schutz, dann nutzt also auch guter Glaube nichts (oben Anm. 2).

§ 57.

Eine Verfügungsbeschränkung steht der Wirksamkeit einer Verfügung nicht entgegen, wenn die Vertrauensperson der Verfügung zustimmt. Das Gericht kann Abweichendes bestimmen.

1 Das allgemeine Veräußerungsverbot legt, weil es den Schutz des guten Glaubens für den Erwerb beweglicher Sachen ausschließt, den Geschäftsbetrieb des Sch. von Rechts wegen völlig lahm. Es ist deshalb bei seiner Anwendung Vorsicht geboten. Fordert die Sachlage seinen Erlaß, so ermöglicht es § 57 der Vertrauensperson, dem Sch. im **Einzelfall** oder für einen **gewissen Kreis von Geschäften** wirksame Verfügungen zu gestatten (Begr. S. 29). Das wird vor allem in Frage kommen für Verfügungen über Postscheck- und Bankkonto.

2 Die Zustimmung bedarf **keiner Form**. Sie kann gegenüber dem Sch. und gegenüber dem Vertragsgegner erklärt werden, und zwar vorher (Einwilligung) oder nachher (Genehmigung). Nur bei einseitigen Verfügungsgeschäften (Kündigung, Aufrechnung) muß sie vorher erteilt werden, da bei derartigen Geschäften eine nachträgliche Genehmigung unzulässig ist. Gibt die Vertrauensperson die Zustimmung nicht, so kann auch das **Gericht** sie **nicht ersetzen;** es kann höchstens die Verfügungsbeschränkung aufheben. Das Gericht kann anordnen, daß Verfügungen über einzelne Gegenstände auch *mit* Zustimmung der Vertrauensperson unwirksam bleiben. Das ist aber ebenfalls bekanntzumachen. Eine solche Anordnung kann mit Erlaß des allgemeinen Veräußerungsverbots oder auch später erfolgen.

3 **Trotz der Zustimmung** der VP. kann die Verfügung des Sch. im AnschlKs. oder an einen späteren Ks. nach Maßgabe der Anfechtungsvorschriften der KO. **anfechtbar** sein. Dies gilt auch dann, wenn der GlAussch. neben der VP. der Verfügung zugestimmt hat. Immerhin ist natürlich die Zustimmung der VP. und des GlAussch. von Bedeutung bei

der Würdigung der objektiven und subjektiven Seite der GlBenachteiligung[1]).

§ 58.

Eine angeordnete Verfügungsbeschränkung ist aufzuheben, wenn für sie kein Bedürfnis mehr besteht.

Die Aufhebung ist in derselben Weise zuzustellen, öffentlich bekanntzumachen und in das Grundbuch einzutragen wie die Anordnung (§ 52 Abs. 2, § 53, § 55 Abs. 2, 3).

Wird im Anschluß an ein erfolgloses VV. der Konkurs eröffnet, so bleiben die vor der Eröffnung des Konkurses entgegen einem Veräußerungsverbote vorgenommenen Verfügungen den vom VV. betroffenen Gläubigern gegenüber auch im Konkurse wirkungslos (§ 83). Die im Konkurse selbst vorgenommenen Veräußerungen und sonstigen Verfügungen werden dagegen zugunsten der Konkursgläubiger von einem im VV. erlassenen Veräußerungsverbote nicht in Frage gestellt (Begr. S. 30). Vgl. § 13 KO. Geschäfte, die **vor** Aufhebung der Verfügungsbeschränkung vorgenommen worden sind, können nach Aufhebung der Verfügungsbeschränkung von der Vertrauensperson nicht mehr genehmigt werden, müssen vielmehr **wiederholt** werden (Samolewitz 58 Anm. 3; Kiesow 58 II).

4. Abschnitt.

Verhandlung im Vergleichstermine.

§ 59.

In dem Vergleichstermine wird über den Vergleichsvorschlag verhandelt, das Stimmrecht der Forderungen, soweit es bestritten wird, festgestellt und abgestimmt. Die an dem Vergleichsverfahren nicht beteiligten Gläubiger können in dem Vergleichstermin erscheinen und sind auf ihren Antrag zu hören.

I. Einberufung der GlVersammlung.

1 Ein **Recht** auf Einberufung einer GlVersammlung neben dem VglTermin haben die Gl. nicht (§ 45 Anm. 3).

[1]) Kiesow § 57 Anm. 5; Samolewitz § 57 Anm. 3; RGZ 106, 65; RG. 7. 1. 30 in KTrW. 1930, 41.

Auch bei Anwesenheit nur e i n e s Gl. ist die GlVersammlung beschlußfähig[1]). Der VglTermin muß auch stattfinden, wenn a l l e Gl. dem VglVorschlag nach § 65 schriftlich zugestimmt haben.

II. **Verlauf der GlVersammlung.**

Ueber die Sitzungsvorgänge wird **Protokoll** aufgenommen (§ 14, §§ 159, 160 ZPO.). Protokollführer ist nicht unbedingt nötig (§ 163 Abs. 3 ZPO.). Wegen der Beweiskraft des Protokolls vgl. § 164 ZPO.). In dem GlVerzeichnis muß vermerkt werden, ob **Stimmrecht** gewährt worden ist und in welcher Höhe, soweit nicht ein besonderer Gerichtsbeschluß hierüber aus dem Protokoll hervorgeht. Ferner muß vermerkt werden, ob die Forderungen **anerkannt** worden sind (§ 62 Abs. 4). Wegen der **Sitzungspolizei** im VglTermin vgl. § 176 ZPO. Wegen Rauchens im Vgl.-Termin vgl. JW. 1926, 2536. 2

III. **Anwesende.**

Im VglTermin **müssen** erscheinen der Sch. (oder sein gesetzlicher Vertreter), die VP. und der VglBürge oder sein Bevollmächtigter (vgl. § 16 Anm. 5). 3

Es **dürfen** erscheinen: Die beteiligten und am VV. nicht beteiligten Gl., ferner sonstige Personen, die am VglTermin ein rechtliches Interesse haben, z. B. derjenige, an dessen Grundstück eine Sicherungshypothek für die Gl. bestellt worden ist oder der Treuhänder, dem im Falle des Liquidations-Vgl. Warenlager und Außenstände übereignet werden sollen. Im übrigen ist der VglTermin nicht öffentlich.

Vollmachten etwaiger Vertreter sind von Amts wegen zu prüfen. Allgemeine Prozeßvollmacht genügt nicht. Vollmachtsstempel wird in Preußen nach der Quote[2]), in Sachsen wird er nicht erhoben. G e s c h ä f t s m ä ß i g e G l V e r t r e t e r können zurückgewiesen werden[3]).

§ 60.

Ein am Verfahren beteiligter Gläubiger, dessen Forderung in das Gläubigerverzeichnis (§ 16 Abs. 1 Nr. 1, § 17)

1) LG. I Berlin, Deutsche Richterzeitung 1928, Heft 1, Beil. S. 18.
2) RG. in KTrW. 1930, 98.
3) KTrW. 1928, 19; Levy § 59 Anm. 1.

nicht aufgenommen ist, wird bei der Abstimmung nach Maßgabe des § 62 berücksichtigt, wenn er seine Forderung bis zum Beginne der Abstimmung über den Vergleichsvorschlag schriftlich oder zu Protokoll des Gerichtsschreibers anmeldet.

Die Anmeldung hat den Betrag und den Grund der Forderung zu enthalten; urkundliche Beweisstücke sind in Urschrift oder in Abschrift der Anmeldung beizufügen und im Vergleichstermine vorzulegen.

Der Gerichtsschreiber hat das Gläubigerverzeichnis nach den Anmeldungen zu berichtigen.

Der Verhandlung im VglTermine muß das von dem Sch. eingereichte GlVerzeichnis zugrunde gelegt werden. Da es aber unvollständig sein kann, ist den Gl. das Recht einzuräumen, die Angaben des Sch. durch **eigene Anmeldung** zu ergänzen; für die weiteren Erörterungen ist dann diese Ergänzung maßgebend. Der VglTermin hat nicht die Bedeutung eines Prüfungstermins im Sinne der KO., denn das VV. verfolgt nicht den Zweck, durch Verteilung des Vermögens des Sch. die Gl. im Rahmen des VV. zu befriedigen. Es besteht demgemäß kein allgemeiner Prüfungszwang für die angemeldeten Forderungen, sondern jede angemeldete Forderung nimmt, sofern der Gl. nur zum Kreise der im § 2 bezeichneten Gl. gehört, an dem VV. unter der Bedingung teil, daß sie besteht. Deshalb kann die Anmeldung seiner Forderung auch noch im VglTermine zugelassen werden. Wird ihr Stimmrecht dann streitig, so gilt § 62 Abs. 2 Satz 2 bis 5 (Begr. S. 30).

Die Anmeldung zum GlVerzeichnis empfiehlt sich aber um deswillen, weil der Gl. auch dann vom Vgl. betroffen wird, wenn er nicht angemeldet hat oder nicht im GlVerzeichnis aufgenommen ist, sofern er nur überhaupt ein Gl. i. S. von § 2 ist (§ 73 VglO.).

Ein am VV. nicht beteiligter Gl. wird durch Aufnahme ins Verzeichnis der beteiligten Gl. materiell nicht zum beteiligten Gl. Stimmt ein bevorrechtigter Gl. über den Vergleichsvorschlag mit ab, obwohl er von ihm nicht betroffen wird, so ist dies nicht ohne weiteres als Verzicht auf das Vorrecht anzusehen (vgl. § 2 Anm. 8).

§ 61.

Der Schuldner hat in dem Vergleichstermine persönlich zu erscheinen.

Er darf sich nur vertreten lassen, wenn er glaubhaft macht, daß ihn besondere Gründe am Erscheinen verhindern.

Auf Verlangen eines am Verfahren beteiligten Gläubigers hat der Schuldner im Vergleichstermine den Offenbarungseid dahin zu leisten, daß er nach besten Wissen sein Vermögen und seine Verbindlichkeiten so vollständig angegeben habe, als er dazu imstande sei.

I. Pflicht zum Erscheinen.

Kommt der Sch. nicht und läßt sich auch nicht, soweit dies überhaupt zulässig ist, vertreten, so setzt er sich der Gefahr aus, daß das VV. eingestellt wird (§ 79 Abs. 1 Nr. 6, Abs. 2, 3). 1

II. Pflicht zur Eidesleistung.

Entsprechend dem im § 16 Abs. 1 Nr. 6 geforderten Erbieten hat der Sch. auf Verlangen eines am VV. beteiligten Gl. im VglTermine den Offenbarungseid zu leisten. Der Gl. braucht zu diesem Zwecke in dem VglTermine nicht zu erscheinen; es genügt, wenn er die Eidesleistung **vorher schriftlich verlangt** hat. Von Amts wegen kann dem Sch. ebensowenig wie in der Zwangsvollstreckung und im Kks. der Offenbarungseid abgenommen werden. Trauen die Gl. ihrem Sch., so hat das Gericht keinen Anlaß, die Berechtigung dieses Vertrauens zu untersuchen. **Weigert** sich der Sch., den Eid zu leisten, so finden die Zwangsmittel der ZPO. (§ 899 ff.) keine Anwendung, denn für ihre Durchführung ist im VV. nicht genügend Zeit. Vielmehr ist der einzige Rechtsnachteil, der den Sch. treffen kann, die Einstellung des VV. und die Eröffnung des Kks. (§ 79 Abs. 1 Nr. 7, Abs. 2). Die Leistung des Offenbarungseides im VV. befreit den Sch. nicht von der Pflicht, in einem anschließenden KksVerfahren erneut den Offenbarungseid zu leisten (§ 125 KO.; Begr. S. 39 und 40). 2

Der Eid erstreckt sich **nur auf das Vermögen**, das vom VV. betroffen wird, auf das übrige Vermögen erstreckt es sich nicht. Nach Beendigung des VV. kann sich daher der Sch. *nicht auf den geleisteten Offenbarungseid berufen*, wenn später wegen einer erfolglosen Zwangsvollstreckung gem. § 807 ZPO. und §§ 899 ff. ZPO. der Offenbarungseid von ihm verlangt wird[1]). 3

1) Vgl. Stein § 903 ZPO. II.

In dem dem Offenbarungseid zugrunde liegenden Vermögensverzeichnis sind also nicht nur die Aktiven, sondern auch die Passiven genau aufzuführen. Der Eid wird zweckmäßig **dahin gefaßt**, daß der Sch. zu schwören hat: „Ich habe in dem anliegenden Verzeichnis mein Vermögen und meine Verbindlichkeiten so vollständig angegeben, als ich dazu imstande war". Eine Eintragung in das Schuldnerverzeichnis gem. § 915 ZPO. erfolgt nicht.

4 Die **Eidesabnahme** erfolgt im VglTermin. Aus besonderen Gründen (z. B. bei schwerer Erkrankung des Sch.) kann die Eidesabnahme auch in der Wohnung erfolgen. Sind **mehrere Sch.** vorhanden (z. B. mehrere Erben), so muß jeder den Eid leisten. Sind **mehrere gesetzliche Vertreter**, z. B. mehrere Vorstandsmitglieder einer juristischen Person, vorhanden, so muß jeder den Eid leisten[2]). Aus dasjenige Vorstandsmitglied, das erst nach Eröffnung des VV. bestellt worden ist, hat den Eid mit zu leisten, da es ebenfalls für die Richtigkeit der Angaben der Gesellschaft, die dem VglVorschlag zugrunde liegen, verantwortlich ist. Ist die Bestellung eines Vorstandsmitglieds vor dem VglTermin weggefallen, so ist es zur Eidesleistung nicht verpflichtet. Natürlich muß der Wegfall des Amtes des Vorstandsmitglieds von dem Beteiligten ernsthaft gemeint und tatsächlich durchgeführt sein. Durch einen Scheinrücktritt kann sich das Vorstandsmitglied seiner Verpflichtung zur Leistung des Offenbarungseides nicht entziehen[3]).

§ 62.

Die Forderungen der am Verfahren beteiligten Gläubiger werden an der Hand des berichtigten Gläubigerverzeichnisses erörtert; der Schuldner hat sich über sie zu erklären.

Soweit gegen eine Forderung weder der Schuldner noch ein beteiligter Gläubiger noch die Vertrauensperson Widerspruch erhebt, gilt sie als stimmberechtigt. Soweit widersprochen wird, ist zu erörtern, ob und zu welchem Betrag ein Stimmrecht gewährt werden soll. Einigen sich der Schuldner, die im Termin erschienenen, am Vergleichsverfahren beteiligten Gläubiger und die Vertrauensperson nicht, so entscheidet das Gericht. Es kann seine Entscheidung auf Antrag des Schuldners, eines im Termin erschienenen,

2) Stein § 807 N. 45.
3) Vgl. OLG. Nürnberg JW. 1930, 3783.

am Verfahren beteiligten Gläubigers oder der Vertrauensperson bis zum Beginne der Abstimmung über den Vergleichsvorschlag ändern. Die Wirkung der Entscheidung beschränkt sich auf die Frage des Stimmrechts.

In gleicher Weise entscheidet das Gericht, ob und zu welchem Betrag aufschiebend bedingte Forderungen sowie Forderungen, für die abgesonderte Befriedigung beansprucht wird, zum Stimmen berechtigen.

Der Gerichtsschreiber hat nach der Erörterung einer jeden Forderung das Ergebnis in das Verzeichnis der Gläubiger einzutragen. Soweit gegen eine Forderung weder der Schuldner noch ein an dem Verfahren beteiligter Gläubiger noch die Vertrauensperson Widerspruch erhoben hat, ist in dem Verzeichnis zu vermerken, daß die Forderung anerkannt ist.

I. Feststellung des Stimmrechts.

1 Zum Zwecke der Feststellung des Stimmrechts werden die Forderungen der beteiligten Gl. an der Hand des Gl.-Verzeichnisses erörtert. Die Erörterung erfolgt derart, daß Name, Klagegrund, Betrag, Urkunde, auf die sich der Gl. bezieht, und Vorrecht bei Ausfallsforderungen, Posten für Posten vorgelesen werden. Das Ergebnis der Erörterung wird von dem Gerichtsschreiber in das Verzeichnis eingetragen. Soweit gegen eine Forderung weder von dem Sch., noch von einem beteiligten Gl., noch von einer Aufsichtsperson Widerspruch erhoben wird, ist über die Frage des **Stimmrechts** zu verhandeln. Dabei ist auf das Zustandekommen einer Einigung hinzuwirken. Das Gericht entscheidet über das Stimmrecht vor Beginn der Abstimmung. Die Entscheidung kann gem. Abs. 2 Satz 3 **geändert** werden. Sie ist an sich **nicht anfechtbar**. Eine **mittelbare Anfechtung** ist aber doch möglich, wenn der Vgl. verworfen oder das VV. eingestellt und mit der Beschwerde geltend gemacht wird, daß diese Entscheidung zu Unrecht erfolgt sei[1]). Die Wirkung der unanfechtbaren Entscheidung beschränkt sich auf die Frage des Stimmrechts; die Frage des materiellen Bestandes bleibt unberührt.

Der **schriftliche Widerspruch** eines am VV. beteiligten, aber nicht erschienenen Gl. kann keine Beachtung finden; das

1) Vgl. § 14 Anm. 2; a. M. Kiesow § 62 Anm. 8.

Gericht wird aber zweckmäßigerweise den Widerspruch bekanntgeben und der VP. Nachprüfung anheimstellen.

II. Anerkenntnis der Forderung.

2 Eine Forderung gilt als **anerkannt**, wenn weder der Sch. noch ein am VV. beteiligter Gl., noch die VP. Widerspruch erhoben hat; schriftlicher Widerspruch eines am VV. beteiligten Gl. ist zu beachten. Soweit die Forderung anerkannt ist, ist sie bei Bestätigung des Vgl. **vollstreckbar** (§ 75). Soweit sie **bestritten** wird, muß der betr. Gl. gegen den Sch. klagen. Ein Anerkenntnisvermerk kann ebenso wie ein Urteil wegen Schreibfehler, Rechenfehler und ähnlicher offenbarer Unrichtigkeiten gem. § 319 ZPO. **berichtigt** werden[2]).

Durch die Anerkennung allein tritt nicht dieselbe Wirkung ein wie durch die Feststellung einer Forderung gem. § 144 KO. Es wird also durch den Anerkennungsvermerk nicht schon ein vollstreckbarer Schuldtitel über die Forderung geschaffen. Dies geschieht erst durch die Bestätigung des Vgl. Wenn die Bestätigung des Vgl. nicht erfolgt und es vielmehr zum AnschlußKks. kommt, kann der Sch. im AnschlußKks. gegen die Forderung Widerspruch erheben. Die Forderung gilt trotz des Anerkennungsvermerks nicht als vollstreckbare Forderung i. S. von § 146 KO., wohl aber im Falle eines späteren Kks.[3]). Ebenso tritt die dreißigjährige **Verjährungsfrist** (vgl. § 39) erst mit der Bestätigung des Vgl. ein. Der Einwand des **Wuchers** wird durch das Anerkenntnis abgeschnitten[4]). Ist die Anerkennung **erschlichen** (z. B. vom Gl. unter arglistiger Ausnutzung eines Irrtums des Sch., durch dessen Stillschweigen erwirkt), so ist das Anerkenntnis nichtig; eine Vollstreckungsgegenklage soll nicht möglich sein, wohl aber eine negative Feststellungsklage[5]).

III. Rücknahme des Widerspruchs.

3 Der Widerspruch gegen eine Forderung kann bis zum Beginn der Abstimmung zurückgenommen werden[6]). Später

2) KTrW. 1929, 66.
3) Levy § 62 Anm. 8; a. M. Samolewitz § 62 Anm. 8.
4) RG. in KTrW. 1930, 100.
5) RG. in KTrW. 1930, 81; vgl. auch RG. 61, 365, 122, 363.
6) Kiesow § 62 Anm. 11; Samolewitz § 62 Anm. 9.

ist die Rücknahme eines Widerspruchs bedeutungslos. Es kann also nicht das GlVerzeichnis nachträglich insoweit berichtigt und damit ein vollstreckbarer Titel geschaffen werden.

§ 63.

Zum Abschluß eines Vergleichs ist erforderlich, daß
1. **die Mehrheit der stimmberechtigten Gläubiger dem Vergleiche zustimmt und**
2. **die Gesamtsumme der Forderungen der zustimmenden Gläubiger mindestens drei Vierteile der Forderungen der stimmberechtigten Gläubiger beträgt.**

Die Mehrheiten berechnen sich nach dem berichtigten Gläubigerverzeichnisse.

Lautet der Vergleichsvorschlag auf einen ziffernmäßig bestimmten teilweisen Erlaß der Forderungen und gewährt er den Gläubigern nicht mindestens die Hälfte ihrer Forderungen, so muß die nach Abs. 1 Nr. 2 erforderliche Gesamtsumme der Forderungen der zustimmenden Gläubiger mindestens vier Fünftel der Forderungen der stimmberechtigten Gläubiger betragen.

Soll der Vergleich nur auf Stundung bis zur Dauer von längstens einem Jahre nach der Bestätigung, allein oder in Verbindung mit einem Erlasse von Zinsen für die Dauer der Stundung, gehen, so genügt es, wenn die nach Abs. 1 Nr. 2 erforderliche Gesamtsumme mehr als die Hälfte der Gesamtsumme der Forderungen der stimmberechtigten Gläubiger beträgt.

Uebersicht über die Anmerkungen:

I. Die erforderlichen Mehrheiten.

Es ist die Kopf- und die Summenmehrheit festzustellen. 1

Bei der **Kopf**mehrheit werden nicht nur die im Vgl.-Termin anwesenden oder vertretenen Gläubiger, sondern alle beteiligten Gläubiger gezählt. Solche, deren Aufenthalt unbekannt ist, werden als ablehnend, Gläubiger mit mehreren Forderungen werden nur einmal gezählt, auch wenn sie die eine oder andere Forderung durch Abtretung erworben haben. Juristische Personen und Handelsgesellschaften haben nur eine Stimme.

Für die **Summen**mehrheit ist notwendig:

a) wenn über 50 % geboten werden, 75 % der Forderungen (Abs. 1 Z. 2),

b) wenn unter 50 % geboten werden, 80 % der Forderungen (Abs. 3),

c) wenn die Forderungen nur auf höchstens ein Jahr nach Rechtskraft der Bestätigung gestundet werden (also kein Nachlaß auf die Forderungen gewährt wird), genügen 50 % der Forderungen (Abs. 4). Dabei ist zu beachten, daß kein reiner Stundungsvergleich, sondern ein Erlaßvergleich vorliegt, wenn Zinsen aus der Zeit vor der Eröffnung der VV. erlassen werden.

Wenn lediglich ein Liquidationsvergleichsvorschlag vorliegt (ohne daß der Erlaß der Forderungen ziffernmäßig, d. h. prozentual bestimmt ist), genügen 75 % der Forderung, auch wenn die zu erwartende Quote unter 50 % beträgt[1]).

II. Stimmberechtigte Gl.

2 Auch Gl., die **voll befriedigt** werden, können mit abstimmen[2]). Ist die Forderung **geteilt** und an verschiedene Personen **abgetreten,** so hat jeder Zessionar eine Stimme, auch wenn die Abtretung erst nach Eröffnung des VV. erfolgt ist. Ist die Abtretung aber geschehen, um die erforderlichen Mehrheiten zu erreichen, so ist dies ein unlauteres Verfahren, das gem. § 68 Abs. 2 Z. 1 eine Verwerfung des Vgl. rechtfertigt. Bei Forderungen, die einer **ungeteilten Erbengemeinschaft** zustehen, haben die Erben zusammen nur eine Stimme; stimmt einer der Erben nicht mit oder gegen den Vgl., so gilt die ganze Forderung als gegen den Vgl. stimmend. Das gleiche gilt für sonstige **GesamtGl.** Bei Forderungen, die **gepfändet** oder **verpfändet** sind, muß sowohl der

1) Kiesow § 63 Anm. 6; Mayer KTrW. 1928, 178; Levy § 63 Anm. 4; a. M. Braß KTrW. 1930, 75.

2) Samolewitz § 63 Anm. 3; Kiesow § 63 Anm. 10; a. M. Levy § 63 Anm. 1; Mayer § 63 Anm. 19.

Gl. als auch der PfandGl. bzw. PfändungspfandGl. zustimmen. Nur wenn dem PfändungspfandGl. die Forderung an Zahlungs Statt (nicht bloß zur Einziehung) überwiesen ist, ist er allein stimmberechtigt. Ist dagegen die Forderung **sicherungsweise** abgetreten, so braucht nur der neue Gl. zuzustimmen, da die Abtretung nach außen hin im vollen Umfang erfolgt ist. Der **Vormund** (Pfleger) muß die Zustimmung des VormundschaftsGer. beibringen, wenn die Forderung 300 RM. übersteigt (§ 1822 Nr. 11 BGB.). Der **KksVerwalter** ist solchenfalls nur innenrechtlich an die Zustimmung des GlAussch. gebunden, braucht sie also nicht beizubringen. Der **Prokurist** kann dem Vgl. zustimmen. Die **Ehefrau** muß dem Vgl. selbst zustimmen, bedarf aber der Genehmigung des Ehemannes, außer wenn die Forderung zu einem von der Ehefrau mit Einwilligung des Mannes selbständig betriebenen Erwerbsgeschäftes gehört. Der **Ehemann** kann hinsichtlich einer zum eingebrachten Gut gehörigen Forderung auf Grund der Verwaltung und Nutznießung dem Vgl. ohne Genehmigung der Ehefrau nicht zustimmen[3]). **Bevollmächtigte** müssen die Vollmacht bis zur Bestätigung des Vgl. nachbringen.

III. Schriftliche Zustimmungserklärung.

Eine Zustimmungserklärung, die vor dem Termin 3
schriftlich abgegeben worden ist, kann im Termin **zurückgezogen** werden. Ist nach Beginn der Abstimmung die **Zustimmung** erklärt, so ist der Gl. an diese Erklärung **gebunden**; hat er **abgelehnt**, so kann er bis zur Beendigung der Abstimmung *noch zustimmen*[4]). Kommt es zum **zweiten Termin**, so kann sich der Gl. erneut über die Zustimmung entscheiden; gibt er keine neue Erklärung ab, so wird er als zustimmend behandelt. Auch der Gl., der schriftlich zugestimmt hatte, kann bis zum zweiten Termin seine schriftliche Zustimmung zurückziehen, mag er sie auch im ersten Termin nicht zurückgenommen haben.

---

3) Vgl. hierzu §§ 1375, 1376, 1395, 1405 BGB.

4) Bestr., Kiesow § 63 Anm. 12 will bis zur Beendigung der Abstimmung des Gl. die Möglichkeit einer Aenderung seiner Stimmabgabe geben; Lucas § 63 Anm. 3 und Samolewitz § 63 Anm. 4 halten die einmal abgegebene Erklärung für unabänderlich.

IV. **Abstimmung bei Bevorzugung einzelner Gl.**

4 Werden einzelne Gl. durch den Vgl. bevorzugt, so ist § 5 zu beachten. In jeder der einzelnen GlGruppen, die durch die verschiedene Behandlung der Gl. sich ergeben, muß die nach § 63 erforderliche Mehrheit erreicht werden; überdies müssen 75 Prozent der durch den Vgl. zurückgesetzten Gl. zustimmen. Eine **getrennte Abstimmung** (wie in § 274 HGB.) ist nicht nötig, wohl aber, wenn Zweifel vorliegen können, zweckmäßig[5]). Wenn Gl. bevorzugt werden, die ihre Forderung auf einen bestimmten Betrag **ermäßigen** (z. B. Gl. bis zu 100 RM. oder solche, die ihre Forderung auf 100 RM. ermäßigen, sollen 75 Prozent, die übrigen nur 50 Prozent erhalten), so stimmen diese Gl., die ihre Forderung ermäßigen, gleichwohl in der Gruppe der zurückgesetzten Gl. mit und zwar mit dem vollen Betrag ihrer Forderungen, nicht mit dem ermäßigten[6]); denn die Erklärung des Gl., er wolle seine Forderung ermäßigen, ist aufschiebend bedingt durch das Zustandekommen des Vgl.

V. **Einzelheiten.**

5 Eine unverbindliche **Probeabstimmung** ist zulässig; **Stimmenthaltung** ist Ablehnung. Die Zustimmungserklärung kann natürlich **nichtig oder anfechtbar** sein; eine etwaige Anfechtung ist gegenüber dem Sch. zu erklären und zweckmäßiger dem Gericht mitzuteilen. Aber die Anfechtung oder Nichtigkeit kann nur bis zur Bestätigung des Vgl. geltend gemacht werden; hinterher gilt § 77. Zustimmungserklärungen können auch **bedingt** sein, z. B. auflösend bedingt durch Verzug oder Kfs. des Sch. und aufschiebend bedingt z. B. dadurch, daß auch gewisse andere Gl. zustimmen.

§ 64.

Bei der Berechnung der Mehrheiten bleibt der Ehegatte des Schuldners außer Betracht, wenn er für den Vergleich gestimmt hat.

Das gleiche gilt von dem, dem der Ehegatte des Schuldners nach der Eröffnung des Vergleichsverfahrens oder in dem letzten Jahre vorher eine Forderung gegen den Schuld-

---

5) Kiesow § 63 Anm. 9; Samolewitz § 5 Anm. 15; a. M. Mayer § 63 Anm. 20.

6) So Kiesow § 63 Anm. 9; a. M. Levy KTrW. 1929, 143.

ner abgetreten hat, soweit das Stimmrecht auf der abgetretenen Forderung beruht. Diese Vorschrift findet keine Anwendung, wenn der Ehegatte zu der Abtretung durch Gesetz oder durch einen Vertrag verpflichtet war, der früher als ein Jahr vor der Eröffnung des Vergleichsverfahrens geschlossen worden ist.

I. Stimmrecht der Ehegatten.

1 Nur der dem Vergleich **zustimmende,** nicht der ihn ablehnende Ehegatte bleibt bei der Berechnung der Mehrheiten außer Betracht. Der zur Zeit der Abstimmung rechtskräftig vom Sch. geschiedene Ehegatte zählt immer mit.

Im VV. einer oHGes., KoGes. oder KoGes. a. A. ist der Ehegatte eines Gesellschafters nicht stimmberechtigt, ebenso nicht der Ehegatte eines Erben oder Miterben beim VV. über den Nachlaß.

Die Forderung des Ehegatten bleibt außer Betracht bei Berechnung der Mehrheit. Stimme und Forderung des Ehegatten scheiden völlig aus, werden also bei Feststellung der Gesamtgläubigerzahl und der Gesamtforderungssumme nicht mit gerechnet, ebenso nicht bei der Feststellung der Mehrheit selbst. Die Stimme des Ehegatten zählt aber mit bei Abstimmung über **Bevorzugung** einzelner Gl. (§ 5) und bei der **Vertagung** (§ 66).

II. Abtretung der Forderung durch den Ehegatten.

2 Abs. 2 will verhindern, daß der Ehegatte die Vorschrift des Abs. 1 dadurch umgeht, daß er seine Forderung abtritt. In Betracht kommt nur die Abtretung durch **Rechtsgeschäft.** § 64 findet daher k e i n e Anwendung, wenn

a) die Forderung durch **Pfändungs- und Ueberweisungsbeschluß** erworben ist. Wenn aber diese Maßnahme im Einverständnis mit dem Sch. und dem Ehegatten zwecks Umgehung der Vorschrift des § 64 erfolgt auf Grund eines Schuldtitels, der ohne rechtlichen Grund geschaffen worden ist, so muß der PfändungsGl. sich dies entgegenhalten lassen. Der Sch. läuft überdies Gefahr daß der Vergleich wegen unlauterer Machenschaften (§ 68 Abs. 2 Ziff. 2) verworfen wird);
b) die Forderung **kraft Gesetzes** vom Ehegatten des Sch. auf den neuen Gläubiger übergegangen ist, z. B. wenn der Bürge des Sch. den Ehegatten befriedigt hat;

c) wenn der Ehegatte **durch Gesetz** (§§ 255, 281, 346, 818 BGB.) oder infolge eines vor mehr als einem Jahre vor Eröffnung des VV. abgeschlossenen Vertrags zu der Abtretung **verpflichtet** war.

Der neue Gl., dem der Ehegatte die Forderung abgetreten hatte, kann gemäß Abs. 2 Satz 1 nur dann nicht mitstimmen, wenn die Ehe zur Zeit der Abtretung bestand. Besteht die Ehe zur Zeit der Abstimmung nicht mehr, so findet § 64 Abs. 2 Satz 1 keine Anwendung. Denn auch der Ehegatte, dessen Ehe zu dieser Zeit nicht mehr besteht, ist an der Abstimmung nicht gehindert; es ist kein Grund ersichtlich, warum der Rechtsnachfolger des Ehegatten insofern schlechter als dieser selbst gestellt sein soll.

Bei Berechnung der Frist wird der Tag der Eröffnung des VV. nicht mitgerechnet.

§ 65.

Ein Gläubiger kann dem Vergleichsvorschlag auch schriftlich zustimmen; die Erklärung ist nur zu berücksichtigen, wenn sie dem Gerichte bis zum Schlusse der Abstimmung zugegangen ist.

1 Da es genügen soll, wenn die Zustimmungserklärung dem Gerichte bis zum Schlusse der Abstimmung zugegangen ist, dem Richter aber diese Tatsache am Schlusse des VglTermins unter Umständen nicht bekannt ist, so wird es sich empfehlen, überall da, wo nach Lage der Sache noch mit schriftlichen Zustimmungserklärungen zu rechnen ist, die Entscheidung über die **Bestätigung** des Vgl. nach § 67 Abs. 3 **auszusetzen**, wenn im VglTermine selbst die erforderliche Mehrheit nicht erreicht wird (Begr. S. 31).

2 **Berichtigungen** der Zustimmungserklärungen (falls diese z. B. hinsichtlich der Unterschrift formelle Mängel aufweisen), fehlende **Vollmachten** können nach Schluß der Abstimmung bis zur Bestätigung nachgebracht werden; ebenso eine **uneingeschränkte Zustimmungserklärung**, wenn die bisherige Zustimmungserklärung unter einer Einschränkung gegeben war. Die Zustimmungserklärung muß **ihrem Sinn nach** eine Zustimmung zum VglVorschlag ergeben, daher genügt z. B. auch die Erklärung eines absonderungsberechtigten Gl., er sei bereit, sich mit seinem Ausfall am Vgl. zu beteiligen.

In der Zustimmungserklärung zur Eröffnung des VV. kann, wenn dem Gläubiger der VglVorschlag gleichzeitig mitgeteilt worden ist, auch die Zustimmung zum VglVorschlag selbst liegen; das ist Auslegungsfrage. Trotzdem kann aber der Gläubiger seine schriftliche Zustimmungserklärung bis zur Abstimmung **zurückziehen**, und zwar entweder mündlich im Termin oder durch schriftliche Eingabe an das Gericht. Ebenso kann der Gläubiger seine später zum Vergleichsvorschlag selbst erteilte schriftliche Zustimmungserklärung zurückziehen. Er kann ferner ebenso in einem zweiten VglTermin die schriftliche Zustimmungserklärung zurücknehmen, auch wenn er im ersten Termin dies nicht getan hat. Dies gilt auch dann, wenn die Zustimmungserklärung **unwiderruflich** abgegeben ist[1]). 3

Als schriftliche Zustimmungserklärung gilt es auch, wenn der Gläubiger im ersten Termin **zu Protokoll** zugestimmt hat, im zweiten aber nicht erscheint. **Telegraphische** Zustimmung ist zulässig, telephonische nicht. Wird der VglVorschlag nach Eingang schriftlicher Zustimmungserklärungen **besser** für die zustimmenden Gläubiger gestaltet, so erstrecken sich diese Zustimmungserklärungen auch auf den geänderten VglVorschlag. Wird der Vgl. dagegen **verschlechtert**, so müssen neue Zustimmungserklärungen beigebracht werden. 4

§ 66.

Der Vergleichstermin kann auf Antrag von drei Vierteilen der erschienenen, am Verfahren beteiligten Gläubiger vertagt werden, wenn zu erwarten ist, daß der neue Termin zu einem Vergleiche führen wird. Der Termin kann ferner vertagt werden, wenn der Schuldner sich in ihm zulässigerweise hat vertreten lassen (§ 61 Abs. 2) und die Leistung des Offenbarungseids verlangt wird (§ 61 Abs. 3). Der neue Termin ist alsbald zu bestimmen und soll in der Regel nicht über zwei Wochen hinaus anberaumt werden.

Vertagungen des VglTermins stehen an sich im Widerspruche mit dem Grundgedanken der VglO., schnell eine Entscheidung über Vgl. oder Konkurs herbeizuführen. Im Einzelfalle kann die Sache aber so liegen, daß eine Vertagung des Termins dem Zustandekommen des Vgl. **förderlich** ist. 1

1) So Püschmann KTrW. 1931, 18.

Das wird z. B. zutreffen, wenn die bisher einem Vgl. widerstrebenden Gl. auf Grund der mündlichen Darlegungen des Sch. im Termine dem VglGedanken geneigter geworden sind, sich aber zu einer endgültigen Stellungnahme noch nicht entschließen können. Es ist nicht ausgeschlossen, daß der neue Termin auf Antrag der genannten Gläubigermehrheit **nochmals vertagt** wird (Begr. S. 31). Ob der neue Termin zum Vgl. führen wird, ist Ermessensfrage des Gerichts; das Gericht kann auch die Bestätigung der Entscheidung aussetzen (§ 67 Abs. 3).

2 Maßgebend ist die **Kopfzahl** der erschienenen Gl. Erschienen sind auch die, die sich durch **Bevollmächtigte** vertreten lassen. Der Sch. wird daher guttun, dafür zu sorgen, daß die ihm wohlgesinnten Gl. nicht nur schriftlich ihre Zustimmung zum Vgl. geben, sondern außerdem eine Person bevollmächtigen, die in ihrem Sinne etwaigen Aenderungen des VglVorschlags zustimmt oder eine Vertagung des VglTermins bewilligt.

3 Einen **Anspruch** auf Vertagung des VglTermins hat der Sch. nur, wenn von ihm die Leistung des Offenbarungseids verlangt wird und er selbst im Termin nicht anwesend ist, sondern sich zulässigerweise hat vertreten lassen. Aber auch wenn der Schuldner im Termin anwesend ist, wird man u. U. billigerweise in den meisten Fällen dem Schuldner eine kurze Vertagung des Termins zugestehen müssen, sofern der Antrag auf Leistung des Offenbarungseids erst im Termin gestellt wird. Wenn auch der Schuldner sein Vermögen und seine Verbindlichkeiten (§ 61 Abs. 3) schon bei Einreichung des Antrags auf VV. mit größter Gewissenhaftigkeit aufzuzeichnen hat, so können dabei doch einzelne Vermögensgegenstände entweder nicht mit aufgenommen oder nur summarisch aufgeführt sein, die für die Durchführung des VV. durchaus unwesentlich sind. Der Schuldner läuft alsdann Gefahr, wegen Eidesverletzung sich strafbar zu machen, wenn er diese Gegenstände nicht oder nicht genau angibt (z. B. im VV. eines Rittergutspächters das Kücheninventar). Im VglTermin würde er aber zu einer sorgfältigen Ergänzung gar nicht in der Lage sein.

4 Der **neue** Termin ist zu **verkünden.** Geschieht dies nicht, so müssen die Gläubiger, der Schuldner und die Vertrauensperson neu geladen und der Termin im Amtsblatt bekanntgemacht werden.

Im neuen Termin muß die Verhandlung (§§ 59, 62) **wiederholt** werden. Das einmal festgesetzte **Stimmrecht** bleibt unverändert, es sei denn, daß dem Gericht hinsichtlich des Stimmrechts anderweiter Nachweis erbracht wird. Die Gl. sind an ihre frühere Zustimmung oder Ablehnung **nicht gebunden.** Soweit sie aber schriftlich oder im ersten Termin zu Protokoll zugestimmt haben und keine neuen Erklärungen abgeben, bewendet es bei diesen Zustimmungen.

5. Abschnitt.

Entscheidung über die Bestätigung des Vergleichs. Wirkung des bestätigten Vergleichs.

§ 67.

Der angenommene Vergleich bedarf der Bestätigung des Gerichts.

Das Gericht hat vor der Bestätigung den Schuldner, die Vertrauensperson und den Gläubigerausschuß zu hören.

Die Entscheidung über die Bestätigung ist in dem Vergleichstermin oder in einem alsbald zu bestimmenden, nicht über eine Woche hinaus anzusetzenden Termine zu verkünden.

Im Erfordernisse der Bestätigung liegt die größte Sicherung gegen eine Uebervorteilung oder ungleiche Behandlung der Gläubiger. **Mängel** des Verfahrens hat das Gericht vor der Bestätigung zu prüfen; derartige Mängel werden **geheilt** durch die Rechtskraft des Bestätigungsbeschlusses, soweit nicht gesetzliche Ausnahmen bestehen. Die Bestätigung **muß** erteilt werden, wenn kein gesetzlicher Grund dagegen spricht.

Ein **Rechtsmittel** gegen den Beschluß, der den Vgl. bestätigt, gibt es **nicht.** Wird der Vgl. verworfen, so kann nur der Schuldner hiergegen sofortige Beschwerde erheben, aber auch nur wenn zugleich Konkurs eröffnet wird (§ 71).

Wenn einerseits alle Gl. schriftlich oder mündlich zugestimmt haben und andererseits der Sch. im Termin nicht erschienen und nicht vertreten war, dann kann weder der Vgl. bestätigt, noch der Anschlußkonkurs eröffnet werden; denn der Sch. ist dann nicht mehr zahlungsunfähig (RAusschBer. S. 22).

§ 68.

Der Vergleich ist zu verwerfen,

1. wenn die für den Inhalt und den Abschluß des Vergleichs gegebenen Vorschriften sowie die Vorschriften über das nach der Eröffnung zu beobachtende weitere Verfahren in einem wesentlichen Punkte nicht beobachtet worden sind und das Fehlende nicht ergänzt werden kann;

2. wenn der Schuldner flüchtig ist oder sich verborgen hält, wenn gegen ihn eine gerichtliche Untersuchung oder ein Wiederaufnahmeverfahren wegen betrügerischen Bankrotts anhängig ist, oder wenn sich ergibt, daß er wegen betrügerischen Bankrotts rechtskräftig verurteilt worden ist.

Auf Antrag eines an dem Verfahren beteiligten Gläubigers ist der Vergleich zu verwerfen,

1. wenn er unlauter, insbesondere durch Begünstigung eines Gläubigers zustande gebracht worden ist;

2. wenn er dem gemeinsamen Interesse der beteiligten Gläubiger widerspricht.

Das Gericht kann eine Glaubhaftmachung der den Antrag (Abs. 2) begründenden Tatsachen erfordern.

Uebersicht über die Anmerkungen:

I. Allgemeines.

1 Entsprechend der KO. (§§ 186—188) unterscheidet die VglO. Verwerfungsgründe, die von Amts wegen zu berücksichtigen sind (Abs. 1), und Verwerfungsgründe, zu deren Beachtung es des Antrags eines beteiligten Gl. bedarf (Abs. 2, 3). Die Verwerfungsgründe des Abs. 1 **muß** das Gericht auch beachten, wenn sämtliche beteiligten Gl. dem Vgl. **zugestimmt** haben; fraglich ist dann allerdings, ob AnschlußKs. zu eröffnen ist, weil ja durch die Zustimmung

aller beteiligter Gl. die Zahlungsunfähigkeit des Sch. behoben sein wird. Soweit Verwerfungsgründe nach Abs. 2 vorliegen, kann ein dahingehender Antrag des Sch. auch **noch im Bestätigungsverfahren** (also nach Schluß der Abstimmung im VglTermin) gestellt werden. Verlangt das Gericht eine Glaubhaftmachung (Abs. 3), so müssen die den Verwerfungsantrag begründenden Tatsachen so rasch beigebracht werden, daß die Entscheidung über die Verwerfung oder Bestätigung des Vgl. binnen einer Woche nach dem VglTermin (§ 67) gefällt werden kann. Gl., die am VV. nicht beteiligt sind, sind nicht antragsberechtigt. Der Verwerfungsantrag kann schriftlich gestellt werden.

II. Gründe für die Verwerfung von Amts wegen.

a) **Zu Abs. 1 Z. 1:**

Diese Gruppe umfaßt die Fälle der **Unzulässigkeit** des VV. Sie führt, solange der Vgl. noch nicht zustandegekommen ist, zur Einstellung des VV. (§ 79 Nr. 2). Unzulässig ist das VV. auch dann, wenn der ursprüngliche oder geänderte VglVorschlag dem Erfordernis des § 22 Nr. 1 nicht entspricht oder wenn der Sch. durch sein Verhalten die Erfüllung des abgeschlossenen Vgl. gefährdet hat (§ 22 Nr. 4). Daß die Einstellung aus den im § 79 Abs. 1 Nr. 3 bis 7 aufgeführten Gründen auch noch im Bestätigungsverfahren ausgesprochen werden kann, ergibt sich mittelbar aus der im § 79 Nr. 2 enthaltenen Einschränkung „vor dem Zustandekommen des Vgl." (Begr. S. 32). 2

Dagegen bieten **Mängel des Eröffnungsverfahrens** keinen Grund zur Verwerfung. Diese Mängel bilden zwar, solange der Vgl. noch nicht zustande gekommen ist (d. h. also bis zur Beendigung der Abstimmung über den VglVorschlag), einen Grund zur Einstellung des Verfahrens gem. § 79 Abs. 1 Z. 2, werden aber durch die Annahme des Vgl. geheilt. Im übrigen unterliegt die Entscheidung darüber, was wesentliche Punkte sind, dem freien Ermessen des Gerichts (RAusschBer. S. 36).

b) **Zu Abs. 1 Z. 2:**

Es wird auf § 22 Anm. 3 und 4 verwiesen. 3

III. Gründe für die Verwerfung auf Antrag.

a) **Zu Abs. 2 Z. 1:**

4 **Begünstigung** eines Gl. kann z. B. erfolgen durch Stimmenkauf, der nach § 96 außerdem strafbar ist. Alles, was gegen Treu und Glauben im Rechts- und Handelsverkehr verstößt, ist **unlauter.** Die unlautere Weise ist der Oberbegriff, die Begünstigung eines Gl. nur der Unterbegriff. Hierher gehören bevorzugte Sicherung oder Befriedigung eines Gl., Kauf von Forderungen zu höherer als der Vergleichsdividende, Teilung der Ansprüche zur künstlichen Erzielung der Kopfmehrheit, Stimmenkauf. Das unlautere Verhalten muß für das Zustandekommen des Vgl. **ursächlich** gewesen sein; hat der begünstigte Gl. nicht mit für den Vgl. gestimmt, so ist der Vgl. nicht durch unlauteres Verhalten zustande gekommen.

Nicht erforderlich ist, daß unlauteres Verhalten des Sch. vorliegt. Es kann beispielsweise der Ehegatte des Sch. mit dritten Personen unlauter zusammenwirken (§ 64 Anm. 3). Bei oHGes., KoGes. und KoGes. a. A. genügt unlauteres Verhalten bei nur einem persönlich haftenden Gesellschafter, beim Nachlaß VV. unlauteres Verhalten nur eines von mehreren Miterben.

b) **Zu Abs. 2 Z. 2:**

5 Dem **gemeinsamen Interesse** der Gl. **widerspricht** ein Vgl. z. B., wenn seine Ausführung nicht gesichert ist oder wenn der Konkurs, etwa beim Vorliegen anfechtbarer Rechtshandlungen des Sch., den Gl. größere Vorteile bieten würde, weil zahlreiche Absonderungsberechtigte, deren Ansprüche im Konkurs anfechtbar wären, wegen Nichtbeteiligung am Vgl. dem verfügbaren Vermögen erhebliche Werte entziehen. Günstige Aenderung der Absatzverhältnisse kann ein Hinausschieben der Verwertung und damit die Steigerung der Vergleichsquote zweckmäßig erscheinen lassen.

§ 69.

Wird der Vergleich bestätigt, so ist zugleich das Vergleichsverfahren aufzuheben. Die Aufhebung ist nach Maßgabe des § 12 öffentlich bekanntzumachen.

War eine Verfügungsbeschränkung angeordnet worden, so verliert sie für die Zukunft ihre Kraft. § 58 Abs. 2 findet entsprechende Anwendung.

Mit der Aufhebung des Vergleichsverfahrens endet das Amt der Vertrauensperson und der Mitglieder des Gläubigerausschusses. Ein Antrag auf Eröffnung des Konkursverfahrens, über den die Entscheidung nach § 31 ausgesetzt war, gilt als nicht gestellt.

Eine etwa angeordnete **Verfügungsbeschränkung** ist gegenstandslos geworden. Sie verliert daher für die Zukunft ihre Kraft. Eine Verfügung, die als Verstoß gegen §§ 51 bis 55 unwirksam war, bleibt unwirksam. Es leben daher Anträge beim Grundbuchamt, die zurückgewiesen waren, nicht wieder auf und haben, wenn sie wiederholt werden, nicht den Rang des ursprünglichen Eingangs beim Grundbuchamt[1]).

Der Wegfall der Verfügungsbeschränkung ist in derselben Weise zuzustellen, öffentlich bekanntzumachen und im Grundbuche einzutragen, wie die Anordnung.

Für den **Konkursantrag** (Abs. 3 letzter Satz) werden Gerichtskosten nicht erhoben.

§ 70.

Hat ein Gläubiger später als am dreißigsten Tage vor der Stellung des Antrags auf Eröffnung des Vergleichsverfahrens durch Zwangsvollstreckung eine Sicherung oder Befriedigung erlangt, so wird, sofern die Voraussetzungen des § 3 Abs. 2 oder 3 zutreffen, mit der Bestätigung des Vergleichs die Sicherung unwirksam und ist das zur Befriedigung Erlangte nach den Vorschriften über die Herausgabe einer ungerechtfertigten Bereicherung herauszugeben. Der Tag der Stellung des Antrags auf Eröffnung des Vergleichsverfahrens wird in die Frist nicht eingerechnet. Zwangsvollstreckung ist auch die Vollziehung eines Arrestes oder einer einstweiligen Verfügung.

I. Allgemeines.

Auf die Ausführungen in § 3 wird allenthalben verwiesen, insbes. auch wegen Berechnung der Sperrfrist und wegen der Frage, ob der Gl. innerhalb dieser Sperrfrist durch Zwangsvollstreckungsmaßnahmen eine Sicherung oder Befriedigung erlangt hat. 1

1) Samolewitz § 69 Anm. 3.

II. Unwirksamwerden der Sicherung.

2 Eine erlangte Sicherung **wird** unwirksam. Der Sch. kann sich vom Gerichtsvollzieher zur Abnahme der Pfandzeichen ermächtigen lassen. Weigert sich der Gerichtsvollzieher, so Erinnerung nach § 766 ZPO. Eine besondere gerichtliche Entscheidung ist im übrigen nicht nötig, wird sich aber empfehlen z. B. bei Pfändung und Ueberweisung einer Forderung; der Pfändungs- und Ueberweisungsbeschluß ist aufzuheben. Ein Zwangsversteigerungs- oder Zwangsverwaltungsverfahren ist aufzuheben, das Grundbuchamt ist um Löschung des Vermerks zu ersuchen. Eine Zwangshypothek ist auf Antrag ohne Bewilligung des Gl. zu löschen. Ist gepfändetes Geld oder Versteigerungserlös hinterlegt, so muß der Betrag an den Sch. ausgezahlt werden. Das gleiche gilt für hinterlegte Sicherheiten, soweit sich diese Hinterlegung als durch Zwangsvollstreckung erlangte Sicherung darstellt[1]).

Die Unwirksamkeit der Zwangsvollstreckungsmaßnahmen tritt ein, gleichgültig, ob der Gl. die VglQuote erhalten hat oder nicht[1a]). Wird eine solche Sicherung unwirksam, so treffen ihre Kosten den Gl., der die Sicherung (z. B. durch Arrestvollzug oder einstweilige Verfügung) sich verschafft hat. Hierzu gehören auch die Kosten des Widerspruchsverfahrens, das der Sch. gegen den Arrest oder die einstweilige Verfügung angestrengt hatte[2]).

III. Herausgabe des zur Befriedigung Erlangten.

3 Befriedigungen sind nach den Vorschriften über die Herausgabe einer ungerechtfertigten Bereicherung herauszugeben. Damit wird der **Umfang der Haftung** des Gl. bestimmt. In der Regel ist also nur der Versteigerungserlös herauszugeben. Ersatz des durch die Versteigerung entstandenen, weitergehenden Schadens kann nicht gefordert werden.

Gegen den Herauszahlungsanspruch kann der Gl. mit der ihm aus dem Vgl. zustehenden Forderung **aufrechnen**; dabei ist insbes. zu berücksichtigen, daß die in § 74 Abs. 2 erwähnten Ansprüche des Gl. im Zweifel für erlassen gelten. Soweit der Vgl. eine Stundung enthält, kann der Gl. mit

1) Vgl. § 3 Anm. 5 a. E. 1a) RG. KTrW. 1929, 12.
2) Vgl. JW. 1929, 1688.

seiner Forderung nicht aufrechnen. Ein Zurückbehaltungsrecht kann dem Gl. nicht zugebilligt werden[3]). Dem Gl. gegenüber, der das zur Befriedigung Erlangte herauszugeben hat, kann der Sch., wenn er mit den Vgl.-Quoten rechtzeitig aufgerechnet hat, nicht in Verzug kommen. Ihm gegenüber können also auch nicht die Rechtsfolgen aus § 7 VglO. eintreten[4]). Der Bereicherungsanspruch gehört, nachdem er kraft Gesetzes mit der Bestätigung des Vgl. entstanden ist, **zum Vermögen des Sch.** Er kann wie jeder andere Anspruch des Sch. abgetreten, verpfändet und von seinen Gl. gepfändet werden[5]). Kommt es später zu einem Kks. (also nicht zum AnschlußKks.), so gehört der Bereicherungsanspruch zur KksMasse. Der Auffassung, daß im Falle eines späteren Kks. der Bereicherungsanspruch wegfallen und durch die Anfechtungsvorschriften der KO. verdrängt werden soll[6]), wird mangels jeden Anhalts in den Vorschriften der VglO. und KO. nicht beigetreten werden können.

§ 71.

Wird der Vergleich verworfen, so ist zugleich über die Eröffnung des Konkursverfahrens zu entscheiden. Für diese Entscheidung gilt der Antrag auf Eröffnung des Vergleichsverfahrens als Antrag auf Eröffnung des Konkursverfahrens, der nicht zurückgenommen werden kann. Gegen die Entscheidung über die Eröffnung des Konkursverfahrens steht dem Schuldner die sofortige Beschwerde zu. Mit ihr kann auch geltend gemacht werden, daß der Vergleich zu Unrecht verworfen worden sei.

Die Entscheidung, die den Vergleich verwirft, und die Entscheidung über die Eröffnung des Konkursverfahrens werden erst mit der Rechtskraft wirksam.

Es kann auf das zu § 24 Gesagte verwiesen werden.

Wird der Konkurs nicht eröffnet, so gibt es gegen den Beschluß, der den Vgl. verwirft, keine Beschwerde. Eröffnung des Konkursverfahrens wird erst wirksam mit der Rechtskraft des Beschlusses. Bis dahin sind daher Siche-

3) Kiesow § 70 Anm. 12.
4) A. M. RG. 2. 1. 31 KTrW. 1931, 45.
5) Begr. S. 27.
6) RG. 6. 12. 29 KTrW. 1930, 30; ähnlich auch Jaeger § 30 Anm. 65.

rungsmaßnahmen zu empfehlen: Entweder Verfügungsbeschränkungen gemäß §§ 50 ff. VglO. oder einstweilige Anordnungen gemäß § 106 KO.

§ 72.

Der Beschluß, durch den der Vergleich verworfen wird, ist, wenn der Konkurs nicht eröffnet wird, nach Rechtskraft dem Schuldner, der Vertrauensperson und jedem an dem Verfahren beteiligten Gläubiger zuzustellen und nach Maßgabe des § 12 öffentlich bekanntzumachen.

Die Vorschriften des § 69 Abs. 2, Abs. 3 Satz 1 finden entsprechende Anwendung.

1 Wird der Vgl. verworfen und der **Konkurs eröffnet**, so bestimmt sich die **Bekanntmachung** dieses Beschlusses nach den Vorschriften der KO. Daß das Amt der **Vertrauensperson** und der **Gläubigerausschußmitglieder** endet, ergibt sich von selbst; insoweit sonst die im VV. getroffenen Maßnahmen im Konkurse von Bedeutung sind, regeln die §§ 83 bis 87. Dabei ist zu beachten, daß nach § 71 Abs. 2 die Konkurseröffnung nicht schon mit dem Erlaß des Eröffnungsbeschlusses, sondern erst mit seiner Rechtskraft wirksam wird.

Kommt es nach der Verwerfung eines Vgl. **nicht zum Konkurse**, so hat das Verfahren ebenso sein endgültiges Ende gefunden wie bei der Aufhebung nach bestätigtem Vgl. Für die Bekanntmachung, die etwa angeordneten Verfügungsbeschränkungen, die Beendigung des Amtes der Vertrauensperson und der Mitglieder des Gläubigerausschusses sollen daher die bei einer Aufhebung des VV. geltenden Vorschriften (§ 69) entsprechend angewendet werden.

2 Die Entscheidung über die Eröffnung des Konkursverfahrens, die sich an die Verwerfung des Vgl. anschließt, unterliegt der **sofortigen Beschwerde** und wird erst mit der Rechtskraft wirksam; die am VV. beteiligten Personen erhalten also durch Anwesenheit im Verkündungstermin keine zuverlässige Kenntnis über den Ausgang des Verfahrens. Deshalb soll ihnen der Verwerfungsbeschluß, wenn es nicht zum Konkurse kommt, nach seiner Rechtskraft zugestellt werden. Auch die öffentliche Bekanntmachung, der Wegfall der Verfügungsbeschränkungen, die Beendigung des Amtes der Vertrauensperson und der Gläubigerausschuß-

mitglieder tritt anders als bei der Bestätigung des Vgl. erst mit der Rechtskraft des Verwerfungsbeschlusses ein (Begr. S. 32).

Zwangsvollstreckungen, die gemäß §§ 32, 33 wirkungslos geworden sind, werden nach §§ 83, 84 in den Anschlußkonkurs übergeleitet, sofern mit der Verwerfung des Vgl. der Konkurs eröffnet wird. Wird der Konkurs nicht eröffnet, findet also kein Anschlußkonkurs statt, so fallen mit der Verwerfung des Vgl. die Vollstreckungssperren und die einstweiligen Einstellungen der Zwangsvollstreckung weg; die bis dahin im Vollstreckungswege erworbenen Rechte können also weiterverfolgt werden (Begr. S. 35). Wird später Konkurs eröffnet, so ist eine Anfechtung dieser Zwangsvollstreckungsmaßnahme nach den Konkursregeln nicht ausgeschlossen. 3

§ 73.

Der bestätigte Vergleich ist wirksam für und gegen alle an dem Verfahren beteiligten Gläubiger, auch wenn sie an dem Verfahren nicht teilgenommen oder gegen den Vergleich gestimmt haben.

Die Rechte der Gläubiger gegen Mitschuldner und Bürgen des Schuldners sowie die Rechte aus einem für die Forderung bestehenden Pfandrecht, aus einer für sie bestehenden Hypothek, Grundschuld oder Rentenschuld oder aus einer zu ihrer Sicherung eingetragenen Vormerkung werden, unbeschadet der Vorschrift des § 70, durch den Vergleich nicht berührt.

Uebersicht über die Anmerkungen:

I. Wirkung des Vgl. hinsichtlich des Sch.

An dem Vgl. nehmen teil **alle am VV. beteiligten Gl.** (vgl. § 2). Gleichgültig ist, ob sie für oder gegen den Vgl. gestimmt haben, ob ihnen das VV. überhaupt bekannt war, ob ihnen Stimmrecht gewährt worden ist, ob sie im GlVerzeichnis mit aufgeführt worden sind oder nicht. **Aufschiebend bedingte** Forderungen werden vom Vgl. betroffen, auch 1 wenn die Bedingung erst nach der Bestätigung eingetreten ist. Dasselbe gilt für **Schadenersatzansprüche**, deren Höhe erst nach der Bestätigung festgestellt wird oder erst später feststellbar ist. Das gilt auch für **Unterhaltsrenten**, die auf Schadenersatzansprüchen beruhen; sie werden kapitalisiert (vgl. § 2 Anm. 26 und 37). Ausgenommen sind lediglich familienrechtliche Unterhaltsansprüche (vgl. § 2 Anm. 26, 37 f.).

Ueber die **Wirkung** des Vgl. **im Ausland** siehe § 1 Anm. 9. Die **Verjährung** wird durch das Anerkenntnis im VglTermin unterbrochen. Die 30jährige Verjährungsfrist tritt aber erst ein mit der Bestätigung des Vgl. (vgl. § 39). Durch den Vgl. (Erlaß der Schulden) tritt zwar eine Vermehrung des Vermögens ein. Soweit der Sch. einkommensteuerpflichtig ist, ist diese Vermögensvermehrung — Sanierungsgewinn — **nicht steuerpflichtig**[1]). Anders ist dagegen die Rechtsprechung hinsichtlich des Sanierungsgewinns für diejenigen Firmen, die Körperschaftssteuer zu zahlen haben[2]).

2 Wegen der Einwirkung des Vgl. auf einen **schwebenden Prozeß** vgl. § 35 Anm. 2. Wird der Vgl. bestätigt, so muß der Gl. den Klagantrag entsprechend umstellen, der Sch. muß den Einwand des Vgl. in der letzten mündlichen Verhandlung bringen oder aber, wenn vor Bestätigung des Vgl. Versäumnisurteil ergangen war, Einspruch einlegen[3]). Ist die Forderung des Gl. im VglTermin anerkannt, so fehlt es am Rechtsschutzinteresse; der Gl. muß gegebenenfalls Erledigung in der Hauptsache anzeigen[4]). Wegen der **Kostenentscheidung** ist folgendes zu beachten: Hinsichtlich des durch den Vgl. erlassenen Teiles der Forderung ist zu unterstellen, daß sich der Rechtsstreit in diesem Umfang erledigt hat. Hinsichtlich dieses Teiles treffen also die Kosten denjenigen, der unterlegen wäre, wenn sich der Rechtsstreit nicht in diesem Umfang erledigt hätte[5]). Ob allerdings der Gl. die Kosten in vollem Umfange erstattet verlangen kann, ist zweifelhaft, denn wenn die Kostenentscheidung erst nach Eröffnung des VV. getroffen ist, wird der Anspruch auf Kostenerstattung

---

1) Vgl. Entsch. d. RFH Bd. 21/236; RStBl. 29, 143.
2) RStBl. 29, 228; vgl. auch § 88 Anm. 7.
3) Vgl. RG. 104, 288; Samolewitz § 35 Anm. 2.
4) Vgl. KG. 8. 3. 29 KTrW. 29, 78.
5) RG. 23. 12. 27 — VII 374/27.

dann nicht vom Vgl. betroffen werden, da er erst nach Eröffnung des VV. entstanden ist[6]).

II. Wirkung des Vgl. hinsichtlich Dritter (Mitsch. usw.).

Die Ansprüche der Gl. gegen Mitsch. und Bürgen bleiben unberührt (Abweichung von §§ 423, 767 BGB.). 3

Die **Ausfallsforderung** eines Gl., der abgesonderte Befriedigung (vgl. § 2 Anm. 16, 31, 36) geltend macht, wird vom Vgl. berührt. Hat jedoch ein Dritter (nicht der Sch. selbst) die Sicherheit (Hypothek, Grundschuld, Pfandrecht) gewährt, so kann die ganze Forderung, nicht bloß der Ausfall, im VV. geltend gemacht werden, ohne Rücksicht darauf, inwieweit der Gl. aus der Sicherung befriedigt wird; denn dann liegt keine abgesonderte Befriedigung vor (§ 2 Anm. 16). Umgekehrt kann gegen den Pfandbesteller Befriedigung wegen der ganzen Forderung gesucht werden, auch wenn die Forderung gegen den Sch. infolge des Vgl. teilweise erloschen ist[7]).

Inwieweit Mitsch. und Bürgen, sowie diejenigen Dritten, die dem Gl. eine Sicherung (Hypothek usw.) zugunsten des Sch. gewährt haben, ein **Rückgriffsrecht** gegen den Sch. haben, richtet sich nach dem zugrunde liegenden Rechtsverhältnis zwischen dem Sch. und Mitsch. (Bürgen, Dritten); dieses Rückgriffsrecht ist aber ebenfalls auf die VglQuote beschränkt (§ 2 Anm. 36).

WechselGl. können, wenn mehrere WechselSch. im VV. oder Kks. sind, in jedem Verfahren volle Befriedigung suchen[8]). Nur für **Gesellschafter einer OHGes.** ist als Ausnahme in § 89 Nr. 4 bestimmt, daß der Vgl. auch deren persönliche Haftung beschränkt[9]).

III. Besserungsschein.

Gibt der Sch. einen Besserungsschein aus, so kann der Gl. trotz des Vgl. weitere Ansprüche geltend machen, wenn die im Besserungsschein vorgesehenen Voraussetzungen für 4

---

6) Vgl. hierzu § 2 Anm. 1; so auch Mayer § 2 Anm. 26; OLG. Jena JW. 29, 147; a. M. Kiesow § 74 Anm. 9 und die dort angef. Literatur.
7) OLG. 32, 399.
8) KG. JW. 1929, 1671; vgl. auch § 2 Anm. 36.
9) Vgl. § 89 Anm. 4.

die Besserung der Verhältnisse des Sch. eingetragen sind. Regelmäßig wird dann der Gl. auf Grund des Besserungsscheins gegen den Sch. klagen müssen; er kann nicht eine Ausfertigung des bestätigten Vgl. in voller Höhe seiner Forderung fordern und es dann der Einwendung des Sch. im Wege der Vollstreckungsgegenklage (§ 767 ZPO.) überlassen, daß eine Besserung der Verhältnisse nicht eingetreten sei[10]). Jedenfalls hat ein Besserungsschein nur dann für die Gläubigerschaft einen praktischen Wert, wenn er nur ganz strikte und klare Abmachungen enthält, die sich zweckmäßigerweise an den Begriff des Schiedsspruchs anlehnen. Derjenige, dem die Prüfung darüber, ob eine Besserung des Sch. eingetragen ist, übertragen wird, muß namens des Sch. und der Glschaft ermächtigt sein, eine unanfechtbare Entscheidung zu fällen. Die Entscheidung wird daher zweckmäßigerweise einer paritätischen Kommission mit einem unparteiischen Obmann übertragen[11]).

§ 74.

Der Vergleich wirkt nach Maßgabe des § 73 auch für und gegen die Forderungen aus einer Freigebigkeit des Schuldners.

Die für die Zeit von der Eröffnung des Verfahrens bis zur Bestätigung des Vergleichs laufenden Zinsen der von dem Vergleiche betroffenen Forderungen sowie die Kosten, welche den von dem Vergleiche betroffenen Gläubigern durch die Teilnahme an dem Verfahren oder eine nach § 70 wirkungslos werdende Vollstreckungsmaßregel erwachsen sind, gelten, wenn nicht der Vergleich etwas anderes bestimmt, mit der Bestätigung des Vergleichs als erlassen.

1 Forderungen aus einer **Freigebigkeit** des Sch. sind nicht vom VV. betroffen (vgl. § 2 Anm. 29a). Trotzdem aber beeinträchtigt der Vgl. diese Ansprüche ebenso wie die am VV. beteiligten Gl. Umgekehrt aber nehmen diese Ansprüche auch an den etwaigen Vorteilen, die der Vgl. gewährt, teil, also z. B. an Sicherstellungen.

Hier kommen vor allem in Betracht Ansprüche aus Schenkungsversprechungen (§ 518 BGB.). Diese Gl. haben

10) Näheres Künne in KTrW. 1927, 102 und Klien in KTrW. 1927, 165. Vgl. hierzu Musterbeispiel 14.

11) Hierzu ausführlich Cahn KTrW. 1931, 1.

kein Stimmrecht und können auch **nicht** aus dem Vgl. **vollstrecken,** da sie nicht am VV. beteiligt sind.

Ohne Einfluß bleibt der Vgl. auf die gegen den Sch. erkannten **Geldstrafen** (§ 63 Nr. 3 KO.). Dies entspricht dem Wesen der Geldstrafenforderung, über die ein Vergleich mit dem Bestraften nicht möglich ist (Begr. S. 33). 2

Zinsen bis zur Eröffnung des VV. bleiben, wenn der Vgl. nichts anderes bestimmt, bestehen. Zinsen nach Eröffnung des VV. fallen, wenn der Vgl. nichts anderes bestimmt, weg; das gilt auch für Verzugszinsen. Zinsen nach Bestätigung des Vgl. sind, wenn der Vgl. dies nicht anders vorsieht, nicht zu zahlen. 3

Die übrigen Ansprüche wegen des Verzugs des Schuldners, insbesondere Schadenersatzansprüche, bleiben aber bestehen.

Als erlassen gelten: Die **Kosten** des Gl. für die Teilnahme am VV. (also z. B. Kosten des Anwalts für die Vertretung im VV.) und die Kosten **für Vollstreckungen,** die gemäß § 70 wirkungslos werden (also z. B. Anwalts- oder Gerichtsvollzieherkosten einer in der Sperrfrist vorgenommenen Pfändung). Ob der Auftrag zu dieser Vollstreckungsmaßnahme vor Beginn der Sperrfrist gegeben ist, ist gleichgültig. Die Kosten von Prozessen dagegen fallen nicht unter § 74. Es wird auf das in § 2 Anm. 1 und § 35 Gesagte verwiesen. 4

§ 75.

Aus dem bestätigten Vergleich in Verbindung mit einem Auszug aus dem berichtigten Gläubigerverzeichnisse findet wegen der darin als anerkannt vermerkten Forderungen gegen den Schuldner und die Personen, die in dem Vergleiche für seine Erfüllung neben dem Schuldner ohne Vorbehalt der Einrede der Vorausklage Verpflichtungen übernommen haben, die Zwangsvollstreckung unter entsprechender Anwendung der §§ 724 bis 793 der Zivilprozeßordnung statt.

Für Klagen auf Erteilung der Vollstreckungsklausel sowie für Klagen, durch welche eine die Forderung selbst betreffende Einwendung geltend gemacht oder der bei der Erteilung der Vollstreckungsklausel als bewiesen angenommene Eintritt der Voraussetzungen für ihre Erteilung bestritten wird, ist das Amtsgericht, bei dem das Vergleichsverfahren anhängig war, und, wenn der Streitgegenstand

die Zuständigkeit des Amtsgerichts übersteigt, das Landgericht ausschließlich zuständig, zu dessen Bezirke das Vergleichsgericht gehört.

Uebersicht über die Anmerkungen:

I. Der Vgl. als Vollstreckungstitel:

a) **Allgemeines:**

1 Der **Vollstreckungstitel** ist die Ausfertigung des bestätigten Vgl. verbunden mit einem Auszug aus dem GlVerzeichnis. Seine Vollstreckungs w i r k u n g beruht auf dem Anerkenntnisvermerk im VglTermin und der Bestätigung des Vgl. durch das Gericht (vgl. § 62 Abs. IV). Ist die Forderung im Termin nicht oder nur teilweise anerkannt worden, so muß der Gläubiger insoweit, als die Forderung nicht anerkannt ist, sich einen Vollstreckungstitel verschaffen: Klage oder Zahlungsbefehl wegen der einzelnen VglQuoten (vgl. § 7 Anm. 6).

Die Vollstreckungsklausel ist von dem Urkundsbeamten der Gerichtsstelle des VglGer. zu erteilen, und zwar auf Verlangen des Gl. von vornherein hinsichtlich der gesamten anerkannten Forderung ohne Rücksicht auf die VglBeschränkungen (also nicht etwa nur in Höhe der fälligen Quoten); dem Sch. bleibt es überlassen, gem. § 767 ZPO. Vollstreckungsgegenklage zu erheben und Einstellung der Zwangsvollstreckung zu erwirken, wenn der Gl. wegen Beträgen pfänden will, die nach dem Vgl. noch nicht fällig sind[1]).

1) So LG. III Berlin 9. 5. 30 KTrW. 1930, 149; auch LG. III Berlin KTrW. 1929, 95; Neisse KTrW. 1929, 84; LG. Bautzen 15. 8. 30 KTrW. 1930, 149; unter Hinweis auf Stein-Jonas ZPO. § 726 Anm. 4; RGZ. 41, 223; 50, 367; Kiesow § 7 Anm. 13 will dagegen unter Hinweis auf RAusschBer. S. 21 dem Gl. die Vollstreckungsklausel nur nach Höhe und Fälligkeit der VglQuote erteilen lassen und ihn im übrigen darauf verweisen, bei Wiederaufleben der Forderung infolge Verzugs, dies gem. § 726 ZPO. durch öffentliche Urkunde (z. B. Bericht über erfolglose Pfändung) dem Vollstreckungsgericht zwecks Erteilung der Vollstreckungsklausel in voller Höhe nachzuweisen und gegebenenfalls Klage auf Erteilung der Vollstreckungsklausel zu erheben.

b) **Vollstreckung gegen Dritte (Bürgen):**

Ist infolge der Fassung des Vgl. eine **unmittelbare Vollstreckung gegen den Sch.** nicht möglich (z. B. weil ein Treuhänder mitzuwirken hat oder weil die Befriedigung der Gl. restlos dem Treuhänder übertragen ist), so muß gegen den Sch. geklagt werden mit dem Antrag auf Verurteilung, daß der Gl. wegen seiner Forderung nach Maßgabe des Vgl. zu befriedigen ist. Der Gl. kann nicht einfach auf Zahlung seiner gesamten Forderung klagen, da er sich sonst sofort dem Einwand des Vgl. aussetzen würde, den der Sch. vor Schluß der mündlichen Verhandlung bringen muß, wenn er ihn nicht ganz verlieren will (vgl. § 767 ZPO.). Wenn der Treuhänder, der die Gl. zu befriedigen hat, die anerkannte Forderung eines Gl. nicht vergleichsgemäß tilgt, so muß der Gl. gegen den Treuhänder klagweise vorgehen. Eine vollstreckbare Ausfertigung gegen ihn kann gemäß § 75 nicht erteilt werden[2]). 2

Hat ein **Dritter** neben dem Sch. ohne Vorhalt der Vorausklage **Verpflichtungen übernommen** (in Betracht kommt insbesondere der Vergleichsbürge), so wird auch gegen ihn eine vollstreckbare Ausfertigung erteilt. Er kann sich also auf die Einrede der Vorausklage nur berufen, wenn er sie sich vorbehalten hat. Ist die Forderung nicht anerkannt, so muß auch gegen ihn geklagt werden. Wegen der **Anfechtung der Bürgschaft** durch die Bürgen vgl. § 16 Anm. 5.

c) **AusfallGl.:**

AusfallGl. können die Vergleichsrate nur für den Betrag verlangen, zu dem sie auf abgesonderte Befriedigung verzichtet haben oder bei ihr ausgefallen sind. Sie müssen also, wenn sie auf ihr Absonderungsrecht nicht verzichten, zunächst die Pfandhaftung verwirklichen. Näheres hierüber vgl. § 2 Anm. 16 und 31 ff. Ist der Betrag des Ausfalls bereits im Vergleichstermine von keiner Seite bestritten und demzufolge als anerkannt vermerkt, so kann diese Verwirk- 3

---

2) A. M. LG. Duisburg JW. 1927, 733: Der Gl. kann auf Grund eines Schuldtitels gegen den Sch. auch in das Vermögen vollstrecken, das dem Treuhänder zur Befriedigung der Gl. auf Grund des ZwangsVgl. übertragen ist (ähnlich auch Schumann in LZ. 1926, 145; weiteres vgl. § 6 Anm. 13.

lichung gegen den Sch. auf Grund des vollstreckbaren Auszugs aus dem Gläubigerverzeichnisse betrieben werden. Hinsichtlich seines Ausfalls kann der Gl. alsdann die Vergleichsrate beitreiben. Ist dagegen der Ausfall zunächst bestritten worden, so muß der Gl. die auf den Ausfall entfallende Quote einklagen, wenn er vollstrecken will.

II. **Keine Rechtskraftwirkung des Vgl.:**

4 Die Anerkennung der Forderung im GlVerzeichnis hat auch in Verbindung mit der Bestätigung des Vgl. keine Rechtskraftwirkung, beseitigt also **früher ergangene Schuldtitel** nicht[3]). Der Gl. kann also auch aus früheren Vollstreckungstiteln nach Bestätigung des Vgl. vollstrecken, aber nur nach Höhe und Fälligkeit der im Vgl. vorhandenen Quoten. Bei Eintritt der Rechtsfolgen nach § 7 VglO. kann er in voller Höhe vollstrecken. Ist der Vgl. ein Liquidations-Vgl. oder TreuhänderVgl., so kann der Gl. aus dem früheren Schuldtitel keine Rechte mehr geltend machen.

§ 76.

Der Vergleich verliert für alle von ihm betroffenen Gläubiger, unbeschadet der ihnen durch den Vergleich gewährten Rechte, seine Wirkung, wenn der Schuldner wegen vorsätzlicher Verletzung der Eidespflicht bei Leistung des ihm nach § 61 auferlegten Eides oder im Zusammenhange mit dem Vergleichsverfahren wegen betrügerischen Bankrotts oder deswegen rechtskräftig verurteilt wird, weil er die im § 15 Abs. 4 vorgeschriebene Versicherung an Eides Statt vorsätzlich falsch abgegeben hat.

Auf Antrag eines von dem Vergleiche betroffenen Gläubigers kann das Gericht, bei dem das Vergleichsverfahren anhängig war, auch schon vor der rechtskräftigen Verurteilung des Schuldners Sicherungsmaßregeln anordnen, insbesondere Verbote nach Maßgabe der §§ 51 bis 58 erlassen.

1 Der Vgl. verliert seine Wirkung für die am VV. beteiligten Gl. und die aus § 74, d. h.: **Forderungserlaß und Stundung fallen weg.** § 70 findet jedoch keine Anwendung: Zwangshypotheken, die in der Sperrfrist eingetragen wur-

3) So OLG. Hamburg KTrW. 1930, 28; LG. Fürth JW. 1930, 3008; Samson KTrW. 1930, 21; Mayer § 75 Anm. 11; Kiesow § 75 Anm. 29; a. M. Bley KTrW. 1930, 69.

den, werden nicht gelöscht; Befriedigungen, die der Gl. in der Sperrfrist erhalten hat, braucht er nicht herauszugeben. Allerdings können Zwangsvollstreckungsmaßnahmen, die während des VV. aufgehoben worden sind, nicht wieder hergestellt werden.

2 **Die Rechte,** die der Vgl. gewährt, bleiben bestehen, also insbesondere Bürgschaften und sonstige Sicherheiten. Wenn nichts anderes vereinbart ist, haften aber die Sicherheiten nur für die im Vgl. vorgesehenen Quoten.

3 Das Ergebnis der Verurteilung des Sch. ist in der Regel der Konkurs. Da der Sch. durch sein Verhalten bewiesen hat, daß er auf die Interessen der Gl. nicht die gebührende Rücksicht nimmt, so ermächtigt der Absatz 2 in Anlehnung an § 197 Abs. 2 KO. das VglGericht, schon vor der Verurteilung des Sch. **Sicherungsmaßregeln** zugunsten der Gl. zu treffen. Bestehen sie in Verfügungsverboten, so finden die §§ 51 bis 58 entsprechende Anwendung (Begr. S. 33). Beschlüsse des Gerichts über derartige Sicherungsmaßnahmen sind nicht anfechtbar (§ 14). Liegt Konkursantrag eines Gl. vor, so auch Sicherungsmaßnahmen § 106 KO. Der nachfolgende Konkurs ist kein Anschlußkonkurs i. S. von §§ 82 ff.

§ 77.

Jeder von dem Vergleiche betroffene Gläubiger kann, unbeschadet der durch den Vergleich gewährten Rechte, den Vergleich anfechten, wenn er durch Betrug zustande gekommen ist und der Gläubiger ohne sein Verschulden außerstande war, den Anfechtungsgrund im Vergleichsverfahren einschließlich des Bestätigungsverfahrens geltend zu machen.

I. Anfechtungsgrund (Betrug).

1 Es braucht nicht der Tatbestand des Betruges i. S. von § 263 StrGB. vorzuliegen; es genügt **arglistige Täuschung** i. S. von § 123 BGB.[1]), und zwar gleichgültig, ob diese gegenüber dem anfechtenden Gl. vorgenommen worden ist oder nicht. Es kommen in Betracht Verheimlichung oder Beiseiteschaffen von Vermögensstücken, Erdichtung von Schulden, heimliche Begünstigung einzelner Gl., Stimmen-

1) So RArbG. 23. 7. 30 KTrW. 1930, 167; nach Samolewitz § 77 Anm. 1 genügt jedes unredliche Verhalten.

verkauf, Teilung von Forderungen zwecks Erlangung der Kopfmehrheit. Abkommen, die einen Gl. **bevorzugen** (§ 5 VglO.), können einen Anfechtungsgrund ergeben, brauchen es aber nicht[2]). Das betrügerische Verhalten muß aber **ursächlich** für das Zustandekommen des Vgl. gewesen sein.

Eine Anfechtung des Vgl. nur wegen **Irrtums** ist nicht zulässig[3]). Auch kann ein Vgl. nicht deswegen angefochten werden, weil in diesem Vgl. **ohne Wahrung der** in § 313 BGB. vorgeschriebenen **Form** Verabredungen über ein Grundstück enthalten sind[4]). Der **VglBürge** kann den Vgl. nach § 77 VglO. nicht anfechten, auch nicht durch Beschwerde gegen den Bestätigungsbeschluß[5]).

II. Kenntnis des Anfechtungsgrundes.

2 Wenn der Gl. den Anfechtungsgrund schon im Bestätigungsverfahren geltend gemacht hatte, so ist eine Anfechtung nach § 77 nicht mehr möglich. Der Gl. muß die Kenntnis seines **Vertreters** vom Anfechtungsgrund gegen sich gelten lassen, gleichgültig, ob der Vertreter (Anwalt) allgemeine Prozeßvollmacht oder nur Terminsvollmacht hatte[6]).

III. Anfechtungserklärung.

3 Die Anfechtung erfolgt durch **formlose Erklärung** gegenüber dem Sch., gerichtlich oder außergerichtlich (vgl. § 143 BGB.). Anfechtungs**frist** ein Jahr nach Kenntnis, höchstens 30 Jahre (vgl. § 123 BGB.). **Jeder einzelne Gl.** muß anfechten, da die Anfechtung nicht zugunsten aller vom Vgl. betroffenen Gl., sondern nur zugunsten des anfechtenden Gl. wirkt.

IV. Wirkung der Anfechtung.

4 Die Wirkung der Anfechtung ist die, daß **Stundung** und **Erlaß** der Forderung **wegfallen**, die durch den Vgl. gewährten **Rechte** (Sicherungen) aber **bestehen** bleiben. Die

2) Weitere Einzelheiten Mentzel KO. § 196 Anm. 2.
3) RGZ. 57, 270. 4) RG. JW. 1930, 27, 81.
5) RGZ. 122, 361; vgl. hierzu aber § 16 Anm. 5.
6) Mentzel KO. § 196 Anm. 6.

Anfechtung wirkt **nur zugunsten desjenigen Gl.**, der sie erklärt und nicht zugunsten der übrigen Gl.

§ 78.

Es kann nicht deshalb auf Aufhebung des Vergleichs geklagt werden, weil der Vergleich nicht erfüllt wird.

§ 78 hat keine große praktische Bedeutung. Im Zweifel wird der im Vgl. gewährte Erlaß hinfällig, wenn der Sch. mit der Erfüllung des Vgl. in Verzug kommt oder vor vollständiger Erfüllung des Vgl. der Konkurs über ihn eröffnet wird (§ 7).

Von Bedeutung ist § 78 lediglich für **Liquidations- oder Sanierungsvergleiche.** Diese können nicht durch Fristsetzung gemäß § 326 BGB. hinfällig gemacht werden (RAusschBer. S. 71); es kann also nicht auf Aufhebung des Vgl. geklagt werden. Auch können die Gl., die aus dem Liquidationserlös nicht befriedigt worden sind, nicht den Konkurs über das Vermögen des VglSchuldners beantragen[1]). Wird in einem Vgl. die **Ausgabe neuer Aktien** (§ 88 Anm. 6) zugesichert, so kann nicht auf Aufhebung des Vgl. geklagt werden, wenn die Aktienausgabe nicht erfolgt. Es kommt auf die Fassung des Vgl. an, ob dann der im Vgl. gewährte Nachlaß auf die Forderungen hinfällig wird (§ 7).

6. Abschnitt.

Einstellung des Verfahrens.

§ 79.

Das Vergleichsverfahren ist einzustellen,

1. **wenn der Schuldner den Antrag zurücknimmt; die Rücknahme des Antrags ist bis zur Beendigung der Abstimmung über den Vergleichsvorschlag zulässig;**
2. **wenn vor dem Zustandekommen des Vergleichs (§ 63) das Vergleichsverfahren unzulässig wird (§ 22) oder sich ergibt, daß die Eröffnung des Verfahrens hätte abgelehnt werden müssen und das Fehlende nicht ergänzt werden kann;**

1) LG. III Berlin 18. 12. 29 KTrW. 1930, 15.

3. wenn der Schuldner einem nach § 51 erlassenen Verbote vorsätzlich zuwiderhandelt;
4. wenn der Schuldner der Vertrauensperson oder einem Mitglied des Gläubigerausschusses die Einsicht in seine Bücher und Geschäftspapiere oder ohne genügenden Grund eine Auskunft oder eine Aufklärung verweigert;
5. wenn der Schuldner durch einen nach Lage der Sache unangemessenen Aufwand der Vorschrift des § 38 zuwiderhandelt;
6. wenn der Schuldner in dem Vergleichstermine nicht erscheint und, soweit dies zulässig ist, sich auch nicht vertreten läßt;
7. wenn der Schuldner die Leistung des Offenbarungseids (§ 61) verweigert;
8. wenn sich im Vergleichstermine die zum Abschluß des Vergleichs erforderliche Mehrheit nicht ergibt und ein Antrag auf Vertagung des Termins nicht gestellt oder abgelehnt wird.

In den Fällen der Nr. 6 und 7 kann die Einstellung unterbleiben, wenn drei Vierteile der in dem Termin erschienenen, am Verfahren beteiligten Gläubiger mit der Fortsetzung des Verfahrens einverstanden sind. Wird das Verfahren nicht eingestellt, so ist alsbald ein neuer Vergleichstermin zu bestimmen, der in der Regel nicht über zwei Wochen hinaus anberaumt werden soll.

Im Falle der Nr. 6 darf der Einstellungsbeschluß erst am dritten Werktag nach dem Terminstag erlassen werden. Macht der Schuldner vor dem Erlasse des Beschlusses dem Gerichte glaubhaft, daß er oder, soweit Vertretung zulässig war, sein Vertreter durch einen auch bei äußerster Sorgfalt nicht zu vermeidenden Zufall an der Wahrnehmung des Termins verhindert worden ist und auch keine Möglichkeit hatte, dies dem Gerichte vor dem Termin anzuzeigen, so unterbleibt die Einstellung, und es ist ein neuer Vergleichstermin anzuberaumen, der in der Regel nicht über zwei Wochen hinaus angesetzt werden soll.

I. Zu Z. 1:

1 Die Einstellung kann auch noch im Bestätigungsverfahren ausgesprochen werden. Die Entscheidung darüber, ob der Konkurs zu eröffnen sei, kann der Sch. durch nach-

trägliche Rücknahme des Antrags nicht verhindern; dies ist nur so lange möglich, als das Gericht zu dem Antrag überhaupt noch nicht Stellung genommen hat (vgl. § 24 Anm. 2). Andererseits ist die Eröffnung des Konkurses nicht unter allen Umständen die Folge der Einstellung. Das Gericht hat vielmehr **zu prüfen,** ob die Voraussetzungen für die Eröffnung vorliegen. Das wird z. B. zu verneinen sein, wenn der Sch. dartut, daß er den Antrag zurücknimmt, weil er sich mit seinen Gläubigern außergerichtlich geeinigt hat, denn hier fehlt es an der Fortdauer der Konkursvoraussetzung der Zahlungsunfähigkeit. Der Sch. ist nicht gehindert, den VglVorschlag im Laufe des VV. **zu ändern.** Eine solche Aenderung stellt mithin, auch wenn sie für die Gl. ungünstiger ist, nicht schlechthin eine Rücknahme des Antrags dar. Aendert der Sch. freilich seinen Vorschlag dahin, daß er von den Gl. einen ziffernmäßig bestimmten teilweisen Erlaß ihrer Forderungen verlangt, ihnen aber weniger als 30 v. H. der Forderungen bietet, so hört damit das VV. auf, zulässig zu sein und muß eingestellt werden (Begr. S. 34).

II. Zu Z. 2:

Die Vorschriften des § 23 geben keinen Grund zur Ein- 2
stellung des VV. Wichtig ist besonders Anwendung des § 22 Ziff. 4; liegen anfechtbare Rechtshandlungen des Sch. vor und wird sich infolgedessen bei Durchführung der Anfechtung im Konkurs eine günstigere Quote ergeben, so entspricht der Vgl. nicht der Vermögenslage des Sch.[1]).

III. Zu Z. 3:

Vgl. § 51. 3

IV. Zu Z. 4:

Bei der Entscheidung der Frage, ob ein Grund für die 4
Auskunftsverweigerung genügt, wird auch auf die Wichtigkeit der verlangten Auskunft Rücksicht zu nehmen sein (Begr. S. 34). Zu prüfen wird auch sein, ob der Sch. berechtigt war oder sich wenigstens für berechtigt erachten durfte, die Auskunft zu verweigern (Geschäftsgeheimnisse!). Die Einstellung des VV. wegen Auskunfts-

1) Cahn JW. 1928, 1119.

verweigerung soll nur erfolgen, wenn das Verhalten des Sch. befürchten läßt, daß das VV. nicht ordnungsgemäß durchgeführt werden kann.

V. Zu Z. 5:

5 Vgl. die Anm. zu § 38; wegen des Aufwandes einer AG. (GmbH.) usw. vgl. § 88 Anm. 4.

VI. Zu Z. 6:

6 Einstellung *muß* in diesem Falle auch erfolgen, wenn sämtliche am VV. beteiligte Gl. dem VglVorschlag zustimmen. Meistens wird jedoch eine Konkurseröffnung nicht in Frage komnem, da durch die Zustimmung der Gläubiger zum Vgl. die Zahlungsunfähigkeit regelmäßig behoben sein wird.

Das Ausbleiben des Sch. oder seines Vertreters kann auf Umständen beruhen, die selbst bei äußerster Sorgfalt *nicht zu vermeiden* waren. Der Einstellungsbeschluß soll daher erst am dritten Tage nach dem Terminstage ergehen, damit dem Sch. die Möglichkeit bleibt, dem Gerichte den Wiedereinsetzungsgrund schon vor dem Einstellungsbeschlusse glaubhaft zu machen. Tut der Sch. dies, so unterbleibt die Einstellung, und es wird ein neuer Termin bestimmt (Abs. 3). Ohne Rücksicht auf die Frage der Wiedereinsetzung kann von der Einstellung abgesehen werden, wenn drei Vierteile der im Termin erschienenen Gl. mit der Fortsetzung des Verfahrens einverstanden sind (Abs. 2); denn eine solche Einverständniserklärung steht einem Vertagungsantrage (§ 66) gleich (Begr. S. 34).

VII. Zu Z. 7:

7 Vgl. die Anm. zu § 61.

VIII. Zu Z. 8:

8 Der Vertagungsantrag kann also noch *nach Schluß* der Abstimmung gestellt werden.

§ 80.

Wird das Verfahren eingestellt, so ist zugleich über die Eröffnung des Konkursverfahrens zu entscheiden. Für diese Entscheidung gilt der Antrag auf Eröffnung des Vergleichs-

verfahrens als Antrag auf Eröffnung des Konkursverfahrens, der nicht zurückgenommen werden kann. Gegen die Entscheidung über die Eröffnung des Konkursverfahrens steht dem Schuldner die sofortige Beschwerde zu. Mit ihr kann auch geltend gemacht werden, daß die Einstellung des Vergleichsverfahrens zu Unrecht erfolgt sei.

Die Entscheidung über die Einstellung des Vergleichsverfahrens und die Entscheidung über die Eröffnung des Konkursverfahrens werden erst mit der Rechtskraft wirksam.

Es wird auf das zu § 71 Gesagte verwiesen.

§ 81.

Der Beschluß, durch den das Vergleichsverfahren eingestellt wird, ist, wenn der Konkurs nicht eröffnet wird, nach Rechtskraft dem Schuldner, der Vertrauensperson und jedem an dem Verfahren beteiligten Gläubiger zuzustellen und nach Maßgabe des § 12 öffentlich bekanntzumachen. Die Vorschriften des § 69 Abs. 2, Abs. 3 Satz 1 finden entsprechende Anwendung.

Es wird auf das zu § 72 Gesagte verwiesen.

7. Abschnitt.

Ueberleitung des Vergleichsverfahrens in das Konkursverfahren.

§ 82.

Wird bei Ablehnung der Eröffnung des Vergleichsverfahrens, bei der Verwerfung des Vergleichs oder bei der Einstellung des Vergleichsverfahrens das Konkursverfahren eröffnet, so gelten die Vorschriften der §§ 83 bis 87.

Der Anschlußkonkurs kann nur eröffnet werden

a) nach Ablehnung des VV.,
b) nach Verwerfung des Vgl.,
c) nach Einstellung des VV.

Ob die Eröffnung des Konkurses notwendig ist, darüber gibt die VglO. keine Vorschrift; dies ist von Fall zu Fall zu prüfen.

Die Vorschriften §§ 82 bis 87 gelten also nur, wenn bei den Entscheidungen des VglGerichts über Ablehnung, Verwerfung oder Einstellung **zugleich** die Konkurseröffnung ausgesprochen wird. Das braucht aber nicht notwendig im selben Beschluß zu geschehen. Es muß sich nur ergeben, daß das Konkursverfahren als Folge des im VVAntrag liegenden bedingten Konkursantrags eröffnet worden ist.

Wird der Konkurs dagegen **nicht gleichzeitig** mit einer dieser Entscheidung eröffnet, so liegt ein Anschlußkonkurs nicht vor. Die §§ 82 bis 87 gelten dann nicht. Es kann z. B. die Eröffnung des VV. zunächst abgelehnt und dann erst auf neuerlichen Antrag hin der Konkurs eröffnet werden. Oder es kann auch nach Bestätigung des Vgl. noch der Konkurs eröffnet werden. In diesen Fällen ist die Rechtslage dann überall so zu beurteilen, als ob ein VV. vorher nicht stattgefunden hätte.

§ 83.

Die im § 32 vorgesehene Beschränkung der Rechte der Gläubiger bleibt wirksam. Ein nach § 51 erlassenes Verbot gilt als zugunsten der Konkursgläubiger erlassen.

1 **Zwangsvollstreckungsmaßnahmen,** die entgegen der Vorschrift des § 32 vorgenommen werden, sind nichtig und **bleiben** es auch. Sind durch diese Maßnahmen dem Gemeinschuldner Ansprüche auf Schadenersatz oder aus ungerechtfertigter Bereicherung gegen den betreffenden Gläubiger entstanden, so gehören sie zur Masse.

Verfügungen gegen ein Verbot des § 51 — allgemeines Veräußerungsverbot oder Einzelverfügungsverbot — sind relativ unwirksam, nämlich unwirksam gegenüber den am VV. beteiligten Gl. Tritt Anschlußkonkurs ein, so setzen sich die KonkursGl. nicht nur aus den am VV. beteiligten, sondern aus einer noch größeren Zahl von Gl. zusammen; z. B. gehören dann auch die zu den KonkursGl., die erst während des VV. Gl. geworden sind (NeuGl.). Alle KonkursGl. sollen aber einheitlich behandelt werden. — Geltend zu machen ist die Unwirksamkeit einer solchen Verfügung durch den Konkursverwalter.

2 **Bevorrechtigte** KonkursGl. gemäß § 61 Nr. 1 bis 4 KO. sind im Anschlußkonkurs nur diejenigen Gl., deren Forderungen ein Jahr vor Konkurseröffnung (nicht vor Eröffnung des VV.) fällig geworden oder entstanden sind[1]).

1) Jaeger KTrW. 1929, 30.

Im Anschlußkonkurs können **Zwangsvollstreckungsmaßnahmen** von Gl., die am VV. nicht beteiligt waren und deswegen während der Dauer des VV. pfänden usw. konnten, nach § 30 Z. 1 Halbsatz 2 KO. **angefochten** werden.

§ 84.

Hat ein Gläubiger später als am dreißigsten Tage vor der Stellung des Antrags auf Eröffnung des Vergleichsverfahrens durch Zwangsvollstreckung eine Sicherung oder Befriedigung erlangt, so wird, sofern die Voraussetzungen des § 3 Abs. 2 oder 3 zutreffen, mit der Eröffnung des Konkursverfahrens die Sicherung unwirksam und ist das zur Befriedigung Erlangte nach den Vorschriften über die Herausgabe einer ungerechtfertigten Bereicherung herauszugeben. Der Tag der Stellung des Antrags auf Eröffnung des Vergleichsverfahrens wird in die Frist nicht eingerechnet. Zwangsvollstreckung ist auch die Vollziehung eines Arrestes oder einer einstweiligen Verfügung.

Vgl. hierzu § 70 und Anm. Auch wenn der VVAntrag **nicht ordnungsgemäß** gestellt war und deshalb zurückgewiesen wurde, findet § 84 Anwendung; dies gilt auch dann, wenn **das VV. nur deswegen beantragt** wurde, damit die innerhalb der 30tägigen Frist vorgenommenen Zwangsvollstreckungen im AnschlußKks. für unwirksam erklärt werden konnten[1]).

Wird das VV. gar nicht eröffnet, sondern unter Ablehnung des VVAntrags Kks. eröffnet, so ist zu prüfen, ob der betreffende Gl. ein am VV. beteiligter Gl. im Sinne von § 3 Abs. 2 und 3 gewesen wäre, wenn der VVAntrag nicht abgelehnt, sondern das VV. eingeleitet worden wäre (vgl. RAusschBer. S. 37). Es bedarf also vielfach gar keiner Anfechtung nach den Vorschriften der KO. mehr. Wegen der Berechnung der Sperrfrist vgl. § 3 Anm. 4.

Wird eine Sicherung unwirksam, so treffen ihre **Kosten** den Gl., der die Sicherung (z. B. durch Arrestvollzug oder durch einstw. Verfügung) sich verschafft hat; hierzu gehören auch die Kosten eines Widerspruchsverfahrens, das der Ksverwalter im AnschlußKks. gegen Arrest oder einstw. Verfügung angestrengt hat[1a]).

---

1) LG. Greifswald 26. 2. 31 KTrW. 1931, 62.
1a) Vgl. JW. 1929, 1683.

Fordert der Ksverwalter **das zur Befriedigung Erlangte** vom Gl. zurück, so kann dieser auch nicht mit seiner wiederaufgelebten Forderung gegen den Bereicherungsanspruch der Ksmasse aufrechnen, denn der Anspruch des Ksverwalters ist erst mit oder zufolge der KsEröffnung entstanden und das schließt nach § 55 Z. 1 KO. die Aufrechnung aus[2]).

§ 85.

Die gerichtlichen Kosten des Vergleichsverfahrens sowie der Anspruch der Vertrauensperson auf Ersatz ihrer Auslagen und auf Vergütung (§ 46) gehören zu den Massekosten im Sinne des § 58 Nr. 1, 2 der Konkursordnung.

Wegen der Anrechnung der Gerichtsgebühr vgl. 99 Nr. 4. Die vom Gericht festgesetzte Vergütung der VP., nicht auch die vereinbarte, gehört zu den Massekosten.

Die Gerichtskosten und die Ansprüche der VP. auf Vergütung und Auslagenersatz sind im AnschlußKs. gem. § 60 KO. **nach** den Masseschulden i. S. von § 59 KO. zu befriedigen, und zwar in folgender Reihenfolge: Zunächst die baren Auslagen des Gerichts, der VP. und des KsVerwalters und sodann, gegebenenfalls verhältnismäßig, die Gebühren des Gerichts und die Vergütungen der VP. und des KsVerwalters.

§ 86.

Ansprüche aus Darlehen, die der Schuldner während der Dauer des Vergleichsverfahrens zur Fortführung seines Geschäfts, insbesondere zur Bezahlung von Löhnen oder ähnlichen Forderungen, oder im Interesse des Zustandekommens oder der Ausführung eines Vergleichs, insbesondere zur Befriedigung von Kleingläubigern, mit Zustimmung der Vertrauensperson aufgenommen hat, gehören zu den Masseschulden im Sinne des § 59 Nr. 1 der Konkursordnung.

Uebersicht über die Anmerkungen:

I. Allgemeines 1
II. Art des Darlehns 2
III. Besondere Voraussetzungen der Vorzugsstellung . . . 3
IV. Stellung des DarlehnsGl. im AnschlußKs. 4

2) RG. 27. 1. 31 KTrW. 1931, 39.

I. Allgemeines.

1 Der Sch. wird häufig während des Verfahrens **Geldmittel gebrauchen,** um seinen Betrieb fortzuführen, insbesondere um Löhne zu zahlen oder um KleinGl. im Hinblick auf das Zustandekommen oder die Ausführung des Vgl. Abschlagszahlungen zu gewähren. Die Beschaffung solcher Mittel, die ohnehin schon beträchtlich erschwert sein wird, wäre völlig unmöglich, wenn die Kreditgeber damit rechnen müßten, daß sie beim Scheitern des VglVersuchs lediglich die Stellung gewöhnlicher KksGl. haben. Es sollen daher Darlehen, die unter den Voraussetzungen des § 86 VglO. mit Genehmigung der VP. aufgenommen sind, in einem etwaigen AnschlußKks. eine **besondere Stellung** genießen, damit vermieden wird, daß die Darlehnsgeber für den Fall eines etwaigen AnschlußKks. sich umfangreiche Sicherheiten verschaffen.

Es ist gleichgültig, w e r der Gl. ist. Auch **Angehörige** des Sch. können also das Vorrecht in Anspruch nehmen, wenn sie seine Bedingungen erfüllt haben[1]).

II. Art des Darlehns.

2 Der Begriff des Darlehns richtet sich nach § 607 BGB. Selbstverständlich kann das Darlehn auch durch Einräumung eines **Bankkredites,** über den der Sch. mit Scheck usw. verfügen kann, gewährt werden, ebenso durch Einräumung eines Diskontkredites. Gegenstand des Darlehns kann aber nicht nur Geld, sondern können auch sonstige **vertretbare Sachen** (Waren) sein, d. h. Sachen, die im Verkehr nach Maß, Zahl oder Gewicht bestimmt zu werden pflegen (§ 91 BGB.). Es kann also der Lieferant dem Sch. mit Genehmigung der VP. z. B. ein Darlehn von 100 Zentnern Kohlen gewähren. Auf Grund dieser Abrede ist der Sch. verpflichtet, dem Lieferanten 100 Zentner Kohlen von gleicher Art und Güte zurückzuerstatten. Der Sch. ist nicht gehindert, über die darlehnsweise gewährten Waren zu verfügen und sie zu verarbeiten, da ja das Eigentum an diesen Waren auf ihn übergeht und sein Lieferant lediglich einen obligatorischen Anspruch auf Rückgabe gleicher Ware hat. Im Falle des AnschlußKks. obliegt dem Kksverwalter die Verpflichtung, Waren gleicher Art und Güte dem Lieferanten zurück-

1) Vgl. Begr. S. 35.

zugewähren. Die Verpflichtung hierzu ist Masseschuld und keine gewöhnliche KsForderung. Verletzt der KsVerwalter diese Verpflichtung, indem er sie nicht erfüllt, so ist der Schadenersatzanspruch ebenfalls Masseschuld und nicht einfache KsForderung.

Von diesen Darlehen in Waren ist das zu unterscheiden, was man gemeinhin **Warenkredit** nennt: Käufliche Lieferung von Waren auf Kredit. Nach der Fassung des § 86 VglO. können **Kreditkäufe** nicht durch Genehmigung der VP. den Charakter als Masseschuld im AnschlußKs. erhalten, selbst wenn sie im Interesse der Fortführung des Geschäftsbetriebs usw. getätigt worden sind. Bestritten ist, ob eine Vereinbarung zwischen dem Sch. und dem Lieferanten, daß der geschuldete Kaufpreis **künftig als Darlehn geschuldet** sein soll (Vereinbarungsdarlehn gem. § 607 Abs. 2 BGB.) als Darlehn im Sinne von § 86 angesehen werden kann[2]). Dem wirtschaftlichen Zweck der Vorschrift, dem Sch. die Beschaffung von Betriebsmitteln zu erleichtern, wird es aber mehr gerecht werden, wenn man auch derartige Darlehensvereinbarungen zwischen Lieferanten und Sch., sofern ihm die VP. zustimmt, den Charakter als Masseschuld im AnschlußKs. zubilligt. Aus demselben Grunde wird man es auch als Darlehnsvereinbarungen im Sinne von § 86 ansehen können, wenn mit Genehmigung der VP. Gl., deren Ansprüche fällig und nicht am VV. beteiligt sind, (z. B. bevorrechtigte Gl.) mit dem Sch. eine Stundung ihrer Ansprüche unter Umwandlung in Darlehnsansprüche verabreden[2]).

III. Voraussetzung der Vorzugsstellung.

3 Die Darlehns-Vereinbarung muß **während** des VV. getroffen sein, also nach Eröffnung des VV. und vor seiner rechtskräftigen Beendigung. Innerhalb dieser Zeit muß auch die Genehmigung der VP. zum Darlehnsvertrag erteilt sein. Die VP. muß der Darlehnsaufnahme *zustimmen*. Die Zustimmung kann auch stillschweigend erfolgen und kann vorher oder nachher und gegenüber dem Sch. oder gegenüber dem Darlehnsgeber erklärt werden. Unterwirft sich der Sch. in einer notariellen (gerichtlichen) Urkunde der

---

2) nach Kiesow § 86 Anm. 2; Mayer § 86 Anm. 2 fällt ein Vereinbarungsdarlehn nicht unter § 86, da der Sch. die Darlehnssumme wirklich erhalten haben muß („aufgenommen").

sofortigen Zwangsvollstreckung, so wird auch die Genehmigung der VP. notariell beurkundet werden müssen, wenn der Schuldtitel dem KksVerwalter gegenüber vollstreckbar sein soll.

Das Darlehn muß zur **Fortführung des Geschäfts** oder im Interesse des **Zustandekommens** oder zur **Ausführung des Vgl.** aufgenommen sein. Zu den Aufwendungen, die diesen Zwecken dienen, gehören Vorschüsse auf die Vergütung der VP. und auf etwa vereinbarte Vergütungen für die GlAusschMitglieder; Honorare von Anwälten, Bücherrevisoren oder Treuhandgesellschaften, deren Mitwirkung für das Zustandekommen des Vgl. nötig war; Löhne; Krankenkassenbeiträge; Mietzinsen; Heizungskosten; Versicherungsprämien; Zahlungen an KleinGl. (vgl. § 5 Anm. 4); Kosten für Verträge zur Gründung von Sanierungsgesellschaften usw. Nicht dagegen gehören dazu Aufwendungen für Vergrößerungen oder Neueinrichtungen des Betriebs[3]).

Nicht erforderlich ist, daß das Darlehn auch zu diesen Zwecken **verwendet** worden ist. Nach der Begr. S. 35 bietet dem Darlehnsgeber die Zustimmung der VP. die Gewähr, daß das Darlehn zu den angegebenen Zwecken Verwendung findet. Dem Gl. auch noch die Kontrolle zuzumuten, daß die von ihm darlehnsweise gewährten Gelder auch in entsprechender Weise verwendet werden, geht nicht an, ebenso nicht, daß man vom Darlehnsgeber Prüfung verlangt, ob die Aufnahme des Darlehns zu den angegebenen Zwecken erforderlich war[4]). Ist die Aufnahme des Darlehns nicht erforderlich oder findet das Darlehn zu den angegebenen Zwecken keine Verwendung, so ist die VP. gegebenenfalls den beteiligten Gl. gegenüber verantwortlich (§ 44).

IV. **Stellung des Darlehngebers im AnschlußKks.**

Das Darlehn genießt die bevorzugte Stellung **nur im AnschlußKks.**, nicht aber in einem Kks., der trotz Bestätigung des Vgl. später eintritt. Es ist Masseschuld gem. § 9 4

3) Mayer § 86 Anm. 4; Kiesow § 86 Anm. 5.

4) So Cahn KTrW. 29, 98; Mayer § 86 Anm. 10; Samolewitz § 86 Anm. 4; Lucas S. 185; Mentzel § 59 Anm. 1; a. M. Kiesow § 86 Anm. 5 u. 9.

Z. 1 KO.[5]). Es wird also **vor** den **Massekosten** (gerichtlichen Kosten für das Verfahren sowie Ausgaben für die Verwaltung, Verwertung und Verteilung der Masse — vgl. § 58 KO. —) aus der KsMasse befriedigt. Da es Masseschuld ist, kann es im AnschlußKs. auch **nicht angefochten** werden[6]). Dagegen können **Sicherheiten**, die der Darlehnsgeber trotz des Charakters seiner Darlehnsforderung als Masseschuld noch für sich beansprucht hat, im AnschlußKs. oder anschließendem Ks. anfechtbar sein[7]).

§ 87.

Soweit die Anfechtbarkeit einer Rechtshandlung im Konkurse von der Kenntnis des Antrags auf Eröffnung des Konkursverfahrens abhängt, steht die Kenntnis des Antrags auf Eröffnung des Vergleichsverfahrens der Kenntnis des Antrags auf Eröffnung des Konkursverfahrens gleich.

In die im § 31 Nr. 2, in den §§ 32, 33, 55 Nr. 3 und im § 183 Abs. 2 der Konkursordnung bezeichneten Fristen wird die seit der Eröffnung des Vergleichsverfahrens verstrichene Zeit nicht eingerechnet.

I. Anfechtung im AnschlußKs.

1 Der Antrag auf Eröffnung des VV. gilt für die Anfechtungsvorschriften der KO. als KsAntrag, wenn es wegen Erfolglosigkeit des VglVersuchs zum Ks. kommt. Die Wirkungen der Zahlungseinstellung, die zur Eröffnung des VV. führten, bleiben auch für die Anfechtung im AnschlußKs. bestehen. Durch die Eröffnung des VV. und den damit verbundenen Schutz des Sch. gegen Zwangsvollstreckungen seiner Gl. wird die Tatsache der Zahlungseinstellung nicht

5) § 59 KO. lautet:
Masseschulden sind:
1. die Ansprüche, welche aus Geschäften oder Handlungen des Konkursverwalters entstehen;
2. die Ansprüche aus zweiseitigen Verträgen, deren Erfüllung zur Konkursmasse verlangt wird oder für die Zeit nach der Eröffnung des Verfahrens erfolgen muß;
3. die Ansprüche aus einer rechtlosen Bereicherung der Masse.

6) So Kiesow § 86 Anm. 8; Mayer § 86 Anm. 11; Mentzel § 30 Anm. 4; Levy § 86 Anm. 2; a. M. Samolewitz § 86 Anm. 5.

7) Kiesow § 86 Anm. 8; RGZ. 106, 166; RG. 7. 1. 30 KTrW. 1930, 41.

beseitigt[1]). Wenn ausnahmsweise der Sch. **während** des VV. **wieder zahlungsfähig** wird, wird bei Einstellung des VV. oder Verwerfung des Vgl. der Kks. regelmäßig nicht zu eröffnen sein[2]). Nur für den Sonderfall, daß der Sch. zwar während des VV. (z. B. durch Aufnahme neuer Kredite) wieder zahlungsfähig geworden, bei Einstellung des VV. bzw. Verwerfung des Vgl. dagegen seine Zahlungen wieder eingestellt hat, erhebt sich die Frage, ob alsdann im AnschlußKks. für die Anfechtung auf die bei Eröffnung des VV. bestehende Zahlungseinstellung zurückgegriffen werden kann; dies wird zu verneinen sein[3]).

Infolge des Fortbestehens der Zahlungsunfähigkeit während des VV. stehen grundsätzlich alle Rechtshandlungen des Sch. während des VV. unter der Gefahr der Anfechtbarkeit im Falle eines AnschlußKks. Auch wenn die **VP.** oder der **GlAussch.** oder beide der Rechtshandlung des Sch. **zugestimmt** haben, ist eine Anfechtung im AnschlußKks. möglich. Diese Zustimmungen sind lediglich für die subjektive und objektive Seite der GlBenachteiligung von Bedeutung[4]). **Bargeschäfte,** d. h. Geschäfte, bei denen Leistung und Gegenleistung Zug um Zug ausgetauscht werden, sind nach feststehender Rechtsprechung gem. § 30 KO. nicht anfechtbar[5]). Ob **Honorarzahlungen für VglVerhandlungen** mit den Gl. nach Eintritt der Zahlungseinstellung anfechtbar sind, ist zwar nicht unbestritten, wird aber grundsätzlich zu verneinen sein[6]). Schon deswegen wird von einer Benachteiligung der KksGl., die nach den KksAnfechtungsvorschriften bereits durch Eingehung des Rechtsgeschäftes hätte eintreten müssen, bei der Beauftragung eines Bücherrevisors usw. zu Verhandlungen mit dem Gl. nicht gesprochen werden können, weil ein Rechtsgeschäft, das nach seinem Zwecke den gemeinsamen Interessen der Gl. förderlich

1) RG. 7. 1. 30 KTrW. 1930, 141; RGZ. 114, 206.

2) Lucas VglO. S. 191; Jaeger § 30 Anm. 11a.

3) So auch Samolewitz § 87 Anm. 2; Kiesow § 87 Anm. 5; Wilmersdörffer § 87 Anm. 3.

4) Vgl. Kiesow § 57 Anm. 5; RGZ. 106, 65; RG. 7. 1. 30 KTrW. 1930, 141.

5) RAusschBer. S. 24; vgl. hierzu auch RGZ. 100, 64.

6) Vgl. hierzu insbes. OLG. Breslau JW. 1930, 1523 und Anm. von Erlanger ebenda.

ist, eine solche unmittelbare Benachteiligung der Gl. auch dann nicht enthalten kann, wenn der angestrebte Zweck verfehlt wird[7]).

II. **Fristerstreckung.**

2 Da während der Dauer des VV. Anträgen auf Eröffnung des KsVerfahrens nicht stattgegeben werden darf, die Entscheidung über solche Anträge vielmehr auszusetzen ist, kann auch während dieser Zeit das Anfechtungsrecht nicht ausgeübt werden. Um zu vermeiden, daß die Anfechtungsfristen während des VV. verstreichen, wird bestimmt, daß die Dauer des VV. auf den Lauf der Anfechtungsfristen nicht anzurechnen ist. Ebenso sollen die in §§ 55 Nr. 3 und 183 Abs. 2 Satz 2 KO. zugunsten der Gl. bestimmten Fristen nicht durch die Dauer des VV. verkürzt oder gar in Wegfall gebracht werden.

8. Abschnitt.

Besondere Bestimmungen.

§ 88.

Bei Aktiengesellschaften, Gesellschaften mit beschränkter Haftung, anderen juristischen Personen und Vereinen, die als solche verklagt werden können, ist die Einleitung des Vergleichsverfahrens nach der Auflösung unzulässig.

Uebersicht über die Anmerkungen:

---

7) Vgl. Jaeger LZ. 1914, 1609 und JW. 1915, 1253; ähnlich auch RG. 21. 10. 27 in KTrW. 1928, 47. Im gleichen Sinne auch ausführl. neuerdings Jaeger § 30 Anm. 26a.

I. AktGes., GmbH.

1. Pflicht zur Antragstellung.

Die Pflicht[1]) zur Stellung des VVAntrags ergibt sich aus §§ 240 Abs. 2, 241 Abs. 3 Z. 6 HGB. und § 64 GmbHGes. Verletzung dieser Pflicht ist strafbar nach § 315 Abs. 1 Z. 2 HGB. und § 84 GmbHGes.[2]). 1

1) Vgl. JW. 1930, 1344; ausführliche Darlegungen siehe die erläuterten Ausgaben von Mayer und Cahn zum Ges. über die Pflicht zum Antrag auf Eröffnung des Kfs. oder das gerichtliche VV.; vgl. ferner Ullmann JW. 1930, 1344; Eisold in KTrW. 1930, 95.

2) Diese Vorschriften lauten i. d. F. d. Ges. v. 25. 3. 30 RGBl. 1930 I S. 93:

§ 240 Abs. 2 HGB.

Wird die Gesellschaft zahlungsunfähig, so hat der Vorstand ohne schuldhaftes Zögern, spätestens aber zwei Wochen nach Eintritt der Zahlungsunfähigkeit, die Eröffnung des Konkursverfahrens oder die Eröffnung des gerichtlichen Vergleichsverfahrens zu beantragen; entsprechendes gilt, wenn sich bei der Aufstellung der Jahresbilanz oder einer Zwischenbilanz ergibt, daß das Vermögen nicht mehr die Schulden deckt. Eine schuldhafte Verzögerung des Antrags liegt nicht vor, wenn der Vorstand die Eröffnung des gerichtlichen Vergleichsverfahrens mit der Sorgfalt eines ordentlichen Geschäftsmanns betreibt.

§ 241 Abs. 3 Z. 6 HGB.

Die Mitglieder des Vorstandes . . . sind zum Ersatz verpflichtet, wenn entgegen den Vorschriften des HGB. . . .

6. Zahlungen geleistet werden, nachdem die Zahlungsunfähigkeit der Gesellschaft eingetreten ist oder ihre Ueberschuldung sich ergeben hat. Dies gilt nicht von Zahlungen, die auch nach diesem Zeitpunkt mit der Sorgfalt eines ordentlichen Geschäftsmanns vereinbar sind.

§ 64 GmbHGes.

Wird die Gesellschaft zahlungsunfähig, so haben die Geschäftsführer ohne schuldhaftes Zögern, spätestens aber zwei Wochen nach Eintritt der Zahlungsunfähigkeit, die Eröffnung des Konkursverfahrens oder die Eröffnung des gerichtlichen Vergleichsverfahrens zu beantragen; entsprechendes gilt, wenn sich bei der Aufstellung der Jahresbilanz oder einer Zwischenbilanz ergibt, daß das Vermögen nicht mehr die Schulden deckt. Eine schuldhafte Verzögerung des Antrags liegt nicht vor, wenn die Geschäftsführer die Eröffnung des gerichtlichen Vergleichsver-

Der Antrag ist **ohne schuldhaftes Zögern** zu stellen. Die notwendigen Vorbereitungen für die Stellung eines ordnungsmäßigen VglAntrags, zu denen die Einholung der zur Eröffnung des VV. erforderlichen Zustimmungserklärungen der Gläubiger gehört, können nicht immer schon vor der Konkursreife getroffen sein. Jedenfalls werden sich für die sofortige Antragstellung dann Schwierigkeiten ergeben, wenn der Konkursgrund unvorhergesehen und plötzlich eintritt. Deshalb ist vorgesehen, daß der Vorstand (Geschäftsführer) nicht „sofort", sondern „ohne schuldhaftes Zögern" der Pflicht, die Eröffnung des Konkursverfahrens oder des gerichtlichen VV. zu beantragen, nachzukommen hat, *spätestens zwei Wochen nach Eintritt der Zahlungsunfähigkeit oder nach erlangter Kenntnis von der Ueberschuldung*. Es muß also den Vorstandsmitgliedern ein *angemessener Zeitraum zur Ueberlegung* gewährt werden. Können nach Ablauf der Zweiwochenfrist die nach § 16 VglO. erforderlichen Unterlagen dem VVAntrag noch nicht

fahrens mit der Sorgfalt eines ordentlichen Geschäftsmanns betreiben.

Die Geschäftsführer sind der Gesellschaft zum Ersatze von Zahlungen verpflichtet, die nach Eintritt der Zahlungsunfähigkeit der Gesellschaft oder nach Feststellung ihrer Ueberschuldung geleistet werden. Dies gilt nicht von Zahlungen, die auch nach diesem Zeitpunkt mit der Sorgfalt eines ordentlichen Geschäftsmanns vereinbar sind. Auf den Ersatzanspruch finden die Bestimmungen im § 43 Abs. 3 und 4 entsprechende Anwendung.

§ 315 Abs. 1 Z. 2 HGB.

Mit Gefängnis bis zu drei Monaten und zugleich mit Geldstrafe bis zu fünftausend Mark werden bestraft . . .

2. die Mitglieder des Vorstandes, wenn entgegen der Vorschrift des § 240 Abs. 2 der Antrag auf Eröffnung des Konkursverfahrens oder des gerichtlichen Vergleichsverfahrens unterblieben ist.

§ 84 GmbHGes.

Mit Gefängnis bis zu drei Monaten und zugleich mit Geldstrafe werden bestraft:

1. die Geschäftsführer einer Gesellschaft mit beschränkter Haftung, wenn entgegen der Vorschrift des § 64 Abs. 1 der Antrag auf Eröffnung des Konkursverfahrens oder des gerichtlichen Vergleichsverfahrens unterlassen ist.

beigefügt werden, so ist der Antrag zunächst ohne diese Unterlagen einzureichen und um Fristbewilligung nachzusuchen[3]).

Wann eine schuldhafte Verzögerung des Antrags vorliegt, ist von den Umständen des Einzelfalls abhängig. Der Vorstand (Geschäftsführer) verletzt seine Antragspflicht, wenn er den Antrag später stellt, als er dazu in der Lage ist. Er darf z. B. den Antrag auf Eröffnung des VV. nicht erst zwei Wochen nach Eintritt der Zahlungsunfähigkeit stellen, obwohl er ihn schon bei Eintritt der Zahlungsunfähigkeit hätte stellen können. Ausdrücklich wird bestimmt, daß der Vorstand (Geschäftsführer) den Antrag nicht schuldhaft verzögert, wenn er die Eröffnung des VV. mit der Sorgfalt eines ordentlichen Geschäftsmanns betreibt. Diese Vorschrift stellt zugleich klar, daß der Vorstand (Geschäftsführer) die Frist von zwei Wochen nicht müßig verstreichen lassen darf. Vorstand und Geschäftsführer haben demnach Schadenersatzansprüche und Bestrafung zu gewärtigen, wenn sie den Antrag erst beim Ablauf von zwei Wochen stellen, ohne sich ernsthaft um einen Vergleichsantrag bemüht zu haben. Der Versuch, einen außergerichtlichen Akkord herbeizuführen, dessen Verhandlungen sich erfahrungsgemäß länger hinziehen, wird Vorstand und Geschäftsführer nicht entlasten[4]). Auch würden sie die Eröffnung des VV. nicht mit der Sorgfalt eines ordentlichen Kaufmanns betreiben, wenn sie innerhalb der Frist die Eröffnung des VV. vorbereiten, obwohl ihnen bekannt ist oder bekannt sein muß, daß die Eröffnung aussichtslos oder unzulässig ist. In diesem Falle handeln sie nur dann ohne schuldhaftes Zögern, wenn sie den Antrag auf Eröffnung des KsVerfahrens sogleich, nachdem ihnen der Eintritt des KsGrundes bekanntgeworden ist, stellen. Im übrigen bleiben die allgemeinen Grundsätze über die Haftung der Vorstandsmitglieder und Geschäftsführer unberührt[5]). Nach ihnen würden sie sich schadenersatzpflichtig machen, wenn sie bei der ihnen eingeräumten Wahl zwischen KsAntrag und VglAntrag die Sorgfalt eines ordentlichen Geschäftsmanns verletzten, also z. B. anstatt des KsAntrags, um Zeit zu gewinnen, einen nach Lage der Sache aussichtslosen VglAntrag stellen würden. Wenn auch

3) Mayer a. a. O. S. 13; Cahn a. a. O. S. 13.

4) So auch Mayer a. a. O. S. 12; Cahn a. a. O. S. 11.

5) Amtl. Begr. z. Ges. v. 25. 3. 30 — Reichstagsdrucks. IV 1928 Nr. 1469.

die Vorstandsmitglieder vor der Antragstellung die Generalversammlung zu hören haben, so müssen sie doch berücksichtigen, daß ein Beschluß der Generalversammlung, von der Einleitung eines VV. abgesehen, sie nicht entlasten kann[6]). Allerdings kann dann die Gesellschaft keine Schadenersatzansprüche geltend machen. Inwieweit die Gl. selbst Schadenersatzansprüche geltend machen können, ist bestritten[7]).

2. Vergleichsgrund.

2 VglGrund sind Zahlungsunfähigkeit und Ueberschuldung.

Zahlungsunfähigkeit (vgl. § 1 Anm. 2) ist das Fehlen bereiter Mittel zur Tilgung fälliger Schulden in einem Maße, daß dieser Zustand sich nach außen hin fühlbar macht. Der äußere Ausdruck dieses Zustandes ist regelmäßig die Zahlungseinstellung, wenn diese auch nicht ohne weiteres in jedem Fall zur Zahlungsunfähigkeit gehört. Ob einzelnen Gläubigern noch Zahlungen geleistet werden oder nicht, ist für die Prüfung der Frage, ob der Schuldner schon zahlungsunfähig ist oder nicht, gleichgültig. Jedenfalls hört die Zahlungsfähigkeit auf, wenn der Schuldner seine fälligen Verbindlichkeiten in der Allgemeinheit nicht mehr erfüllt. Zahlungsstockung ist ein vorübergehender Mangel an bereiten Mitteln; der Schuldner muß vernünftigerweise aus bestimmten Gründen damit rechnen können, daß dieser Mangel in Kürze behoben werden kann.

Ueberschuldung ist nicht dasselbe wie Unterbilanz. Eine Unterbilanz liegt schon dann vor, wenn das Grundkapital (Stammkapital) angegriffen ist. Für die Prüfung der Frage, ob eine Ueberschuldung vorhanden ist, zählen Grundkapital (Stammkapital) als Schulden nicht mit, obwohl sie auf der Passivseite der Bilanz erscheinen. Ebenso zählen echte Reserven als Schulden nicht mit. Erneuerungs-, Delkredere- und andere Fonds müssen aber als Schulden mitgezählt werden, wenn sie Berichtigungsposten gegen eine zu hohe Bewertung der Aktiven darstellen. Wahre Schulden sind ferner die Ansprüche der Aktionäre auf festgesetzte Dividende. Eigene Aktien der Gesellschaft dürfen dabei nicht als Aktiva gebucht werden, ebenso natürlich nicht Aktivposten, die keine greifbaren Werte darstellen, wie Kundschaftswerte usw. Ob die Vorschriften des

6) RGZ. 72, 289; Staub § 42 Anm. 12, 241 Anm. 4 u. 5.
7) Vgl. Staub § 241 Anm. 15; OLG. Köln in JW. 1930, 2799.

§ 261 Nr. 1 und 2 HGB. (Ansetzung der Waren usw. höchstens zum Anschaffungspreis) bei der Aufstellung einer solchen Bilanz anzuwenden sind, ist streitig. Ebenso, ob Anlageposten mit dem Buchwerte, also mit dem Anschaffungswerte abzgl. angemessener Abschreibungen anzusetzen sind oder mit dem gegenwärtig geringeren Wert[8]).

Setzt der Vorstand (Geschäftsführer) bei Aufstellung der Bilanz wissentlich unrichtige Zahlen ein, läßt er Passiven fort oder stellt er nicht bestehende Aktiven ein, so kann er sich nicht durch Berufung auf die Bilanz, selbst wenn sie vom Aufsichtsrat und Generalversammlung genehmigt sein sollte, wegen Unterlassung des Konkurs- oder VVAntrags berufen. Dagegen kann er sich damit entschuldigen, daß der Passivsaldo auf Schätzung von Aktiven zurückzuführen ist, die nach den für diese Bilanz maßgeblichen Grundsätzen an sich hätte höher ausfallen dürfen. Auch kann sich der Vorstand damit verteidigen, daß erst eine spätere Erfahrung gelehrt hat, daß einzelne Posten unrichtig bewertet worden sind[9]). Schließlich kann sich der Vorstand auch nicht seiner Verpflichtung zur Anmeldung des Konkurses (VV.) dadurch entziehen, daß er die Aufstellung der Bilanz unterläßt oder verzögert. § 240 HGB. und § 64 BGB. enthalten ein Moment, das u. U. die Aufstellung einer Bilanz zur Pflicht macht, z. B. wenn bei einer an sich schwachen Lage der Gesellschaft erhebliche, unverhältnismäßige Verluste eingetreten sind (Brodmann § 240 Anm. 1g). Dieselbe Pflicht erwächst dem Vorstand (Geschäftsführer), wenn ihm von dritter Seite eine den Anforderungen kaufmännischer Gepflogenheiten entsprechende Bilanz vorgelegt wird, aus der sich eine Ueberschuldung ergibt[10]).

3. Zahlungen nach Eintritt des VglGrundes.

Sowohl zur Vorbereitung wie zur Durchführung des 3
VV. sind Zahlungen der Gesellschaft erforderlich. Es sind einmal die zur Aufrechterhaltung des Geschäftsbetriebs notwendigen Zahlungen zu leisten. Ferner hat die Gesellschaft, soweit die VglO. nicht entgegensteht, auch nach Eröffnung des VV. fällige Geldforderungen zu erfüllen, da das VV. keine

8) Vgl. hierzu Kaufmann i. LZ. 1919, 623; Staub § 240 Anm. 2; Brodmann Aktienrecht § 240 Anm. 1 f.

9) Vgl. Entsch. d. RG. in Strafs. 44, 49; 46, 101; 51, 21.

10) Vgl. Brodmann ebenda und Mayer a. a. O. S. 15.

Stundung der gegen die Gesellschaft begründeten Forderungen zur Folge hat. Abgesehen von Geldleistungen zur Vorbereitung und Durchführung des VV. sind auch sonstige Zahlungen denkbar, die der Vorstand (Geschäftsführer) nach Eintritt des Konkursgrundes ohne Schädigung der Gläubiger leisten darf; z. B. Zahlungen an Gläubiger, die im Konkurse absonderungsberechtigt sind und die daher bei Nichtzahlung ohne Rücksicht auf das Konkursverfahren Befriedigung aus dem Gesellschaftsvermögen suchen könnten. Um derartige Zahlungen zuzulassen, soll den Vorstand (Geschäftsführer) wegen solcher Zahlungen keine Ersatzpflicht treffen, die mit der Sorgfalt eines ordentlichen Geschäftsmanns vereinbar sind. Die **Beweislast** dafür, daß die Zahlung zulässig ist, trifft den Vorstand bzw. den Geschäftsführer[11]). Grundsätzlich steht der Schadenersatzanspruch der Gesellschaft als solcher zu, ausnahmsweise auch dem Gl. selbst[12]).

4. Einzelheiten.

4 Den **Antrag** können nur die zur Vertretung berechtigten Vorstandsmitglieder (Geschäftsführer) stellen. Prokuristen sind nicht antragsberechtigt. Sind mehrere Vorstandsmitglieder vorhanden, die jedoch alleinvertretungsberechtigt sind, so kann jeder allein den Antrag stellen. Ist zur Vertretung die Mitwirkung mehrerer Vorstandsmitglieder erforderlich, so müssen sie auch den Antrag gemeinschaftlich stellen. Kommt keine Einigung zustande, so muß der Antrag unterbleiben. Diese Regelung, die aus dem Fehlen einer dem § 208 Abs. 1 KO. entsprechenden Vorschrift folgt, ist notwendig, weil mit dem prozessualen Antrag auf Eröffnung des Verfahrens eine rechtsgeschäftliche Erklärung der Aktiengesellschaft usw., nämlich der Vergleichsvorschlag, verbunden sein muß.

Nach der **Auflösung** ist die Eröffnung des VV. nicht mehr zulässig. Die Auflösung tritt ein mit dem Auflösungsbeschluß der Generalversammlung (Gesellschaftsversammlung usw.) oder mit der Rechtskraft des Urteils auf Auflösung (bzw. des Verwaltungsentscheides). Während des VV. kann sich aber die AktGes. auflösen; das VV. wird dann über die Liquidationsgesellschaft fortgeführt.

11) Amtl. Begr. z. Ges. v. 25. 3. 1930 — Reichstagsdrucks. IV 1928 Nr. 1469.

12) Staub § 42 Anm. 12—15; JW. 1930, 2799.

Das VV. ist auf den **Fortbestand** der Gesellschaft ohne Einfluß. Vorstand und Aufsichtsrat bleiben im Amt. Die VP. hat aber Recht auf Teilnahme an Generalversammlungen und Aufsichtsratssitzungen[13]). Die **Pflichten des Sch.** liegen, soweit sie von ihm persönlich zu erfüllen sind (vgl. z. B. § 61), jedem einzelnen der zur Vertretung berechtigten Vorstandsmitglieder ob. Die **persönlichen Verhältnisse** von Vorstand und Aufsichtsrat kommen für eine Nachprüfung gem. § 22 Nr. 2 und 3, § 68 Abs. 2, § 79 Nr. 5 nicht in Betracht. Aber natürlich muß angegeben werden, wenn für die Gesellschaft usw. der Offenbarungseid geleistet worden ist. Unangemessener persönlicher Aufwand der Vorstandsmitglieder usw. muß außer Betracht bleiben. **Unangemessener Aufwand** der Gesellschaft kann aber in übermäßig hohen Gehältern, Tantiemen, Aufwandsentschädigungen, Büroausstattung usw. liegen. Unter diesem Gesichtspunkt ist während des VV. auch eine Herabsetzung der Bezüge der Vorstandsmitglieder (Geschäftsführer) gem. § 38 möglich (vgl. § 38 Anm.).

Sollen VP. und GlAussch. **nach Beendigung des VV.** die Durchführung des Vgl. **überwachen,** so müssen sie aktienrechtliche Positionen haben, nämlich die von Aufsichtsratsmitgliedern. Der Aufsichtsrat kann sich aktienrechtlich den Anweisungen besonderer Kontrollorgane nicht unterwerfen. **Ausländische** Gesellschaften können mit ihren inländischen Zweigniederlassungen VV. beantragen und mit dem inländischen Vermögen durchführen. Ob der Vgl. auch gegenüber dem Vermögen der Gesellschaft im Ausland gilt, bestimmt sich nach dem Rechte des ausländischen Staates; regelmäßig werden die Gl. im Ausland ohne Rücksicht auf den Vgl. vollstrecken können (vgl. hierzu § 1 Anm. 9). **Aktionäre, Gesellschafter** und **Genußscheininhaber** sind hinsichtlich ihrer Einlagen (Geschäftsanteile) nicht als Gl. der Gesellschaft anzusehen. Sie sind aber Gl. hinsichtlich der bei Eröffnung des VV. durch Generalversammlung festgesetzten Dividende[14]).

5. Verschiedene Vergleichs- und Sanierungsmöglichkeiten.

Zulässigkeit eines LiquidationsVgl.: Eine Liquidation 5
der Gesellschaft i. S. d. HGB. (GmbHGes.) ist mit der Ein-

13) So Samolewitz § 47 Anm. 8; a. M. Kiesow § 88 Anm. 9.

14) ROHG. 18, 153; a. M. Brodmann Aktienrecht § 213 Anm. 5b.

leitung und Durchführung eines VV. nicht verträglich. Der Zweck des VV. ist doch der, die wirtschaftliche Existenz eines in Schwierigkeiten geratenen Sch. zu sichern; diesem Zweck würde es widersprechen, das VV. auch für eine Gesellschaft zuzulassen, die alsbald erlöschen soll (Begr. S. 35, 36). Liegt der Liquidationsbeschluß vor, so ist die Einleitung des Verfahrens unzulässig (§ 88). Jedoch ist ein LiquidationsVgl. einer AG. (GmbH.) jedenfalls dann zulässig[15]), wenn nicht das gesamte Vermögen zur Befriedigung der Gl. liquidiert und einem Treuhänder übertragen wird, sondern nur ein Teil der Aktiven (Warenlager, Außenstände usw.), der leicht verflüssigt werden kann. Die AktGes. muß also weiterbestehen. Eine Genehmigung eines solchen LiquidationsVgl. durch Beschluß der Generalversammlung ist nicht erforderlich, da es sich ja nicht um eine eigentliche Liquidation i. S. des HGB. (GmbHGes.) handelt. Aber auch dann wird man einen LiquidationsVgl. für zulässig halten, wenn das gesamte Vermögen zugunsten der Gl. liquidiert werden soll. Denn selbst wenn die Liquidation des gesamten Vermögens durchgeführt wird, so ist damit das Unternehmen (die Gesellschaft als solche) noch nicht liquidiert; die Liquidation selbst vielmehr erfolgt erst durch Beschluß der Generalversammlung. Ein solcher Beschluß ist auch zur Wirksamkeit eines LiquidationsVgl. nicht erforderlich. Weder die Einstellung des Gewerbebetriebes noch der Fortfall jeden Vermögens bilden an sich einen Grund zur Auflösung der Gesellschaft[16]). Die Pflicht des Vorstandes zur Einberufung einer Generalversammlung wegen Verlustes der Hälfte des Grundkapitals (§ 240 Abs. 1 HGB.) bleibt natürlich unberührt.

6 Die Sanierung einer AG. und GmbH. wird regelmäßig verbunden sein mit einer **Herabsetzung** (Zusammenlegung) des Grundkapitals (Stammkapitals) und gleichzeitig vorgenommenen **Wiedererhöhung**. Auch Befriedigung der Gl.

15) Nach LG. II Berlin 9. 7. 30 KTrW. 1930, 148 soll ein LiquidationsVgl. einer AG. unstatthaft sein, dagegen jedoch die Anm. von Levy.

16) Staub § 292 Anm. 23; nach Brodmann Aktienrecht § 292 Anm. 6e soll dagegen die restlose Veräußerung des gesamten Betriebs nicht mehr innerhalb der gesetzlichen Vertretungsmacht der Gesellschaft liegen und die Auflösung der Gesellschaft zur Folge haben.

durch **Ausgabe neuer Aktien** ist denkbar[17]). Werden die neuen Aktien nicht ausgegeben, so kann nicht auf Aufhebung

17) Ein der Praxis entnommener VglVorschlag, der zugleich auch eine teilweise bare Abfindung der Gl. mit vorsieht, lautet wie folgt:

1. Gläubiger, deren Forderungen nicht mehr als 500 RM. betragen, oder die ihre Forderungen auf diesen Betrag ermäßigen, erhalten volle Bezahlung je zur Hälfte innerhalb 3 und 6 Monaten nach rechtskräftiger Bestätigung des Vergleichs.
2. Alle übrigen am Verfahren beteiligten Gläubiger gewähren der Gesellschaft eine zinslose Stundung ihrer Forderungen. Die Bezahlung der Gläubiger erfolgt mit 100 Prozent, und zwar:
   a) mit 35 Prozent in bar; die 35 Prozent werden in 5 Raten zu 7 Prozent an folgenden Daten ausbezahlt:
      1. April 1929,
      1. Juli 1929,
      1. Oktober 1929,
      1. Januar 1930,
      1. April 1930;
   b) mit 65 Prozent in Stammaktien der Gesellschaft.

   Wenn die Forderungsbeträge nicht durch 100 teilbar sind, so wird die Verteilung nach folgenden Grundsätzen vorgenommen:

   Beträge unter 50 RM. werden in bar ausbezahlt;

   bei Beträgen über 50 RM. wird der zuzuteilende Aktienbetrag nach oben aufgerundet und der Barbetrag entsprechend gekürzt.

   Dieser Vergleich wird hinfällig, wenn nicht bis zum 15. Februar 1929 folgende Maßnahmen seitens der Gesellschaft durchgeführt sind:
   a) Beseitigung der bisherigen Vorzugsaktien,
   b) Zusammenlegung des Stammaktien-Kapitals im Verhältnis von 8 : 1,
   c) Wiedererhöhung des Stammaktien-Kapitals um einen Betrag von bar einzuzahlenden mindestens 1 000 000 RM. Stammaktien,
   d) Erhöhung des Stammaktien-Kapitals um denjenigen Betrag, welcher zur Beschaffung der den Gläubigern für 65 Prozent ihrer Forderungen zuzuteilenden Stammaktien erforderlich ist,
   e) Schaffung von Aufsichtsrats-Sitzen für die Gläubiger, entsprechend ihrer Beteiligung am Aktienkapital.

des Vgl. geklagt werden[18]). Anderweite Sanierungsmöglichkeiten, die neben dem VV. herlaufen können, bestehen in freiwilligen Zuzahlungen der Aktionäre, Ausgabe von Vorzugsaktien, Ausgabe von Genußscheinen, Rückkauf von eigenen Aktien und Verkauf von Verwaltungsaktien. Ausführliche Darstellung der verschiedenen Sanierungsmöglichkeiten vgl. Bondi-Winkler S. 285 ff.

6. Steuerrechtliches.

7 Ein **Einzelkaufmann** braucht für die Vermehrung seines Geschäftsvermögens, die durch den Erlaß der Schuld eintritt, keine Einkommensteuer zu zahlen[19]). Für **AG.** und **GmbH.** ist der Sanierungsgewinn jedoch körperschaftssteuerpflichtig[20]). Der Sanierungsgewinn ist nach dieser Entsch. des RFH. nur in folgenden Fällen nicht körperschaftssteuerpflichtig: Zunächst insoweit, als der Sanierungsgewinn zur Abdeckung einer Unterbilanz verwendet wird; soweit der Gewinn den zur Deckung der Unterbilanz erforderlichen Betrag übersteigt, ist er steuerpflichtig. Sodann wird der Sanierungsgewinn nicht versteuert, wenn er auf Maßnahmen der Gesellschafter zurückzuführen ist und es sich dabei um Leistungen der Gesellschafter handelt, die als Einlage anzusehen ist. Darunter können auch Leistungen fallen, die von den Gesellschaftern unmittelbar an die Gläubiger der Gesellschaft gemacht werden. Der hierdurch buchmäßig erzielte Sanierungsgewinn hat dann insoweit steuerfrei zu bleiben.

Nach § 13b des Kapitalverkehrssteuergeſ. sind Zahlungen und Leistungen, die zur Deckung einer Ueberschuldung oder eines Verlustes am Grund-(Stamm-)kapital durch Kapitalerhöhungen erforderlich sind, nur mit 1 Prozent Kapitalverkehrssteuer zu versteuern[21]). Die ermäßigten Steuersätze für die Kapitalerhöhung sind nur bei Hinzutritt einer mit ihr im Zusammenhang stehenden Kapitalherabsetzung zulässig. Es muß im Zeitpunkt der Fassung des Kapitalerhöhungsbeschlusses bereits der Wille bei der Gesellschaft bestanden haben, durch eine Kapitalherabsetzung die

18) Vgl. Anm. zu § 78.
19) Entsch. des RFH. 21, 263.
20) Entsch. des RFH. v. 5. 2. 29 I A 394/27 in RStBl. 1929, 228.
21) Entsch. des RFH. v. 27. 2. 28 — II A 481.

Ueberschuldung oder den Verlust bilanzmäßig auszugleichen. Es ist also erforderlich, daß neben dem Erhöhungsbeschluß auch gleichzeitig der Beschluß auf Herabsetzung des Kapitals gefaßt wird. Durch Beschlüsse, die nachträglich gefaßt werden, läßt sich der notwendige Zusammenhang zwischen Kapitalerhöhung und Kapitalherabsetzung nicht herstellen.

II. Vereine.

Für Vereine gilt das gleiche wie für Aktiengesellschaften 8
und GmbH. Die Pflicht zur Beantragung des Konkurses oder des VV. ergibt sich aus § 42 Abs. 2 BGB.[22]). Sind mehrere Vorstandsmitglieder vorhanden, so müssen alle den VVAntrag stellen. Oft hat aber satzungsgemäß nur der Vorsitzende des aus mehreren Vereinsmitgliedern bestehenden Vorstandes die Stellung eines gesetzlichen Vertreters i. S. des BGB., dann genügt es, wenn er allein den VVAntrag stellt, mag auch im Vorstand selbst keine völlige Einigung über den VVAntrag bestanden haben.

Auch ein **nichtrechtsfähiger Verein** (nicht eingetragener Verein) kann ein VV. durchführen. Es erstreckt sich auf das gesonderte Zweckvermögen des Vereins.

§ 89.

Für offene Handelsgesellschaften, Kommanditgesellschaften und Kommanditgesellschaften auf Aktien gelten folgende besonderen Vorschriften:

1. **Die Einleitung des Vergleichsverfahrens ist unzulässig, wenn die Gesellschaft aufgelöst ist.**
2. **Der Vergleichsvorschlag muß von allen persönlich haftenden Gesellschaftern gemacht werden.**
3. **Soweit es für die Eröffnung oder die Fortsetzung des Verfahrens auf das Verhalten des Schuldners ankommt, genügt es, wenn ein die Ablehnung der Eröffnung, die Verwerfung des Vergleichs oder die Ein-**

22) § 42 Abs. 2 BGB. lautet:

Der Vorstand hat im Falle der Ueberschuldung die Eröffnung des Konkurses oder des gerichtlichen Vergleichsverfahrens zu beantragen. Wird die Stellung des Antrags verzögert, so sind die Vorstandsmitglieder, denen ein Verschulden zur Last fällt, den Gläubigern für den daraus entstehenden Schaden verantwortlich; sie haften als Gesamtschuldner.

stellung des Verfahrens rechtfertigender Grund in der Person eines persönlich haftenden Gesellschafters, in den Fällen des § 79 Abs. 1 Nr. 3 bis 7 in der Person eines zur Vertretung berechtigten Gesellschafters vorliegt; dies gilt insbesondere von der Rücknahme des Antrags.

4. Der Vergleich begrenzt, soweit er nichts anderes festsetzt, zugleich den Umfang der persönlichen Haftung des Gesellschafters.

I. Zu Z. 1.

1 **Grund zur Eröffnung des VV.** ist bei der OHGes. und KoGes. Zahlungsunfähigkeit, bei der KoGes. a. A. Zahlungsunfähigkeit und Ueberschuldung. **Aufgelöst** ist die Gesellschaft durch Tod eines Gesellschafters, Beschluß der Gesellschaft, Rechtskraft eines gerichtlichen Urteils usw. Wird die Gesellschaft **während des VV. aufgelöst**, so wird das VV. gegenüber der Liquidationsgesellschaft fortgesetzt. Durch die Eröffnung des VV. dagegen tritt, anders als im Kks., die Auflösung der Gesellschaft nicht ein.

Eine **Pflicht** zur Anmeldung des VV. besteht für die persönlich haftenden Gesellschafter einer OHGes. und einer KoGes. nicht. Für die persönlich haftenden Gesellschafter einer KoGes. a. A. dagegen besteht die Verpflichtung gem. § 325 Z. 8 HGB. i. d. F. des Ges. vom 25. 3. 30[1]).

II. Zu Z. 2.

2 Der **Antrag** auf VV. braucht nicht von allen persönlich haftenden Gesellschaftern gestellt zu werden, sondern es genügt, daß er von einem vertretungsberechtigten Gesellschafter eingereicht wird. Sind mehrere vertretungsberechtigte Gesellschafter vorhanden, die nur gesamtvertretungsberechtigt sind, so müssen ihn die zur Gesamtvertretung berechtigten Gesellschafter stellen. Der Vergleichs**vorschlag** dagegen muß von allen persönlich haftenden Gesellschaftern gemacht werden, auch von denen, die nicht vertretungsberechtigt sind.

III. Zu Z. 3.

3 Die **Pflichten** des Sch. treffen grundsätzlich jeden persönlich haftenden Gesellschafter; einen Grund zur Einstellung

---

1) RGBl. 1930 S. 93; vgl. § 88 Anm. 1; Strafbarkeit siehe ebenda.

des VV. soll eine Pflichtverletzung aber nur dann darstellen, wenn sie von einem vertretungsberechtigten Gesellschafter ausgeht. Nur die **Rücknahme** des Antrags soll die Einstellung des VV. auch dann zur Folge haben, wenn sie von einem nicht vertretungsberechtigten persönlich haftenden Gesellschafter erklärt wird; denn diese Erklärung stellt die Ernstlichkeit des VVorschlags, den die persönlich haftenden Gesellschafter nur gemeinschaftlich machen können, in Frage. Wenn ein persönlich haftender Gesellschafter den Offenbarungseid geleistet hat, muß es angegeben werden. Das Verhalten des Kommanditisten ist ohne Einfluß.

IV. Zu Z. 4.

Die Vorschrift, daß der Vgl. die Haftung des Gesellschafters beschränkt, bildet eine Ausnahmebestimmung zu dem in § 73 Abs. 2 VglO. ausgesprochenen Grundsatz, daß die Rechte der Gl. gegen Mitsch. durch den Vgl. nicht berührt werden. Theoretisch ist es möglich, daß der Vgl. ausdrücklich bestimmt, daß die persönliche Haftung der Gesellschafter durch den Vgl. nicht berührt wird. Die vor Bestätigung des Vgl. **ausgeschiedenen** Gesellschafter können sich jedoch nicht auf den Vgl. berufen[2]). Die Beschränkung der Haftung durch den Vgl. tritt aber dann nicht ein, wenn die Haftung auf **einem anderen Grunde beruht** als dem Umstande, daß der Gesellschafter eben persönlich haftender Gesellschafter ist. Dies kann z. B. dann der Fall sein, wenn der Gesellschafter vor seinem Eintritt in die Gesellschaft für eine Schuld der Gesellschaft persönlich die Bürgschaft übernommen hatte. Beruht die Haftung des persönlichen Gesellschafters auf derartigen, außerhalb der gesellschaftlichen Beziehungen beruhenden Umständen, so bleibt es hinsichtlich dieser Haftung bei der grundsätzlichen Regelung in § 72 Abs. 2 VglO. Eine etwaige **dingliche Haftung** des Gesellschafters (z. B. mit der Hypothek auf dem Privatgrundstück eines Gesellschafters) bleibt jedoch bestehen[3]). Ebenso bleiben Rechte, die im Wege der **Zwangsvollstreckung** gegen den persönlich haftenden Gesellschafter erworben worden sind, bestehen. Ist über das Vermögen des persönlich haftenden Gesellschafters nicht ebenfalls das VV. eröffnet worden, so gilt dies Bestehenbleiben der 4

2) RGZ. 29, 38; 56, 363; Kiesow § 89 Anm. 14.
3) OLG. 32, 400.

Zwangsvollstreckungsrechte nach dem Vgl. auch dann, wenn sie während des VV. über die Gesellschaft oder innerhalb der Dreißig-Tage-Frist vor dem Antrag auf Eröffnung des VV. über die Gesellschaft erworben worden sind[4]).

4) So Bay. ObLG. JW. 1930, 1507.

§ 90.

In dem Vergleichsverfahren über das Privatvermögen eines persönlich haftenden Gesellschafters einer offenen Handelsgesellschaft, einer Kommanditgesellschaft oder einer Kommanditgesellschaft auf Aktien sind die Gesellschaftsgläubiger, wenn über das Gesellschaftsvermögen das Vergleichsverfahren oder das Konkursverfahren eröffnet worden ist, nur in Höhe des Betrags beteiligt, für den sie in dem Verfahren über das Gesellschaftsvermögen keine Befriedigung erhalten. § 62 Abs. 3 findet entsprechende Anwendung.

Das Vergleichsverfahren über das Vermögen einer offenen Handelsgesellschaft, einer Kommanditgesellschaft oder einer Kommanditgesellschaft auf Aktien steht im Sinne des § 212 der Konkursordnung dem Konkursverfahren gleich.

Der Sinn der Vorschrift ist der, daß die PrivatGl. verlangen können, daß die GesellschaftsGl. sich zunächst aus dem Gesellschaftsvermögen befriedigen. Regelmäßig wird daher der Privatkonkurs erst nach dem Gesellschaftskonkurs beendet werden können.

Im Privatkonkurs können die GesellschaftsGl. nur den mutmaßlichen **Ausfall** geltend machen; sie haben Stimmrecht nur in dieser Höhe. Wenn mehrere persönlich haftende Gesellschafter im PrivatVV. stehen, kann der GesellschaftsGl. seinen mutmaßlichen Ausfall in jedem dieser PrivatVV. in voller Höhe geltend machen[1]).

Aus dem bestätigten Vgl. im GesellschaftsVV. kann nicht ohne weiteres gegen die Gesellschafter persönlich **vollstreckt** werden. **Zuständig** für das PrivatVV. des persönlich haftenden Gesellschafters ist das Amtsgericht seines Wohnsitzes. Ist er aber geschäftsführender Gesellschafter gewesen, so ist

1) RG. 91, 92.

das Gericht der gewerblichen Niederlassung der Gesellschaft zuständig[2]).

Im übrigen vgl. § 212 KO.[3]).

§ 91.

Für eingetragene Genossenschaften, die den Vorschriften des Gesetzes, betreffend die Erwerbs- und Wirtschaftsgenossenschaften, unterliegen, gelten folgende besonderen Vorschriften:

1. **Die Einleitung des Vergleichsverfahrens ist unzulässig, wenn die Genossenschaft aufgelöst ist.**
2. **Zur Stellung des Antrags ist jedes Mitglied des Vorstandes berechtigt. Wird der Antrag nicht von allen Vorstandsmitgliedern gestellt, so hat das Gericht vor der Entscheidung die Vorstandsmitglieder, welche den Antrag nicht gestellt haben, zu hören.**
3. **In dem Verzeichnis der Gläubiger und der Schuldner (§ 16 Abs. 1 Nr. 1) ist anzugeben, wenn ein Gläubiger Mitglied der Genossenschaft ist; das gleiche gilt für eine Anmeldung gemäß § 60. In dem Antrag ist weiter anzugeben, welchem Revisionsverbande die Genossenschaft angehört oder innerhalb der letzten drei Jahre vor der Stellung des Antrags angehört hat; hat die Genossenschaft innerhalb dieser Zeit keinem Revisionsverband angehört, so ist der Revisionsverband anzugeben, in dessen Bezirke die Genossenschaft ihren Sitz hat. Der Antrag und seine Anlagen sollen in drei Stücken eingereicht werden.**

---

2) LG. I Berlin KTrW. 1930, 15.

3) § 212 KO. lautet:

In dem Konkursverfahren über das Privatvermögen eines persönlich haftenden Gesellschafters können die Gesellschaftsgläubiger, wenn das Konkursverfahren über das Gesellschaftsvermögen eröffnet ist, Befriedigung nur wegen desjenigen Betrags suchen, für welchen sie in dem letzteren Verfahren keine Befriedigung erhalten.

Bei den Verteilungen sind die Anteile auf den vollen Betrag der Gesellschaftsforderung zurückzubehalten, bis der Ausfall bei dem Gesellschaftsvermögen feststeht.

Im übrigen finden auf die bezeichneten Forderungen die Vorschriften der §§ 64, 96 entsprechende Anwendung.

4. Der Revisionsverband, dem die Genossenschaft angehört, ist vor der Entscheidung über den Antrag auf Erhöhung des Vergleichsverfahrens nach Maßgabe des § 20 sowie vor der Entscheidung über die Bestellung einer von der Gläubigermehrheit vorgeschlagenen Vertrauensperson (§ 41 Abs. 2) zu hören. Die Eröffnung des Vergleichsverfahrens kann gemäß § 23 Nr. 1 abgelehnt werden, wenn der Revisionsverband das Angebot als unzureichend bezeichnet.

Gehört die Genossenschaft keinem Revisionsverband an, so stehen die im vorstehenden Absatz bezeichneten Rechte dem Revisionsverbande, dem die Genossenschaft innerhalb der letzten drei Jahre vor der Stellung des Antrags angehört hat, oder, wenn sie auch in dieser Zeit keinem Revisionsverband angehört hat, dem Revisionsverbande zu, in dessen Bezirke die Genossenschaft ihren Sitz hat. Kommen hiernach mehrere Revisionsverbände in Betracht, so steht die Auswahl dem Gerichte zu.

5. Zum Abschluß eines Vergleichs ist erforderlich, daß die Gläubiger, die Mitglieder der Genossenschaft sind, und die Gläubiger, die nicht Mitglieder der Genossenschaft sind, dem Vergleiche gesondert mit den im § 63 festgesetzten Mehrheiten zustimmen.

6. Hat ein Genosse seinen Austritt aus der Genossenschaft erklärt oder der Gläubiger eines Genossen das Kündigungsrecht ausgeübt, so scheidet der Genosse nicht vor dem Schlusse des Geschäftsjahrs aus, in dem das Vergleichsverfahren endet oder, wenn in einem Vergleich eine Stundung bewilligt wird, die Stundung abläuft. Die Erklärung des Genossen oder des Gläubigers über den Austritt oder die Kündigung ist spätestens sechs Wochen vor dem Ende des Geschäftsjahrs, mit dessen Schlusse der Genosse ausscheidet, oder, wenn das Vergleichsverfahren innerhalb der letzten sechs Wochen dieses Jahres endet, unverzüglich zu der Liste der Genossen einzureichen. Der Jahresschluß, zu dem der Genosse ausscheidet, ist erst nach Beendigung des Vergleichsverfahrens in die Liste der Genossen einzutragen; ist er bereits früher eingetragen, so ist nachträglich zu vermerken, daß ein Vergleichsverfahren eröffnet worden ist.

I. **Allgemeines.**

VglGrund für Genossenschaften ist Zahlungsunfähigkeit und bei Genossenschaften mit beschränkter Haftpflicht auch Ueberschuldung. Im letzteren Falle ist die Ueberschuldung genügend, wenn sie ein Viertel des Betrages der Haftsumme aller Genossen übersteigt (§ 140 GenGes.). In beiden Fällen ist der Vorstand der Genossenschaft nach Maßgabe der §§ 99, 140 GenGes. **verpflichtet**, **Kks.** oder **VV.** zu beantragen. Verletzung dieser Pflicht hat strafrechtliche Folgen gem. § 148 GenGes. Die Vorstandsmitglieder sind überdies gem. § 142 GenGes. ersatzpflichtig[1]). 1

1) §§ 99, 140, 142 und 148 GenGes. i. d. F. d. Ges. v. 25. 3. 30 (RGBl. 1930 I S. 93) lauten:

§ 99. Wird die Genossenschaft zahlungsunfähig, so hat der Vorstand ohne schuldhaftes Zögern, spätestens aber zwei Wochen nach Eintritt der Zahlungsunfähigkeit, die Eröffnung des Konkursverfahrens oder die Eröffnung des gerichtlichen Vergleichsverfahrens zu beantragen. Eine schuldhafte Verzögerung des Antrags liegt nicht vor, wenn der Vorstand die Eröffnung des gerichtlichen Vergleichsverfahrens mit der Sorgfalt eines ordentlichen Geschäftsmanns betreibt.

Die Mitglieder des Vorstandes sind der Genossenschaft nach Maßgabe des § 34 zum Ersatze von Zahlungen verpflichtet, die nach Eintritt der Zahlungsunfähigkeit der Genossenschaft geleistet werden. Dies gilt nicht von Zahlungen, die auch nach diesem Zeitpunkt mit der Sorgfalt eines ordentlichen Geschäftsmanns vereinbar sind.

Die Ansprüche auf Grund der vorstehenden Bestimmungen verjähren in fünf Jahren.

§ 140. Das Konkursverfahren findet bei bestehender Genossenschaft außer dem Falle der Zahlungsunfähigkeit in dem Falle der Ueberschuldung statt, sofern diese ein Viertel des Betrags der Haftsummen aller Genossen übersteigt. Der Vorstand hat, wenn eine solche Ueberschuldung sich aus der Jahresbilanz oder aus einer im Laufe des Jahres aufgestellten Bilanz ergibt, ohne schuldhaftes Zögern, spätestens aber zwei Wochen nach diesem Zeitpunkt, die Eröffnung des Konkursverfahrens oder die Eröffnung des gerichtlichen Vergleichsverfahrens zu beantragen. Eine schuldhafte Verzögerung des Antrags liegt nicht vor, wenn der Vorstand die Eröffnung des gerichtlichen Vergleichsverfahrens mit der Sorgfalt eines ordentlichen Geschäftsmanns betreibt. Die Vorschriften des § 99 Abs. 2 und 3, § 100 finden entsprechende Anwendung.

§ 142. Außer dem Falle des § 90 kann in dem Falle, daß entgegen den Vorschriften in §§ 19, 22 der Gewinn oder das

Wegen der Einzelheiten wird auf § 88 Anm. 1 verwiesen; das für AktGes. (GmbH.) Gesagte gilt für die Genossenschaften entsprechend.

II. Im einzelnen.

a) zu Z. 1:

2 Durch die Eröffnung des VV. wird der Bestand der Genossenschaft nicht berührt. Wird die Gen. während des VV. **aufgelöst**, so wird das VV. trotzdem fortgesetzt.

b) zu Z. 2:

3 Im Gegensatz zu anderen juristischen Personen kann das VV. auf **Antrag** nur *eines* Vorstandsmitgliedes eröffnet werden. Die übrigen müssen gehört werden. Der Vgl.-**Vorschlag** selbst dagegen muß so viele Unterschriften tragen, wie nach den Satzungen zur Vertretung der Gen. erforderlich sind. Gem. § 25 GenGes. kann die Satzung bestimmen, daß die Vertretung durch zwei Vorstandsmitglieder ausreicht, sonst im Zweifel Gesamtvertretung durch alle Vorstandsmitglieder. Der VglVorschlag kann auch ein **ErlaßVgl.** sein; die *Haftsumme* der Genossen braucht also im VV. *nicht* unbedingt angegriffen zu werden.

Geschäftsguthaben ausgezahlt wird, der Ersatzanspruch gegen die Mitglieder des Vorstandes oder des Aufsichtsrats oder gegen die Liquidatoren von den Gläubigern der Genossenschaft, soweit sie von dieser ihre Befriedigung nicht erlangen können, selbständig geltend gemacht werden. In der gleichen Weise können die Gläubiger von den Mitgliedern des Vorstandes oder den Liquidatoren Ersatz beanspruchen, wenn diese entgegen den Vorschriften im § 99 Abs. 2, § 118 Abs. 2, § 140 Satz 4 Zahlungen geleistet haben, nachdem die Zahlungsunfähigkeit der Genossenschaft eingetreten ist oder ihre Ueberschuldung sich ergeben hat.

§ 148. Mit Geldstrafe bis zu sechshundert Mark oder mit Gefängnis bis zu drei Monaten oder mit beiden Strafen werden bestraft:

Die Mitglieder des Vorstandes, wenn entgegen den Vorschriften in den §§ 99, 140 der Antrag auf Eröffnung des Konkursverfahrens oder des gerichtlichen Vergleichsverfahrens unterlassen ist.

Die Strafe tritt nicht gegen denjenigen ein, welcher nachweist, daß die Unterlassung ohne sein Verschulden geschehen ist.

c) zu Z. 3:

Die Angabe der Gl., die zugleich Genossen sind, ist erforderlich wegen der besonderen Abstimmungserfordernisse in Z. 5. 4

d) zu Z. 4:

Für das Gutachten des Revisionsverbandes ist eine Sachverständigengebühr festzusetzen. Die dahingehende Entscheidung des Gerichts ist keine solche auf Grund des § 14 VglO. und daher beschwerdefähig[2]). 5

e) zu Z. 5:

Im Gegensatz zu dem Fall, daß im Vgl. einzelne Gl. zurückgesetzt werden (vgl. § 5), wird hier eine **gesonderte Abstimmung** erforderlich sein. Es müssen zwei Gruppen gebildet werden: die der GenossenGl. und die der NichtgenossenGl. Jede Gruppe stimmt für sich ab und muß für sich allein betrachtet die nach § 63 (gegebenenfalls auch nach § 5) VglO. erforderliche Kopf- und Summenmehrheit erreichen. Für jede Gruppe ist also nicht nur die Kopfzahl, sondern auch der Gesamtforderungsbetrag der der Gruppe angehörenden Gl. zu ermitteln. 6

f) zu Z. 6:

Wenn aus einer zahlungsunfähig gewordenen, nicht im VV. stehenden Genossenschaft einzelne Genossen ausscheiden, so können die Gl. die Wirkungen des Ausscheidens dadurch rückgängig machen, daß sie binnen sechs Monaten nach dem Ausscheiden die Eröffnung des Konkursverfahrens und damit die Auflösung der Genossenschaft herbeiführen. Das Ausscheiden gilt dann nach § 75 GenGes. als nicht erfolgt. Da während der Dauer des VV. eine Entscheidung über die Eröffnung des Konkursverfahrens nicht getroffen werden kann, können die Genossen, ohne daß die Gl. es zu verhindern imstande sind, aus der Genossenschaft ausscheiden. Um dieser Unbilligkeit vorzubeugen, bestimmt § 91, daß während der Dauer des VV. und der in einem Zwangsvergleich bewilligten Stundung die **Genossen in der Genossenschaft verbleiben müssen.** 7

2) OLG. München 7. 2. 30 KTrW. 1930, 86.

Hat der **Gl. eines Genossen**, nachdem innerhalb der letzten sechs Monate eine Zwangsvollstreckung in das Vermögen des Genossen fruchtlos versucht worden ist, die Pfändung und Ueberweisung des dem Genossen bei der Auseinandersetzung mit der Genossenschaft zukommenden Guthabens erwirkt, so kann er zum Zwecke seiner Befriedigung das jedem Genossen zustehende Kündigungsrecht an Stelle desselben ausüben, sofern der Schuldtitel nicht bloß vorläufig vollstreckbar ist (§ 66 GenGes.). Diese Aufkündigung soll wirksam werden erst am Ende desjenigen Geschäftsjahres, in welchem das VV. endigt oder die Stundung des Zwangsvergleichs abläuft.

§ 92.

Für das Vergleichsverfahren zur Abwendung des Nachlaßkonkurses gelten folgende besonderen Vorschriften:

1. **Zur Stellung des Antrags ist mit Ausnahme der Nachlaßgläubiger berechtigt, wer die Eröffnung des Konkurses beantragen kann. Die Vorschriften des § 217 Abs. 3 und des § 218 Abs. 2 der Konkursordnung gelten entsprechend. Mehrere Erben können den Antrag nur gemeinschaftlich stellen.**
2. **Der Antrag kann vor der Annahme der Erbschaft gestellt werden.**
3. **Der Antrag kann nicht mehr gestellt werden, wenn der Erbe oder einer der Erben für die Nachlaßverbindlichkeiten allen oder einzelnen Nachlaßgläubigern gegenüber unbeschränkt haftet oder wenn der Nachlaß geteilt ist.**
4. **In Ansehung der Haftung des Erben für die Nachlaßverbindlichkeiten wirkt das Vergleichsverfahren und ein in dem Verfahren geschlossener Vergleich wie der Nachlaßkonkurs und ein in dem Konkursverfahren geschlossener Zwangsvergleich.**
5. **Soweit es für die Eröffnung oder die Fortsetzung des Verfahrens auf das Verhalten des Schuldners ankommt, genügt es, wenn ein die Ablehnung der Eröffnung, die Verwerfung des Vergleichs oder die Einstellung des Verfahrens rechtfertigender Grund in der Person eines von mehreren Miterben vorliegt.**
6. **Die im § 226 Abs. 2 und 4 der Konkursordnung genannten Gläubiger sind an dem Vergleichsverfahren**

nicht beteiligt und werden von einem Vergleiche nicht betroffen; sie können jedoch während der Dauer des Vergleichsverfahrens in den Nachlaß keine Zwangsvollstreckung vornehmen, insbesondere Arreste und einstweilige Verfügungen nicht vollziehen.

7. Die Beteiligung der Nachlaßgläubiger an einem Vergleichsverfahren über das Vermögen des Erben oder des Ehemanns der Erbin bestimmt sich nach den im § 234 der Konkursordnung für die Beteiligung an einem Konkursverfahren gegebenen Vorschriften.

Uebersicht über die Anmerkungen:

I. Allgemeines.

1 Voraussetzung für das NachlaßVV ist **Zahlungsunfähigkeit**[1]) oder **Ueberschuldung**. Die Ueberschuldung kann auch ihren Grund in Pflichtteilsrechten, Vermächtnissen und Auflagen haben. Weitere Voraussetzungen sind, daß keiner der Erben für die Nachlaßverbindlichkeiten **unbeschränkt haftet** und daß der Nachlaß **nicht geteilt ist** (vgl. unten Anm. 3). Das NachlaßVV. kann auch dadurch eintreten, daß der Erblasser bei Lebzeiten im VV. war. Der **Tod des Sch.** unterbricht nämlich das VV. auch nach Annahme des Vgl. durch die Gl.

Der Erbe ist zur Anmeldung des gerichtlichen VV. gem. § 1980 BGB.[2]) **verpflichtet.**

---

1) Lucas JW. 1927, 1655; Kiesow § 92 Anm. 15; Samolewitz § 92 Anm. 2.

2) § 1980 BGB. lautet:

Hat der Erbe von der Ueberschuldung des Nachlasses Kenntnis erlangt, so hat er unverzüglich die Eröffnung des Konkursverfahrens oder, sofern nach § 92 der Vergleichsordnung ein solcher Antrag zulässig ist, die Eröffnung des gerichtlichen Vergleichsverfahrens über den Nachlaß zu beantragen. Verletzt er

II. Im einzelnen.

a) Antrag und VglVorschlag (Z. 1 und 2).

2 Berechtigt, das NachlaßVV. zu beantragen, ist jeder Erbe, der Nachlaßverwalter, Nachlaßpfleger, Testamentsvollstrecker. Sind mehrere Erben vorhanden, so muß schon der Antrag auf NachlaßVV. von allen gestellt werden. Steht die Verwaltung des Nachlasses einem Testamentsvollstrecker zu, so ist, wenn der Erbe die Eröffnung des VV. beantragt, der Testamentsvollstrecker, wenn der Testamentsvollstrecker den Antrag stellt, der Erbe zu hören (§ 217 KO.). Ist eine Ehefrau die Erbin und gehört der Nachlaß zum eingebrachten Gute oder zum Gesamtgute, so kann sowohl die Ehefrau als der Ehemann die Eröffnung des Verfahrens beantragen, ohne daß die Zustimmung des anderen Teiles erforderlich ist. Das gleiche gilt, wenn der Nachlaß zum Gesamtgute gehört, auch nach Beendigung der Gemeinschaft (§ 218 KO.). NachlaßGl. sind zur Beantragung des VV. nicht berechtigt. Der **VglVorschlag** muß auch dann von allen Erben gemacht werden, wenn der Testamentsvollstrecker, der an sich neben den Erben steht, das NachlaßVV. beantragt hat. Bei der Prüfung der **Angemessenheit** des VglVorschlags ist zu berücksichtigen, daß die NachlaßGl. keinen Anspruch darauf haben, daß der Erbe aus seinem Vermögen etwas für die Bezahlung der Nachlaßverbindlichkeiten aufwendet, solange er nicht unbeschränkt haftet. Demgemäß ist lediglich die Vermögenslage des Nachlasses maßgebend; das Privatvermögen des Erben muß außer acht gelassen werden. Darüber hinaus wird oftmals der Zweck des NachlaßVV. der sein, daß dem Erben die wirtschaftliche Existenzmöglichkeit erhalten bleiben soll, die ihm der Erblasser (Sch.) hinterlassen hat. Unter diesem

---

diese Pflicht, so ist er den Gläubigern für den daraus entstehenden Schaden verantwortlich.

Bei der Bemessung der Zulänglichkeit des Nachlasses bleiben die Verbindlichkeiten aus Vermächtnissen und Auflagen außer Betracht.

Der Kenntnis der Ueberschuldung steht auf die Fahrlässigkeit beruhende Unkenntnis gleich. Als Fahrlässigkeit gilt es insbesondere, wenn der Erbe das Aufgebot der Nachlaßgläubiger nicht beantragt, obwohl er Grund hat, das Vorhandensein unbekannter Nachlaßverbindlichkeiten anzunehmen; das Aufgebot ist nicht erforderlich, wenn die Kosten des Verfahrens dem Bestande des Nachlasses gegenüber unverhältnismäßig groß sind.

Gesichtspunkt wird man solchenfalls regelmäßig nicht zu einer vollständigen Liquidierung der Nachlaßmasse zugunsten der Gl. gelangen können; es ist Frage des Einzelfalls, inwieweit dem Erben in diesem Fall ein Zuschuß aus seinem Privatvermögen für die Erfüllung der Nachlaßverbindlichkeiten zugemutet werden kann.

Der Antrag auf NachlaßVV. ist vor Annahme der Erbschaft zulässig und enthält für sich noch **keine** stillschweigende **Annahme** der Erbschaft[3]). Auch der VglVorschlag der Erben im NachlaßVV., das auf Antrag des Nachlaßverwalters oder Testamentsvollstreckers eröffnet worden ist, ist nicht als Annahme des Nachlasses zu werten.

b) Unbeschränkte Haftung des Erben, Teilung des Nachlasses (Z. 3).

Der Erbe haftet den NachlaßGl. gegenüber **unbeschränkt** 3
— richtiger unbeschränkbar — in den Fällen §§ 1994 Abs. 1 S. 2, 2005, 2006 BGB.; Verstreichenlassen der Inventarfrist, unvollständige Inventaraufnahme, Verweigerung des Nachlaßoffenbarungseides. Ob eine **Teilung** des Nachlasses schon erfolgt ist, ist Tatfrage des einzelnen Falles. Teilung einzelner Nachlaßbestandteile ist noch keine Teilung des Nachlasses. Wenn andererseits nur einzelne wenige Nachlaßstücke aus besonderen Gründen noch im Miteigentum der Erben unverteilt geblieben sind, ist eine Vollziehung der Teilung anzunehmen[4]). Eine bloße Einigung über einen Auseinandersetzungsplan ist noch keine Teilung. Ist einer der mehreren Erben mit einigen Vermögensstücken abgefunden und von den übrigen Erben die Erbengemeinschaft fortgesetzt worden, so kann man ebenfalls noch von keiner Teilung sprechen[5]). Bei F o r t f ü h r u n g d e s G e s c h ä f t e s durch die Erbengemeinschaft kann allerdings unter gewissen Umständen, besonders bei einem Geschäftsbetrieb, der wesentlich in persönlicher Tätigkeit besteht (z. B. bei einem Betrieb eines Tiefbauunternehmers), nach mehrjähriger Fortführung durch den Erben persönlich das Geschäft nicht mehr als das ererbte angesehen werden, sondern als solches des Erben, so daß dann für ein NachlaßVV. kein Raum mehr wäre[6]).

---

3) Samolewitz § 92 Anm. 2; Kiesow § 92 Anm. 23.

4) RGZ. 89, 407; RGRKom. § 2059 Anm. 2; Staudinger § 2059 Anm. 2.

5) Staudinger a. a. O. 6) Vgl. ROLG. 19, 232.

Ist der Nachlaß **schon geteilt,** haften aber die Erben noch nicht unbeschränkt, so bleibt für die Erben zur Beschränkung ihrer Haftung lediglich die Nachlaßverwaltung oder der NachlaßKks. übrig. Stellt sich während des VV. heraus, daß der Nachlaß schon geteilt ist, so muß das VV. eingestellt werden. Stellt sich dies erst im Bestätigungsverfahren heraus, so kann der Vgl. deswegen nicht verworfen werden (vgl. § 68 Abs. 1 Z. 1). Stellt sich der Umstand der Teilung nach der Bestätigung des VV. heraus, so wird dadurch die Beschränkung der Haftung nicht berührt.

c) **Beschränkung der Haftung (Z. 4).**

4 Das VV. hat für den Erben nur dann Wert, wenn er während seiner Dauer nicht Gefahr läuft, die beschränkte Haftung zu verlieren, und wenn er sich durch das VV. auch die Stellung eines beschränkt haftenden Erben verschaffen kann. Deshalb bestimmt § 92 Nr. 4, daß das VV. und ein in ihm geschlossener Vgl. für die Erbenhaftung wie das Konkursverfahren und ein Zwangsvergleich im Konkurse wirken sollen. Die Haftung des Erben beschränkt sich danach mit der Eröffnung des VV. auf den Nachlaß (§ 1975 BGB); der beim Nachlaßkonkurse mögliche Fall, daß der Erbe bei der Eröffnung des Verfahrens bereits unbeschränkt haftet und daher seine Haftung durch den Nachlaßkonkurs nicht mehr beschränken kann (§ 216 Abs. 1 KO. in Verb. m. § 2013 Abs. 1 S. 1 BGB.), kann nach § 92 Nr. 3 nicht vorkommen. Während des VV. kann dem Erben keine Inventarfrist gesetzt werden und eine laufende Inventarfrist verliert ihre Wirkung; kommt ein Vgl. zustande, so beschränkt sich die Haftung des Erben endgültig auf den Nachlaß nach Maßgabe des Vgl. (§§ 2000, 1989, 1973 BGB.). Wird die Eröffnung des VV. mangels Masse abgelehnt oder das VV. deshalb eingestellt, so steht dem Erben die Einrede des unzureichenden Nachlasses nach Maßgabe der §§ 1990, 1991 BGB. zu (Begr. S. 38).

Für die NachlaßGl. hat das NachlaßVV. nicht den Wert wie NachlaßKks. und Nachlaßverwaltung. Da der Erbe die Verfügungsfähigkeit über den Nachlaß behält, besteht die Gefahr, daß PrivatGl. des Erben, die am NachlaßVV. nicht beteiligt sind, den Nachlaß zu ihrer Befriedigung mit verwenden.

Stellt sich nach Eröffnung des VV. heraus, daß der Erbe **bereits unbeschränkt haftet,** so ist das Verfahren gem.

§ 79 Nr. 2 einzustellen. Stellt sich dies erst nach der Bestätigung heraus, so ist eine Verwerfung des Vgl. nicht möglich (vgl. § 68 Abs. 1 Z. 1). Die haftungsbeschränkende Wirkung des Vgl. tritt aber gegenüber den Gl., denen der Erbe unbeschränkt haftet, nicht ein[7]).

d) Stellung des Erben als Sch. (Z. 5).

Soweit es auf das persönliche Verhalten des Sch. an- 5
kommt (§§ 22, 23, 64, 68, 79), kommt die Persönlichkeit des Sch. und nicht die des Erblassers in Betracht[8]). Dagegen wird das persönliche Vermögen der Erben nicht berücksichtigt bei der Prüfung der Frage, ob der VglVorschlag der Vermögenslage des Sch. entspricht (§ 22 Z. 4; § 23 Z. 1) und ob der Vgl. mit den gemeinsamen Interessen der beteiligten Gl. vereinbar ist (§ 68 Abs. 2 Z. 2; vgl. oben Anm. 2).

e) Ausschluß einiger Gl. vom VV. (Z. 6).

Die in § 226 Abs. 2 und 4 KO.[9]) genannten Gl. sind 6
zwar am VV. nicht beteiligt, können jedoch nicht vollstrecken und keinen KsAntrag stellen (§ 33).

---

7) Kiesow § 92 Anm. 25; teilweise a. M. Mayer § 92 Anm. 47 und 103.

8) Kiesow § 92 Anm. 31; a. M. Samolewitz § 92 Anm. 3.

9) § 226 KO. lautet:

In dem Verfahren kann jede Nachlaßverbindlichkeit geltend gemacht werden.

Nachstehende Verbindlichkeiten werden erst nach allen übrigen Verbindlichkeiten und in folgender Rangordnung, bei gleichem Range nach Verhältnis ihrer Beträge, berichtigt:

1. die seit Eröffnung des Verfahrens laufenden Zinsen der im § 61 bezeichneten Forderungen;
2. die gegen den Erblasser erkannten Geldstrafen;
3. die Verbindlichkeiten aus einer Freigebigkeit des Erblassers unter Lebenden;
4. die Verbindlichkeiten gegenüber Pflichtteilsberechtigten;
5. Die Verbindlichkeiten aus den vom Erblasser angeordneten Vermächtnissen und Auflagen.

Ein Vermächtnis, durch welches das Recht des Bedachten auf den Pflichtteil nach § 2307 des Bürgerlichen Gesetzbuchs ausgeschlossen wird, steht, soweit es den Pflichtteil nicht übersteigt, im Range den Pflichtteilsrechten gleich. Hat der Erblasser durch Verfügung von Todes wegen angeordnet, daß ein Vermächtnis oder eine Auflage vor einem anderen Vermächtnis

f) NachlaßGl. im VV. über das Privatvermögen des Erben (Z. 7).

7 Ist die Haftung des Erben noch **beschränkt**, so kann der Erbe neben dem PrivatVV., NachlaßVV., NachlaßKks. oder Nachlaßverwaltung beantragen. Beide Verfahren laufen nebeneinander her; die NachlaßGl. können sich nur aus der Nachlaßmasse befriedigen. Haftet der Erbe **unbeschränkt** und ist NachlaßKks. oder Nachlaßverwaltung eröffnet, so können sich die NachlaßGl. auch im PrivatVV. des Erben beteiligen nach näherer Maßgabe des § 234 KO.[10]). Die NachlaßGl. haben also eine ähnliche Stellung wie absonderungsberechtigte Gl. Die Nachlaßmasse dient zu ihrer abgesonderten Befriedigung; mit dem Ausfall können sie sich am PrivatVV. beteiligen. Ein Interesse von NachlaßGl. am Vermögen des Ehemannes der Erbin kommt nur für das Gesamtgut einer allgemeinen Gütergemeinschaft oder Fahrnisgemeinschaft in Frage.

§ 93.

Auf das Vergleichsverfahren zur Abwendung des Konkurses über das Gesamtgut einer fortgesetzten Gütergemeinschaft finden die Vorschriften des § 92 entsprechende An-

---

oder einer anderen Auflage erfüllt werden soll, so hat das Vermächtnis oder die Auflage den Vorrang.

Die Verbindlichkeiten, in Ansehung deren der Gläubiger im Wege des Aufgebotsverfahrens ausgeschlossen ist oder nach § 1974 des Bürgerlichen Gesetzbuchs einem ausgeschlossenen Gläubiger gleichsteht, werden erst nach den im Abs. 2 Nr. 1 bis 3 bezeichneten Verbindlichkeiten und, soweit sie zu den im Abs. 2 Nr. 4, 5 bezeichneten Verbindlichkeiten gehören, erst nach den Verbindlichkeiten berichtigt, mit denen sie ohne die Beschränkung gleichen Rang haben würden. Im übrigen wird durch die Beschränkungen an der Rangordnung nichts geändert.

10) § 234 KO. lautet:

In dem Konkursverfahren über das Vermögen des Erben finden, wenn auch über den Nachlaß das Konkursverfahren eröffnet oder wenn eine Nachlaßverwaltung angeordnet ist, auf Nachlaßgläubiger, denen gegenüber der Erbe unbeschränkt haftet, die Vorschriften der §§ 64, 96, 153, 155, 156, des § 168 Nr. 3 und des § 169 entsprechende Anwendung.

Das gleiche gilt, wenn eine Ehefrau die Erbin ist und der Nachlaß zum Gesamtgute gehört, auch in dem Konkursverfahren über das Vermögen des Ehemannes.

wendung. Vor der Entscheidung über den Antrag auf Eröffnung des Verfahrens sind die anteilsberechtigten Abkömmlinge, soweit tunlich, zu hören.

Fortgesetzte Gütergemeinschaft: vgl. §§ 1483 ff., 1557 BGB. Der überlebende Ehegatte tritt an die Stelle des Erben; an die Stelle des Nachlasses tritt das Gesamtgut, und zwar in demjenigen Bestande, welchen es zur Zeit des Eintritts der fortgesetzten Gütergemeinschaft hat (§ 1489 BGB.).

Antragsberechtigt ist nur der überlebende Ehegatte; die anteilsberechtigten Abkömmlinge sind zu seinem Antrage zu hören.

Voraussetzung für Eröffnung des VV.: Zahlungsunfähigkeit oder Ueberschuldung des Gesamtguts. Durch Eröffnung des VV. wird die fortgesetzte Gütergemeinschaft nicht aufgelöst.

§ 94.

Ein Vergleichsverfahren zum Zwecke der Abwendung des Konkursverfahrens über das Vermögen einer Versicherungsunternehmung, die der Beaufsichtigung nach Maßgabe des Gesetzes über die privaten Versicherungsunternehmungen vom 12. Mai 1901 (Reichsgesetzbl. S. 139) unterliegt, findet nicht statt.

9. Abschnitt.

Strafvorschriften.

§ 95.

Wer in einem Verfahren auf Herbeiführung eines Vergleichs zur Abwendung des Konkurses erdichtete Forderungen geltend macht, um sich oder einem anderen einen Vermögensvorteil zu verschaffen, wird mit Zuchthaus bis zu zehn Jahren, bei mildernden Umständen mit Gefängnis oder mit Geldstrafe bestraft.

Der Gl. muß die erdichtete Forderung **im** VV. geltend gemacht haben, also nach Eröffnung des VV. Der Täter kann auch durch eine **vorgeschobene Person** handeln; diese ist nicht strafbar, wenn sie gutgläubig war. Gleichgültig ist, wem der Vermögensvorteil zugedacht ist.

§ 96.

Ein Gläubiger, der sich besondere Vorteile dafür gewähren oder versprechen läßt, daß er bei der Abstimmung über den Vergleichsvorschlag in einem bestimmten Sinne stimmt, wird mit Gefängnis bis zu einem Jahre oder mit Geldstrafe bestraft.

Stimmen**verkäufer** kann nur ein am VV. beteiligter, stimmberechtigter Gl. sein. Der Stimmenverkauf setzt eine **bestimmte Willenseinigung** voraus; es genügen also nicht unbestimmte oder unverbindliche Zusicherungen. **Stimmenthaltung** ist nicht strafbar, auch wenn sie erkauft ist. Ob aber die Stimme in dem vereinbarten Sinne abgegeben worden ist oder nicht, ist für die Strafbarkeit gleichgültig, da die Straftat vollendet ist mit dem Zustandekommen der Vereinbarung. Der **Bevollmächtigte** des Stimmenverkäufers macht sich daher dadurch, daß er hinterher in dem vereinbarten Sinne stimmt, nicht strafbar, auch wenn er um die Vereinbarung weiß. Der Stimmen**käufer** (d. i. der Sch. oder ein Dritter) ist dagegen an sich nicht mit Strafe bedroht. Er wird aber als Anstifter bestraft, wenn er in dem betr. Gl. den Entschluß zum Stimmenverkauf i. S. von § 96 hervorgerufen hat[1]).

10. Abschnitt.

Schluß- und Uebergangsvorschriften.

§ 97.

Das Gerichtsverfassungsgesetz in der Fassung der Bekanntmachung vom 22. März 1924 (Reichsgesetzbl. I S. 299) wird dahin geändert:

Der § 202 erhält die Fassung:

Auf das Kostenfestsetzungsverfahren, das Mahnverfahren, das Zwangsvollstreckungsverfahren, das Konkursverfahren und das Vergleichsverfahren zur Abwendung des Konkurses sind die Ferien ohne Einfluß.

---

1) Vgl. RGSt. 29, 304; 48, 21; ferner die Literatur zu § 243 KO.; wie hier Kiesow § 96 Anm. 3; Samolewitz § 96 Anm. 2.

§ 98.

Das Gesetz, betreffend die Anfechtung von Rechtshandlungen außerhalb des Konkursverfahrens, in der Fassung der Bekanntmachung vom 20. Mai 1898 (Reichsgesetzbl. S. 709) wird dahin geändert:

Der § 3 erhält folgenden zweiten Absatz:

In die Fristen wird die Zeit nicht eingerechnet, während der ein Verfahren auf Herbeiführung eines Vergleichs zum Zwecke der Abwendung des Konkursverfahrens anhängig war.

§ 3 Anfechtungsgesetz lautet nunmehr:

(I) Anfechtbar sind:

1. Rechtshandlungen, welche der Schuldner in der dem anderen Teile bekannten Absicht, seine Gläubiger zu benachteiligen, vorgenommen hat;
2. Die in dem letzten Jahre vor der Anfechtung geschlossenen entgeltlichen Verträge des Schuldners mit seinem Ehegatten vor oder während der Ehe, mit seinen oder seines Ehegatten Verwandten in auf- und absteigender Linie, mit seinen oder seines Ehegatten voll- und halbbürtigen Geschwistern, oder mit dem Ehegatten einer dieser Personen, sofern durch den Abschluß des Vertrages die Gläubiger des Schuldners benachteiligt werden und der andere Teil nicht beweist, daß ihm zur Zeit des Vertragsabschlusses eine Absicht des Schuldners, die Gläubiger zu benachteiligen, nicht bekannt war;
3. Die in dem letzten Jahre vor der Anfechtung von dem Schuldner vorgenommenen unentgeltlichen Verfügungen, sofern nicht dieselben gebräuchliche Gelegenheitsgeschenke zum Gegenstande hatten;
4. die in den letzten zwei Jahren vor der Anfechtung von dem Schuldner vorgenommenen unentgeltlichen Verfügungen zugunsten seines Ehegatten;

(II) In die Fristen wird die Zeit nicht eingerechnet, während der ein Verfahren auf Herbeiführung eines Vergleichs zum Zwecke der Abwendung des Konkursverfahrens anhängig war.

Diese Vorschrift gilt auch für Gl., die am VV. nicht beteiligt sind (Begr. S. 38). **Während** des VV. ist für die Gl., für die die Vollstreckungssperre des § 32 VglO. gilt, eine Anfechtung **nicht möglich** (vgl. § 32 Anm. 5). Die Dauer des VV. — von der Stellung des Antrags bis zur rechtskräftigen Beendigung des VV. durch Bestätigung oder Verwerfung des Vgl. oder Einstellung des VV. — wird also in die einjährige bzw. zweijährige Frist **nicht** eingerechnet. Diese Fristerstreckung hat also die gleiche Wirkung, wie das Ruhen der Verjährung nach BGB.

§ 99.

Das Gerichtskostengesetz (Reichsgesetzbl. 1923 I S. 12, 135, 813, 1186; 1924 I S. 135, 662; 1927 I S. 53) wird dahin geändert:

1. **Im § 1 treten an die Stelle der Worte „oder die Konkursordnung" die Worte „die Konkursordnung oder das Gesetz über den Vergleich zur Abwendung des Konkurses".**
2. **Der dritte Abschnitt erhält die Ueberschrift:**

   Gebühren im Konkursverfahren und im Vergleichsverfahren zur Abwendung des Konkurses.
3. **Im § 40 werden hinter den Worten „im Konkursverfahren" die Worte eingefügt „und im Vergleichsverfahren zur Abwendung des Konkurses".**
4. **Hinter § 48 werden folgende Vorschriften eingestellt:**

§ 48a.

Für das Vergleichsverfahren zur Abwendung des Konkurses wird die volle Gebühr (§ 8) erhoben. Die Gebühr ermäßigt sich auf die Hälfte, wenn das Verfahren sich ohne Anberaumung eines Vergleichstermins erledigt.

Wird das Vergleichsverfahren in das Konkursverfahren übergeleitet (§ 82 des Gesetzes über den Vergleich zur Abwendung des Konkurses), so wird die im Vergleichsverfahren gemäß Abs. 1 entstandene Gebühr auf die im § 42 bestimmte Gebühr angerechnet. Wird bei Beendigung des Vergleichsverfahrens die Eröffnung des Konkursverfahrens abgelehnt, so wird die Gebühr des § 41 nicht erhoben.

Für das Verfahren zur Abnahme des Offenbarungseids gemäß § 61 Abs. 3 des Gesetzes über den Vergleich zur Abwendung des Konkurses wird eine Gebühr nicht erhoben.

§ 48b.

Die im § 48a Abs. 1 bestimmten Gebühren werden nach dem Werte der Aktiven (§ 18 des Gesetzes über den Vergleich zur Abwendung des Konkurses) zur Zeit der Stellung des Antrags auf Eröffnung des Vergleichsverfahrens erhoben. Uebersteigt der Wert der Aktiven den Gesamtbetrag der Forderungen der am Verfahren beteiligten Gläubiger, so ist der letztere maßgebend.

§ 48c.

Für das Verfahren in der Beschwerdeinstanz findet § 38 Abs. 2 mit der Maßgabe entsprechende Anwendung, daß nur die halbe Gebühr erhoben wird.

5. **Im § 74 werden hinter den Worten „in bürgerlichen Rechtsstreitigkeiten" die Worte eingefügt „im Vergleichsverfahren zur Abwendung des Konkurses".**

6. **Hinter § 78 wird folgende Vorschrift eingestellt:**

§ 78a.

Im Vergleichsverfahren zur Abwendung des Konkurses ist Schuldner der Gebühren und Auslagen der Vergleichsschuldner.

Sind die gesamten **Aktiven niedriger** als die Forderungen der am VV. beteiligten Gl., so ist die Gebühr aus dem Werte der gesamten Aktiven zu berechnen. Die Werte, die zur Befriedigung der absonderungsberechtigten Gl. dienen, sind nicht von den Aktiven abzurechnen. Auch sonst ist nicht abzusetzen, insbes. nicht Massekosten oder Masseschulden[1]).

Sind die **Passiven geringer**, so ist der Gesamtbetrag der Passiven maßgebend; hierbei sind aber nur die Passiven mitzuzählen, die am VV. beteiligt sind. **Tabelle** der Gerichtsgebühren siehe unten S. 318.

§ 100.

Die Gebührenordnung für Rechtsanwälte (Reichsgesetzbl. 1898 S. 692; 1909 S. 475; 1910 S. 767; 1916 S. 1263;

---

1) Vgl. Schumann KTrW. 1928, 33; Levy § 99; Mayer § 99 Anm. 13, 14; Samolewitz § 99 Anm. 2; Kiesow § 99 Anm. 6; LG. Leipzig 12, 628 KTrW. 1928, 92; JW. 1929, 1699.

1919 S. 2115; 1921 S. 910; 1923 I S. 1, 813, 1188; 1924 I S. 135, 662; 1927 I S. 53) wird dahin geändert:

1. Im § 1 treten an die Stelle der Worte „oder die Konkursordnung“ die Worte „die Konkursordnung oder das Gesetz über den Vergleich zur Abwendung des Konkurses“.
2. Der dritte Abschnitt erhält die Ueberschrift:

   Gebühren im Konkursverfahren und im Vergleichsverfahren zur Abwendung des Konkurses.
3. Im § 53 werden hinter den Worten „im Konkursverfahren“ die Worte eingefügt „und im Vergleichsverfahren zur Abwendung des Konkurses“.
4. Hinter § 61 wird folgende Vorschrift eingestellt:

§ 61a.

Der Rechtsanwalt erhält für die Tätigkeit im Vergleichsverfahren zur Abwendung des Konkurses die Sätze des § 9. Die Gebühr verringert sich um die Hälfte, wenn sich die Vertretung vor dem Vergleichstermin erledigt.

Für die Vertretung in der Beschwerdeinstanz erhält der Rechtsanwalt den Satz des § 41 Nr. 1.

Die Gebühren werden bei der Vertretung des Schuldners nach dem Betrage der Aktiven (§ 48b des Gerichtskostengesetzes) und bei der Vertretung eines Gläubigers nach dem Werte der Forderung unter entsprechender Anwendung des § 148 der Konkursordnung berechnet.

1 Der Rechtsanwalt erhält also **grundsätzlich** $^{10}/_{10}$ **Gebühr**. Diese vermindert sich auf $^{5}/_{10}$, wenn die Vertretung vor dem VglTermin erledigt ist; der VglTermin beginnt mit dem Aufruf der Sache. Hat der Rechtsanwalt nur die Vertretung im VglTermin übernommen, so erhält er ebenfalls $^{10}/_{10}$ Gebühr. **Gebührentafel** s. unten S. 318.

Durch diese $^{10}/_{10}$ Gebühr ist nur die Tätigkeit **im** VV. abgegolten, also die Tätigkeit vor dem Amtsgericht, nicht dagegen ist damit die übrige Tätigkeit abgegolten, die *anläßlich des* VV. stattgefunden hat, also z. B. Briefwechsel des Anwalts des Sch. mit den Gl. wegen Zustimmung zum Vgl., Beratung des Gl. hinsichtlich der Zustimmung usw.

In der **Beschwerdeinstanz** erhält der Anwalt also $^{3}/_{10}$ Gebühr für die gesamte in dieser Instanz entfaltete Tätigkeit. Diese Gebühr erhält der Anwalt aber neben der Gebühr des § 61a Abs. 1 GO. f. RA.

Für die Berechnung des **Streitwertes** ist folgendes zu beachten: 2

a) Vertritt der Rechtsanwalt den Schuldner, so ist der Betrag der Aktiven (ohne Abzug der zur Befriedigung der Absonderungsberechtigten dienenden Werte[1]) maßgebend, außer wenn die gesamten Forderungen der am VV. beteiligten Gläubiger höher sind als diese Aktiven; dann ist die gesamte Summe der Forderung maßgebend.

b) Vertritt der Rechtsanwalt einen Gläubiger, so ist der Wert der Forderung maßgebend. Bei der Berechnung des Wertes ist § 148 KO.[2]) entsprechend anzuwenden. Regelmäßig wird also die Gesamtsumme der auf die Forderung des Gl. entfallenden Quoten der Berechnung zugrunde zu legen sein. Kommt es nicht zum Vgl., sondern zum Anschluß-Kks., so wird für die Berechnung der Gebühren nicht die im Kks. sich ergebende Dividende, sondern die vom Sch. im VV. gebotene Gesamtquote maßgebend sein.

§ 101.

Dieses Gesetz tritt mit dem 1. Oktober 1927 in Kraft.

Mit dem Inkrafttreten dieses Gesetzes treten die Verordnung über die Geschäftsaufsicht zur Abwendung des Konkurses vom 14. Dezember 1916 (Reichsgesetzbl. S. 1363) in der Fassung der Verordnungen vom 8. Februar und 14. Juni 1924 (Reichsgesetzbl. I S. 51, 641) sowie das Gesetz zur Aenderung der Bekanntmachung des Bundesrats über die Geschäftsaufsicht zur Abwendung des Konkurses vom 14. Dezember 1916 in der Fassung der Verordnung vom 8. Februar 1924, vom 12. Juni 1924 (Reichsgesetzbl. I S. 641) außer Kraft.

---

1) Vgl. JW. 1929, 1699 und § 99 Anm.

2) § 148 KO. lautet:

Der Wert des Streitgegenstandes eines Prozesses über die Richtigkeit oder das Vorrecht einer Forderung ist mit Rücksicht auf das Verhältnis der Teilungs- zur Schuldenmasse von dem Prozeßgerichte nach freiem Ermessen festzusetzen.

Die beim Inkrafttreten dieses Gesetzes anhängigen Geschäftsaufsichten werden nach den bisherigen Vorschriften weitergeführt. Wird nicht binnen einem Monat nach dem Inkrafttreten dieses Gesetzes oder, wenn die Geschäftsaufsicht nicht früher als einen Monat vor dem Inkrafttreten dieses Gesetzes angeordnet worden ist, binnen zwei Monaten nach dem Inkrafttreten dieses Gesetzes ein Vergleich abgeschlossen, so ist die Geschäftsaufsicht aufzuheben und, auch wenn ein solcher Antrag nicht vorliegt, von Amts wegen zu entscheiden, ob das Konkursverfahren zu eröffnen sei. Die Vorschriften der §§ 50 bis 58, des § 69 Abs. 1 Satz 2, Abs. 2 finden mit dem Inkrafttreten dieses Gesetzes auf die anhängigen Geschäftsaufsichten Anwendung.

Gebührentafel.

Wert	Gerichtsgebühren		Rechtsanwaltsgebühren		
	10/20	5/10	10/10	5/10	3/10
5 000,—	**80,—**	**40,—**	**145,—**	**72,50**	**43,50**
6 000,—	**90,—**	**45,—**	**165,—**	**82,50**	**49,50**
weitere je 100,—	1,—	—,50	1,—	—,50	—,30
10 000,—	**130,—**	**65,—**	**205,—**	**102,50**	**61,50**
weitere je 100,—	—,50	—,25	—,50	—,25	—,15
15 000,—	**155,—**	**77,50**	**230,—**	**115,—**	**69,—**
weitere je 100,—	—,50	—,25	—,50	—,25	—,15
20 000,—	**180,—**	**90,—**	**255,—**	**127,50**	**76,50**
weitere je 1000,—	5,—	2,50	5,—	2,50	1,50
30 000,—	**230,—**	**115,—**	**305,—**	**152,50**	**91,50**
weitere je 1000,—	5,—	2,50	5,—	2,50	1,50
40 000,—	**280,—**	**140,—**	**355,—**	**177,50**	**106,50**
weitere je 1000,—	5,—	2,50	5,—	2,50	1,50
50 000,—	**330,—**	**165,—**	**405,—**	**202,50**	**121,50**
weitere je 1000,—	5,—	2,50	5,—	2,50	1,50
60 000,—	**380,—**	**190,—**	**455,—**	**227,50**	**136,50**
weitere je 1000,—	5,—	2,50	5,—	2,50	1,50
70 000,—	**430,—**	**215,—**	**505,—**	**252,50**	**151,50**
weitere je 1000,—	5,—	2,50	5,—	2,50	1,50

Wert	Gerichtsgebühren		Rechtsanwaltsgebühren		
	10/10	5/10	10/10	5/10	3/10
80 000,—	**480,—**	**240,—**	**555,—**	**277,50**	**166,50**
weitere je 1000,—	5,—	2,50	5,—	2,50	1,50
90 000,—	**530,—**	**265,—**	**605,—**	**302,50**	**181,50**
weitere je 1000,—	5,—	2,50	5,—	2,50	1,50
100 000,—	**580,—**	**290,—**	**655,—**	**327,50**	**196,50**
weitere je 1000,—	5,—	2,50	2,50	1,25	—,75
120 000,—	**680,—**	**340,—**	**705,—**	**352,50**	**211,50**
weitere je 1000,—	5,—	2,50	2,50	1,25	—,75
140 000,—	**780,—**	**390,—**	**755,—**	**377,50**	**226,50**
weitere je 1000,—	5,—	2,50	2,50	1,25	—,75
160 000,—	**880,—**	**440,—**	**805,—**	**402,50**	**241,50**
weitere je 1000,—	5,—	2,50	2,50	1,25	—,75
180 000,—	**980,—**	**490,—**	**855,—**	**427,50**	**256,50**
weitere je 1000,—	5,—	2,50	2,50	1,25	—,75
200 000,—	**1080,—**	**540,—**	**905,—**	**457,50**	**271,50**
weitere je 1000,—	5,—	2,50	2,50	1,25	—,75
220 000,—	**1180,—**	**590,—**	**955,—**	**477,50**	**286,50**
weitere je 1000,—	5,—	2,50	2,50	1,25	—,75
240 000,—	**1280,—**	**640,—**	**1005,—**	**502,50**	**301,50**
weitere je 1000,—	5,—	2,50	2,50	1,25	—,75
260 000,—	**1380,—**	**690,—**	**1055,—**	**527,50**	**316,50**
weitere je 1000,—	5,—	2,50	2,50	1,25	—,75
280 000,—	**1480,—**	**740,—**	**1105,—**	**552,50**	**331,50**
weitere je 1000,—	5,—	2,50	2,50	1,25	—,75
300 000,—	**1580,—**	**790,—**	**1155,—**	**577,50**	**346,50**
weitere je 1000,—	5,—	2,50	2,50	1,25	—,75
350 000,—	**1830,—**	**915,—**	**1280,—**	**640,—**	**384,—**
weitere je 1000,—	5,—	2,50	2,50	1,25	—,75
400 000,—	**2080,—**	**1040,—**	**1405,—**	**702,50**	**421,50**
weitere je 1000,—	5,—	2,50	2,50	1,25	—,75
450 000,—	**2330,—**	**1165,—**	**1530,—**	**765,—**	**459,—**
weitere je 1000,—	5,—	2,50	2,50	1,25	—,75
500 000,—	**2580,—**	**1290,—**	**1655,—**	**827,50**	**496,50**
weitere je 1000,—	5,—	2,50	2,50	1,25	—,75
550 000,—	**2830,—**	**1415,—**	**1780,—**	**890,—**	**534,—**
weitere je 1000,—	5,—	2,50	2,50	1,25	—,75
600 000,—	**3080,—**	**1540,—**	**1905,—**	**952,50**	**571,50**
weitere je 1000,—	5,—	2,50	2,50	1,25	—,75

Wert	Gerichtsgebühren		Rechtsanwaltsgebühren		
	10/20	5/10	10/10	5/10	3/10
700 000,—	**3580,—**	**1790,—**	**2155,—**	**1077,50**	**646,50**
weitere je 1000,—	5,—	2,50	2,50	1,25	—,75
800 000,—	**4080,—**	**2040,—**	**2405,—**	**1202,50**	**721,50**
weitere je 1000,—	5,—	2,50	2,50	1,25	—,75
900 000,—	**4580,—**	**2290,—**	**2655,—**	**1327,50**	**796,50**
weitere je 1000,—	5,—	2,50	2,50	1,25	—,75
1 000 000,—	**5080,—**	**2540,—**	**2905,—**	**1452,50**	**871,50**
weitere je 1000,—	5,—	2,50	2,—	1,—	—,60
1 100 000,—	**5580,—**	**2790,—**	**3105,—**	**1552,50**	**931,50**
weitere je 1000,—	5,—	2,50	2,—	1,—	—,60
1 200 000,—	**6080,—**	**3040,—**	**3305,—**	**1652,50**	**991,50**
weitere je 1000,—	5,—	2,50	2,—	1,—	—,60
1 300 000,—	**6580,—**	**3290,—**	**3505,—**	**1752,50**	**1057,50**
weitere je 1000,—	5,—	2,50	2,—	1,—	—,60
1 400 000,—	**7080,—**	**3540,—**	**3705,—**	**1852,50**	**1111,50**
weitere je 1000,—	5,—	2,50	2,—	1,—	—,60
1 500 000,—	**7580,—**	**3790,—**	**3905,—**	**1952,50**	**1171,50**
weitere je 1000,—	5,—	2,50	2,—	1,—	—,60
1 600 000,—	**8080,—**	**4040,—**	**4105,—**	**2052,50**	**1231,50**
weitere je 1000,—	5,—	2,50	2,—	1,—	—,60
1 700 000,—	**8580,—**	**4290,—**	**4305,—**	**2152,50**	**1291,50**
weitere je 1000,—	5,—	2,50	2,—	1,—	—,60
1 800 000,—	**9080,—**	**4540,—**	**4505,—**	**2252,50**	**1351,50**
weitere je 1000,—	5,—	2,50	2,—	1,—	—,60
1 900 000,—	**9580,—**	**4790,—**	**4705,—**	**2352,50**	**1411,50**
weitere je 1000,—	5,—	2,50	2,—	1,—	—,60
2 000 000,—	**10080,—**	**5040,—**	**4905,—**	**2452,50**	**1471,50**
weitere je 1000,—	5,—	2,50	2,—	1,—	—,60
2 500 000,—	**12580,—**	**6290,—**	**5905,—**	**2952,50**	**1771,50**
weitere je 1000,—	5,—	2,50	2,—	1,—	—,60
3 000 000,—	**15080,—**	**7540,—**	**6905,—**	**3952,50**	**2071,50**
weitere je 1000,—	5,—	2,50	2,—	1,—	—,60
4 000 000,—	**20080,—**	**10040,—**	**8905,—**	**4952,50**	**2671,50**
weitere je 1000,—	5,—	2,50	2,—	1,—	—,60
5 000 000,—	**25080,—**	**12540,—**	**10905,—**	**5952,50**	**3271,50**
weitere je 1000,—	5,—	2,50	1,—	—,50	—,30

Gesetz betr. die Abzahlungsgeschäfte

vom 16. Mai 1894 (RGBl. 1894 S. 450).

§ 1. Hat bei dem Verkauf einer dem Käufer übergebenen beweglichen Sache, deren Kaufpreis in Teilzahlungen berichtigt werden soll, der Verkäufer sich das Recht vorbehalten, wegen Nichterfüllung der dem Käufer obliegenden Verpflichtungen von dem Vertrage zurückzutreten, so ist im Falle dieses Rücktritts jeder Teil verpflichtet, dem anderen Teil die empfangenen Leistungen zurückzugewähren. Eine entgegenstehende Vereinbarung ist nichtig.

Dem Vorbehalte des Rücktrittsrechts steht es gleich, wenn der Verkäufer wegen Nichterfüllung der dem Käufer obliegenden Verpflichtungen kraft Gesetzes die Auflösung des Vertrages verlangen kann.

§ 2. Der Käufer hat im Falle des Rücktritts dem Verkäufer für die infolge des Vertrages gemachten Aufwendungen sowie für solche Beschädigungen der Sache Ersatz zu leisten, welche durch ein Verschulden des Käufers oder durch einen sonstigen von ihm zu vertretenden Umstand verursacht sind. Für die Ueberlassung des Gebrauchs oder der Benutzung ist deren Wert zu vergüten, wobei auf die inzwischen eingetretene Wertminderung der Sache Rücksicht zu nehmen ist. Eine entgegenstehende Vereinbarung, insbesondere die vor Ausübung des Rücktrittsrechts erfolgte vertragsmäßige Festsetzung einer höheren Vergütung, ist nichtig.

Auf die Festsetzung der Höhe der Vergütung finden die Vorschriften des § 287 ZPO. entsprechende Anwendung.

§ 3. Die nach den Bestimmungen der §§ 1, 2 begründeten gegenseitigen Verpflichtungen sind Zug um Zug zu erfüllen.

§ 4. Eine wegen Nichterfüllung der dem Käufer obliegenden Verpflichtungen verwirkte Vertragsstrafe kann, wenn sie unverhältnismäßig hoch ist, auf Antrag des Käufers durch Urteil auf den angemessenen Betrag herabgesetzt werden. Die Herabsetzung einer entrichteten Strafe ist ausgeschlossen.

Die Abrede, daß die Nichterfüllung der dem Käufer obliegenden Verpflichtungen die Fälligkeit der Restschuld zur Folge haben solle, kann rechtsgültig nur für den Fall getroffen werden, daß der Käufer mit mindestens zwei aufeinanderfolgenden Teilzahlungen ganz oder teilweise im Verzug ist und der Betrag, mit dessen Zahlung er im Verzug ist, mindestens dem zehnten Teile des Kaufpreises der übergebenen Sache gleichkommt.

§ 5. Hat der Verkäufer auf Grund des ihm vorbehaltenen Eigentums die verkaufte Sache wieder an sich genommen, so gilt dies als Ausübung des Rücktrittsrechts.

§ 6. Die Vorschriften der §§ 1 bis 5 finden auf Verträge, welche darauf abzielen, die Zwecke eines Abzahlungsgeschäfts (§ 1) in einer anderen Rechtsform, insbesondere durch mietweise Ueberlassung der Sache zu erreichen, entsprechende Anwendung, gleichviel, ob dem Empfänger der Sache ein Recht, später deren Eigentum zu erwerben, eingeräumt ist oder nicht.

§ 7. Wer Lotterielose, Inhaberpapiere mit Prämien (Gesetz vom 8. Juni 1871, Reichsgesetzbl. S. 210) oder Bezugs- oder Anteilscheine auf solche Lose oder Inhaberpapiere gegen Teilzahlungen verkauft oder durch sonstige auf die gleichen Zwecke abzielenden Verträge veräußert, wird mit Geldstrafe bis zu fünfhundert Mark bestraft.

Es begründet keinen Unterschied, ob die Uebergabe des Papiers vor oder nach der Zahlung des Preises erfolgt.

§ 8. Die Bestimmungen dieses Gesetzes finden keine Anwendung, wenn der Empfänger der Ware als Kaufmann in das Handelsregister eingetragen ist.

§ 9. Verträge, welche vor dem Inkrafttreten dieses Gesetzes abgeschlossen worden sind, unterliegen den Vorschriften desselben nicht.

Anhang.

Musterbeispiel 1.

Rundschreiben an die Gläubiger.

Dresden, den 23. 5. 1930.

An unsere Gläubiger!

Wir sehen uns zu unserem Bedauern gezwungen, Ihnen mitzuteilen, daß wir unsere Zahlungen unter dem gestrigen Tage haben einstellen müssen.

Wie Ihnen bekannt sein wird, hat sich die Geschäftslage in unserer Branche in den letzten Jahren fortgesetzt verschlechtert, so daß es uns nicht möglich war, Verluste zu vermeiden. Trotzdem bestand bei uns die Hoffnung, daß wir diese Verluste bei besserer Konjunktur würden ausgleichen können. Wenn sich diese Hoffnungen nicht erfüllt haben, so ist dies hauptsächlich darauf zurückzuführen, daß wir durch den Konkurs über das Vermögen der Firma Schulze & Co. in Halle weitere schwere Verluste erlitten haben. Um keinen unserer Gläubiger zu bevorzugen, haben wir die Zahlungen an diejenigen, die nicht im Konkursfalle bevorrechtigt sein würden, gänzlich eingestellt. Wir beabsichtigen ein gerichtliches Vergleichsverfahren einzuleiten.

Wir laden Sie zu einer Gläubigerversammlung auf den

27. Mai 1930, nachmittags 3 Uhr,

in die Räume des Restaurants . . . . . .

ein und bitten Sie, dort entweder selbst zu erscheinen, oder sich durch eine mit ausreichender schriftlicher Vollmacht versehene Persönlichkeit vertreten zu lassen.

Sollten Sie hierzu nicht in der Lage sein, so bitten wir Sie, uns Ihre Zustimmung zur Eröffnung eines gerichtlichen Vergleichsverfahrens auf der beigefügten Zustimmungserklärung umgehend zu übermitteln. Wir betonen ausdrücklich, daß Sie sich damit an unseren Vergleichsvorschlag noch keineswegs binden, sondern uns nur helfen, den Konkurs zu verhüten.

Unseren Status, mit dessen Aufstellung wir zur Zeit noch beschäftigt sind, werden wir Ihnen zusammen mit einem Vergleichsvorschlag in den nächsten Tagen, spätestens aber in der anberaumten Gläubigerversammlung unterbreiten. Sollte der angestrebte Vergleich die Zustimmung unserer Gläubiger nicht finden, so wäre der Konkurs unvermeidlich. Im Interesse der Gläubiger bitten wir Sie dringend, von irgendwelchen Zwangsmaßnahmen gegen uns, durch die nur unnötige Kosten entstehen würden, abzusehen.

Zum Zwecke der Abstimmung unserer Bücher bitten wir Sie noch, eine Aufstellung Ihrer Forderungen uns entweder umgehend einzusenden oder zur Gläubigerversammlung mitzubringen.

Hochachtungsvoll

Meyer & Co.

Musterbeispiel 2.

Zustimmung zur Eröffnung des VV.

Ort und Datum.

An das

Amtsgericht
— Konkursabteilung —

Dresden.

In dem Vergleichsverfahren
der Firma Meyer & Co. in Dresden-A., Lortzingstraße 15
(alleiniger Inhaber Herbert Meyer)

erteile ... $\frac{\text{ich meine}}{\text{wir unsere}}$ Zustimmung zu der Eröffnung des gerichtlichen Vergleichsverfahrens.

$\frac{\text{Meine}}{\text{Unsere}}$ Forderung beträgt:

RM. ...... Wechselforderung
RM. ...... offene Buchforderung
RM. ......
RM. ...... zus.

Als Vertrauensperson schlage $\frac{\text{ich}}{\text{wir}}$ den Diplom-Kaufmann Mosbach in Dresden-A., Pillnitzer Straße 55 vor.

Zugleich erkläre(n) $\frac{\text{ich mich}}{\text{wir uns}}$ mit einer etwa gemäß § 66 VglO. notwendigen Vertagung des Vergleichstermins einverstanden. $\frac{\text{Ich}}{\text{Wir}}$

ermächtige(n) hiermit den Vorsitzenden des zu bildenden Gläubigerausschusses, im Vergleichstermin in $\frac{\text{meinem}}{\text{unserem}}$ Namen für die Vertagung des Termins zu stimmen.

. . . .

Unterschrift.

Musterbeispiel 3.

Antrag auf Eröffnung des VV.

An das

Amtsgericht
(Konkursabteilung)

Dresden.

Antrag

des Kaufmanns Herbert Meyer, als alleinigen Inhabers der Fa. Meyer & Co. in Dresden-A., Lortzingstraße 15 auf Eröffnung des gerichtlichen Vergleichsverfahrens.

Ich, der untereichnete Herbert Meyer, bin alleiniger Inhaber der im Handelsregister zu Dresden auf Blatt 12 345 eingetragenen Fa. Meyer & Co. und betreibe die Herstellung von Stroh- und Filzhüten aller Art.

Ich habe am 23. 5. 30 meine Zahlungen einstellen müssen. Die Gründe hierfür sind in den dauernd zunehmenden Absatzschwierigkeiten in meiner Branche und der Insolvenz einiger meiner Kunden zu suchen. Insbesondere hat mich der Konkurs über das Vermögen der Fa. Schulze & Co. in Halle, die mir rund RM. 20 000,— schuldet, einen schweren Verlust gebracht, dessen Ausgleich ich leider vergeblich in einer Besserung der Konjunktur erhofft hatte. Mehrere meiner Lieferanten haben mich in letzter Zeit auf Zahlung verklagt, drei Akzepte über insgesamt RM. 10 000,— mußte ich zu Protest gehen lassen, da ich mir die Mittel zu ihrer Einlösung nicht beschaffen konnte. In der vergangenen Woche hat ein Gläubiger wegen einer anerkannten Forderung von RM. 3500,— die Zwangsvollstreckung durch Pfändung von Warenvorräten betrieben, mit weiteren Pfändungen ist zu rechnen.

In der Erkenntnis meiner Zahlungsunfähigkeit mußte ich mich davon überzeugen, daß der Konkurs unvermeidlich sein würde, wenn es mir nicht gelingen würde, ihn durch einen Vergleich mit meinen Gläubigern abzuwenden.

Am 23. 5. 30 habe ich das beigefügte Rundschreiben an alle Gläubiger versandt. In der am 27. 5. 30 stattgefundenen Gläubigerversammlung habe ich meinen Gläubigern den als Anlage zu diesem

Antrag beigefügten Vergleichsvorschlag unterbreitet. Eine Abschrift des über diese Versammlung angenommenen Protokolls mit der Liste der anwesenden Gläubiger füge ich bei. Ein in dieser Versammlung gewählter Ausschuß von fünf Gläubigern, die ich auch zu Mitgliedern des Gläubigerausschusses im Vergleichsverfahren zu bestellen bitte, hat meine Angaben nachgeprüft. Der Ausschuß hat sich davon überzeugt, daß mein Vergleichsvorschlag das Aeußerste ist, was ich meinen Gläubigern bieten kann und wird deshalb dessen Annahme empfehlen. Die schriftlichen Erklärungen der Mehrheit der am Verfahren beteiligten Gläubiger, die zugleich mehr als die Hälfte der Gesamtsumme der von dem Vergleich betroffenen Forderungen darstellen, daß sie mit der Eröffnung des Vergleichsverfahrens einverstanden sind, liegen bei.

Die zur Mitteilung an die Gläubiger notwendigen Abschriften des Vergleichsvorschlages habe ich auf der Gerichtsschreiberei niedergelegt.

Die Erfüllung des Vergleichs soll durch selbstschuldnerische Bürgschaft des Herrn Fritz Altendorf in Dresden-A., Fürstenstraße 37, sichergestellt werden, dessen Bürgschaftserklärung füge ich in der Anlage bei.

Ferner füge ich bei:

a) Erklärung nach § 15 Z. 1 und 2 VglO.
b) Geburtsurkunde.
c) Erklärung nach § 16 Z. 3 VglO.
d) Verzeichnis der Gläubiger nach § 16 Z. 1 VglO.
e) Verzeichnis der Schuldner nach § 16 Z. 2 VglO.
f) Vermögensverzeichnis nach § 16 Z. 3 VglO.
g) meine Bilanz per 31. 12. 29.

Ich erkläre mich überdies bereit, den Offenbarungseid zu leisten.

Mit vorzüglicher Hochachtung

Herbert Meyer.

Musterbeispiel 4.

Erklärung nach § 15 Ziff. 1 und 2.

An das

Amtsgericht
— Konkursgericht —

Dresden.

Die Bedeutung einer eidesstattlichen Versicherung ist mir bekannt.

Ich versichere folgendes an Eides Statt.

Innerhalb der letzten fünf Jahre vor dem heutigen Tage ist über mein Vermögen weder Geschäftsaufsicht noch das Konkursverfahren noch das Vergleichsverfahren zur Abwendung des Konkurses eröffnet worden, oder die Eröffnung eines solchen Verfahrens mangels Masse rechtskräftig abgelehnt worden. Innerhalb derselben Frist ist von mir auch nicht der Offenbarungseid auf Grund des § 807 der Zivilprozeßordnung geleistet worden. Am 19. 4. 26 ist allerdings zwecks Leistung dieses Eides gegen mich Haftbefehl ergangen. Dies beruhte jedoch auf einem Versehen des Gläubigers; ich hatte die Forderung bereits vor Erlaß des Haftbefehls an ihn bezahlt. Ich beziehe mich insoweit auf die Akten 35 SR. 139/26 des Amtsgerichts Dresden.

Herbert Meyer.

Musterbeispiel 5.

Erklärung nach § 16 Ziff. 3.

An das

Amtsgericht

— Konkursgericht —

Dresden.

Mein Bruder, der Fabrikbesitzer August Meyer, ist am 5. 12. 28 in Leipzig gestorben, ohne eine letztwillige Verfügung zu hinterlassen. Auf Grund des Erbscheins des Amtsgerichts Leipzig vom 1. 2. 29 (Aktenzeichen . . . .) sind meine Schwester Frau Therese Schüler geb. Meyer in Berlin und mein Bruder Karl Meyer in Dresden mit mir gemeinsam zu je einem Drittel Erbe geworden. Am 30. 6. 29 hat eine notarielle Auseinandersetzung stattgefunden. Das Grundstück meines Bruders in Leipzig, Scharnhorststraße 6, ist von meiner Schwester in Berlin übernommen worden. Ich selbst bin durch Aufnahme einer Hypothek mit RM. 9500,— abgefunden worden. Das nähere ergibt sich aus dem in Abschrift beigefügten Erbauseinandersetzungsvertrag. Die auf mich entfallenen RM. 9500,— sind von mir im Geschäft verwendet worden. Ich beziehe mich insoweit auf meine Geschäftsbücher.

Hiervon abgesehen, hat innerhalb des letzten Jahres vor dem heutigen Tag zwischen mir einerseits und meiner Frau, meinen und meiner Ehefrau Verwandten auf- und absteigender Linie, meinen vollbürtigen Geschwistern oder den Ehegatten einer dieser Personen andererseits keine Vermögensauseinandersetzung stattgefunden. Halbbürtige Geschwister habe ich nicht. Innerhalb des letzten Jahres vor dem heutigen Tage habe ich keinerlei Verfügungen zugunsten dieser Personen vorgenommen.

Herbert Meyer.

Musterbeispiel 6.

Gläubigerverzeichnis.

I) Betroffene Gläubiger.[1])

Nicht bestritten:

Lfd. Nr.	Name	Anschrift	Schuldgrund	Betrag	Bemerkungen
1	Simon, Werner	Dresden-A. 24, Ringstr. 5	Darlehn	1000.—	
2	Meyer, Karl	Dresden-A., Marschallstr. 58	„	2000.—	Bruder des Schuldners[2])
3	Junghändel, Ernst	Dresden-A., Walderseepl. 5	„ (Ausfall)	2000.—	Darlehn von 5000.– gesichert d. sicherungsübereign. Auto.
usw.					
6	Wagner & Co.	Pirna, Elbstr. 3	Warenlieferung	925.25	
7	Mosbach, Gustav	Dresden, Elisenstr. 22	„	1897.10	
usw.					
56	Müller & Täuscher G. m. b. H.	Dresden—Weißer Hirsch	Wechselakzept	1517.30	fällig am 15. 5. 1930, einschließl. RM. 17.30 Spesen.
57	„	„	Kundenwechsel	1500.—	fällig am 15. 10. 1930, Akzeptant Böttcher & Co. in Dresden in Zahlungsschwierigkeit. vgl. Schuldnerverzeichnis Nr. 107.
usw.					
91	Emma Meyer geb. Neumann	Dresden-A., Ringstr. 10	Einbringensforderung	30000.—	Ehefrau des Schuldners[3]).

Bestritten:[4])

Lfd. Nr.	Name	Anschrift	Schuldgrund	Betrag	Bemerkungen
92	Simon, Werner	Dresden-A., Ringstr. 5	Schadenersatz	2800.—	16 Cg 324/29 LG. Dresden.
usw.					
	II) Nicht betroffene Gläubiger.[1])				
101	Fritz Kießling, Handlungsgeh.	Dresden-N., Kronprinzenstraße 8	Gehalt	150.—	
usw.					
110	Karl Kunze, Arbeiter	Dresden-N., Kaiserplatz 10	Lohn	50.—	
usw.					
135	Finanzamt Dresden-A.	Marschnerstr. 10	Umsatzsteuer	450.—	
usw.					
140	Schiemenz & Co.	Leipzig, Eutritzscher Straße 10	Warenforderung	510.—	Noch nicht voll abgenommen.
usw.					
153	Altersrentenbank	Dresden-A., Margaretenstraße	Hypothek u. Zinsen	52000.—	Schluß v. 1. 12. 1929.
	III) Ungewisse Verbindlichkeiten.				
160	Fritz Mansbach & Co., G. m. b. H.	Königsberg, Ostpr., Schulstraße 10	Bürgschaftsverpflichtung	4000.—	Hauptschuldner Karl Mieslich, Leipzig, Wurzener Straße 10. Inanspruchnahme nicht zu erwarten.

[1]) Vgl. § 17 Abs. 1 S. 3. — [2]) Vgl. § 17 Abs. 1 S. 4. — [3]) Vgl. § 17 Abs. 1 S. 4, § 64. — [4]) Vgl. § 17 Abs. 1 S. 2.

Musterbeispiel 7.

Schuldnerverzeichnis.

Nicht bestritten:

Lfd. Nr.	Name	Anschrift	Forderungsgrund	Betrag	Bemerkungen
1	Schulze, Ernst	Bautzen, Schloßweg 3	Warenlieferung	125.80	
usw.					
6	Schmidt & Söhne	Oschatz, Dresdner Straße 5	„	600.—	Forderung ist RM. 2000.—. Schuldner hat Vgl. mit 30 % abgeschlossen.

Bestritten:

Lfd. Nr.	Name	Anschrift	Forderungsgrund	Betrag	Bemerkungen
97	David, Cohn	Berlin SW. 42, Elisabethstraße 10	Warenlieferung	687.10	12 HG. LG. Dresden.

Dubios:

Lfd. Nr.	Name	Anschrift	Forderungsgrund	Betrag	Bemerkungen
101	Böttcher & Co.	Dresden-A., Kantstraße 10	Wechselakzept	1500.—	fällig 15. 10. 1930. Gläubigerliste Nr. 57.

Musterbeispiel 8.

Vermögensübersicht per 23. 5. 1930.

A. Aktiva.

1) Grundstück Lortzingstraße (einschl. Maschinen und Inventar — vgl. Anlage A)	132 000.—	
ab Hypotheken	132 000.—	—
2) Villengrundstück Ringstraße	65 000.—	
ab Hypotheken	30 000.—	35 000.—
3) Rohmaterialien	60 000.—	
ab Eigentumsvorbehalte	15 000.—	
ab Sicherungsübereignungen	5 000.—	
	40 000.—	
ab 20 %	8 000.—	32 000.—
4) Halbfabrikate	20 000.—	
ab 40 %	8 000.—	12 000.—
5) Fertigfabrikate	40 000.—	
ab Sicherungsübereignungen	25 000.—	
	15 000.—	
ab 20 %	3 000.—	12 000.—
6) Außenstände	47 000.—	
ab Dubiose	7 000.—	
ab Ersatzaussonderungsberechtigte[1])	2 000.—	
ab sicherungsweise abgetretene	8 000.—	31 000.—
7) Kasse		150.—
8) Bank		—.—
9) Postscheck		45.—
10) Auto (sicherungsweise übereignete Gl-Verz. Nr. 3)	3 000.—	
		122 195.—

B. Passiva.

1) Aussonderungsberechtigte Gl.		
aus Eigentumsvorbehalt	17 000.—	
aus Abtretungen	8 000.—	
aus Sicherungsübereignungen	33 000.—	
2) Hypothekengläubiger (GlVerz. Nr. 153 bis 160)	162 000.—	

[1]) Vgl. § 2 Anm. 3 a und d: Der Lieferant von Waren unter Eigentumsvorbehalt hat, sofern die Waren weiterverkauft sind und der Kaufpreis noch aussteht, gem. § 46 KO. ein Aussonderungsrecht am Kaufpreis.

3) Bevorrechtigte Forderungen: Gehälter, Löhne, Krankenkasse, Invalidenversicherung	18 510.—	
Angestelltenversicherung, Erwerbslosenfürsorge (GlVerz. Nr. . . .)		
Steuern (GlVerz. Nr. . . .)	12 555.—	
4) Sonstige nicht betroffene Gläubiger (GlVerz. Nr. . . .)	8 412.—	39 477.—
5) Betroffene Gläubiger (GlVerz. Nr. 1-100)		172 153.—
		211 630.—

Musterbeispiel 9.

Vergleichsvorschlag und Zustimmungserklärung.

(Die Zustimmungserklärungen erfolgen zweckmäßigerweise in der Art, daß auf der Rückseite der Zustimmungserklärung der Vergleichsvorschlag abgedruckt wird.)

Vergleichsvorschlag.

Dresden, den 1. 6. 30.

Den an meinem Vergleichsverfahren (VV. . . . . . des AG. Dresden) beteiligten Gläubigern mache ich folgenden Vergleichsvorschlag:

1. Gläubiger, deren Forderung nicht mehr als RM. 100.— beträgt, sowie alle diejenigen Gläubiger, die ihre Forderung auf RM. 100.— ermäßigen, erhalten die Beträge voll, und zwar binnen eines Monats nach Bestätigung des Vergleichs ausgezahlt.

2. Die übrigen Gläubiger erhalten auf ihre Forderungen 60 Prozent (und zwar in Raten von je 20 Prozent) 3, 6 und 9 Monate nach der Bestätigung des Vergleichs.

3. Die bis zur Eröffnung des Vergleichsverfahrens aufgelaufenen Zinsen sowie etwaige vorher entstandene Kosten der Rechtsverfolgung gelten als erlassen.

4. Soweit eine Forderung von mir im Vergleichstermin bestritten worden ist, können Rechtsfolgen gemäß § 7 VglO. wegen eines etwaigen Verzugs mit der Zahlung der Quoten erst dann hergeleitet werden, wenn seit einem späteren Anerkenntnis oder einer später ergehenden rechtskräftigen gerichtlichen Entscheidung 10 Tage verstrichen sind*).

*) Wichtig wegen § 7 VglO. (vgl. Anm. 6).

5. Die Erfüllung des Vergleichs wird sichergestellt durch selbstschuldnerische Bürgschaft des Kaufmanns Fritz Altendorf in Dresden, Fürstenstraße 37.

Herbert Meyer
als alleiniger Inhaber der Firma Meyer & Co.

Zustimmungserklärung.

An das

Amtsgericht
— Konkursabteilung —

Dresden.

Zu umstehendem Vergleichsvorschlag der Fa. Meyer & Co. (alleiniger Inhaber Herbert Meyer) in Dresden-A., Lortzingstraße 15, gebe .. $\frac{\text{ich meine}}{\text{wir unsere}}$ Zustimmung.

$\frac{\text{Meine}}{\text{Unsere}}$ Forderung beträgt

RM. . . . . offene Buchforderung
RM. . . . . Wechselforderung
RM. . . . .
RM. . . . . zus.

(Ort und Datum) (Unterschrift.)

Musterbeispiel 10.

Bürgschaft.

An das

Amtsgericht
— Konkursabteilung —

Dresden.

Im Vergleichsverfahren

der Fa. Herbert Meyer & Co. in Dresden hat deren alleiniger Inhaber Herbert Meyer in Dresden-A., Lortzingstraße 15, den umstehenden Vergleichsvorschlag gemacht. Ich übernehme hiermit die selbstschuldnerische Bürgschaft gegenüber den vom Vergleich betroffenen Gläubigern für die Ansprüche, die ihnen aus dem Vergleich zustehen, für den Fall, daß der vorgeschlagene Vergleich von den Gläubigern angenommen und vom Vergleichsgericht bestätigt wird.

Für den Fall, daß die Fa. Meyer & Co. mit der Erfüllung ihrer Verbindlichkeit aus dem Vergleich in Verzug kommen sollte, hafte ich nicht für die den Gläubigern hieraus entstehenden, über den Vergleich hinausgehenden Ansprüche.

Hochachtungsvoll
Fritz Altendorf.

Musterbeispiel 11.

Bestellung einer Hypothek zur Sicherung des Vergleichs.

Dresden, den 20. 8. 30.

An das

Amtsgericht
— Grundbuchamt —

Dresden.

betr. Grundstück Blatt . . . . des
Grundbuchs für das vorm. kgl. Stadtgericht.

Im Vergleichsverfahren über die Fa. Meyer & Co. in Dresden, deren alleiniger Inhaber ich, der unterzeichnete Herbert Meyer, bin, habe ich meinen Gläubigern zur Sicherung der Ansprüche, die ihnen aus dem am 15. 8. 30 durch das Amtsgericht Dresden bestätigten Vergleich (VV. . . . ./30 AG. Dresden) zustehen und die dem Treuhänder meiner Gläubiger,

dem Rechtsanwalt Dr. Herbert Tauscher in Dresden,

abgetreten worden sind, die Eintragung einer Sicherungshypothek auf meinem obengenannten Grundstück zugesichert. Ich beantrage und bewillige daher als Eigentümer des obengenannten Grundstücks, daß auf obigem Grundbuchblatt in Abtl. III für den

Rechtsanwalt Dr. Herbert Tauscher in Dresden

eine Sicherungshypothek von

RM. 30 000.— (i. B. Dreißigtausend Reichsmark)

zur Sicherung der ihm als Treuhänder der Gläubiger im Vergleichsverfahren (VV. . . . ./30 des AG. Dresden) abgetretenen Ansprüche eingetragen wird.

Hochachtungsvoll
Herbert Meyer.

(Unterschrift ist zu beglaubigen.)

Im Vgl. selbst muß formell die Abtretung der Ansprüche der Gläubiger an den Treuhänder erfolgen. Praktischer ist Bestellung einer Grundschuld. Nur Bestellung einer Grundschuld ist möglich, wenn das Grundstück nicht dem Schuldner, sondern dritten Personen gehört.

Musterbeispiel 12.

Gründung einer Sanierungs-GmbH.*)

Vertrag.

§ 1.

1. Der Kaufmann Herbert Meyer in Dresden,
2. der Kaufmann Fritz Altendorf in Dresden,
3. . . . .)
4. . . . .)

usw. usw.

Es sind einzufügen die Namen derjenigen Gläubiger, die sich an der Sanierung beteiligen.

errichten eine Gesellschaft mit beschränkter Haftung.

Die Firma der Gesellschaft ist

Meyer & Co. Gesellschaft mit beschränkter Haftung.

Die Gesellschaft hat ihren Sitz in Dresden.

§ 2.

Zweck des Unternehmens ist die Herstellung und der Verkauf von Stroh- und Filzhüten aller Art, die Fortführung des von Herrn Herbert Meyer unter der Fa. Meyer & Co. bisher geführten Geschäftsbetriebes und die Befriedigung der am Vergleichsverfahren der Fa. Meyer & Co. beim AG. Dresden beteiligten Gläubiger nach Maßgabe des bestätigten Vergleichs. Die Gesellschaft ist berechtigt, sich an Unternehmungen, die gleiche oder ähnliche Zwecke verfolgen, zu beteiligen.

§ 3.

Das Geschäftsjahr ist das Kalenderjahr. Das erste Geschäftsjahr beginnt mit der Eintragung der Gesellschaft und endigt am 31. 12. 30.

§ 4.

Das Stammkapital der Gesellschaft beträgt RM. 60 000.—. Davon übernehmen

1. Herr Herbert Meyer

einen Geschäftsanteil mit einer Stammeinlage von RM. 40 000.—

2. Herr Fritz Altendorf

einen Geschäftsanteil mit einer Stammeinlage von RM. 5000.—

3. . . . . . .

usw. usw.

(es folgen die Namen der Gläubiger mit den Beträgen ihrer Forderung, die auf RM. 1000.— aufgerundet sind.)

---

*) Der Vertrag wird in notarieller Form geschlossen und erhält das übliche Mantelprotokoll.

§ 5.

Herr Herbert Meyer leistet seine Stammeinlage dadurch, daß er die Vorräte an Material, Halb und Fertigfabrikaten sowie die Außenstände der bisherigen Fa. Meyer & Co. nach Maßgabe des anliegenden Verzeichnisses in die Gesellschaft einbringt*).

§ 6.

Herr Fritz Altendorf leistet seine Einlage dadurch, daß er die Forderung, die er gegen die bisherige Fa. Meyer & Co. hat, einbringt, und zwar

in Höhe von		RM. 4730.15
während er den Rest von . . .		RM. 269.85
sofort in bar einzahlt	zus.	RM. 5000.00
usw.		usw.**)

§ 7.

Die Teilung von Geschäftsanteilen und die Veräußerung von Geschäftsanteilen ist nur mit Genehmigung der Gesellschafter zulässig.

§ 8.

Jeder Gesellschafter verpflichtet sich gegenüber Herrn Herbert Meyer, seinen Geschäftsanteil zum Schlusse desjenigen Geschäftsjahres an ihn zu übertragen, in dem er dieses Verlangen stellt. Der Gegenwert, den Herr Meyer zu leisten hat, setzt sich zusammen aus dem Nennbetrag der Stammeinlage des betr. Gesellschafters zuzüglich Zinsen zu 7 Prozent seit dem Tage der Bestätigung des Vergleichs. Jedoch werden auf diese Zinsen die im Laufe eines Geschäftsjahres ausgeschütteten Gewinnanteile in Anrechnung gebracht werden. Uebersteigen die Gewinnanteile in einem Geschäftsjahre den Satz von 7 Prozent, so findet eine Verrechnung des übersteigenden Betrages auf die Zinsen folgender Geschäftsjahre nicht statt. Der Gewinnanteil für das Geschäftsjahr, zu dessen Schluß die Uebertragung erfolgt, gebührt dem Gesellschafter.

§§ ff.

(Es folgen die üblichen Bestimmungen eines GmbH.-Vertrags.)

---

*) Grundstück, Maschinen und Inventar werden vom Schuldner an die Gesellschaft verpachtet.

**) Die übrigen Gesellschafter bringen ebenfalls ihre Forderungen gegen die Fa. Meyer & Co. in dieser Weise ein.

Musterbeispiel 13.

Liquidationsvergleich.

Dresden, den 1. 6. 30.

Die Fa. Meyer & Co. (alleiniger Inhaber Herbert Meyer) in Dresden-A., Lortzingstraße 15, macht hierdurch den am Vergleichsverfahren beteiligten Gläubigern folgenden Vergleichsvorschlag.

1.

Die gesamten Vorräte an Rohmaterialien, Halb- und Fertigmaterialien, die in Anlage A aufgeführt sind, sowie die Außenstände, die in Anlage B aufgeführt sind, werden zur Befriedigung der Gläubiger auf

Herrn Karl Redlich in Dresden

als Treuhänder übertragen.

2.

Herr Redlich hat diese Vermögenswerte nach den Anweisungen des im Vergleichsverfahren bestellten Gläubigerausschusses zu verwerten und aus dem Erlöse die Gläubiger zu befriedigen.

3.

Zunächst erhalten die Gläubiger mit Forderungen bis zu RM. 100.— oder solche, die ihre Forderungen bis zum Beginn der Abstimmung im Vergleichstermin auf diesen Betrag ermäßigen, ihre Stammforderungen. Sie verzichten nach Erhalt ihrer Stammforderungen auf weitergehende Ansprüche aus etwaigen bis zur Eröffnung des VV. aufgelaufenen Zinsen oder Kosten der Rechtsverfolgung.

4.

Sodann erhalten die übrigen Gläubiger anteilmäßig den Rest des Erlöses auf ihre Forderungen. Dabei soll die Ausschüttung jeweils dann erfolgen, wenn eine Dividende von 10 Prozent auf die Forderungsbeträge der übrigen Gläubiger ausgeschüttet werden kann. Die übrigen Gläubiger verzichten nach endgültiger Verwertung der unter 1. bezeichneten Vermögenswerte auf den Rest ihrer Forderungen einschließlich Zinsen und Kosten der Rechtsverfolgung.

5.

Der im Vergleichsverfahren bestellte Gläubigerausschuß bleibt als Ueberwachungsausschuß im Amte.

Die Mitglieder des Ueberwachungsausschusses haben das Recht, sich jederzeit über den Stand der Liquidation zu unterrichten. Für den Fall, daß ein Mitglied des Ueberwachungsausschusses ausscheiden sollte, sind die verbleibenden Mitglieder ermächtigt, durch Hinzuwahl aus der Reihe der Gläubiger oder ihrer Vertreter den Ausschuß zu ergänzen.

Scheidet der Treuhänder aus, so erfolgt die Wahl und Bestellung eines neuen Treuhänders durch den Ueberwachungsausschuß. Der Ueberwachungsausschuß soll unter Ausschluß des Rechtsweges ermächtigt sein, den Treuhänder abzuberufen und durch eine andere Person zu ersetzen, wenn nach seiner Ansicht durch das Verhalten des Treuhänders die Durchführung der Liquidation beeinträchtigt werden sollte.

Der Ueberwachungsausschuß beschließt auch über die dem Treuhänder zuzuwendende Vergütung.

Zur Gültigkeit der Beschlüsse des Ueberwachungsausschusses ist erforderlich, daß die Mehrheit der Mitglieder an der Abstimmung teilgenommen hat und daß der Beschluß mit absoluter Mehrheit der abgegebenen Stimmen gefaßt worden ist. Die Mitglieder des Ueberwachungsausschusses haben Anspruch auf Erstattung ihrer baren Auslagen und auf eine angemessene Vergütung.

Herbert Meyer
als alleiniger Inhaber der Firma Meyer & Co.

Musterbeispiel 14.

Besserungsschein.*)

Die unterzeichnete Fa. Meyer & Co. (alleiniger Inhaber Herbert Meyer) in Dresden hat in dem vom Amtsgericht Dresden am 15. 8. 30 bestätigten Vergleich mit ihren Gläubigern einen Vergleich abgeschlossen, in dem unter Ziffer 6 vorgesehen ist, daß nach Rechtskraft des Beschlusses jedem Gläubiger ein Besserungsschein auszuhändigen ist.

Demgemäß gibt die unterzeichnete Firma Meyer & Co. folgende Erklärung ab:

Der Firma / Herrn . . . . in . . . . . .

steht gegen die Fa. Meyer & Co. in Dresden ausweislich des Gläubigerverzeichnisses im VV. . . . . . AG. Dresden unter Nr. . . . . eine anerkannte Forderung von

RM. . . . . ohne Zinsen und Kosten

zu. Auf Grund des bestätigten Vergleichs sind

50 Prozent = RM. . . . .

bis spätestens 10. 3. 31 zu zahlen.

Die Fa. Meyer & Co. erkennt an, daß sie weitere 30 Prozent der Forderung ohne Zinsen und Kosten unter folgenden Voraussetzungen zu zahlen verpflichtet ist:

*) Besserungsscheine („Wechsel auf die Zukunft" — Manasse-Levi S. 112) sind geeignet, widerstrebende Gläubiger zur Zustimmung zu bewegen. Der Schuldner wird in den meisten Fällen versuchen, die Verbindlichkeiten aus den Besserungsscheinen durch Einzelvereinbarungen mit den Gläubigern nach Erledigung des VV. abzulösen.

a) Ergibt sich für eines der nach dem 31. 12. 30 beginnenden Geschäftsjahre ein Reingewinn der Fa. Meyer & Co. von über RM. 8000.—, so ist der Betrag des Reingewinns, der RM. 8000.— übersteigt, zur Hälfte zur anteiligen Befriedigung der Gläubiger zu verwenden.

b) Uebersteigt der Reingewinn in den einzelnen Geschäftsjahren RM. 20 000.—, so sind ¾ des den Betrag von RM. 20 000.— übersteigenden Reingewinns zur Befriedigung der Gläubiger zu verwenden.

c) Ergibt sich in einem Geschäftsjahr ein geringerer Reingewinn als RM. 8000.—, so erfolgt keine Verteilung.

d) Schließt ein Geschäftsjahr mit Verlust ab, so findet aus dem Reingewinn späterer Jahre eine Verteilung an die Gläubiger erst statt, wenn aus diesem Reingewinn der unter a) genannte Betrag von RM. 8000.— für das letzte Geschäftsjahr und außerdem der Verlust des oder der Vorjahre abgedeckt worden ist.

Maßgebend für die Berechnung des Reingewinns ist der in der kaufmännischen Bilanz errechnete Reingewinn oder aber der im Einkommensteuerbescheid für das fragliche Geschäftsjahr jeweils festgesetzte Reingewinn der Fa. Meyer & Co., sofern dieser höher ist.

Die Fa. Meyer & Co. verpflichtet sich, dem Treuhänder ihrer Gläubiger, dem Diplom-Kaufmann Mosbach in Dresden, jederzeit Einsicht ihrer Geschäftsbücher und sonstigen Unterlagen zu gewähren und ihm jederzeit das Betreten der Geschäftsräume zu gestatten. Sie ermächtigt ihn außerdem unwiderruflich, die einschlägigen Akten des zuständigen Finanzamtes einzusehen und vom Finanzamt alle erforderlichen Auskünfte beizuziehen.

Dresden, den 1. 10. 30. Meyer & Co.

• Musterbeispiel 15.

Antrag aus § 825 ZPO.

An das

Amtsgericht
(Vollstreckungsgericht)

Dresden.

Eilt sehr.

Antrag

der Fa. Meyer & Co., alleiniger Inhaber Herbert Meyer, in Dresden-A., Lortzingstraße 15

— Prozeßbevollmächtigter: Rechtsanwalt Dr. Schneider, in Dresden-A., Prager Straße 50. —

Antragstellerin und Schuldnerin,

gegen

Fa. Gebr. Möller G. m. b. H. in Berlin, Friedrichstraße 12,

Antragsgegnerin und Gläubigerin,

gemäß § 825 ZPO.

Die Antragsgegnerin hat am 1. 5. 30 unter dem Aktenzeichen Q . . . . wegen einer Forderung von RM. 1570.20 s. Anh. einen Posten Strohhüte gepfändet; es wird auf das Pfändungsprotokoll Bezug genommen. Versteigerungstermin steht bereits morgen an.

Der voraussichtliche Versteigerungserlös ist vom Gerichtsvollzieher auf RM. 1500.— geschätzt worden. Die Antragstellerin hat die Möglichkeit, die gepfändeten Sachen zum Preise von ca. RM. 2300.— an den Kaufmann Martin Lehmann in Berlin, Charlottenburger Straße 170, zu verkaufen. Dieser ist ein alter Kunde und Geschäftsfreund der Antragstellerin und ist grundsätzlich bereit, die gepfändeten Sachen zu diesem Preis zu übernehmen. Er möchte lediglich die Sachen durch seinen hiesigen Vertreter besichtigen lassen.

Der Verkauf an den Kaufmann Lehmann liegt sowohl im Interesse der Antragstellerin, als auch im Interesse der Antragsgegnerin. Die Antragsgegnerin kann auf diese Weise volle Befriedigung erhalten, während sonst die gepfändeten Gegenstände ihre Forderung nicht einmal voll decken würden. Im Interesse der Schuldnerin liegt die Verwertung durch Verkauf an den Kaufmann Lehmann um deswillen, weil auf diese Weise sowohl die Kosten der Versteigerung (einschl. des Transportes) gespart werden, als auch eine Verschleuderung der Waren vermieden wird. Die Antragstellerin, die ein gerichtliches Vergleichsverfahren anstrebt, muß im Interesse der übrigen Gläubiger darauf bedacht sein, jede Verminderung der Masse durch Verschleuderung der Warenbestände zu vermeiden.

Ich bitte daher ergebenst, gemäß § 825 ZPO. anzuordnen, daß die von der Antragsgegnerin am 1. 5. 30 unter dem Aktenzeichen . . . . gepfändeten Gegenstände durch den Gerichtsvollzieher gegen Zahlung von RM. 2300.— an den Kaufmann Martin Lehmann in Berlin verkauft werden.

Zugleich bitte ich, bis zur Entscheidung über diesen Antrag gemäß §§ 825, 766 ZPO. die Zwangsvollstreckung insoweit einzustellen*).

Hochachtungsvoll

Dr. Schneider,

Rechtsanwalt.

*) Die einstweilige Einstellung der Zwangsvollstreckung gemäß § 766 ZPO. bis zur Entscheidung über den Antrag aus § 825 ZPO. ist vom Landgericht Dresden für zulässig erklärt worden (LG. Dresden JW. 1930, 125).

Musterbeispiel 15a.

Antrag gemäß § 28 VglO.*)

An das

Amtsgericht

Im Vergleichsverfahren

....

gestatte ich mir in Wahrung der gesetzlichen Fristen gemäß § 28 VO. in Verbindung mit §§ 12 und 27 VO. hiermit Antrag auf Erteilung der Ermächtigung zur Ablehnung der Erfüllung bzw. Weitererfüllung des mit der Firma

....

abgeschlossenen Lieferungsvertrages wie folgt zu stellen:

Lt. Auftragsbestätigung vom . . . . hat sich

rubr. Firma zur Lieferung von

....

verpflichtet. Die Ware ist auch ordnungsgemäß angeliefert worden, steht jedoch, da der Restkaufpreis in Höhe von RM. . . . . . . noch unbezahlt ist, teilweise unter dem angeblich vorbehaltenen Eigentum der Lieferantin.

Am Tage der Zahlungseinstellung sind noch für RM. . . . . . aus diesem Schlusse stammende Waren am Lager des Vergleichsschuldners vorhanden gewesen, so daß auch im Hinblick hierauf ein beiderseits unerfüllter Lieferungsvertrag behauptet werden kann.

Wenn nicht aus dem von der Lieferantin geltend gemachten Ab- bzw. Aussonderungsrechte Nachteile für den Vergleichsschuldner entstehen sollen, erscheint eine Erteilung der Ermächtigung zur Ablehnung der Erfüllung bzw. Weitererfüllung des Vertragsverhältnisses, vor allem in Hinsicht auf die bezüglich der Auswertung der Eigentumsvorbehalte derzeitig nicht einheitliche Rechtsprechung, unbedingt im Interesse einer glatten Abwicklung des Vergleiches erforderlich. Abzunehmen sind aus rubr. Schlusse noch folgende Waren:

*) Das Formular wurde freundlicherweise von der Fa. Franz Zöllner & Co., Revision in Industrie und Handel GmbH. in Dresden, zur Verfügung gestellt.

Die Lieferantin erleidet bei Ablehnung der Erfüllung bzw. Weitererfüllung des Vertrages keinen erheblichen Schaden, da sie die Ware entweder anderweit veräußern, oder sie dem Vergleichsschuldner bzw. dessen Rechtsnachfolger fernerhin zum kommissionsweisen Verkauf überlassen und ihren durch die Vertragsablehnung entstandenen nachgewiesenen Ausfall gemäß § 30 VO. als Vergleichsgläubigerin bis zum Vergleichstermin geltend machen kann.

Wenn der Vergleichsschuldner gezwungen würde, die bestehenden Vertragsverpflichtungen zu erfüllen, währen die Durchführbarkeit des Vergleichs gefährdet, zumindestens aber die Verhandlungen mit dem in Aussicht genommenen Garanten des Vergleiches wesentlich erschwert.

Es ist beabsichtigt, den Betrieb nach Rechtskraft des Vergleiches einer von dritter Seite in Aussicht genommenen Produktions-Gesellschaft zu überlassen. Ob und inwieweit Letztere Aktivwerte des Vergleichsschuldners übernimmt, läßt sich z. Z. nicht übersehen. Der Vergleichsschuldner hat auch nicht genügend Einfluß auf die Entschließungen der künftigen Gesellschafter, diese zu einem Eintritt in rubr. Verträge zu veranlassen.

Der aus der Erfüllung resultierende Schaden dürfte demnach im Gegensatz zu demjenigen der Vertragskontrahentin sehr beachtlich sein.

Ich bitte, mir deshalb die Ermächtigung zur Ablehnung der Erfüllung bzw. Weitererfüllung rubr. Vertrages geneigtest erteilen zu wollen.

Eine Durchschrift meines heutigen Antrages zur evtl. Weitergabe an die Vertragskontrahentin füge ich bei.

. . . ., am 193

Mit vorzüglicher Hochachtung

(Unterschrift)

Die unterzeichnete Vertrauensperson schließt sich dem Antrage des Vergleichsschuldners hiermit an und gestattet sich, die Erteilung der Ermächtigung zur Ablehnung der Erfüllung bzw. Weitererfüllung rubr. Vertrages im Interesse des Zustandekommens des beabsichtigten Vergleiches zu befürworten.

Dresden, am 193

(Unterschrift)
als Vertrauensperson.

Musterbeispiel 16.

Treuhandvertrag*).

Vertrag.

Zwischen

dem Kaufmann G. L., als alleinigen Inhaber der handelsgerichtlich eingetragenen Firma . . . .
(nachstehend kurz mit „L." bezeichnet) einerseits,

und

dem im Vergleichsverfahren . . . . des Amtsgerichts B. bestellten Gläubiger-Ausschuß, den Herren

a) . . . in . . .
b) . . . in . . .
c) . . . in . . .

(nachstehend kurz mit „Gläubiger-Ausschuß" bezeichnet)

sowie

der Firma . . . . GmbH. . . . .
(nachstehend kurz mit „Treuhänderin" bezeichnet) andererseits

ist folgender Treuhand-Vertrag abgeschlossen worden:

§ 1.

L. hat den in der Anlage A diesem Vertrage beigegebenen Vergleichsvorschlag zu den Akten des Amtsgerichts B. eingereicht.

In Erfüllung dieses Vergleichsvorschlags ist unmittelbar nach Anordnung des Vergleichsverfahrens eine Treuhänderin für die Gläubigerschaft zu bestellen. Der gerichtlich bestätigte Gläubiger-Ausschuß bleibt bis zur restlosen Erfüllung des Vergleiches im Amte.

§ 2.

L. bestellt im Einvernehmen mit dem Gläubiger-Ausschuß die Firma . . . ., GmbH. in . . . ., zur Treuhänderin und übereignet derselben das in Anlage B näher bezeichnete Warenlager, welches sich in dem Geschäftslokal L.'s in B. befindet und hinsichtlich dessen L.'s ausdrücklich versichert, daß es sein Eigentum ist, sowie, daß Rechte Dritter, insbesondere Eigentumsvorbehalte und Rückbehaltungsrechte, daran nicht bestehen.

Die Vertragschließenden sind sich darüber einig, daß mit dem Tage des Vertragsschlusses das Eigentum an diesen Gegenständen auf die Treuhänderin zur Verwaltung für die Gläubiger übergeht, während letztere deren Besitz und Verkauf L. zur Verwahrung und zur ordnungsgemäßen Durchführung seines Ge-

*) Ein Beispiel, das freundlicherweise von der Fa. Franz Zöllner & Co., Revisionen in Industrie und Handel GmbH. in Dresden zum Abdruck zur Verfügung gestellt wurde.

schäftes unter Gewährung eines Mitbeschlußrechtes überläßt. Die Treuhänderin nimmt die hiernach übereigneten Gegenstände des Warenlagers dadurch in Besitz, daß sie an jeden Gegenstand selbst oder durch ihren Bevollmächtigten ein weißes Anhängeschild befestigt, das den Buchstaben „T", sowie die laufende Nr. des Verzeichnisses in Anlage A und gegebenenfalls seiner Ergänzungen trägt (also z. B. „T 6").

L. ist verpflichtet, nach erfolgtem Verkauf den Erlös der Treuhänderin zuzuführen, und falls der Verkauf nicht gegen bar erfolgt, der Treuhänderin die Kaufpreisforderung abzutreten. Er ist auch berechtigt, den Erlös zum Ankauf weiterer Gegenstände zu verwenden. Ueber jeden Verkauf hat er der Treuhänderin täglich Mitteilung zu machen. Erfolgt kein Verkauf, so ist Fehlanzeige zu erstatten.

Soweit es die Treuhänderin für nötig hält, hat Herr L. den übereigneten Bestand des Warenlagers durch hierzu geeignete Gegenstände zu ergänzen. Die Ergänzung erfolgt durch die Vertragschließenden in der gleichen Weise, als die Uebereignunng gemäß vorstehenden Bestimmungen erfolgt ist. Bei der Ergänzung ist auf diesen Vertrag allenthalben Bezug zu nehmen.

L. verpflichtet sich fernerhin, die Gegenstände mit der Sorgfalt eines ordentlichen Kaufmannes zu behandeln, sowie den Bestand des übereigneten Warenlagers stets wenigstens auf einer Höhe zu halten, welche nach dem Einkaufspreise berechnet demjenigen Betrage entspricht, der an die am Verfahren beteiligten Gläubiger nach dem Vergleiche nachzubezahlen ist.

In allen Verzeichnissen sowie in den von L. geführten Büchern, deren Einsicht der Treuhänderin jederzeit freisteht, ist ausdrücklich zu bemerken, daß die betreffenden Gegenstände Eigentum der Treuhänderin sind. Bei dem Verkaufe der Waren ist jedoch L. berechtigt, im eigenen Namen zu handeln.

L. ist verpflichtet, der Treuhänderin von Pfändungsmaßnahmen Dritter, welche auf obiges Sicherungsgut gerichtet sind, umgehend Mitteilung zu machen und den Dritten von dem Eigentumsrecht der Treuhänderin in Kenntnis zu setzen.

Das übereignete Warenlager ist bei der Sächs. Brandversicherungskammer, Dresden, unter Police Nr. . . . im Werte von . . . . RM. versichert. Die Versicherungsprämie wird nach wie vor von L. gezahlt.

Die Police Nr. . . . . wird von L. der Treuhänderin übergeben und die Versicherungsgesellschaft davon in Kenntnis gesetzt, daß das Eigentum an den versicherten Gegenständen sowie sämtliche Rechte aus dem Versicherungsvertrage auf die Treuhänderin übergegangen sind.

Beide Parteien sind sich darüber einig, daß L. alle Gefahr hinsichtlich der übereigneten Gegenstände auch in Zukunft trägt.

§ 3.

Des weiteren tritt L. zur Erfüllung seiner Verbindlichkeiten aus vorerwähnten Vergleiche seine Forderungen an die aus beiliegendem Verzeichnisse ersichtlichen Debitoren (Anlage C) mit einem Gesamtbetrage von RM. . . . . an die Treuhänderin ab.

Die Treuhänderin ist berechtigt, den Drittschuldnern von diesen Abtretungen Kenntnis zu geben, über die abgetretenen Forderungen in jeder Weise zu verfügen, insbesondere sie jederzeit im eigenen Namen einzuziehen und den Erlös wie vorersichtlich zu verwenden, einen nach Berichtigung aller Vergleichsverpflichtungen etwa verbleibenden Ueberschuß hat sie an L. herauszuzahlen.

Bis zur Absendung der Abtretungsbenachrichtigungen an die Drittschuldner ist L. berechtigt, alle Maßnahmen zu treffen, welche zur Erhaltung der abgetretenen Forderungen im Interesse der Treuhänderin liegen. Insbesondere soll L. berechtigt sein, den Gegenwert der Forderungen in Empfang zu nehmen, er hat jedoch von einer Zahlung die Treuhänderin in Kenntnis zu setzen und ihr diese nach Maßgabe dieses Vertrages auf Verlangen herauszugeben.

Auf Verlangen der Treuhänderin ist Herr L. verpflichtet, weitere Außenstände in der gleichen Weise unter ausdrücklicher Bezugnahme auf diesen Vertrag an die Treuhänderin abzutreten.

Herr L. hat ferner der Treuhänderin täglich Mitteilung darüber zu machen, ob und welche Debitoren eingegangen sind. Erfolgt kein Eingang, ist an dem betreffenden Tage Fehlanzeige zu erstatten.

§ 4.

Das der Treuhänderin übereignete bzw. abgetretene Treugut soll als Sicherung für die Erfüllung der von L. seinen bevorrechtigten und nichtbevorrechtigten Gläubigern gegenüber in Gemäßheit des vorerwähnten Vergleichsvorschlages eingegangenen Verpflichtungen dienen. L. ist verpflichtet, wenigstens acht Tage vor dem Fälligkeitstermin der einzelnen Vergleichsraten der Treuhänderin zu erklären, ob die für die fällige Rate erforderlichen Gelder beisammen sind oder bis zum Zahlungstermine bestimmt der Treuhänderin ausgehändigt werden können.

Erklärt L., zur rechtzeitigen Ueberweisung der benötigten Gelder an die Treuhänderin nicht in der Lage zu sein, und können die zur Ratenerfüllung benötigten Gelder auch innerhalb der im Vergleichsvorschlage vorgesehenen Karenzzeit von vier Wochen nicht aufgebracht werden, dann ist die Treuhänderin berechtigt, aber nicht verpflichtet, von dem ihr überlassenen Treugut Mengen in einem Umfange zu verwerten, daß die durch Verkauf bzw. Einziehung erhaltenen Beträge zur Abdeckung der fälligen Rate ausreichen.

§ 5*).

Die vertragschließenden Parteien sind sich darüber einig, daß das bei einer etwaigen Konkurseröffnung noch vorhandene Treugut an den Konkursverwalter auszuliefern ist.

§ 6.

Die Treuhänderin erhält für ihre Tätigkeit einschließlich laufender insbesondere Portospesen eine Vergütung von monatlich RM. . . . . Diese Vergütung ist von L. stets am Monatsende der Treuhänderin in bar auszuhändigen. Im übrigen haftet das Treugut mit für die Ansprüche, die der Treuhänderin auf Grund ihrer Vergütungsforderung entstehen. Die Treuhänderin erklärt aber, in Fällen, in denen L. die Vergütungssumme nicht rechtzeitig zahlen kann, diese von Fall zu Fall nach Vereinbarung zu stunden.

Die Fahrtkosten und etwaigen Unkosten, die aus persönlichen Verhandlungen mit den Gläubigern, oder etwaigen Reisen im Interesse L.'s entstehen, sind der Treuhänderin besonders zu vergüten.

§ 7.

Der Treuhänderin steht das Recht zu, von ihrem Amte nach vorausgegangener einmonatlicher Kündigung zurückzutreten. Nach Ausschüttung der Vergleichsraten, und nach Erledigung der damit verbundenen Abrechnungsarbeit findet die Treuhändertätigkeit ohne weiteres ihr Ende.

Falls an Stelle der Treuhänderin ein anderer Treuhänder treten muß, unterwirft sich Herr L. den Anordnungen der bisherigen Mitglieder des Gläubiger-Ausschusses auch in bezug auf die Person des neuen Treuhänders. An den neuen Treuhänder ist das Treugut im gleichen Umfange auszuhändigen, in dem es der Treuhänderin zustand.

§ 8.

Alle mit dem Treuhandamt zusammenhängenden schriftlichen und sonstigen Arbeiten sind unter Inanspruchnahme des vorhandenen geschäftlichen Apparates von L. nach den Anweisungen der Treuhänderin auszuführen.

§ 9.

Es wird L. freigegeben, Arrangements mit Gläubigern zu treffen, wonach Ratenzahlungen ganz oder teilweise durch Warenlieferungen oder in irgendeiner anderen Weise abgedeckt werden können. Bei begründeten Bedenken hat die Treuhänderin das Recht,

*) Wegen dieser Vorschrift vgl. § 7 Anm. 4; nach der dort vertretenen Auffassung würde im Konkursfall ohne obige ausdrückliche Vertragsklausel die Treuhänderin weiterhin absonderungsberechtigt bleiben.

der Durchführung eines solchen Arrangements zu widersprechen, es hat dann zu unterbleiben.

§ 10.

Die Treuhänderin ist jederzeit berechtigt, die Geschäftsräume des Herrn L. zu betreten, und die Geschäftsbücher und den Bestand des Warenlagers selbst oder durch Bevollmächtigte nachprüfen zu lassen.

§ 11.

Entstehen Meinungsverschiedenheiten über die Durchführung des Vertrages zwischen der Treuhänderin und Herrn L., so steht es beiden Teilen frei, wegen der zu ergreifenden Maßnahmen die Entschließung der Gläubigerausschußmitglieder einzuholen.

Musterbeispiel 17

Antrag auf Erteilung einer Vergleichsausfertigung.

An das

Amtsgericht
— Konkursabteilung —

VV. . . . ./30. Dresden.

In dem Vergleichsverfahren
der Firma Meyer & Co. in Dresden-A., Lortzingstraße 15,
ist von uns unter Nr. 56 eine Forderung von RM. 1517.30 angemeldet worden. Die Forderung ist im Vergleichstermin gemäß § 62 Abs. 4 VglO. anerkannt worden.

Wir bitten, uns eine vollstreckbare Ausfertigung des am 15. 8. 30 bestätigten Vergleichs mit einem Auszug aus dem Gläubigerverzeichnis wegen unserer gesamten Forderung zu erteilen.

Hochachtungsvoll

Müller & Teuscher
G. m. b. H.

Sachregister.

Die fetten Ziffern bedeuten die Paragraphen, die gewöhnlichen Ziffern die Anmerkungen. M. 1 usw. bedeutet: Musterbeispiel 1 usw. siehe Anhang).

Schlagwortregister.

B

F

G

H

T

Druck: Hans Heenemann, Berlin W.